“十三五”职业教育国家规划教材
高等职业教育精品教材·电子商务专业

电子商务物流管理

（第4版）

陈修齐　主　编
代海涛　苏丽琴　副主编

電子工業出版社
Publishing House of Electronics Industry
北京·BEIJING

内 容 简 介

本教材以电子商务环境下现代物流活动过程及其管理为主线，按照先总后分再总的逻辑展开编写。全书共有 9 个模块，主要内容包括电子商务物流概述、电子商务物流信息技术、电子商务环境下的供应链管理、电子商务环境下的物流外包、电子商务物流模式、电子商务环境下的采购与生产物流管理、电子商务环境下的仓储管理、电子商务环境下的运输与配送管理和电子商务环境下的物流服务。

本教材案例丰富，注重时效性，应用性强；编写体例灵活，各模块开头设有“学习目标”“导入案例”和“案例分析”，中间插入“相关链接”“小贴士”，最后设置“综合训练”（包括技能训练）。同时，为了实现书网互动，各模块均配有与其内容相关联的二维码微视频材料，便于教学及自学参考。

本教材既可作为高等职业院校电子商务、物流专业、贸易经济等财经类专业的教学用书，也可作为本科院校相关专业的师生及电子商务和物流管理工作人员的参考书。

图书在版编目（CIP）数据

电子商务物流管理 / 陈修齐主编. —4 版. —北京：电子工业出版社，2018.8（2022.11 重印）

ISBN 978-7-121-27857-0

Ⅰ. ①电… Ⅱ. ①陈… Ⅲ. ①电子商务－物流管理－高等学校－教材 Ⅳ. ①F713.365.1

中国版本图书馆 CIP 数据核字（2018）第 056192 号

策划编辑：贾瑞敏
责任编辑：张　慧
印　　刷：涿州市京南印刷厂
装　　订：涿州市京南印刷厂
出版发行：电子工业出版社
　　　　　北京市海淀区万寿路 173 信箱　邮编　100036
开　　本：787×1 092　1/16　印张：17.75　字数：465.76 千字
版　　次：2006 年 1 月第 1 版
　　　　　2018 年 8 月第 4 版
印　　次：2022 年 11 月第 12 次印刷
定　　价：45.00 元

凡所购买电子工业出版社图书有缺损问题，请向购买书店调换。若书店售缺，请与本社发行部联系，联系及邮购电话：（010）88254888，88258888。

质量投诉请发邮件至 zlts@phei.com.cn，盗版侵权举报请发邮件至 dbqq@phei.com.cn。

本书咨询联系方式：（010）88254019，jrm@phei.com.cn。

前言

本教材是基于互联网+、物联网新时代推出的修订版，内容涵盖电子商务物流管理研究和应用的主要领域，同时吸纳和研究了当前国内外电子商务环境下物流管理的前沿理论、热点问题、焦点问题及最新案例。本教材始终以就业为导向，以提高学生的实践能力、创造能力和创业能力为目标，在保持第3版特色及优点的基础上，对全教材体系、内容、观点和所有材料进行了全面检查、修改和补充。与第3版相比较，第4版主要有如下不同。

（1）对全教材基本框架体系和内容进行了全面整合。为了更好地适应我国当前及未来电子商务环境下物流管理的新需求，在第3版的基础上，本教材将基本框架体系和内容调整为：模块一，电子商务物流概述；模块二，电子商务物流信息技术；模块三，电子商务环境下的供应链管理；模块四，电子商务环境下的物流外包；模块五，电子商务物流模式；模块六，电子商务环境下的采购与生产物流管理；模块七，电子商务环境下的仓储管理；模块八，电子商务环境下的运输与配送管理；模块九，电子商务环境下的物流服务。

（2）对全教材体例进行了部分变革。为方便教师授课和学生学习，每个模块开头都设置了表格式的“学习目标”“导入案例”“案例分析”，每个模块均插入了与内容相匹配的“相关链接”和“小贴士”，末尾附有“基础训练”、“技能训练”等形式多样的练习题。同时，为了实现书网互动，各模块均配有与其内容相关联的微视频材料二维码，以便于教学及自学参考。

（3）选用的案例注重时效性、代表性及针对性。第4版在修订过程中全部选用与教材内容贴切的，具有强时效性、代表性的新案例，增强了时代感。

本教材立足于电子商务环境下现代物流行业的发展和相关从业人员的现实需要，强调理论与实践的有机结合，强调锻炼学生的思维能力及运用知识解决问题的能力。

本教材各模块的修订稿分别由下列人员提供：闽江学院陈修齐教授提供模块一、模块四至模块七修订稿；吉林农业科技学院的代海涛副教授提供模块二修订稿；金陵科技学院苏丽琴教授提供模块三修订稿；福建信息职业技术学院薛庆辉讲师提供模块八修订稿；福州理工学院吴延洁讲师提供模块九修订稿。全书由陈修齐总纂定稿。本书在修订过程中得到了兄弟院校及同行的大力支持和帮助。同时，本教材参考并引用了国内外相关专家、学者在当代电子商务物流管理领域内的最新理论研究成果，在此表示衷心的感谢！

由于编者的水平限制及时间仓促等原因，书中难免仍存在错误和需改进之处，恳请广大读者批评指正。

编　者

目 录

模块一

电子商务物流概述

学习目标

知识点		● 电子商务与现代物流的基本概念； ● 跨境电子商务的特点； ● 电子商务与现代物流的关系； ● 电子商务物流的发展趋势。
能力点	专业能力	● 能够应用相关理论知识分析现代物流对电子商务发展的影响程度。
	方法能力	● 具有基本的现代物流与电子商务之间关系的现实感知； ● 具有一定的分析现代物流对电子商务发展影响的逻辑思路。
	社会能力	● 拥有良好的职业道德与职业感知； ● 具备一定的沟通能力和较强的团队合作精神； ● 关注行业发展，善于思考行业热点现象或问题。

导入案例

阿里巴巴集团 1 000 亿元力挺新零售，菜鸟物流重磅升级

2016 菜鸟物流网络宣传片

2017 年 9 月 26 日，阿里巴巴集团宣布，为进一步推进新零售战略，将增持旗下菜鸟网络的股份，并将在已投入数百亿元的基础上，未来 5 年继续投入 1 000 亿元，加快建设全球领先的物流网络。

对于未来的 1 000 亿元投入，阿里巴巴集团也表示，为了打造服务于新零售的新物流，除了用于数据技术等领域的研发，主要用于智能仓储、智能配送、全球超级物流枢纽等核心领域建设。

阿里巴巴集团这个举措将带来以菜鸟为首的中国物流行业的重磅升级，而升级之后中国物流业将具有全球最高水准，并将引领全球物流业的发展。天猫新零售将拥有最强臂膀！在 2017 年 9 月央视的一组视频中，全球网友已经围观了菜鸟网络的智慧物流。

菜鸟物流的拣选系统是专门为中国电商开发的机械手臂，可以 360 度运行，根据不同需求取高处低处的货，并把箱子放置到流水线上。而每个快递箱上都贴了一个小小的条形码（也称条码），可以让系统自动识别信息，轨道自动改道，让箱子去它该去的地方。

而为了保证货物不会被其他人拆封和掉包，菜鸟物流甚至应用图像识别功能识别检查员的

脸。菜鸟物流的仓库通过自动化技术，从收到订单到包裹出库，平均只要10分钟，时间远远短于传统仓库。

在阿里巴巴集团增持菜鸟并宣布投入1 000亿元后，菜鸟网络总裁万霖随后发出了全员电子邮件。这份电子邮件中透露，菜鸟“要在5年内取得新零售物流布局的全面优势”。

万霖在电子邮件中说，菜鸟经过4年的发展已经初步奠定了在智慧物流领域的领先地位，新零售正深刻改变商业形态，对于没有路径依赖的菜鸟来说，正是换道超车、布局未来的最好机遇。

万霖还在电子邮件中表示，只有菜鸟飞起来，世界才会真正变小。阿里巴巴集团的每项业务都让世界不一样，而菜鸟的眼光格局不一样，业务就不一样，世界就会因为菜鸟而不一样。

关于1 000亿元投资的具体用途，万霖在电子邮件中称菜鸟将在技术研发、智能仓储、配送网络、自动化设备、全球物流节点等领域进行更坚决的投入，必须加速打造一张基于大数据（DT）理念和技术的全球物流网络，让全国任何地方24小时内必达，让全球任何地方72小时内必达。

同时，菜鸟要帮助发展中国家大幅降低物流成本，帮助其制造业升级，让制造企业通过菜鸟先进的物流，大幅降低库存成本，甚至逼近零库存。

目前，包括亚马逊、京东公司在内的众多企业均在智慧物流领域展开布局，阿里巴巴集团的巨额投入意图明显：要在新零售、全球化的物流上取得完全优势。

——资料来源：http://news.mydrivers.com/1/550/550017.htm

阿里巴巴集团2013年5月28日宣布，已与相关物流企业、资本及金融机构敲定共同筹建“中国智能物流网”（China Smart Logistic Network，CSN），马云称此智能物流网会变成中国未来商务的基础设施。据知情人士透露，该计划目前已启动公司设立各核心关键网络节点的选址工作，并已和多个省份展开接触和交流。第一期投资额1 000亿元，项目由阿里巴巴集团牵头，集团主席马云拟担任董事长，银泰集团董事长沈国军拟出任CEO，计划8～10年后，将实现日均300亿元的交易额，支撑未来1 000万家新型企业的诞生。据了解，包括银泰、复星、富春、“四通一达”、顺丰公司及相关资本市场的领军机构、银行和金融机构将共同参与联合建设CSN。一位参会者确认，目前CSN项目的建设者及未来有机会参与到项目中的建设者，需多接受一个附加条件：在未来5～8年中不计回报地持续投入。

——资料来源：21世纪经济报道　2013-05-28

案例分析

马云千亿元创建电子商务物流的背后说明了什么？阿里巴巴集团为什么继续投入1 000亿元力挺新零售？很显然，“中国智能物流网”（CSN）的构建，是为了适应近年来国内快速发展的电子商务对物流服务提出的“智能化”的要求。在电子商务活动中，信息流、商流、资金流的活动都可以通过计算机在网上完成，唯独物流需要实实在在的运作过程，无法像信息流、资金流那样被虚拟化。因此，作为电子商务组成部分的物流便成为决定电子商务发展的关键因素。只有建立了以数字化、网络化、信息化为基础的发达物流网络，电子商务才有了真正牢固的发展根基。根据规划，CSN将成中国未来电子商务的基础设施，智能化物流即现代物流也必将成为电子商务时代物流发展的趋势。

问题思考

什么是现代物流？它与传统物流有什么区别？在电子商务环境下，现代物流管理及跨境电子商务物流有何特征？其发展趋势如何？这些问题都是需要我们进行认真思考与分析，同时，它们也是构成本模块内容的主要理论知识点。

单元一　现代物流概述

一、物流的概念

1．物流概念的产生与发展

1965 年，美国决策论学派的创始人西蒙（Herbert A．Simon）指出，对于正在迅速发展的领域，应该重点介绍它的概念和发展历史。物流学术界对物流概念的产生和发展主要有以下几种观点。

物流（Physical Distribution，PD）一词最早出现于美国。1915 年，阿奇·萧在《市场流通中的若干问题》一书中明确地将企业的流通活动分为创造需求的活动和物流活动，指出“创造需求与实物供给的各种活动之间的关系……说明（这些活动之间）存在平衡性和相互依赖性两个原则”，“物流（The Physical Distribution of Goods）是与创造需求不同的一个问题……流通活动中的重大失误都是因为创造需求与物流之间缺乏协调造成的”。文中提到的“平衡性”“相互依赖性”“协调”等正是物流理论与实践的基础。此时的物流指的是销售过程中的物流。

第二次世界大战中，围绕战争供应，美国军事部门运用自行研发的“后勤管理”（Logistics Management）方法对军需物资的采购、运输、仓储、分发进行统筹安排和全面管理，取得了显著效果。第二次世界大战后，“后勤管理”被引入经济部门，应用于流通领域和生产经营管理全过程中所有与物品获取、运送、存储、分配有关的活动。此时的后勤包含了生产过程和流通过程的物流，是一个范围更广泛的物流概念。现在，欧美国家多数把物流称作 Logistics，它包含生产领域的原材料采购，生产过程中的物料搬运与厂内物流和流通过程中的物流或销售物流。

在日本，物流概念的出现是 20 世纪 50 年代末的事情。1956 年 10 月，日本生产效率本部（现社会经济生产效率本部）派流通技术专业考察团访问美国，回国后在《流通技术》杂志上发表的报告书中首次提到了“Physical Distribution”的概念。当时是直接使用英语原词，并且在以后的相当长一段时间内，“Physical Distribution”都没有能译成合适的日语，只是用缩写 PD 表示。直到 1965 年前后，才被正式翻译成“物的流通”。日本著名学者、被称为物流之父的平原直最早提出用“物流”这一更为简捷的表达方式代替“物的流通”，随后“物流”一词迅速地被广泛使用。在国外“物流”也称“供应链管理”。

我国是在 20 世纪 80 年代才开始接触“物流”这个概念的，物流是作为一个经济学的概念通过日本引入我国的。企业对物流的需求并不是与生俱来的，只有当企业足够壮大、业务日趋复杂时，才会对现代的物流提出要求。可以说，物流问题的出现是企业经营管理“成长中的烦恼”。物流既是当代运输服务新理念的产物，也是一个科学化和系统化的业务领域。从概念范畴上讲，物流包含配送，物流业则是专门从事物流活动的行业。从企业销售成本和商品价格组成角度考察，物流业潜藏着巨大的商机。

2．物流的定义

尽管物流概念已被广泛使用，但是，对于物流的理解会因所处的立场不同而有所差异。本书以中华人民共和国国家质量监督检验检疫总局和中国国家标准化管理委员会于 2006 年 12 月 4 日联合发布的中华人民共和国国家标准《物流术语》（修订版）（GB/T 18354—2006）为依据，所谓物流（Logistics）是指物品从供应地向接收地的实体流动过程。根据实际需要，将运输、储存、装卸、搬运、包装、流通加工、配送和信息处理等基本功能实施有机结合。

二、物流的分类

物流活动复杂多样，按不同的分类标准，物流可以分成不同的类型（见图 1-1）。

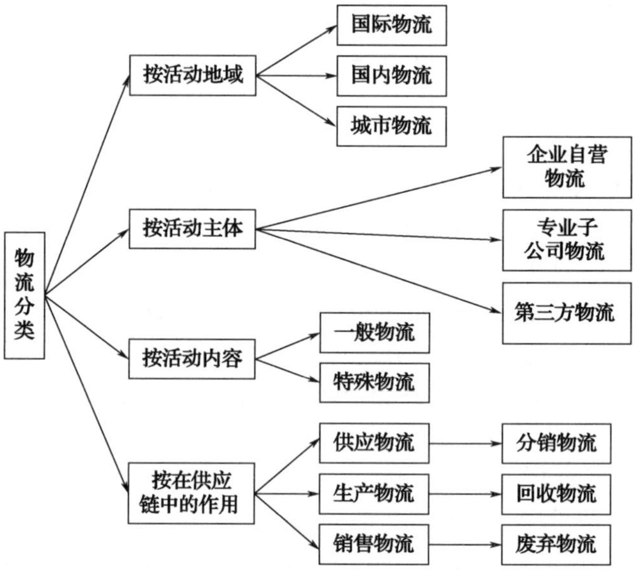

图 1-1　物流分类图

1．按照物流活动的地域范围分类

按照物流活动的地域，分类如下所述。

（1）国际物流。国际物流是伴随国际间投资、贸易活动和其他国际交流所发生的物流活动。由于第二次世界大战后国际投资和贸易壁垒减少，国际分工日益深化，国际贸易规模迅速扩大，经济全球化和区域经济一体化速度加快，国际物流成为现代物流系统中发展最快、规模最大的一个物流领域，互联网这一新型无国界信息媒介的扩展和电子商务的推广应用，将进一步推动国际物流（包括跨境电子商务物流）效率的提高、规模的扩大。

（2）国内物流。相对于国际物流而言，国内物流是发生在一个国家范围内的物流活动。由于国家主权的权威性和独立性，政府在一国领土内拥有毋庸置疑的政治、经济控制力，国内物流活动处于同一法律、规章、制度之下，加上受相同文化及社会因素的影响，各地经济发展水平比较相近，企业处于基本相同的科技水平和装备水平之中，因而，各国物流往往有其自身的特点。研究各个国家的物流，找出其区别及差异所在，找出其连接点和共同因素，这是研究国际物流的重要基础。物流行业有一般性的运行规律，有自己的共性，但不同国家的物流有其特殊性。例如，日本作为海岛国家，其物流体系中海运占有非常突出的地位。同时，因为其国土狭小，覆盖全国的配送系统也很有特点；在美国物流中，高速公路集装箱运输的作用非常突出，远远超过铁路运输的作用；欧盟各国由于一体化经济和政治进程的推动，物流业中各国分工的特点比较突出。这种比较研究不仅对认识各国的物流特点有帮助，而且能博采众长，学习借鉴各国成功经验，促进本国物流业发展。例如，日本在认真研究美国物流经验的基础上，通过吸收、消化，发展出本国独具特色的物流体系。

（3）城市物流。城市物流是以一个城市为地理区域进行的物流活动。城市作为经济中心、信息中心、交通枢纽，往往会与其周边地区形成中等或小型规模的经济地域，成为参与国内、国际分工的中坚经济基础。城市经济区域的运作和发展有赖于物流系统的高效运行。

城市物流要研究的问题很多。例如，城市发展规划中的物流体系，不仅要直接规划物流设施及物流项目（如公路、桥梁、车站、机场、货场、仓库等）以减少交通拥挤、交通事故和环境污染，而且要以物流为约束条件，规划整个市区布局，如工厂区、生活住宅区、商业区和文化娱乐区等。整个城市的经济活动、生活活动都是以物流为依托的，所以城市物流还要研究城市生产、生活所需物资如何流入，如何以更有效的形式供应给工厂、学校、商店和家庭，城市大规模的生产和生活消费所形成的废物又如何组织物流回收处理等。城市物流系统已成为世界各大城市规划和建设要研究的一项重点内容。

2. 按照物流活动的内容分类

按照物流活动的内容，分类如下所述。

（1）一般物流。一般物流是指具有普遍适应性的物流活动。由于物流活动是全社会各行各业和居民生活都离不开的活动，因此，物流系统的建立、物流活动的开展必须具有较强的普遍适用性。建立社会物流系统的基础和出发点应立足于此。如果物流系统有很大的局限性、很低的适应性，物流活动对国民经济和社会的作用便大大减弱了。一般物流要着眼于物流的一般规律，建立普遍适用的物流标准化系统，研究物流的共同功能要素、物流系统与其他系统的轻松衔接、物流信息系统及管理体制的统一性等。

（2）特殊物流。特殊物流是指在专门领域、特殊行业发生的物流活动。特殊物流在遵循一般物流规律的基础上，还有自身的特殊制约因素、特殊应用领域、特殊管理方式、特殊劳动对象、特殊装备特点等。特殊物流活动的产生是社会分工深化、物流活动专业化和精细化的产物，特殊物流的研究对推动现代物流的发展有积极作用。特殊物流可进一步划分：按劳动对象的特殊性可划分为石油及成品油物流、煤炭物流、化肥物流、危险品物流等；按服务方式不同可划分为“门到门”的一贯物流、配送等；按装备及技术不同可划分为集装箱物流、托盘物流等；在特殊的物流领域有军事物流、废弃物物流等。

3. 按照物流活动在供应链中的作用分类

供应链是指在生产及流通过程中，为将货物或服务提供给最终消费者而创造价值，连接上游与下游而形成的组织网络。为了提高效率、降低成本，供应链中的物流活动应按照专业化原则进行组织，即在整个供应链上，可以有不同类型的物流。

（1）供应物流。为生产企业、流通企业或消费者购入原材料、零部件或商品的物流过程称为供应物流，也就是商品生产者、持有者至使用者之间的物流。企业供应物流不仅要实现保证供应的目标，而且要在低成本、少消耗、高可靠性的限定条件下组织供应物流活动。现代物流学就是基于非短缺商品市场这样一个宏观环境来研究物流活动的。在这种市场环境下，供应数量的保证是容易做到的，而企业竞争的关键则在于如何降低这一物流过程的成本。为此，企业供应物流就必须解决有效的供应网络、供应方式和零库存等问题，为生产企业提供原材料、零部件或其他物品，使物品在提供者与需求者之间实现流动。

（2）生产物流。生产物流是指从企业的原材料购进入库起，到企业产品库的产品发送为止这一全过程的物流活动。生产物流是制造企业所特有的，它与生产流程同步。人们在研究生产活动时，往往注重一个一个的生产加工过程，而忽视了将每个生产加工过程串联在一起，并又和每个生产加工过程同时出现的物流活动。实际上，在一个生产周期中，物流活动所用的时间往往多于实际加工的时间。因此，生产物流合理化对工厂的生产秩序和生产成本有很大的影响。目前，制造型企业的物流系统有两种：一种是为制造活动提供支持的物流，它的功能要求与供应物流相同；另一种则是为制造商的产品分销提供支持的物流。国内外的应用实例都表明，制造商自己直接建立分销网络的情况越来越普遍，其市场覆盖面广，分销能力强，市场信息的收集与传递及时，因此要求在区域市场上运输和配送商品的能力要很强，需求预测及订单处理功能要完善。

（3）销售物流。销售物流是指企业为保证自身的经营利益，伴随销售活动将产品所有权转给用户的物流活动。在现代社会中，市场环境是一个完全的买方市场，因此销售物流活动便带有极强的服务性，以满足买方的要求，最终实现销售。在这种市场前提下，销售往往以送达用户并经过售后服务才算终止，因此销售物流的空间范围很大。企业销售物流的特点就是通过包装、送货和配送等一系列物流实现销售，这就需要研究送货方式、包装水平及运输路线，并采取各种诸如少批量、多批次、定时、定量配送等特殊的物流方式达到目的，因而其研究领域是很宽的。

（4）分销物流。专业批发业务的物流作业具有大进大出和快进快出的特点，它强调的是批量采购、大量储存及大量运输的能力，大型分销商需要大型的仓储和运输设施。另外，分销商属于中间商，需要与上游和下游进行频繁的信息交换，需要具有良好的信息接口和高效的信息网络。

（5）回收物流。回收物流是指不合格物品的返修、退货，以及周转使用的包装容器从需方返回到供方所形成的物品实体流动。企业在生产、供应，以及销售活动中总会产生各种边角余料和废料，这是要回收并加以利用的。例如，旧报纸、书籍通过回收、分类可以再制成纸浆加以利用；金属废弃物由于具有良好的再生性，可以回收并重新熔炼成有用的原材料。而且，在一个企业中，若回收物品处理不当，不仅会占用很大的空间，还会影响整个生产环境，甚至影响产品质量。

（6）废弃物流。废弃物流是指对企业排放的无用物进行运输、装卸和处理的物流活动。生产和流通系统中所产生的无用的废弃物，如开采矿山时产生的土石，炼钢生产中的钢渣、工业废水，以及其他一些无机垃圾等，如果不妥善处理，不仅没有再利用价值，还会污染环境和妨碍生产。在对这类物资的处理过程中产生了废弃物流。废弃物流一般没有经济效益，但却具有不可忽视的社会效益。

4. 按照物流活动的主体分类

按照承担主体，物流活动可以划分为企业自营物流、专业子公司物流和第三方物流。这三种物流形态目前在市场上共同存在，它们的成长、变化过程反映了现代物流社会化发展的一种变化趋势。

（1）企业自营物流。在计划经济体制下，大多数企业都是采用“以产定销”的经营方式，因此其物流运作的规模、批量、时间都是在计划指导下进行的，企业自备车队、仓库、场地和人员，自给自足的自营物流的方式成为传统企业物流的主体。随着计划经济向市场经济的转轨，市场调节能力不断增强，“以销定产”成为企业新的运作模式。小批量、多品种、高速度和准时供货等市场需求对新型物流提出了更高的要求。现在，一些企业明显地感到灵活多变的物流运送需求和居高不下的物流成本所带来的竞争压力，为了从物流成本和速度需求的双重枷锁下解放出来，许多企业开始寻求更好的解决途径。

（2）专业子公司物流。专业子公司物流一般是指从企业传统物流运作功能中剥离出来，成为一个独立运作的专业化实体，它与母公司（或集团）之间的关系是服务与被服务的关系。它以专业化的工具、人员、管理流程和服务手段为母公司提供专业化的物流服务。与传统的企业自营物流相比，专业化子公司更加注重对物流过程一体化的管理和物流资源的合理化配置，能使物流效率最大化，并能有效地控制总成本以使其达到最低水平。一些规模较大的专业化子公司还可利用自身的专业化优势为同行业的其他企业提供第三方物流服务。

（3）第三方物流。第三方物流是指企业为了更好地提高物流运作效率和降低物流成本，而将物流业务外包给第三方物流公司的做法。这是跨国公司管理物流的通行做法。按照供应链理论，将非核心业务外包给在该领域具有专长或核心竞争力的专业公司互相协调和配合来完成，这样所形成的供应链具有最大的竞争力。第三方物流企业应站在货主的立场，以货主企业的物流合理化为目标设计物流系统。它同货主企业的关系应是密切、长期的合作关系，而不是零星的业务往来。通过第三方物流企业提供的物流服务，有助于促进货主企业的物流效率和物流合理化。在我国发展现代物流的过程中，第三方物流将成为未来较大的市场潜在需求。

三、物流的作用与功能

1. 物流的作用

（1）保证生产的顺利进行。在市场经济中，商品生产者只有通过流通领域把产品售出，才能补偿成本，获得利润，维持简单再生产或进行扩大再生产，而物流是交换顺利完成的必备条件。生产厂商一方面要出售自己的产品，通过流通实现产品的价值补偿和增值；另一方面还要从市场获取自己所需的生产工具、零部件和原材料，这种生产消费需求也必须通过物流活动来满足。没有物流，现代生产就无法进行，物流的规模和技术水平在一定程度上制约着生产的发展。

（2）满足居民的生活消费要求。居民的生活消费用品，绝大多数都要通过物流渠道从市场获得。要满足居民不断提高的消费品需求，生产部门必须生产出质量更好，数量更充足，品种更丰富的商品。同时，物流部门必须提供充足、高效的储运服务，才能把满足消费者需求的产品及时、快捷、准确无误地运送到消费者手中。生产品要转变为居民的实际消费品必须通过物流环节来实现，因此物流的能力和技术装备决定了消费者可选择的商品品种范围，物流的质量决定了消费者购买商品的方便性、安全性和满意程度，物流的效率也在一定程度上影响了消费者采购商品的资金成本与时间成本。总之，物流业的发展水平直接影响到市场所能提供的消费品数量、品种、档次及价格，从而影响着居民消费的层次、质量及丰富程度。

（3）调节产需，平衡供求。国民经济运行是一个动态的过程，资源、技术及消费需求的变化会不断造成经济运行中的不平衡，从而要求阶段性的供求调整。由于生产和消费本身的特点造成的季节性与常年性的矛盾也需要物流活动来解决，物流业的仓储功能使其可以进行数量调控，发挥经济运行的调节器作用。

（4）促进竞争。企业只有通过努力使自己的生产成本低于社会平均成本，才能通过市场交换获取更多的利润，反之将会被市场竞争所淘汰。商品生产企业在商品质量、品种、价格和销售服务等方面的竞争都要通过流通环节进行，而物流业的发展会促进商品流通规模扩大，促使统一市场的形成，进而统一市场检验尺度，展开公平竞争，这将促进社会整体生产效率的不断提高和资源向优势企业的集中。

（5）价值增值。物流劳动包括直接改变商品的时间及空间形态的劳动，以及部分加工劳动。运输劳动通过改变商品的地理位置而增加商品的空间效用，解决生产与消费在空间距离上的矛盾；存储劳动则通过保存和延续商品的使用价值增加商品的时间效用，解决生产与消费在时间上的矛盾。商品的空间与时间这两方面效用的增加，既是商品使用价值的增加，同时也凝结了物流劳动所实现的价值增值，物流劳动在创造时空效用的同时，还保证了商品交换地域上的广度和时间上的效率。同时，物流领域的加工劳动，如对商品分拣、分批、修理、再包装等，也增加了商品价值，提供了增值服务。

2. 物流的功能

物流功能按其在物流系统中的地位不同，通常分为主体功能和辅助功能（见图 1-2）。

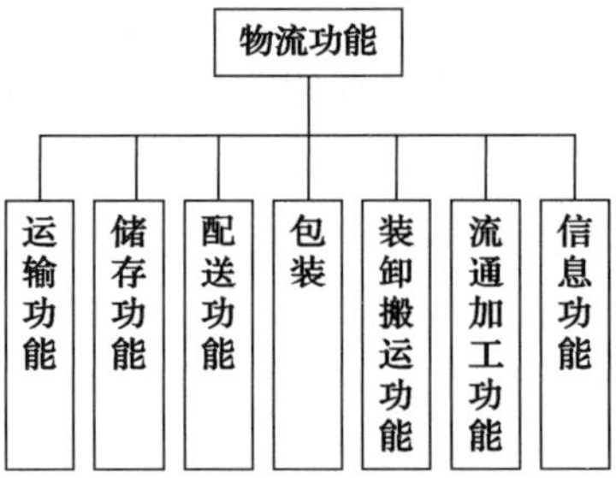

图 1-2　物流的功能

（1）主体功能。如果将物流这个系统比作一座桥梁，那么构成其筋与梁的就是运输、储存与配送三个功能。

① 运输。物流的运输功能是负责为客户选择满足需求的运输方式，具体组织网络内部的运输作业，在规定的时间内将客户的商品运抵目的地。它包括供应和销售物流中的车、船、飞机等方式的运输，以及生产物流中的管道、传送带等方式的运输。对运输活动的管理要求是选择经济便捷的运输方式和运输路线，以实现安全、迅速、准时和经济的要求。

运输在物流管理中处于重要地位。一方面，运输可以创造“场所效用”。所谓场所效用是指同一种“物”由于空间场所不同，其使用价值的实现程度也不同，其效益的实现也不同。由于改变场所而最大限度地发挥了使用价值，最大限度地提高了产出投入比，就称为“场所效用”。通过运输，将“物”运到场所效用更高的地方，发挥“物”的潜力，实现资源的优化配置。从这个意义来讲，也相当于通过运输提高了物的使用价值。另一方面，运输是“第三利润源”的主要来源。仅从运输费用来看，运输费用在全部物流费用中所占的比例最高，一般综合分析计算社会物流费用，运输费用在全部物流费用中约占 50%，有许多产品运输费用高于产品的生产成本，节约意义重大。

② 储存。储存功能包括堆存、保管、保养、维护等活动。物流系统需要有仓储设施，但客户需要的不是在物流中心储存商品，而是要通过仓储环节保证市场分销活动的开展，同时尽可能降低库存占压的资金，减少储存成本。因此，专业物流中心需要配备高效率的分拣、传送、储存和拣选设备。对储存活动的管理，要求正确确定库存数量，制订保管制度和流程，对库存物品分别采取有效的管理方式，力求提高保管效率，降低损耗，加速物资和资金的周转。

③ 配送。配送功能是物流进入最终阶段，以配货、送发形式最终完成社会物流，并最终实现资源配置的活动。配送活动一直被看作运输活动中的一个组成部分或运输形式，所以过去未将其独立作为物流系统实现的功能，而是将其作为运输中的末端运输对待。但是，配送作为一种现代流通方式，在电子商务物流中的作用非常突出，它集经营、服务、社会集中库存、分拣和装卸搬运于一身，已不是简单的送货运输，所以在本教材中将其作为独立功能。

（2）辅助功能。就整个物流体系而言，除了以上三个主体功能外，还存在以下四个辅助功能。这些辅助功能同样存在于每次物流活动中。

① 包装。包装功能包括产品的出厂包装，生产过程中制成品和半成品的包装以及在物流过程中换装、分装和再包装等活动。物流的包装作业的目的不是要改变商品的销售包装，而在于通过对销售包装进行组合、拼配和加固，形成适于物流和配送的组合包装单元。对包装活动的管理应根据物流方式和销售要求来确定，要全面考虑包装对产品的保护作用，促销作用，提高装运率的作用，包拆装的便利性及废包装的回收与处理等因素。包装管理还要根据物流全过程的经济效果来具体决定包装材料及其强度、尺寸及包装方式等。

② 装卸搬运。装卸搬运是随输送和保管而产生的必要物流活动，它是对运输、保管、包装、流通加工等物流活动进行衔接的中间环节，包括装车（船）、卸车（船）、堆垛、入库、出库，以及连接以上各项动作的短程搬运。在物流活动的全过程中，装卸搬运活动是频繁发生的，因而是产品损坏的重要原因之一。对装卸搬运活动的管理，主要是确定最恰当的装卸方式，力求减少装卸次数，合理配置及使用装卸机具，以做到节能、省力、减少损失、加快速度，获得较好的经济效果。

③ 流通加工。流通加工是流通过程的辅助加工活动，物流企业为了弥补生产过程中加工程度的不足或市场不确定性的影响，更有效地满足用户需求，更好地衔接产需，往往需要进行一定的加工活动。流通加工的主要目的是方便生产或销售。例如，专业物流中心常与固定的制造商或分销商长期合作，为制造商或分销商完成一定的加工作业，如贴商品标签，制作并贴条形码等。流通加工环节地位和作用特殊，同时具有生产特征和流通特征，既可以看作流通过程中的生产活动，也可以看作生产过程中的流通活动，对衔接生产和流通具有重要意义。

④ 信息功能。物流信息功能包括进行与上述各项活动有关的计划和预测，以及对物流动态信息（运量，收、发、存数）及其有关的费用、生产、市场信息的收集、加工、整理和提炼等活动。对物流信息活动的管理，要求建立信息系统和信息渠道，正确地选定信息点和内容，以及信息的收集、汇总、统计和使用方式，以确保信息的可靠性和及时性。

相关链接

戴尔公司增值性的物流服务

1984 年迈克尔·戴尔创立了戴尔公司。自成立以来，戴尔公司一直致力于倾听客户的需求，提供客户所信赖和注重的创新技术与服务。戴尔公司近期发布了截至 2017 年 2 月 3 日的 2017 财年第四季度及全年财报。财报显示，按照美国通用会计准则（GAAP）计算，戴尔第四财季净营收为 200.74 亿美元，较 2016 年同期的 126.79 亿美元增长 58%。通过实施持续一致的战略，戴尔公司在服务器、服务以及网络业务方面均实现了增长。

作为全球领先的系统与服务提供商，戴尔公司在中国拥有超过 9 000 名团队成员，为包括大型企业、政府机构、教育组织、中小企业，以及个人消费者在内的广大客户提供各种服务。戴尔公司增值性的物流服务包括以下内容。

1. 增加便利性的服务，即使人变懒的服务

一切能够简化手续、简化操作的服务都是增值性服务。简化是相对于消费者而言的，并不是说服务的内容简化了，而是指为了获取某种服务，以前需要消费者自己做的一些事情，现在由商品或服务提供商以各种方式代替消费者做了，从而使消费者获得这种服务变得简单。消费者获得服务或商品就像用傻瓜照相机一样简单，不仅简单而且更加好用，这当然增加了商品或服务的价值。在提供电子商务的物流服务时，推行一条龙门到门服务、提供完备的操作或作业提示、省力化设计或安装、代办业务、一张面孔接待客户、24 小时营业、自动订货、传递信息和转账（利用 EOS、EDI、EFT）、物流全过程追踪等都是对电子商务销售有用的增值性服务。

2. 加快反应速度的服务，即使流通过程变快的服务

快速反应已经成为物流发展的动力之一。传统的观点和做法将加快反应速度变成单纯对快速运输的一种要求，而现代物流的观点认为，可以通过两条途径使过程变快，第一种办法是提高运输基础设施和设备的效率，如修建高速公路，铁路提速，制订新的交通管理办法，将汽车本身的行驶速度提高等。这是一种速度的保障，但在需求方对速度的要求越来越高的情况下也变成了一种约束，因此必须想其他的办法来提高速度。第二种办法也是具有重大推广价值的增值性物流服务方案，该办法优化电子商务的流通渠道，以此来养活物流环节，简化物流过程，提高物流系统的快速反应性能。

3. 降低成本的服务，即发掘第三利润源泉的服务

电子商务发展的前期，物流成本高居不下，有些企业可能会因为根本承受不了这种高成本而退出电子商务领域，或者是选择性地将电子商务的物流服务外包出去，这是很自然的事情。发展电子商务，一开始就应该寻找能够降低物流成本的物流方案。企业可以考虑的方案包括：采用第三方物流；电子商务经营者之间或电子商务经营者与普通商务经营者联合，采取物流共同化计划；同时，对于具有一定的销售量的电子商务企业，可以通过采用比较适用但投资比较少的物流技术和设施设备，或推行物流管理技术，如运筹学中的管理技术、单品管理技术、条形码技术和信息技术等，提高物流的效率和效益，降低物流成本。

4. 延伸服务

延伸服务即将供应链集成在一起的服务，向上可以延伸到市场调查与预测、采购及订单处理；向下可以延伸到配送、物流咨询、物流方案的选择与规划，库存控制决策建议，货款回收与结算，教育与培训，物流系统设计与规范方案的制作等。

戴尔公司给我们提供了电子商务化物流的先河，如何实现电子商务化物流是目前企业所面临的问题，而能否提供电子商务化物流增值服务现在已成为衡量一个企业物流是否真正具有竞争力的标准。

——资料来源：凤凰科技　**2017-04-01**

小贴士

现代物流科学主要包括以下观点和学说。

1. “黑大陆”学说

著名的管理学权威P.E.德鲁克曾经讲过“流通是经济领域里的黑暗大陆”，德鲁克泛指的是流通，“黑大陆”现在主要针对物流而言。

2. “物流冰山”说

“物流冰山”说是日本早稻田大学西泽修教授提出来的，他研究物流成本时发现，现行的财务会计制度和会计核算方法都不可能掌握物流费用的实际情况，因而人们对物流费用的了解有大片空白，他把这种情况比作“物流冰山”。

3. “第三利润源”

“第三利润源”的说法出自日本。物流领域的潜力被人们所重视，称为“第三利润源”。

另外，还有“效益背反”学说、成本中心说、利润中心说、服务中心说和战略学说等。

单元二　电子商务物流管理

一、电子商务物流管理相关的概念

1．电子商务物流

电子商务物流就是在电子商务的条件下，依靠计算机技术、互联网技术、电子商务技术及信息技术等所进行的物流（活动）。电子商务作为一种新的数字化商品交易方式，代表未来的贸易、消费和服务走向，因此，要完善整体生态环境，就需要打破原有行业的传统格局，发展建设以商品代理和配送为主要特征，物流、商流、信息流有机结合的社会化物流配送体系。

实际上，电子商务物流的概念是伴随电子商务技术和社会需求的发展而出现的。电子商务所独具的电子化、信息化、自动化等特点，以及高速、廉价、灵活等诸多好处，使得电子商务物流在其运作特点和需求方面也有别于一般物流。

2．物流管理

根据国家标准《物流术语》（修订版）（GB/T 18354—2006），所谓物流管理（Logistics Management）是指为以合适的物流成本达到用户满意的服务水平，对正向及反向的物流活动过程及相关信息进行的计划、组织、协调与控制。

3. 电子商务物流管理

在互联网环境下，电子商务物流管理是以用户需求为导向，以供应链为平台，运用管理的基本原理和科学方法，对物流活动进行计划、组织、协调、控制和监督，使各项物流活动实现最佳的协调与整合，以降低物流成本，提高物流效率和经济效益。

小贴士

电子商务物流系统管理目标

电子商务物流管理的合理化目标（7“R”）

7“R”包括：（1）合适的时间（Right Time）；（2）合适的地点（Right Place）；（3）合适的条件（Right Condition）；（4）合适的成本（Right Cost）；（5）合适的客户（Right Customer）；（6）合适的产品或服务（Right Product or Service）；（7）合适的数量（Right Quantity）。

二、电子商务物流管理的基本原则

为了更好地促进现代物流管理目标的实现，电子商务环境下的物流管理应遵循以下基本原则。

1. 服务性原则

物流业属于服务业，必须以用户为中心。随着商品经济的纵深发展，用户更重视高效率、低消耗的物流活动。所以，在电子商务环境下的物流业活动在承担中长距离大量运输的同时，还要注意满足用户批量少、次数多、距离短、时间准的要求，甚至要为用户“量身定做”物流方案。例如，日本丰田公司有个先进的管理经验，即“零库存”或“准时生产方式”，就是所运送的原料配件正好能够满足生产所需，产品完工即运给下一道工序或用户，因此不需要库存，使储备资金占用达到最低。这种情况必须有一个精干的物流机构支持，这往往不是企业自备物流机构能做到的。在经济发达地区，这些活动一般都由专业物流企业承担，它们的服务与用户的需要配合得分毫不差，真可以说是完美的服务。

2. 通用性原则

专业物流企业为用户提供个性化服务必然发生高昂的费用，但是如果能采用共同储运的组合方式，提高储运设备的利用率，就能把成本降下来。为了能够适用于共同组合，对物流用品如集装箱、托盘等应注重它的可交换性、通用性。在这个原则下提出了物流标准化的要求。如规定了物流设施与设备的尺寸基准，又称为“物流模数”，规定了最小的集装单元尺寸为 600 毫米×400 毫米，这是国际基本认定的基础模数尺寸，其他规格的尺寸都与它成倍数关系。现代物流业必然发展为全球性作业，那么上述通用性将向全球的通用性发展，而且不仅是设施与设备的通用，更包括商务单证、手续规则的通用、相互认可等，这些都是现代物流业发展面临研究解决的问题。

3. 合理化原则

专业物流企业要降低物流成本，还要考虑按最优化模式设计它的作业，实行合理的运输、储存、配送、流通加工等。追求最优模式还要注意解决“二律背反”的问题，即事物存在相互矛盾的两个方面，如果想要实现其中一个方面的目的，就可能使另一方面受到损害。例如，减少库存，可以降低储存成本，但是要增加采购次数，使采购费用增加；简化包装可以降低包装成本，但是包装强度降低，破损率升高，使维修或赔偿费用增大，甚至损害企业声誉。解决这类问题在于：首先，要周密地考察、衡量各方面的利害关系、影响程度；其次，可采用实验或者更精确的数理推算方法，确定矛盾的双方各自应该具有的水平，得到较折中的处理方法，使综合效益得到最大，如利用“最经济购进批量”法计算对比。

三、电子商务物流管理的特点

电子商务环境下的现代物流管理主要具有以下特点。

1. 综合性特点

从现代物流管理覆盖的领域上看，它涉及商务、物流、信息和技术等领域的管理；从管理的范围看，它不仅涉及物流企业，而且包括物流供应链上的各个环节；从管理的方式和方法看，它兼容传统的管理方法和通过网络进行的过程管理和虚拟管理。

2. 新颖性特点

现代物流体现了新经济的特征，它以物流信息为其管理的出发点和立足点。电子商务活动本身就是信息高度发达的产物，对信息活动的管理是一项全新的内容，也是对传统管理的挑战和更新。

3. 智能性特点

现代物流的实物位移自动化、半自动化程度高，物流供应链过程处于实时监控之中，而物流系统中的传统管理内容，如人事、财务、计划和物流控制等全部都是智能化。因此，现代物流管理的重点是这些自动化、智能化的设计创造过程，一个智能化的电子商务物流管理系统可以模拟现实，可以发出指令、实施决策，根据物流过程的特点采用对应管理手段，真正实现现代物流管理柔性化和智能化。

四、电子商务物流管理的内容

1. 对物流活动诸环节的管理

（1）运输管理。其主要内容包括：运输方式及服务方式的选择、运输路线的选择、车辆调度与组织等。

（2）储存管理。其主要内容包括：原料、半成品和成品的储存策略、储存统计、库存控制、保管和养护等。

（3）装卸搬运管理。其主要内容包括：装卸搬运系统的设计、设备规划与配置、作业组织等。

（4）包装管理。其主要内容包括：包装容器和包装材料的选择与设计，包装技术和方法的改进，包装系列化、标准化、自动化等。

（5）流通加工管理。其主要内容包括：加工场所的选定、加工机械的配置、加工技术与方法的研究和改进、加工作业流程的制订与优化。

（6）配送管理。其主要内容包括：配送中心选址及优化布局、配送机械的合理配置与调度、配送作业流程的制订与优化。

（7）物流信息管理。其主要指对反映物流活动内容、物流管理要求、物流作用、物流特点的信息所进行的搜集、加工、处理、存储和传输等过程。目前，信息管理在物流管理中的作用越来越重要。

（8）客户服务管理。其主要指对于物流活动相关服务的组织和监督，如调查和分析顾客对物流活动的反映，决定顾客所需要的服务水平、服务项目等。

2．对物流系统诸要素的管理

（1）人的管理。人是现代物流系统和物流活动中最活跃的因素，对人的管理包括：物流从业人员的选拔和录用、物流专业人才的培训与提高、物流管理教育和物流人才培养计划与措施的制订等。

（2）物的管理。“物”指的是现代物流活动的客体，即物质资料实体。物的管理贯穿于物流活动的始终，它涉及物流活动诸要素，即物的运输、储存、包装、流通加工等。

（3）财的管理。它主要指现代物流管理中有关降低物流成本，提高经济效益等方面的内容，它是物流管理的出发点，也是物流管理的归宿。其主要内容有：物流成本的计算与控制、物流经济效益指标体系的建立、资金的筹措与运用、提高经济效益的方法等。

（4）设备管理。设备管理主要内容包括各种物流设备的选择与优化配置，各种设备的合理使用和更新改造，各种设备的研制、开发与引进等。

（5）方法管理。方法管理主要内容包括各种现代物流技术的研究、推广和普及，物流科学研究工作的组织与开展，新技术的推广和普及，现代管理方法的应用等。

（6）信息管理。信息是现代物流系统的神经中枢，只有做到有效地处理并及时传输物流信息，才能对系统内部的人、财、物、设备和方法等要素进行有效的管理。

3．对物流活动中具体职能的管理

电子商务物流管理活动从职能上划分，主要包括物流计划管理、物流质量管理、物流技术管理、物流经济管理。

相关链接

美的集团经营创新 安得智联打造智慧物流新版图

2017 年 8 月 23 日，美的集团举办了今年首场“M-Day 走进美的”媒体参访活动，吸引了来自海内外的 40 多家知名媒体参与。此次媒体活动中，美的集团分享了关于创新的探索和突破——以技术创新提供长效动力，以体系创新保障持久活力，以经营创新拓宽产业版图，以产品创新占领市场高地。

随着中国制造业加快升级改造，越来越多的企业开始了智能制造的探索，智慧物流系统作为智能制造的核心部分，市场需求快速上升。在巨大的市场机遇面前，安得智联公司始终专注于前瞻应用性的技术创新，在核心高端物流设备和应用型智能化软件系统上加大研发力度。

美的式创新下智慧物流新突破

近年来，随着美的集团“以销定产”、T+3 模式变革在各个事业部的落地，主打物流信息化及自动化的安得智联公司，融合 KUKA 和 Swisslog 顶级技术支持，打造更为高效的智慧物流体系。这在推动美的集团内部经营模式升级和变革的同时，还快速拓宽了外部市场经营领域和范围。美的安得智联公司总经理邢斌在 TED 演讲中介绍到，安得智联公司的创新性成果已经在不同仓储场景中应用了箱式技术、托盘技术、拆零拣选机器人、AGV 自动导引车等。

安得智联公司是一家专注于提供智慧物流集成解决方案的现代科技创新型企业，核心优势主要体现在智慧供应链、科技改变物流上，通过建设高效的、智能的、绿色的和高度协同的服务体系来实现智慧供应链。在经营创新方面，美的集团着力推动供应链物流变革。通过物流信息化（鲲鹏系统）的前沿科技，借助大数据处理技术，实现物流场景的全链接、移动化、技术化、可视化和智能化。

媒体日现场，安得智联物流自动化设备研发中心向媒体记者们展示了目前在物流信息化（鲲鹏系统）的前沿科技与智慧物流设备 AGV“AIR-PICK”取得突破性进展。其中，AGV“AIR-PICK”是美的集团在物流自动化产品创新上的重大突破，实现物流场景的全链接、移动化、技术化、可视化和智能化。安得智联公司还拥有 29 项自主创新型中外专利。

打造高端智慧物流解决方案

经营创新是抓手，得以兼容并蓄，共享优势资源，构建产业链优势，进一步做大做强。作为整体成本的一员，供应链物流变革是推动家电企业经营创新的重要一环。长期以来，安得智联公司通过不断的技术创新和应用，把非常复杂、个性化的承配需求转化为一个标准、精确的需求，提高交易效率和货源运力的匹配精准程度，打造更为高效的智慧物流体系，为国内市场提供行业领先的物流信息化、自动化产品，以及具备国际一流水平的智慧物流集成解决方案。

业内人士认为，行业未来的发展方向是智慧物流综合体，因此物流行业也一定是技术驱动的，最大的挑战也就是技术挑战。抓住新一轮科技革命和产业转型的发展机遇，加强智能物流装备和智能物流信息技术的研发和创新，使客户实现生产过程的自动化、智能化和信息化，为企业实现工业 4.0 和智能制造奠定坚实的基础。

——资料来源：中国家电网　2017-08-25

单元三　电子商务物流发展趋势

一、跨境电子商务

1．跨境电子商务概念

跨境电子商务是指分属不同关境的交易主体，通过电子商务平台达成交易，进行支付结算，并通过跨境物流送达商品、完成交易的一种国际商业活动。

2．跨境电子商务模式

跨境电商分为出口跨境电子商务和进口跨境电子商务。我国跨境电子商务主要分为企业对企业（B2B）和企业对消费者（B2C）的贸易模式。B2B 模式下，企业运用电子商务以广告和信息发布为主，成交和通关流程基本在线下完成，本质上仍属传统贸易，已纳入海关一般贸易统计。B2C 模式下，我国企业直接面对国外消费者，以销售个人消费品为主，物流方面主要采用航空小包、邮寄、快递等方式，其报关主体是邮政或快递公司，目前大多未纳入海关登记。

3. 跨境电子商务的特征

跨境电子商务是基于网络发展起来的，网络空间相对于物理空间来说是一个新空间，是一个由网址和密码组成的虚拟但客观存在的世界。网络空间独特的价值标准和行为模式深刻地影响着跨境电子商务，使其不同于传统的交易方式而呈现出自己的特点。

（1）全球性（Global Forum）。网络是一个没有边界的媒介体，具有全球性和非中心化的特征。依附于网络发生的跨境电子商务也因此具有了全球性和非中心化的特性。电子商务与传统的交易方式相比，其一个重要特点在于电子商务是一种无边界交易，丧失了传统交易所具有的地理因素。互联网用户不需要考虑跨越国界就可以把产品尤其是高附加值产品和服务提交到市场。网络的全球性特征带来的积极影响是信息的最大限度的共享，消极影响是用户必须面临因文化、政治和法律的不同而产生的风险。任何人只要具备了一定的技术手段，在任何时候、任何地方都可以让信息进入网络，相互联系进行交易。美国财政部在其财政报告中指出，对基于全球化的网络建立起来的电子商务活动进行课税是困难重重的，因为，电子商务是基于虚拟的网络空间展开的，丧失了传统交易方式下的地理因素；电子商务中的制造商容易隐匿其住所而消费者对制造商的住所是漠不关心的。例如，一家很小的爱尔兰在线公司，通过一个可供世界各地的消费者点击观看的网页，只要消费者接入了互联网，就可以通过互联网销售其产品和服务，很难界定这一交易究竟是在哪个国家内发生的。

这种远程交易的发展给税收当局制造了许多困难。税收权力只能严格地在一国范围内实施，网络的这种特性为税务机关对超越一国的在线交易行使税收管辖权带来了困难。而且互联网有时扮演了代理中介的角色。在传统交易模式下往往需要一个有形的销售网点的存在。例如，通过书店将书卖给读者，而在线书店可以代替书店这个销售网点直接完成整个交易。而问题是，税务当局往往要依靠这些销售网点获取税收所需要的基本信息代扣代缴所得税等。如果没有这些销售网点的存在，则税收权力的行使也会发生困难。

（2）无形性（Intangible）。网络的发展使数字化产品和服务的传输盛行。而数字化传输是通过不同类型的媒介。例如，数据、声音和图像在全球化网络环境中集中而进行的，这些媒介在网络中是以计算机数据代码的形式出现的，因而是无形的。以一条 E-mail 信息的传输为例，这一信息首先要被服务器分解为数以百万计的数据包，然后按照 TCP/IP 通过不同的网络路径传输到一个目的地服务器并重新组织转发给接收人，整个过程都是在网络中瞬间完成的。电子商务是数字化传输活动的一种特殊形式，其无形性使得税务机关很难控制和检查销售商的交易活动，税务机关面对的交易记录都是体现为数据代码的形式，税务核查员无法准确地计算销售所得和利润所得，从而给税收带来困难。

数字化产品和服务基于数字传输活动的特性也必然具有无形性，传统交易以实物交易为主，而在电子商务中，无形产品却可以替代实物成为交易的对象。以书籍为例，传统的纸质书籍，其排版、印刷、销售和购买被看作产品的生产、销售。然而在电子商务交易中，消费者只要购买网上的数据权便可以使用书中的知识和信息。而如何界定该交易的性质、如何监督、如何征税等一系列问题都给税务和法律部门带来了新的课题。

（3）匿名性（Anonymous）。由于跨境电子商务的非中心化和全球性的特性，因此很难识别电子商务用户的身份和其所处的地理位置。在线交易的消费者往往不显示自己的真实身份和自己的地理位置，重要的是这丝毫不影响交易的进行，网络的匿名性也允许消费者这样做。在虚拟社会里，隐匿身份的便利迅即导致自由与责任的不对称。人们在这里可以享受最大的自由，却只承担最小的责任，甚至干脆逃避责任。这显然给税务机关制造了麻烦，税务机关无法查明应当纳税的在线交易人的身份和地理位置，也就无法获知纳税人的交易情况和应纳税额，更不要说去审计核实。该部分交易和纳税人在税务机关的视野中隐身了，这对税务机关是致命的。以 eBay 为例，eBay 是美国的一家网上拍卖公司，允许个人和商家拍卖任何物品，到 2016 年为止 eBay 已经拥有 1.5 亿用户，每天拍卖数以万计的物品，总计营业额超过 800 亿美元。

电子商务交易的匿名性导致了逃避税现象的恶化，网络的发展，降低了避税成本，使电子商务避税更轻松易行。电子商务交易的匿名性使得应纳税人利用避税地联机金融机构规避税收监管成为可能。电子货币的广泛使用，以及国际互联网所提供的某些避税地联机银行对客户的“完全税收保护”，使纳税人可将其源于世界各国的投资所得直接汇入避税地联机银行，规避了应纳所得税。美国国内收入服务处（IRS）在其规模最大的一次审计调查中发现，大量的居民纳税人通过离岸避税地的金融机构隐藏了大量的应税收入。而美国政府估计大约 3 万亿美元的资金因受避税地联机银行的“完全税收保护”而被藏匿在避税地。

（4）即时性（Instantaneously）。对于网络而言，传输的速度和地理距离无关。传统交易模式，信息交流方式如信函、电报、传真等，在信息的发送与接收间存在着长短不同的时间差。而电子商务中的信息交流，无论实际时空距离远近，一方发送信息与另一方接收信息几乎是同时的，就如同生活中面对面交谈。某些数字化产品（如音像制品、软件等）的交易，还可以即时清结，订货、付款、交货都可以在瞬间完成。

电子商务交易的即时性提高了人们交往和交易的效率，免去了传统交易中的中介环节，但也隐藏了法律危机。在税收领域表现为：电子商务交易的即时性往往会导致交易活动的随意性，电子商务主体的交易活动可能随时开始、随时终止、随时变动，这就使得税务机关难以掌握交易双方的具体交易情况，不仅使得税收的源泉扣缴的控管手段失灵，而且客观上促成了纳税人不遵从税法的随意性，加之税收领域现代化征管技术的严重滞后作用，都使依法治税变得苍白无力。

（5）无纸化（Paperless）。电子商务主要采取无纸化操作的方式，这是以电子商务形式进行交易的主要特征。在电子商务中，电子计算机通信记录取代了一系列的纸面交易文件。用户发送或接收电子信息。由于电子信息以比特的形式存在和传送，整个信息发送和接收过程实现了无纸化。无纸化带来的积极影响是使信息传递摆脱了纸张的限制，但由于传统法律的许多规范是以规范“有纸交易”为出发点的，因此，无纸化带来了一定程度上法律的混乱。

电子商务以数字合同、数字时间的形式截取了传统贸易中的书面合同、结算票据，削弱了税务当局获取跨国纳税人经营状况和财务信息的能力，且电子商务所采用的其他保密措施也将增加税务机关掌握纳税人财务信息的难度。在某些交易无据可查的情形下，跨国纳税人的申报额将会大大降低，应纳税所得额和所征税款都将少于实际所达到的数量，从而引起征税国国际税收流失。例如，世界各国普遍开征的传统税种之一的印花税，其课税对象是交易各方提供的书面凭证，课税环节为各种法律合同、凭证的书立或做成，而在网络交易无纸化的情况下，物质形态的合同、凭证形式已不复存在，因而印花税的合同、凭证贴花（即完成印花税的缴纳行为）便无从下手。

（6）快速演进（Rapidly Evolving）。互联网是一个新生事物，现阶段它尚处在幼年时期，网络设施和相应的软件协议的未来发展具有很大的不确定性。但税法制定者必须考虑的问题是网络，必将以前所未有的速度和无法预知的方式不断演进。基于互联网的电子商务活动也处在瞬息万变的过程中，短短的几十年中，电子交易经历了从 EDI 到电子商务零售业的兴起的过程，而数字化产品和服务更是花样出新，不断地改变着人类的生活。

而一般情况下，各国为维护社会的稳定，都会注意保持法律的持续性与稳定性，税收法律也不例外。这就会引起网络的超速发展与税收法律规范相对滞后的矛盾。如何将分秒都处在发展与变化中的网络交易纳入税法的规范，是税收领域的一个难题。网络的发展不断给税务机关带来新的挑战，税务政策的制定者和税法立法机关应当密切注意网络的发展，在制定税务政策和税法规范时充分考虑这一因素。

跨国电子商务具有不同于传统贸易方式的诸多特点，而传统的税法制度却是在传统的贸易方式下产生的，必然会在电子商务贸易中漏洞百出。网络深刻地影响着人类社会，也给税收法律规范带来了前所未有的冲击与挑战。

相关链接

国务院关税税则委员会关于调整部分消费品进口关税的通知

根据《国务院关税税则委员会关于调整部分消费品进口关税的通知》，自 2017 年 12 月 1 日起，以暂定税率方式降低部分消费品进口关税。根据国务院要求，自 2015 年以来，为满足居民消费升级需要，合理增加与人民生活密切相关的一般消费品进口，我国已陆续 4 次降低了部分服装、箱包、鞋靴、特色食品和药品等消费品的进口关税。到 2017 年 11 月，我国已对 152 个税号的消费品实施了暂定税率，平均降幅为 50%，涉及一般贸易年进口额 109 亿美元。在此前降税的基础上，本次进一步降低消费品进口关税，范围涵盖食品、保健品、药品、日化用品、衣着鞋帽、家用设备、文化娱乐、日杂百货等各类消费品，共涉及 187 个 8 位税号，平均税率由 17.3%降至 7.7%。进口关税下降，有助于将大量外流的消费留在国内，直接利好跨境电商平台。

根据中国电子商务研究中心的数据，2016 年，约有 4 200 万中国人通过跨境电商平台购买外国商品，消费总额约为 1.2 万亿元。预计 2017 年通过跨境电商平台购买外国商品的中国消费者将达到 5 900 万人，消费总额将达到 1.85 万亿元。

——资料来源：国家财政部网站　**2017-11-24**

二、跨境电子商务物流

1．跨境电子商务物流概念

跨境电商物流是指分属不同关境的交易主体通过电子商务平台达成交易，进行支付结算，并通过跨境物流送达商品、完成交易的一种国际商业活动。

2．跨境电子商务物流模式

（1）邮政小包。据不完全统计，中国跨境电商出口业务 70%的包裹通过邮政系统投递，其中，中国邮政占据 50%左右的份额，香港邮政、新加坡邮政等也是中国跨境电商卖家常用的物流方式。

优势：邮政网络基本覆盖全球，比其他任何物流渠道都要广。而且，由于邮政机构一般为国营企业，有国家税收补贴，因此价格非常便宜。

劣势：一般以私人包裹方式出境，不便于海关统计，也无法享受正常的出口退税。同时，速度较慢，丢包率高。

（2）国际快递。国际快递主要是指 UPS、FedEx、DHL、TNT 这四大巨头。其中，UPS 和 FedEx 总部位于美国，DHL 总部位于德国，TNT 总部位于荷兰。国际快递对信息的提供、收集与管理有很高的要求，以全球自建网络及国际化信息系统为支撑。

优势：速度快、服务好、丢包率低，尤其是发往欧美发达国家非常方便。例如，使用 UPS 从中国寄包裹送到美国，最快可在 48 小时内到达，TNT 发送欧洲一般 3 个工作日可到达。

劣势：价格昂贵，且价格资费变化较大。一般跨境电商卖家只有在客户强烈要求时效性的情况下才会使用，且会向客户收取运费。

（3）专线物流。跨境专线物流一般是通过航空包舱方式将货物运输到国外，再通过合作公司进行目的地国国内的派送，是比较受欢迎的一种物流方式。

目前，业内使用最普遍的物流专线包括美国专线、欧洲专线、澳洲专线、俄罗斯专线等，也有不少物流公司推出了中东专线、南美专线。EMS 的“国际 E 邮宝”、中环运的“俄邮宝”和“澳邮宝”、俄速通的 Ruston 中俄专线都属于跨境专线物流推出的特定产品。

优势：集中大批量货物发往目的地，通过规模效应降低成本，因此，价格比商业快递低，速度快于邮政小包，丢包率也比较低。

劣势：相比邮政小包来说，运费成本还是高了不少，而且在国内的揽收范围相对有限，覆盖地区有待扩大。

（4）海外仓。所谓海外仓储服务是指由网络外贸交易平台、物流服务商独立或共同为卖家在销售目标地提供的货品仓储、分拣、包装、派送的一站式控制与管理服务。卖家将货物存储到当地仓库，当买家有需求时，第一时间做出快速响应，及时进行货物的分拣、包装及递送。整个流程包括头程运输、仓储管理和本地配送三个部分。

目前，由于优点众多，海外仓成为了业内较为推崇的物流方式。例如，2017 年 eBay 将海外仓作为宣传和推广的重点，联合万邑通推出 Winit 美国仓、英国仓、德国仓。出口易、递四方等物流服务商也大力建设海外仓储系统，不断上线新产品。

优势：用传统外贸方式走货到仓，可以降低物流成本；相当于销售发生在本土，可提供灵活可靠的退换货方案，提高了海外客户的购买信心；发货周期缩短，发货速度加快，可降低跨境物流缺陷交易率。此外，海外仓可以帮助卖家拓展销售品类，突破“大而重”的发展瓶颈。

劣势：不是任何产品都适合使用海外仓，最好是库存周转快的热销单品，否则容易压货。同时，对卖家在供应链管理、库存管控、动销管理等方面提出了更高的要求。

（5）国内快递的跨国业务。随着跨境电商火热程度的上升，国内快递也开始加快国际业务的布局。例如，EMS、顺丰公司均在跨境物流方面下了工夫。

由于依托着邮政渠道，EMS 的国际业务相对成熟，可以直达全球 60 多个国家。顺丰公司也已开通了到美国、澳大利亚、韩国、日本、新加坡、马来西亚、泰国、越南等国家的快递服务，并启动了中国大陆往俄罗斯的跨境 B2C 服务。

优势：速度较快，费用低于四大国际快递巨头，EMS 在中国境内的出关能力强。

劣势：由于并非专注跨境业务，相对缺乏经验，对市场的把控能力有待提高，覆盖的海外市场也比较有限。

三、电子商务物流的发展趋势

在电子商务时代，由于企业销售范围的扩大，企业和商业销售方式及最终消费者购买方式的转变，使得送货上门等业务成为一项极为重要的服务业务，促进了物流行业的兴起。物流行业能完整提供物流机能服务，主要包括仓储、运输、装卸搬运、配送、流通加工等企业。信息化、全球化、多功能化和一流的服务水平，已成为电子商务下的物流企业追求的目标。

1．多功能化——物流业发展的方向

（1）一体化的配送中心。在电子商务时代，物流发展到集约化阶段，一体化的配送中心不单单提供仓储和运输服务，还必须开展配货、配送和各种提高附加值的流通加工服务项目，也可按客户的需要提供其他服务。现代供应链管理即通过从供应者到消费者供应链的综合运作，使物流达到最优化。企业追求全面的系统的综合效果，而不是单一的、孤立的局部效益。

（2）合同型物流方式。在经营形式上，采取合同型物流。这种配送中心通过签订合同，为一家或数家企业（客户）提供长期服务，而不是为所有客户服务。这种配送中心可能由公用配送中心管理或自行管理，也可能交由专门的物流公司进行管理。

（3）服务的多样性。供应链系统物流完全适应了流通业经营理念的全面更新。以往商品经由制造、批发、仓储、零售各环节间的多层复杂途径，最终到消费者手里，而现代流通业已简化为由制造经配送中心而送到各零售点。它使未来的产业分工更加精细，产销分工日趋专业化，大大提高了社会的整体生产力和经济效益，使流通业成为整个国民经济活动的中心。

（4）技术的多样性。在这个阶段应用了许多新技术如准时制工作法（Just In Time）。又如，销售时点信息管理系统（Point of Sale），商店将销售情况及时反馈给工厂的配送中心，有利于厂商按照市场调整生产，并同配送中心调整配送计划，使企业的经营效益跨上一个新台阶。

2．一流的服务——物流企业的追求

（1）扩大服务区域。在电子商务环境下的物流业是介于供货方和购货方之间的第三方，是以服务为第一宗旨的。从当前物流业的发展现状来看，物流企业不仅要为本地区服务，而且还要进行长距离的服务。因为客户不仅希望得到很好的服务，而且希望服务点不是一处，而是多处。因此，如何提供高质量的服务便成了物流企业管理的中心课题。美、日等国际物流企业成功的要诀，就在于它们都十分重视客户服务的研究。

（2）改变服务观念。服务观念实现由“推”到“拉”的变革。配送中心应更多地考虑“客户要我提供哪些服务”，从这层意义讲，它是“拉”（Pull），而不是仅考虑“我能为客户提供哪些服务”，即“推”（Push）。例如，有的配送中心起初提供的是区域性的物流服务，然后发展到提供长距离服务，而且能提供越来越多的服务项目。又如，配送中心派人到生产厂家“驻点”，直接为客户发货。越来越多的生产厂家把所有物流工作全部委托配货中心去干，从根本意义上讲，配送中心的工作已延伸到生产厂里去了。

（3）注重服务质量和水平。如何满足客户的需要把货物送到客户手中，就要看配送中心的作业水平了。配送中心不仅与生产厂家保持紧密的伙伴关系，而且直接与客户联系，能及时了解客户的需求信息，并沟通厂商和客户双方，起着桥梁作用。例如，美国普雷兹集团公司（APC）是一个以运输和配送为主的规模庞大的公司。物流企业不仅为货主提供优质的服务，而且要具备运输、仓储、进出口贸易等一系列知识，深入研究货主企业的生产经营发展流程设计和全方

位系统服务。优质和系统的服务使物流企业与货主企业结成战略伙伴关系（或策略联盟），一方面有助于货主企业的产品迅速进入市场，提高竞争力；另一方面则使物流企业有稳定的资源。对物流企业而言，服务质量和服务水平正逐渐成为比价格更为重要的因素。

3．信息化——现代物流业的必由之路

（1）建立良好的信息处理系统。在电子商务时代，要提供最佳的服务，物流系统必须要有良好的信息处理和传输系统。美国洛杉矶西海报关公司与码头、机场、海关信息联网。当货物从世界各地起运时，客户便可以从该公司获得到达的时间，到岸的准确位置，使收货人与各仓储、运输公司等做好准备，使商品在几乎不停留的情况下，快速流动，直达目的地。良好的信息系统能提供极好的信息服务，以赢得客户的信赖。

（2）建立 ECR 和 JIT 系统。所谓 ECR（Efficient Customer Response），即有效客户信息反馈，是至关重要的。有了它，就可做到客户要什么就生产什么，而不是生产出东西等顾客来买。仓库商品的周转次数每年达 20 次左右，若利用客户信息反馈这种有效手段，可增加到 24 次。这样，可使仓库的吞吐量大大增加。通过 JIT 系统，可从零售商店很快地得到销售反馈信息。配送不仅实现了内部的信息网络化，而且增加了配送货物的跟踪信息，从而大大提高了物流企业的服务水平，降低了成本。成本一低，竞争力便增强了。欧洲某配送公司通过远距离的数据传输，将若干家客户的订单汇总起来，在配送中心里采用计算机系统编制出最佳化“组配拣选单”。配货人员只需到仓库转一次，即可配好订单上的全部货品。

在电子商务环境下，由于全球经济的一体化趋势，当前的物流业正向全球化、信息化、一体化发展。商品与生产要素在全球范围内以空前的速度自由流动。EDI 与 Internet 的应用，使物流效率的提高更多地取决于信息管理技术，电子计算机的普遍应用提供了更多的需求和库存信息，提高了信息管理科学化水平，使产品流动更加容易和迅速。物流信息化包括商品代码和数据库的建立，运输网络合理化、销售网络系统化和物流中心管理电子化建设等，目前还有很多工作有待实施。可以说，没有现代化的信息管理，就没有现代化的物流。

4．全球化、农村化——物流企业竞争的趋势

（1）全球化的物流模式。全球化的物流模式，使企业面临着许多新的问题。例如，当北美自由贸易区协议达成后，其物流配送系统已不仅是从东部到西部的问题，还有从北部到南部的问题，这里面有仓库建设问题也有运输问题。又如，从加拿大到墨西哥，存在着如何运送货物、如何设计合适的配送中心、如何提供良好服务的问题。此外，还有一个信息共享问题，很多企业有不少企业内部的秘密，物流企业很难与之打交道。因此，如何建立信息处理系统，以及时获得必要的信息，对物流企业来说是个难题。同时，在将来的物流系统中，能否做到尽快将货物送到客户手里，是提供优质服务的关键之一。

（2）全球化的战略定位。全球化战略的趋势，使物流企业和生产企业更紧密地联系在一起，形成了社会大分工。生产厂商集中精力制造产品、降低成本、创造价值；物流企业则花费大量时间、精力从事物流服务。例如，在配送中心里，可以通过进口商品的代理报关业务、暂时储存、搬运和配送，必要的流通加工等各环节为客户提供一条龙服务。

（3）农村化。全球化的同时，电商物流的农村化、城市本地化也在快速演进，伴随这样一个过程，快递物流行业从骨干线路的覆盖，进一步走向支线、毛细血管的覆盖。物流快递毛细体系的建立是这一年最大的亮点。以“三通一达”为代表的快递公司，今天正在把它们的毛细

体系铺设到农村，让农村得到与城镇居民一样的普惠的商业服务。

5．标准化——现代物流合理化的基础

物流标准化是把物流作为一个大系统，制订系统内部设施、机械设备、专用工具等各个分系统的技术标准；制订系统内各个分领域，如包装、装卸、运输等方面的工作标准；以系统为出发点，研究各分系统与分领域中技术标准与工作标准的配合，统一整个物流系统的标准；研究物流系统与其他相关系统的配合，进一步谋求物流大系统的标准统一。由于物流标准化的重要性，国际物流业界一直都在不断探索标准化措施。可以说，物流标准化是今后物流发展的重要趋势之一。

综合训练

基础训练

一、名词解释

1．电子商务物流
2．电子商务物流管理
3．跨境电子商务物流
4．回收物流
5．电子商务物流
6．绿色物流

二、填空题

1．物流一词最早出现于______国，由______提出。

2．我国在2001年颁布的《物流术语》国家标准中，物流被定义为：物品从供应地向接收地的______________过程。根据实际需要，将运输、储存、________、________、________、________、________、信息处理等基本功能实施有机结合。

3．按照物流活动的地域范围，可将物流分为________、________和________。

4．按照物流活动的内容，可将物流分为________和________。

5．按照物流活动的主体，可将物流分为________、________和________。

6．电子商务物流的特征有________、________、________、________ 和________。

三、选择题（包含单、多项选择）

1．我国是在（　　）年才开始接触物流这个概念的。

A．20世纪70年代　　B．20世纪60年代
C．20世纪80年代　　D．20世纪90年代

2．物流是作为一个经济学的概念，是通过（　　）引入我国的。

A．日本　　B．美国　　C．德国　　D．法国

3．物流的主体功能主要包括（　　）。

A．运输 B．储存 C．包装 D．配送

4．物流活动从职能上划分，主要包括（ ）。

A．物流计划管理 B．物流质量管理

C．物流技术管理 D．物流经济管理

5．电子商务下的物流管理主要具有以下特点（ ）。

A．综合性特点 B．新颖性特点 C．智能性特点 D．以上都不是

6．电子商务下物流业的发展趋势有（ ）。

A．全球化 B．多功能化 C．信息化 D．标准化

四、简答题

1．物流的作用与功能是什么？

2．简述物流管理的内容及其特点。

3．物流在电子商务中的地位与作用是什么？

4．简述跨境电子商务物流模式。

5．分析我国电子商务物流的特点及其发展趋势。

6．结合自己的网购经历，谈谈你对 B2C 物流配送服务的感受。

技能训练

案例分析：跨境电商的“买进来”与“卖出去”

2017 年风风火火的“双十一”过后，中国就进入了西方国家的年底购物季，包括感恩节、黑色星期五、网购星期一和圣诞节等重点节日。这不，“黑五”刚过，表现强劲的亚马逊公司就股市飘红，站上每股 1186 美元的记录高位，其 CEO 贝佐斯的个人财富也应声上涨，首次突破 1 000 亿美元，堪称最大赢家。

助推亚马逊公司走上巅峰的要素中，跨境电商的持续火热不可或缺。以中国这个大消费市场为例，亚马逊中国公司在今年“黑五”打通了亚马逊公司海外购，同步亚马逊美国、英国、日本、德国四大站点，并祭出了超过往年的产品选择和优惠力度，以及其独创的 Prime 会员服务，取得了令人艳羡的成绩。

除了亚马逊公司外，在中国这块土地上从事跨境电商，特别是致力于“买进来”的平台不在少数，其中不乏天猫国际、网易考拉、洋码头等名气平台，以及豌豆公主、美图美妆、LOOK 等新鲜面孔。在技术进步、消费升级的春风下，它们的风生水起不由得让我想起正在进行中的互联网出海——如果说“海淘”主要是“买进来”，那么“出海”就等于是“卖出去”。放眼未来，中国跨境电商的发展会不会走向“买卖兼备”？机会点在哪里？该怎么去推行？

百舸争流的跨境电商

有人说互联网的商业模式进步缓慢，发展快 20 年了，中国互联网还是主要靠广告、游戏和电商这“三大件”赚钱。其实，这种认识忽视了每个模式自身的进化。以电商来看，抛开智慧融合的新零售不谈，海外购兴起带来的跨境电商浪潮，其意义也不仅是换个姿势买买买，更在于其促成的新一轮全球化品牌与全世界消费者的零距离接触——而这极有可能导致全球范围内的消费市场洗牌与重构。

中国从事跨境电商的平台累计多达数千家，主要包括专业跨境电商平台和涉足跨境业务的综合电商平台，前者如网易考拉、洋码头、寺库、小红书、达令、波罗蜜等，后者有亚马逊海

外购、天猫国际、京东全球购、唯品国际、聚美优品等。总体来看，中国跨境电商的发展经历了从“海淘代购”到“垂直电商”，再到“多元化平台”的发展脉络，基于用户需求的不断变化，它们纳入的国家、品牌和品类都越来越多。

大量玩家的参与，让跨境电商的竞争日趋白热化。IT 桔子公司的数据显示，2015 年跨境电商的融资案例天使轮、A 轮和 B 轮的数量高达 111 起，2016 年该数字下降为 89 起，而 2017 年已有统计的融资数只有 27 起，呈急剧下跌趋势。加上政策收紧，有业内人士透露，离场的跨境电商保守估计已达数百家。当前，业界普遍认为跨境电商的战事已进入“中场”，这一阶段的选品能力、物流速度、用户忠诚度将成为决定平台生死的关键因素。在巨大的市场面前，跨境电商平台不会轻易认输。艾媒咨询的报告显示，中国跨境电商交易规模 2016 年为 6.3 万亿元（含零售和 B2B），2018 年将达到 8.8 万亿。与此同时，2016 年中国海淘用户规模为 0.41 亿。预计至 2018 年，中国海淘用户将达到 0.74 亿。庞大且增长迅速的市场空间和用户规模，注定会让这个行业继续热闹。

“买进来”多，“卖出去”少

跨境电商高度繁荣和快速增长的背后，一个不容忽视的现实是：相比常年顺差的 B2B 业务，中国人在跨境电商零售方面是“买进来”的多，“卖出去”的少；买进的中高端产品多，卖出的中高端产品少。从事跨境电商零售业务的各大平台，也因此被一些媒体观察者戏称为新时期的“洋买办”。这一现象与互联网出海的景象可谓大相径庭，不由得不让人深思。

数据显示，2016 年我国出境人数是 1.3 亿人次，境外消费总额达到新高的 2 610 亿美元，是美国的两倍，其中超 2 000 亿美元是用于购物。同年，中国跨境电商交易规模达 6.3 万亿元人民币，海淘用户达 4 100 万人次，流失的消费总额在 2 万亿人民币左右。今年 8 月，彭博社曾报道称 2017 年已成中国 10 年境外消费回流的拐点，中国游客摒弃了过去 10 年那样带着爆满的旅行箱回国，而更多地选择跨境进口电商渠道购买商品。但即便从旅游购物转向电商购物，也仍然没有摆脱中高端消费外流的局面。

之所以有这种局面，主要是受中国消费升级的刺激，而国产品牌又无力满足多数用户升级的需求。在阿里研究院发布的跨境电商发展报告中，预计从 2015 到 2020 年，中国跨境电商零售整体进口规模的增幅为 43%，高于出口增幅的 34%近 10 个百分点。依托海外购重新找回自己位置的亚马逊中国公司，更是援引 eMarketer 数据，预计到 2020 年中国跨境消费人口在中国总人口中占比将增至 25%（约 2.9 亿人），预计跨境人均消费约达 473.26 美元。

以上种种，为中国制造向中国智造加速转型敲响了警钟，也给中国品牌在个性化、全球化消费浪潮来袭的当下提出了新要求，促使它们必须加快补强中高端供给。与此同时，这也为国内蓬勃发展的跨境电商行业及相关政府部门提出了新课题：是继续做单纯的“洋买办”，还是让虚实结合、买卖兼备，更好地让自己的制造品牌成长起来并“卖出去”？！

“卖出去”的机遇和可能性

看过《三体》的人都知道，高维对低维的打击是致命的。当中国的年轻品牌遇上百年历史的欧美品牌，辅以跨境电商的透明度和便利性，胜负几乎是不言而喻的。但尽管如此，参照中国互联网出海的成功打法，中国跨境电商的“卖出去”也是存在大机遇和相当的可能性的。

第一个机遇我认为是制造升级，即由中国制造向中国智造的转型。不可否认，从手机到计算机从家电到服装，即便用户是从海外购获取的产品，但它们的原产地都大概率是中国。有数据显示，今天的中国制造了全球 70%的手机、80%的空调、91%的个人计算机……这些东西从海关一出一进，就变成了更高档的品牌商品。按互联网的逻辑，这其中的“去中介化”可能性是存在的。

智造的关键是制造+互联网，让产品和服务形成一体化闭环，通过交互一致的服务和体验，在消费者心目中形成自己的品牌价值。在Made in China大行其道的阶段，其实也不乏一些杀入海外市场并取得成功的案例。以TCL多媒体电视机业务为例，得益于国际化布局早、重研发、勇创新的发展战略，2016年电视机出货量达2050万台，成为首个年出货量突破2 000万台的中国企业，并连续3年成为北美市场增长最快的电视机品牌。借助中国互联网、移动互联网的优势，制造企业加速智造转型，在产品力、运营力和品牌力方面齐发力，相信是可以形成一批“大国品牌”的。

第二个机遇是“一带一路”，即向这条新商业路线上的国家和地区输出中国产品和品牌。参照中国互联网企业出海先攻欠发达国家再进发达国家的路径，国产品牌也可以先在这些欠发达或者说和中国相当、互补性强的地方开疆拓土。如果说欧美品牌销往中国是“降维攻击”，那么中国品牌也可以效仿，在第三世界站稳脚跟后再谋长远发展。今天在东南亚、南美和非洲地区，中国的电子产品、互联网应用已经是仅次于美国的存在，有些地方甚至超越国际对手处于领先地位，这给中国消费品全面“卖出去”提供了参照物。

当然，机遇面前还需各方的努力，包括政策的牵引、国产品牌自身的耕耘、进出口兼备的跨境电商平台的推动等。尤其是国产消费品牌自身“内功”的修炼，电商为媒固然能提供全球化的消费大舞台，但产品品质、服务体验、技术创新等核心能力，还需企业亲自打造，方能成就经得起全球消费者检阅！

——资料来源：中国物流与采购网 2017-12-01

问题与思考

1. 你如何评价我国跨境电商的“买进来”多与“卖出去”少现象？
2. 你认为我国跨境电商“卖出去”的机遇有哪些？
3. 我国物流业应怎样促进跨境电商的进一步发展？
4. 放眼未来，你认为中国跨境电商的发展会不会走向“买卖兼备”？

模块二

电子商务物流信息技术

学习目标

知识点		● 物流信息技术、物流条码、物联网、EDI\GPS\GIS\RFID 等概念； ● 电子商务物流信息技术的发展概况； ● 主要的物流信息技术类型； ● 物流信息技术对现代物流业发展的意义与作用。
能力点	专业能力	● 能够结合实际情况分析物流信息技术对现代物流发展的影响程度。
	方法能力	● 具有基本的电子商务物流信息技术实际应用的现实感知； ● 具有一定的分析物流信息技术对现代物流发展影响的逻辑思路。
	社会能力	● 拥有良好的职业道德和较强的团队合作精神； ● 具备一定的电子商务物流信息技术分析与应用能力； ● 关注电子商务物流信息前沿技术的发展态势，勤于思考电子商务物流信息技术行业热点现象或问题。

导入案例

京东物流全球首家无人分拣中心曝光

全球首家全程无人分拣中心亮相

2017 年 8 月 2 日，京东物流昆山无人分拣中心正式亮相，这是目前全球首个正式落成并运营成功的全程无人分拣中心，标志着京东物流配送中的分拣环节进入了全场无人化、智能化阶段。

昆山无人分拣中心最大的特点是从供包到装车，全流程无人操作。在目前的物流行业内，整个仓配流程中，某个单一环节的“无人”模式已经逐渐成熟并投入使用，但像昆山无人分拣中心这种，整个分拣大环节的全流程无人操作，在全球也尚属首次。

据京东物流分拣负责人介绍，相比传统的自动分拣系统，昆山无人分拣中心智能化程度更高，场内自动化设备覆盖率达到 100%。以目前业内常见的交叉带自动分拣机为例，供包（将包裹放入自动分拣设备供包台上）环节仍然需要人工操作，但在昆山无人分拣中心，已经实现自动供包并对包裹进行六面扫描，保证了面单信息被快速识别，由分拣系统获取使用，进而实现即时有效的分拣。

京东集团董事局主席兼首席执行官刘强东不久前提出：即将来临的第四次零售革命是建立在互联网电商基础上、又超越互联网的一次革命，将把人类带入智能商业时代。但是，未来零售的本质仍将是以成本、效率和体验为核心。此次落成的昆山无人分拣中心也显著提升了运营效率。目前分拣中心的分拣能力已经达到 9 000 件/小时，同等场地规模和分拣货量的前提下，据测算，每个场地可以节省 180 人力。同时，一线设备的操作效率和运营质量也得到显著提升，对比传统供包能力，自动供包台的效率最高可达到传统效率的 4 倍多。

值得一提的是，昆山无人分拣中心的主系统是由京东集运研发部自主研发的定制化、智能化的设备管控系统——DCS 智能管控系统，其中包含自动分拣机调控、无人 AGV 搬运调度，RFID 的信息处理等。全场所有任务指令均有 DCS 系统中枢管控。其中，全场投入 25 台无人 AGV（搬运叉车），通过 AGV 调度系统，完成搬运、车辆安全、避让、优先任务执行等工作，实现了全国首例分拣前后端无人 AGV 自动装车、卸车作业的操作。京东智慧物流在基础硬件的建设和软件系统的构建都树立了行业新标杆。

京东物流相关负责人表示，昆山无人分拣中心的试运行，代表着智慧物流的起航的又一次加速，未来京东将继续加大技术创新的投入，致力于成为国内零售基础设施服务商，将向全社会提供高效率、低成本、高智能的智慧供应链解决方案。

——资料来源：人民网　**2017-08-02**

案例分析

全球首个正式落成并运营成功的全程无人分拣中心京东物流昆山无人分拣中心正式亮相，这意味着京东物流加速技术发展战略，这也标志着京东物流配送中的分拣环节进入了全场无人化、智能化阶段。正是通过持续的技术变革与创新，满足消费者在新互联网时代的新需求，京东公司成为中国收入规模最大的电子商务公司和收入规模最大的零售商，同时京东公司还是纳斯达克 100 指数的一员和财富全球 500 强企业。

基于其强大的物流信息系统，京东公司致力于为消费者提供最佳在线购物体验，通过内容丰富、人性化的网站（www.jd.com）和移动客户端，微信和手机 QQ 入口，京东公司为消费者提供卓越的用户体验，京东公司拥有全国电商行业中最大的物流基础设施和网络。截至 2017 年 3 月 31 日，京东公司在全国范围内拥有 7 大物流中心，运营了 263 个大型仓库，覆盖全国范围内的 2 672 个区（县）。

问题思考

到底什么是物流信息技术？它有哪些主要类型及其特征？在电子商务环境下，现代物流信息技术怎样应用？其发展趋势如何？这些问题都是需要我们进行认真思考与分析的，同时，它们也是构成本模块内容的主要理论知识点。

单元一　电子商务物流信息系统

一、物流信息在电子商务物流中的地位

电子商务物流的首要目的是向顾客提供满意的服务，第二个目的是实现物流总成本的最

低化，也即要消除物流活动各个环节的浪费，通过顺畅高效的物流系统实现物流作业的成本最优化。

仔细研究上述两个目标，我们不难发现，有时这两个目标是相互矛盾的。即若想为顾客提供最为满意的服务，那么可能就要增加物流的成本；而如果想要降低物流的总成本，那么可能就会带来服务水平的下降。因此，我们需要在这两个目标之间进行权衡，以找到一个最佳平衡点，力求整体效益的最大化。而物流信息的合理利用能够帮助我们实现这个目标。通过物流信息快速、准确的传递和共享，再通过高效的物流信息系统的控制，就能够达到既提高运营效率、又降低总成本的目的，从而在服务和成本两个目标之间找到最佳的平衡点。因此，信息在电子商务物流中起着举足轻重的作用，它关系到电子商务物流的整个过程。

二、电子商务物流信息的特征

物流信息除了具有准确性、完整性、实用性、共享性、增值性等信息一般特点外，和其他领域信息比较，还具有其特殊性，主要表现在以下三个方面。

1. 物流信息具有量大、分布广的基本特点

信息的产生、加工和应用在时间、地点上不一致，在方式上也不相同。这就需要有性能较高的信息处理机构与功能强大的信息收集、传输和存储能力。

2. 物流信息具有很强的时效性

绝大多数物流信息动态性强，信息的价值衰减速度快。这对信息管理的及时性要求就比较高。信息都是在一定的时间内才具有价值，即信息具有寿命，当信息的寿命结束，就意味着信息失去了价值。这样的信息就不能再加以利用了。

3. 物流信息种类多

不仅本系统内部各个环节有不同种类的信息，而且由于物流系统与其他系统（如生产系统、销售系统、消费系统等）密切相关，因而还必须收集这些相关系统的信息，这就使物流信息的分类、研究、筛选等的难度增加。

三、电子商务物流信息的作用

现代物流信息在物流活动中起着神经系统的作用，具有计划、协调、控制功能，“牵一发而动全身”。现代物流信息的作用主要是通过以下几个方面来实现的。

1. 支持市场交易活动

交易活动主要包括记录订单和接货内容、安排储存任务、作业程序选择、制订价格和相关内容查询等。物流信息的交易作用就是记录物流活动的基本内容，主要特征是程序化、规范化和交互式，强调整个信息系统的效率性和集成性。

2. 支持业务控制

物流服务的水平和资源利用的管理，需要有信息的反馈并做相关的控制，要通过建立完善的考核指标体系来对作业计划和绩效进行评价和鉴别。这里强调了信息作为控制工作和加强控

制力度的工具的作用。

3. 支持工作协调

在物流运作中，物流系统各环节、各子系统加强信息的集成与流通，有利于提高工作的质量与效率，减小劳动强度。

4. 支持决策和战略功能

物流信息管理有利于协调工作人员和管理层进行活动的评估和成本-收益分析，从而更好地进行决策。

从物流信息的作用，可以看出对它进行有效管理的重要性。物流的信息管理就是对物流信息的收集、整理、存储、传播和利用的过程，也就是将物流信息从分散到集中，从无序到有序，从产生、传播到利用的过程。同时对涉及物流信息活动的各种要素，包括人员、技术、工具等进行管理，实现资源的合理配置。

信息的有效管理就是强调信息的准确性、有效性、及时性、集成性、共享性，所以在信息的收集、整理中要避免信息的缺损、失真和失效，要强化物流信息活动过程的组织和控制，建立有效的管理机制。同时，要加强交流，信息只有经过传递和交流才会产生价值，所以要有信息交流和共享机制，以利于形成信息积累和优势转化。

相关链接

2017 年双十一狂欢节

“双十一”天猫成交额再创纪录

据中国之声《新闻纵横》报道，2017 年 11 月 12 日零点，当数字定格在 1 682 亿元，2017 年天猫“双十一”正式宣告收官。这个数字也创下了 9 年来“双十一”成交额的最高纪录。相比 2016 年取得的成绩，2017 年的“双十一”提前 11 个小时，在 11 日下午 1 点 09 分，追平了 2016 年的 1207 亿元。

同样创造辉煌成绩的还有京东公司。京东公司宣布，在 11 月 1 日至 11 日举行的京东全球好物节，交易额达到 1 271 亿元。“双十一”期间，苏宁公司全渠道也取得 163%的增长，农村地区直营店营销额增长 312%。亚马逊公司海外购和香港保税仓部分业务与去年同期相比接近翻番。

各个平台的数据显示出 2017 年“双十一”“买买买”的气氛仍旧十分热烈。早先有人把“双十一”称为我国经济的“晴雨表”，认为它能准确反映出这一年我国消费者的购买力，不断刷新的这些数据背后其实蕴涵着大量的信息。记者对业内专家进行了采访，数据背后究竟还藏着哪些玄机？反映出我国市场的哪些变化呢？

然而，更为让人惊叹的是，截至 11 日凌晨 1 点，仅天猫平台售出的枸杞就已经达 179 吨，逼近地球上生存过的体积最大的动物蓝鲸的体重。

跨境电商也在 2017 年进一步给“双十一”点燃了一把战火，从天猫国际到网易考拉海购，一款款进口网红产品随着物流效率的提升越来越快地来到中国消费者的身边。网易公司市场部总经理袁佛玉以切身体会表示，购买国际商品已经成为这两年消费者的重要需求，“我们大部分商品是保税仓模式，与‘海淘’（C2C）运输过程很漫长相比，通过跨境电商买，到货的体验很好，与在国内购买商品基本一致。对更好的商品、生活有需求的用户非常多，用户也更懂商品了。”

“双十一”的各种数字都在影响着我们的生活，其中一个就是快递的数量。2017 年“双十一”期间，全国快递业务总量有望超过 15 亿件，如果把这些包装盒连起来，足以绕地球 7 圈半。

2017 年的“双十一”轰轰烈烈地结束了。人们惊叹于成交额的庞大和快递量的惊人，但过后的几天，人们也许会再来统计 2017 年“双十一”退款的数额及假货的数量。去掉繁华的数字，实实在在的销量、保障商品的质量、快递包装如何更加绿色，这些才是繁华过后更应该关注的事。

——资料来源：央广网　**2017-11-12**

四、电子商务物流信息的种类

在处理物流信息和建立信息系统时，对物流信息进行分类是一项基础工作。物流信息可以按不同的分类标准进行分类。

1. 按信息领域不同分类

按信息产生和作用的领域分类，物流信息可分为物流活动所产生的信息和提供物流使用而由其他信息源产生的信息。一般而言，在物流信息工作中，前一类是发布物流信息的主要信息源，其作用是，不仅可以指导下一个物流循环，也可以作为经济领域的信息提供给社会。后一类信息则是信息工作收集的对象，是其他经济领域、工业领域产生的，对物流活动有作用的信息，主要用于指导物流。

2. 按信息作用不同分类

按信息的作用不同，物流信息可分为以下几类。

（1）计划信息。计划信息指的是尚未实现的但已当做目标确认的一类信息，如物流量计划、仓库进出量计划、车皮计划、与物流活动有关的国民经济计划、工农业产品产量计划等。许多具体工作的预计、计划安排等，甚至是带有作业性质的，如协议、合同、投资等信息，只要尚未进入具体业务操作的，都可归入计划信息之中，这种信息的特点是带有相对稳定性，信息更新速度较慢。

计划信息对物流活动有非常重要的战略意义，其原因在于，掌握了这个信息，便可对物流活动本身进行战略思考。例如，如何在这种计划信息前提下规划自己的战略及长远的发展。因此，计划信息往往是战略决策或大的业务决策不可缺少的依据。

（2）控制及作业信息。这是指物流活动过程中发生的信息。它有很强的动态性，是掌握物流状况不可少的信息，如库存种类、库存量、在运量、运输工具状况、物价、运费、投资在建情况、港口船舶到发情况等。这类信息的特点是动态性非常强，更新速度很快，信息的时效性很强。

物流活动过程中产生的信息，都是上一阶段过程结果的信息，但并不是此项物流活动最终结束后的信息，这种信息的主要作用是用以控制和调整正在发生的物流活动和指导下一次即将发生的物流活动，以实现对过程的控制和对业务活动的微调。

（3）统计信息。统计信息是物流活动结束后，对整个物流活动的一种终结性、归纳性的信息。这种信息是一种恒定不变的信息，有很强的资料性。虽然新的统计结果不断出现，使其总体来看具有动态性，但是已产生的统计信息都是一个历史的结论，是恒定不变的。例如，上一年度、月度发生的物流量，物流种类，运输方式，运输工具使用量，仓储量，装卸量，以及与物流有关的工农业产品产量、内外贸数量等都属于这类信息。

统计信息有很强的战略价值，它的作用是用以正确掌握过去的物流活动及规律，以指导物流发展战略的制订。物流统计信息也是国民经济中非常重要的一类信息。

（4）支持信息。支持信息是指能对物流计划、业务、操作具有影响或有关的文化、科技、产品、法律、教育、民俗等方面的信息，如物流技术的革新、物流人才需求等。这些信息不仅对物流战略发展具有价值，而且也对控制、操作起到指导和启发的作用，是属于从整体上提高物流水平的一类信息。

3．按信息加工程度不同分类

物流空间广阔，时间跨度大，这就决定了信息发生源多，信息量大。因此，信息量过大导致人难以吸纳、收集，无法从中洞察和区分有用信息和无用信息，无法有效利用信息，这种所谓的“信息爆炸”情况严重影响信息系统的有效性。为此，需要对信息进行加工。按加工程度的不同可以将信息分成以下两类。

（1）原始信息。原始信息是指未加工的信息，既是信息工作的基础，也是最有权威性的凭证性的信息。一旦有需要，可从原始信息中找到真正的依据。原始信息是加工信息可靠性的保证。

（2）加工信息。加工信息是指对原始信息进行各种方式和各个层次处理后的信息。这种信息是对原始信息的提炼、简化和综合，它可以大大缩小信息存量，并将信息整理成有使用价值的数据和资料。加工信息需要各种加工手段，如分类、汇总、精选、制档、制表、制音像资料、制文献资料、制数据库等，同时还要制成各种具有指导性的可用资料。

4．按活动领域不同分类

物流各个不同的功能领域由于其活动性质的不同，信息内涵和特征也有所不同。按这些领域功能分类，有运输信息、仓储信息、装卸信息等，甚至更细化而分成集装箱信息、托盘交换信息、库存量信息、汽车运输信息等。

按物流的不同功能领域对信息进行分类是物流管理具体化必不可少的。信息还可以从时间、使用频率、精确程度、流向、用途等方面去加以分类。

五、电子商务物流信息的收集与传递

物流系统的不同阶段和不同层次都是通过信息流紧密联系在一起的，数据的采集、存储、传送必须要依靠各种物流信息技术，将数据集中管理并转化为物流信息支持系统能接收的形式并录入到系统中。

1．数据的收集与录入

利用 EDI 技术、条码技术及数据库技术进行物流数据的采集与利用。特别是在使用电子商务的情况下，无论是销售数据、管理数据，还是客户方面的数据都是以数据库的形式进行组织与管理的，其特点是数据量大、数据形式多样、要求存取速度快，因此，需要最先进的数据库技术支持。

2．信息的存储

数据进入系统后，经过加工整理，成为支持物流系统运行的物流信息，这些信息需要暂时存储或永久保留，以备使用。

3. 信息的传输

物流信息来自物流系统内外的不同渠道，经录入、加工整理后，又为不同的物流职能所使用，因而信息传输成为物流信息支持系统的基本功能之一。

在企业资源计划的基础上，充分利用互联网络技术，有效进行信息的交流与传输，实现供需管理、客户关系管理、商业智能、电子商务、办公业务自动化等技术集成的企业管理信息系统。

4. 信息的处理

信息处理既可以是简单的查询、排序，也可以是复杂的模型求解和预测分析。其基本目的是将数据加工处理成物流信息。信息处理能力的强弱是衡量物流支持系统的一个重要指标。

信息处理包括数据预处理、数据挖掘及知识评估等方面。

（1）数据预处理。主要是对前一阶段产生的数据进行再加工，检查数据的完整性与数据的一致性，对其中的无效数据进行处理，对丢失的数据进行填补。

（2）数据挖掘。是运用选定的知识发现算法，从数据中提取出用户所需要的知识，这些知识可以用一种特定的方式表示或用一些常用的方式表示。

（3）知识评估。是将发现的知识以用户能了解的方式呈现，根据需要对知识发现过程中的某些处理阶段进行优化，直到满足要求。

5. 信息的输出

为了便于人们的理解，系统输出的形式应力求易读易懂、直观醒目，为各级物流管理人员提供各种有用的物流信息。

单元二 EDI技术

一、EDI的发展背景

当代世界，科学技术突飞猛进，社会经济日新月异。特别是20世纪80年代以来，在新技术革命浪潮的猛烈冲击下，一场高技术竞争席卷世界，使人类社会的一切领域飞速地改变着面貌。当然，在这种大环境下，国际贸易也空前活跃，市场竞争愈演愈烈。

在国际贸易中，由于买卖双方地处不同的国家和地区，因此在大多数情况下，不是简单地直接地面对面地买卖，而是必须以银行进行担保，以各种纸面单证为凭证，方能达到商品与货币交换的目的。这时，纸面单证就代表了货物所有权的转移，因此从某种意义上讲，“纸面单证就是外汇”。

全球贸易额的上升带来了各种贸易单证、文件数量的激增。虽然计算机及其他办公自动化设备的出现可以在一定范围内减轻人工处理纸面单证的劳动强度，但由于各种型号的计算机不能完全兼容，实际上又增加了对纸张的需求，美国森林及纸张协会曾经做过统计，得出了用纸量超速增长的规律：年国民生产总值每增加10亿美元，用纸量就会增加8万吨。此外，在各类商业贸易单证中有相当大的一部分数据是重复出现的，需要反复输入。有人对此也做过统计，一台计算机平均70%的输入来自另一台计算机的输出，且重复输入也使出错率增高，据美国一家大型分销中心统计，有5%的单证中存在着错误。同时，重复输入浪费人力、浪费时间、降低效率。因此，纸面贸易文件成了阻碍贸易发展的一个比较突出的因素。

另外，市场竞争也出现了新的特征。价格因素在竞争中所占的比重逐渐减小，而服务性因素所占比重增大。销售商为了减少风险，要求小批量、多品种、供货快，以适应瞬息万变的市场行情。而在整个贸易链中，绝大多数的企业既是供货商又是销售商，因此提高商业文件传递速度和处理速度成了所有贸易链中成员的共同需求。同样，现代计算机的大量普及和应用，以及功能的不断提高，已使计算机应用从单机应用走向系统应用；同时，通信条件和技术的完善，网络的普及又为EDI的应用提供了坚实的基础。

正是在这样的背景下，以计算机应用、通信网络和数据标准化为基础的EDI应运而生。EDI一经出现便显示出了强大的生命力，迅速地在世界各主要工业发达国家和地区得到广泛的应用。正如香港TRADELINK公司的宣传资料所指出的那样："当EDI于20世纪60年代末期在美国首次被采用时，只属于当时经商的途径之一；时至今日，美国和欧洲大部分国家，以及越来越多的亚太地区国家，均已认定EDI是经商的唯一途径"。

由于EDI具有高速、精确、远程和巨量的技术性能，因此EDI的兴起标志着一场全新的、全球性的商业革命的开始。国外专家深刻地指出："能否开发和推动EDI计划，将决定对外贸易方面的兴衰和存亡。如果跟随世界贸易潮流，积极推行EDI就会成为巨龙而腾飞，否则就会成为恐龙而绝种。"

二、EDI的概念及作用

1. EDI的概念

传统的贸易过程通常是参与贸易的有关各方通过电话、传真等方式进行贸易磋商、签约和执行的过程。有关的贸易文件的制作和传输也要通过人工来处理。而贸易过程要经过银行、海关、商检、运输等环节，含有同样交易信息的不同文件要经过多次重复的处理才能完成。这就增加了重复劳动量、额外的开支，以及出错的机会。同时，由于邮寄的延误和丢失，常常给贸易双方造成意想不到的损失。

自从计算机技术开始使用，人们就一直探索用电子手段来代替传统的纸面信息记录和信息传输方式。EDI就是模拟传统的商务单据流转过程，对整个贸易过程进行简化的技术手段。由于EDI应用的领域不同，EDI技术的实施所达到的目的不同，所以EDI的定义也很难统一。这里列举一些权威人士和权威机构对EDI的定义供大家参考。

国际标准化组织（ISO）将EDI定义为"将贸易（商业）或行政事务处理按照一个共（公）认的标准变成结构化的事务处理或信息数据格式，从计算机到计算机的电子传输"。

国际电报电话咨询委员会（CCITT）将EDI定义为"从计算机到计算机之间的结构化的事务数据互换"。

联合国EDIFACT培训指南认为："EDI指的是在最少的人工干预下，在贸易伙伴的计算机应用系统之间的标准格式数据的交换。"

国际数据交换协会的EDI手册上，对EDI的解释是："EDI是使用认可的标准化的和结构化的计算机处理的数据，从一个计算机到另一个计算机之间进行的电子传输。"

我们将EDI的概念概括为：EDI是参加商业运作的双方或多方按照协议，对具有一定结构的标准商业信息，通过数据通信网络，在参与方计算机之间所进行传输和自动处理。

2．EDI 作用

（1）减少了纸张的消费。根据联合国组织的一次调查，进行一次进出口贸易，双方约需交换近 200 份文件和表格，其纸张、行文、打印及差错可能引起的总开销等约为货物价格的 7%。据统计，美国通用汽车公司采用 EDI 后，每生产一辆汽车可节约成本 250 美元，按每年生成 500 万辆计算，可以产生 12.5 亿美元的经济效益。

（2）减少了许多重复劳动，提高了工作效率。如果没有 EDI 系统，即使是高度计算机化的公司，也需要经常将外来的资料重新输入本公司的计算机。调查表明，从一台计算机输出的资料有多达 70 %的数据需要再输入其他的计算机，既费时又容易出错。

（3）EDI 使贸易双方能够以更迅速有效的方式进行贸易，大大简化了订货或存货的过程，使双方能及时地充分利用各自的人力和物力资源。美国 DEC 公司应用了 EDI 后，使存货期由 5 天缩短为 3 天，每笔订单费用从 125 美元降到 32 美元。新加坡采用 EDI 贸易网络之后，使贸易的海关手续时间从原来的 3～4 天缩短到 10～15 分钟。

（4）通过 EDI 可以改善贸易双方的关系，厂商可以准确地估计日后商品的需求量，货运代理商可以简化大量的出口文书工作，商户可以提高存货的效率，大大提高他们的竞争能力。

三、EDI 组成

EDI 由三部分组成，分别为计算机硬件及专用软件组成的计算机应用系统、通信网络和 EDI 标准。其中，计算机应用系统是实现 EDI 的前提条件；通信网络是实现 EDI 的基础；EDI 标准是实现 EDI 的关键。这三个方面相互衔接、相互依存，构成 EDI 的基础构架。

1．计算机应用系统

实现 EDI，需要相应的 EDI 软件系统和硬件系统。

（1）EDI 的软件系统。EDI 系统通常由“报文生成处理”“格式转换”“接口”“通信”四个模块构成，如图 2-1 所示。

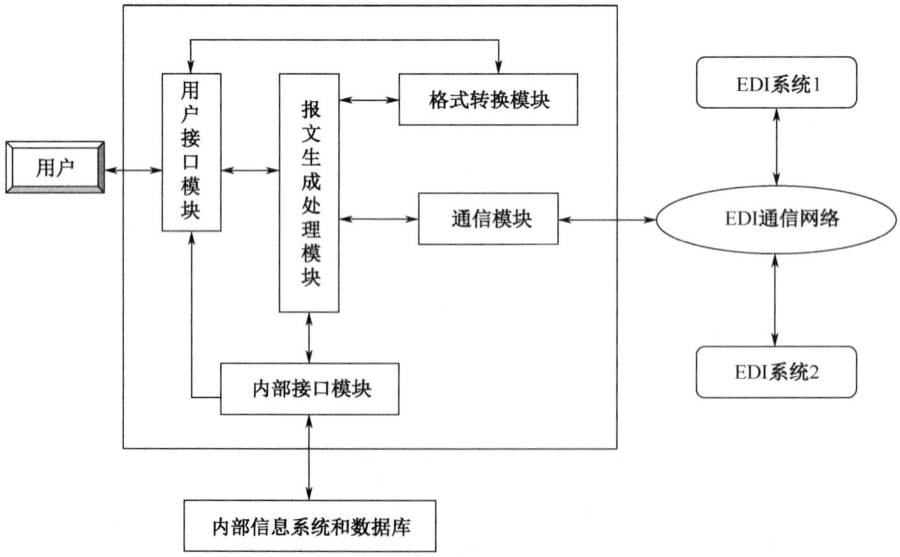

图 2-1　EDI 系统示意图

为实现 EDI 系统的上述功能，必须设计和开发相应的 EDI 软件。EDI 软件的作用是将组织内部的非结构化格式的信息（数据）翻译成结构化的 EDI 格式，然后传送 EDI 报文。这是针对“信息发送方”而言的。对“信息接收方”来说，则需要把所接收到的标准 EDI 报文，翻译成在该部门内部使用的非结构化格式的信息。根据这样的要求，EDI 软件应由转换软件、翻译软件和通信软件组成。

① 转换软件。它可以帮助用户将计算机系统文件转换成翻译软件能够理解的平面文件，或是将从翻译软件接收来的平面文件转换成计算机系统中的文件。

② 翻译软件。将平面文件翻译成 EDI 标准格式，或将接收到的 EDI 标准格式翻译成平面文件。

③ 通信软件。将 EDI 标准格式的文件外层加上通信信封，再送到 EDI 系统交换中心的邮箱，或由 EDI 系统交换中心内将接收到的文件取回。

（2）EDI 所需的硬件设备有计算机、调制解调器及电话线。由于使用 EDI 进行电子数据交换需通过通信网络，目前采用电话网络进行通信是很普遍的方法，因此 MODEM 是必备硬件设备。此外，如果传输时效及资料传输量上有较高要求，则可以考虑租用专线。

2．通信网络

在传统的商务活动中，贸易单证票据的传递通常由邮政系统或专业传递公司完成。使用 EDI 技术使得我们在商务活动中能够用电子的手段来生成、处理和传递各类贸易单证。电子通信网络是 EDI 系统必不可少的组成部分之一。

从 EDI 所依托的计算机网络通信技术的发展演变看，最初是点对点方式，随后是增值网络（VAN）的方式，进而是电子邮件（E-mail）方式，当今则演变为 Internet 模式。这一变化趋势使得 EDI 的推广应用范围变得更加广阔。

传统的 EDI 系统是基于 VAN 技术的 EDI。在这一模式下，通常需要建立一个区域性的 EDI 中心，同时建立一个 VAN 网络。用户首先以会员方式加入 EDI 中心，并按通用标准格式编制报文才能通过网络传送信息。由此可见，传统的 EDI 对用户的要求较高，推广应用较难。为此，逐步改变传统 EDI 系统单纯依靠增值专用网的封闭式传输模式向基于 Internet 和 Web 技术的开放式 EDI 应用模式发展将是 EDI 发展信息增值服务的关键。

Internet 模式的 EDI 是指利用先进的国际互联网、服务器等电子系统和电子商业软件运作的全部商业活动，包括利用电子邮件提供的通信手段在网上进行的交易。Internet 模式的 EDI 大大方便了那些中小型企业，既不用购买和维护 EDI 软件，也不用进行 EDI 单证和应用程序接口 API（Application Programming Interface）开发，只需利用浏览软件即可应用，而有关表格制作和单证翻译等工作由 EDI 中心或商业伙伴完成。

3．EDI 标准

这里所说的 EDI 标准，是指它的数据标准。EDI 是以格式化的，可用计算机自动处理的方式来进行公司间的文件交换。在用人工处理订单的情况下，工作人员可以从各种不同形式的订单中得出所需的信息，如要什么货、什么规格、数量多少、价格、交货日期等。这些信息既可以是用手工书写的方式，也可以是用打字的方式；既可以先说明所要的规格、型号，再说明价格，也可以先说明价格，再说明所要的规格、型号。订单处理人员在看到这些格式各异的订单时，能看懂它所传达的信息，但计算机却没有这种本领。要使计算机“看懂”订单，订单上的有关信息就不应是自然文字形式，而应是数码形式，并且这些数码应该按照事先规定的格式和顺序排列。事实上，商务上的任何数据和文件的内容，都要按照一定的格式和顺序排列，才能被计算机识别和处理。

EDI 报文必须按照国际标准进行格式化。目前，最广泛应用的 EDI 国际标准是 UN/EDIFACT 标准，除业务格式外还要符合计算机网络传输标准。EDI 标准主要包括以下内容：语法规则、数据结构定义、编辑规则与转换、公共文件规范、通信协议、计算机语言。

四、EDI 标准

1. EDI 标准的基本内容

EDI 标准体系的基本框架如图 2-2 所示。EDI 总体标准体系包括了 EDI 专用标准和 EDI 相关标准两大部分。它又分为 7 个子体系，分别是 EDI 基础标准、EDI 管理标准、EDI 报文标准、EDI 通信标准、EDI 代码标准、EDI 单证标准和 EDI 其他标准。

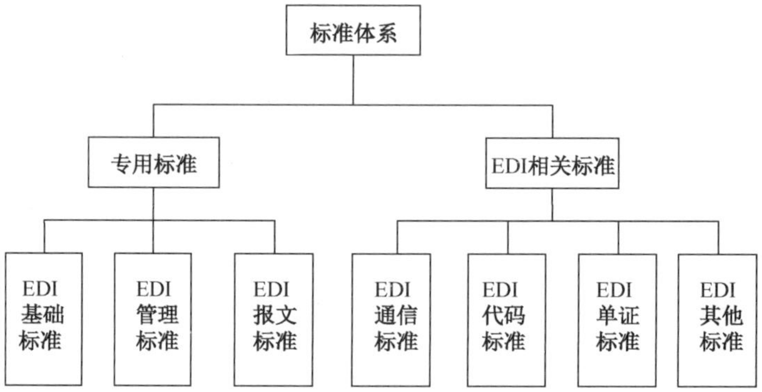

图 2-2　EDI 标准体系的基本框架

（1）EDI 基础标准。EDI 基础标准是 EDI 标准的核心，是其他 EDI 标准和建立 EDI 应用系统的基础。EDI 基础标准主要是指 EDI 的数据标准，包括语法规则、数据元等。

（2）EDI 管理标准。EDI 管理标准主要是对 EDIFACT 标准进行管理和维护的评审指南和规则，它包括 EDI 技术评审审核表、EDI 技术评审组织与程序等。中国在制定适合中国国情的 EDI 标准时对它进行了适当的增删。

（3）EDI 报文标准。EDI 报文标准体系涉及商贸、运输、金融、海关、保险、税收、交通、旅游及企业产品质量数据、行政管理与就业等诸多领域，有近 200 种报文标准，同时规定了各类报文的格式、规范、结构等。

（4）EDI 通信标准。EDI 通信标准分为 EDI 信息处理系统标准和 EDI 信息处理业务标准两大类。EDI 信息处理系统标准规定了与 EDI 信息处理系统相关的信息客体、客体类型、抽象操作、端口类型、消息内容、用户代理、消息存储器的操作和一致性要求等标准。EDI 信息处理业务标准规定了 EDI 消息处理的业务要求、服务要素、业务质量指标、通信安全、EDI 命名与编址等标准。

（5）EDI 代码标准。EDI 代码标准分为通用代码标准和系统内部代码标准两大类。通用代码标准即外部代码表，主要在进行 EDI 报文设计与 EDI 应用系统的开发时，为各类信息提供代码。系统内部代码标准一般指在通用代码标准中没有定义，但在 EDI 应用系统中需要使用的代码，系统内部代码标准仅提供定义这类代码的原则与方法。

（6）EDI 单证标准。EDI 单证标准规定了单证的标准，如种类、格式、数据元的简化和统一等。主要单证标准有单证标准编制原则、贸易单证式样、进口许可证式样、出口许可证标准、外贸出口商业发票格式、外贸出口装箱单格式、外贸出口装运声明标准、集装箱设备交接单标准、原产地证书标准等。

（7）EDI 其他标准。EDI 其他标准包括 EDI 安全保密标准、EDI 数据元外部维护代码标准和 EDI 通信层次结构与标准等。

2．EDI 标准三要素

（1）数据元。数据元分为基本数据元和复合数据元。基本数据元是基本信息单元，用于表示其中有特定含义的信息，相当于自然语言中的字；复合数据元是由一组基本数据元组成，相当于自然语言中的词。

（2）数据段。数据段是标准报文中的一个信息行，由逻辑相关的数据元素构成。这些数据元素在数据段中有相应的固定形式、定义和顺序。数据段的基本内容有以下几方面。

数据段标识符：由 3 个英文字母组成，用以说明是什么数据段。

数据元素：基本数据元素或复合数据元素。

数据元素分割符及成分元素分割符：“＋”或“：”。

数据段终止符：单引号“’”。

如图 2-3 所示是一个典型的数据段。

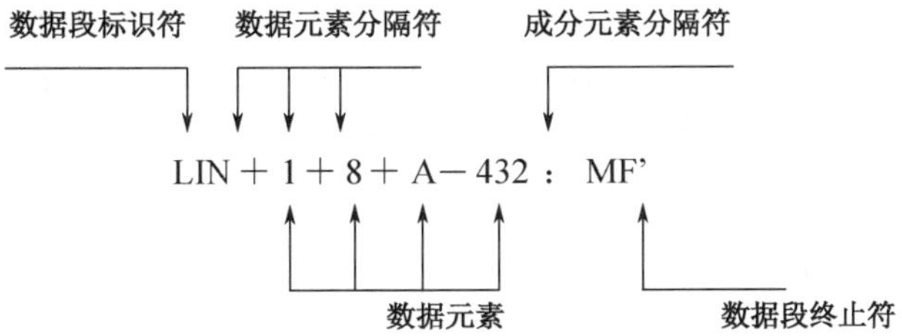

图 2-3　数据段的表示

（3）标准报文。一份报文可以分为三部分：首部、详情部分和摘要部分。报文以 UNH 数据开始，以 UNT 数据段结束。一份公司格式的商业单据必须转换成一份 EDI 标准报文才能进行信息交换。其转换步骤为：将公司格式的商业单据转换成平面文件，将平面文件翻译成 EDI 标准报文。

五、EDI 的工作流程

EDI 的工作流程图如图 2-4 所示。

1．映射（Mapping）——生成 EDI 平面文件

EDI 平面文件是通过应用系统将用户的应用文件（如单证、票据）或数据库中的数据，映射成的一种标准的中间文件。平面文件是用户通过应用系统直接编辑、修改和操作的单证和票据文件，它可直接阅读、显示和打印输出。

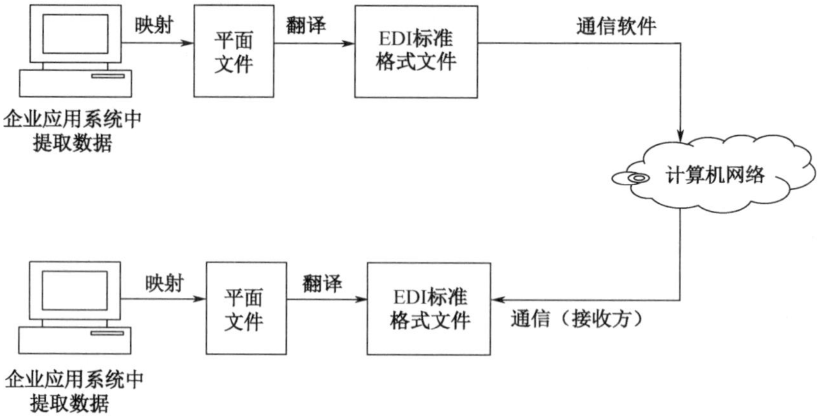

图 2-4　EDI 的工作流程图

2．翻译（Translation）——EDI 标准格式文件

其功能是将平面文件通过翻译软件生成 EDI 标准格式文件。EDI 标准格式文件，就是所谓的 EDI 电子单证，或称电子票据。它是 EDI 用户之间进行贸易和业务往来的依据。EDI 标准格式文件是一种只有计算机才能阅读的 ASCII 文件。它是按照 EDI 数据交换标准（即 EDI 标准）的要求，将单证文件（平面文件）中的目录项，加上特定的分割符、控制符和其他信息，生成的一种包括控制符、代码和单证信息在内的 ASCII 码文件。

3．通信

这一步由计算机通信软件完成。用户通过通信网络，接入 EDI 信箱系统，将 EDI 电子单证投递到对方的信箱中。EDI 信箱系统则自动完成投递和转接，并按照 X.400（或 X.435）通信协议的要求，为电子单证加上信封、信头、信尾、投送地址、安全要求及其他辅助信息。

4．EDI 文件的接收和处理

接收和处理过程是发送过程的逆过程。首先需要接收用户通过通信网络接入 EDI 信箱系统，打开自己的信箱，将来函接收到自己的计算机中，经格式校验、翻译、映射还原成应用文件。最后对应用文件进行编辑、处理和回复。

在实际操作过程中，EDI 系统为用户提供的 EDI 应用软件包，包括了应用系统、映射、翻译、格式校验和通信连接等全部功能。其处理过程可看作一个“黑匣子”，用户完全不必关心里面具体的过程。

六、EDI 在现代物流中的应用

EDI 最初是由美国企业应用在企业间订货业务活动中的电子数据交换系统。其后，EDI 的应用范围从订货业务向其他业务扩展，如 POS 销售信息传送业务、库存管理业务、发货送货信息和支付信息的传送业务等。近年，EDI 在物流中广泛应用，被称为物流 EDI。

所谓物流 EDI 是指货主、承运业主及其他相关的单位之间，通过 EDI 系统进行物流数据交换，并以此为基础实施物流作业活动的方法。

物流 EDI 参与单位有发送货物业主（如生产厂家、贸易商、批发商、零售商等）、承运业主（如独立的物流承运企业等）、实际运送货物的交通运输企业（铁路企业、水运企业、航空企业、公路运输企业等）、协助单位（政府有关部门、金融企业等）和其他的物流相关单位（如仓库业者、专业运送业者等）。

这个物流模型的一般流程如下。

1．发送货物业主制订货物运送计划

发送货物业主（如生产厂家）在接到订货后制订货物运送计划，并把运送货物的清单及运送时间安排等信息通过 EDI 发送给物流运输业主和接收货物业主（如零售商），以便物流运输业主预先制订车辆调配计划和接收货物业主制订货物接收计划。

2．发送货业主下达发货指令

发送货物业主依据顾客订货的要求和货物运送计划下达发货指令、分拣配货、打印出物流条形码的货物标签（Shipping Carton Marking，SCM）并贴在货物包装箱上，同时把运送货物品种、数量、包装等信息通过 EDI 发送给物流运输业主和接收货物业主，以据此请示下达车辆调配指令。

3．运输业主确认并运送货物

物流运输业主在向发送货物业主取运货物时，利用车载扫描仪读取货物标签的物流条形码，并与先前收到的货物运输数据进行核对，确认运送货物。物流运输业主在物流中心对货物进行整理、集装，制作送货清单并通过 EDI 向收货业主发送发货信息。在货物运送的同时进行货物跟踪管理，并在货物交纳给收货业主之后，通过 EDI 向发货物业主发送完成运送业务信息和运费请示信息。

4．收货业主验收货物

收货业主在货物到达时，利用扫描仪读取货物标签的物流条形码，并与先前收到的货物运输数据进行核对确认，开出收货发票，货物入库。同时，通过 EDI 向物流运输业主和发送货物业主发送收货确认信息.

物流 EDI 的优点在于供应链组成各方可基于标准化的信息格式和处理方法，通过 EDI 共同分享信息、提高流通效率、降低物流成本。例如，对零售商来说，应用 EDI 系统可以大大降低进货作业的出错率，节省进货商品检验的成本，能迅速核对订货与到货的数据，易于发现差错。

单元三　自动识别技术

自动识别技术是 20 世纪 70 年代发展起来的。自动识别技术就是应用一定的识别装置，自动地获取被识别物品的相关信息并且不使用键盘即可将数据实时输入计算机系统，来完成相关后续处理的一种技术。自动识别技术包括：条码识别技术、射频识别技术、生物识别技术、光字符识别技术、视觉识别技术、语音识别技术、图像识别技术等。

一、商品条形码的概念和内容

1．条形码的概念

条形码（又称条码）是由宽度不同、反射率不同的条和空，按照一定的编码规则（码制）

编制而成，以表达一组数字或字母符号信息的图形标识符。条形码可以记录很多信息，如商品的生产国、制造厂家、商品名称、生产日期、图书分类号、邮件起止地点、类别、日期等。

常见的条形码是由反射率相差很大的黑条（简称条）和白条（简称空）组成的，如图 2-5 所示。其中，黑色的条对光的反射率低而白色的空对光的反射率高，正是由于不同颜色对光的反射率不同，再加上条与空的宽度不同，就能使扫描光线产生不同的反射接收效果，在光电转换设备上转换成不同的电脉冲，形成了可以传输的电子信息。由于光的运动速度极快，所以可以准确无误地对运动中的条形码予以识别。

条形码的特点是简单、易于制作，信息采集速度快，设备结构简单、成本低。条形码是实现 POS 系统、EDI、电子商务、供应链管理的技术基础。

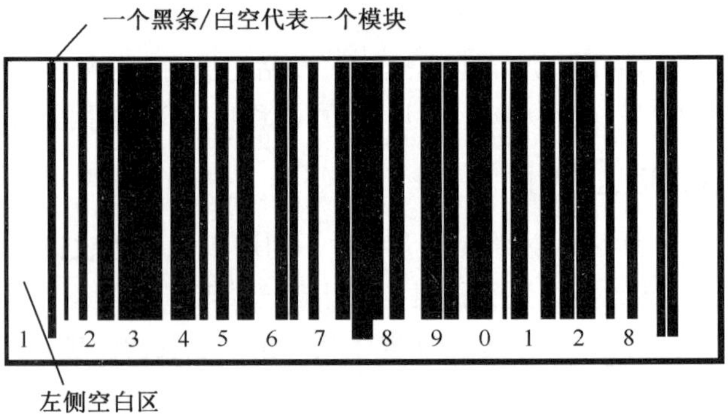

图 2-5　条形码示例

2．条码设备

条码自动识别技术系统由条码标签、条码生成设备、条码识读器和计算机组成。

（1）条码标签。条码标签绝大多数是纸基材，一般由信息系统控制打印生成，或直接印刷在物品包装上，具有经济、抗电磁干扰能力强等特点，在许多环境恶劣的制造业企业内部物流中也有广泛的应用。有些企业甚至利用条码技术实现了产品从原料到成品的全过程跟踪。目前，条码打印机行业应用较多的是不干胶标签。不干胶标签由离型纸、面纸及作为两者黏合的黏胶剂三部分组成。离型纸俗称“纸底”，表面呈油性。底纸对黏胶剂具有隔离作用，所以用其作为面纸的附着体，以保证面纸能够很容易从底纸上剥离下来。

（2）条码识读设备。条码识读设备是用来读取条码信息的设备。它使用一个光学装置将条码的条空信息转换成电子信息，再由专用译码器翻译成相应的数据信息。条码识读设备一般不需要驱动程序，接上后可直接使用，如同键盘一样。

条码识读设备从原理上可分为光笔、CCD 和激光三类；从形式上有手持式和固定式两种，手持式包括 CCD、激光枪、光笔、数据采集终端；固定式包括 CCD 和激光平台。

① 光笔扫描器（见图 2-6）。光笔必须与被扫描阅读的条码接触，才能达到读取数据的目的。光笔扫描器的优点是成本低、耗电低、耐用，适合数据采集，可读较长的条码符号；其缺点是光笔对条码有一定的破坏性。随着条码应用的推广，目前已逐渐被 CCD 扫描器所取代。

② CCD 扫描器（见图 2-7）。采用 CCD 和发光二极管光源的识读设备，称为 CCD 扫描器。它是将发光二极管所发出的光照射到被读的条码上，通过光的反射，达到读取数据的目的。CCD 扫描器操作方便，易于使用，只要在有效景深范围内，光源照射到条码符号即可自动完成扫描，

对于表面不平的物品、软质的物品均能方便地进行识读，无任何运动部件，因此性能可靠，使用寿命长。与其他条码扫描设备比较，CCD 扫描器具有耗电少、体积小、价格便宜等优点，但其阅读条码符号的长度受扫描器的元件限制，扫描景深长度不如激光扫描器。

图 2-6　光笔扫描器

图 2-7　CCD 扫描器

③ 激光扫描器（见图 2-8）。因其独有的大景深区域、高扫描速度、宽扫描范围等突出优点得到了广泛的使用。激光扫描器的扫描方式有单线扫描、光栅扫描和全角度扫描三种方式。激光手持式扫描器属单线扫描，其景深较大，扫描识读率和精度较高，扫描宽度不受设备开口宽度限制；立式激光扫描器为全角扫描器，如图 2-8（b）所示，能够高速扫描识读任意方向通过的条码符号，被广泛使用在自动化程度高、物流量大的领域。

（a）手持式激光器扫描器　　（b）立式激光扫描器

图 2-8　激光扫描器

3．条码编码方式

条码的编码方式主要有两种，即一维条码和二维条码。

（1）一维条码。一维条码有 225 种以上，目前使用频率最高的几种码制是 EAN 码（国际物品条形码）、UPC 码（通用产品条形码）、39 码、Code 93 码、库德巴码、交插 25 码和 128 码。

① UPC 码。UPC 码主要应用于美国和加拿大，我们在美国进口的商品上可以看到。1973 年，美国率先在国内的商业系统中应用 UPC 码，之后加拿大也在商业系统中采用 UPC 码。UPC 码是一种长度固定的连续型数字式码制，其字符集为数字 0～9。它采用 4 种元素宽度，每个条或空是 1、2、3 或 4 倍单位元素宽度。UPC 码有两种类型，即 UPC-A 码和 UPC-E 码，分别如图 2-9 和图 2-10 所示。

0 89600 12456 9

图 2-9　UPC-A 码

0 896000 7

图 2-10　UPC-E 码

② EAN码。EAN码是国际物品编码协会制定的一种商品用条码，通用于全世界。1977年，欧洲经济共同体各国按照UPC码的标准制定了欧洲物品编码EAN码，与UPC码兼容，而且两者具有相同的符号体系。EAN码的字符编号结构与UPC码相同，也是长度固定的、连续型的数字式码制，其字符集是数字0～9。它采用4种元素宽度，每个条或空是1、2、3或4倍单位元素宽度。EAN码有两种类型，即EAN-13码和EAN-8码，分别如图2-11和图2-12所示。我国的通用商品条码与其等效，日常购买的商品包装上所印的条码一般就是EAN码。

图2-11　EAN-13码

图2-12　EAN-8码

③ 39码（见图2-13）。39码是第一个字母数字式码制，1974年由Intermec公司推出，是长度可比的离散型自校验字母数字式码制。其字符集为数字0～9、26个大写字母，以及“＋”“－”“＊”“／”“%”“$”“.”等特殊符号，再加上空白字元“ ”，共计44组编码，其中“＊”仅作为起始符和终止符。39码具有编码规则简单、误码率低、所能表示字符个数多等特点，主要用于工业、图书及票证的自动化管理，目前使用极为广泛。我国也制定了相应的国家标准（GB12908—1991）。39码仅有两种单元宽度——分别为宽单元和窄单元。宽单元的宽度为窄单元的1～3倍，一般多选用2倍、2.5倍或3倍。39码的每个条码字符由9个单元组成，其中有3个宽单元，其余是窄单元，因此称为39码。

图2-13　39码

④ Code 93码（见图2-14）。Code 93码与39码具有相同的字符集，但它的密度要比39码高，所以在面积不足的情况下，可以用93码代替39码。

图2-14　Code 93码

⑤ 库德巴码（见图2-15）。库德巴码（Code Bar）出现于1972年，是一种长度可变的连续型自校验数字式码制。其字符集为数字0～9和6个特殊字符（-，:，/，.，+，￥），共16个字符。常用于仓库、血库和航空快递包裹中。

a000800a

图 2-15　库德巴码

⑥ 128 码（见图 2-16）。128 码出现于 1981 年，是一种长度可变、连续性的字母数字条码。与其他一维条码比较起来，128 码是较为复杂的条码系统，而其所能支援的字元也相对地比其他一维条码来得多，又有不同的编码方式可供交互运用，因此其应用弹性也较大。128 码的内容大致亦分为起始码、资料码、终止码、检查码四部分，其中检查码是可有可无的。

Aux(124)-TR

图 2-16　128 码

⑦ 交插 25 码（见 2-17）。交插 25 码是一种条和空都表示信息的条码，交插 25 码有两种单元宽度，每个条码字符由 5 个单元组成，其中 2 个宽单元，3 个窄单元。在一个交插 25 码符号中，组成条码符号的字符个数为偶数，当字符是奇数个时，应在左侧补 0 变为偶数。条码字符从左到右，奇数位字符用条表示，偶数位字符用空表示。交插 25 码的字符集包括数字 0～9。

1234567890

图 2-17　交插 25 码

（2）二维条码。一维条形码只是在一个方向（一般是水平方向）表达信息，而在垂直方向则不表达任何信息，其一定的高度通常是为了便于阅读器的对准。一维条形码的应用可以提高信息录入的速度，减少差错率，但是一维条形码也存在一些不足之处：① 数据容量较小（仅 30 个字符左右）；② 只能包含字母和数字；③ 条形码尺寸相对较大（空间利用率较低）；④ 条形码遭到损坏后便不能阅读。

二维条码正是为了解决一维条码无法解决的问题而诞生的。所谓二维条形码就是在水平和垂直方向的二维空间存储信息的条形码。与一维条形码一样，二维条形码也有许多不同的编码方法，或称码制。就这些码制的编码原理而言，通常可分为以下三种类型。

① 线性堆叠式二维码。在一维条形码编码原理的基础上，将多个一维码在纵向堆叠而产生的。典型的码制如 Code 16K、Code 49、PDF417 等。

② 矩阵式二维码。在一个矩形空间通过黑、白像素在矩阵中的不同分布进行编码。典型的码制如 Aztec、Maxi Code、QR Code、Data Matrix 等。

③ 邮政编码。通过不同长度的条进行编码，主要用于邮件编码，如 Postnet、BPO 4-State。

在上述众多的二维条形码中，常用的码制有 Data Matrix、Maxi Code、Aztec、QR Code、Vericode、PDF417、Ultracode、Code 49、Code16K 等。其中，Data Matrix 主要用于电子行业小零件的标识，如 Intel 的奔腾处理器的背面就印制了这种码；Maxi Code 是由美国联合包裹服务（UPS）公司研制的，用于包裹的分拣和跟踪；Aztec 是由美国韦林（Welch Allyn）公司推出的，最多可容纳 3 832 个数字、3 067 个字母/字符或 1 914 字节的数据。

4. 商品条码

现在，很多商品如食品、饮料、书籍、彩色电视机、电冰箱等，包装上都印有商品条码（也称“商品条形条码”）。商品条码可以说是商品的“户口”或“身份证”。

商品条码是由一组规则排列、尺寸和颜色有一定规定的“条”“空”及对应数字字符“码”组成，表示一定信息的商品标识。“条”与“空”分别由深浅不同，而且满足一定光学对比度要求的两种颜色表示。“条”为深色，“空”为浅色。这种“条”“空”和相对应的字符“码”代表相同的信息，前者供扫描器读识，后者供人直接读识或者通过键盘向计算机输入数据使用。连锁企业在进货后，将商品条形码数字与该商品的价格、企业名称等信息输入数据库。在购买商品时，只要输入条形码的信息，计算机就可以立即找到该商品了。

通用商品条码采用的是 EAN/UPC 码制，我国的通用商品条码标准采用 EAN 结构。EAN 条码包括标准码和缩短码。

（1）标准码。标准码由 13 位数字及相应的条码符号组成，它具有以下两种类型的结构。

结构一：X12X11X10X9X8X7X6　X5X4X3X2X1X0

　　　　左侧数据符　　　　　　右侧数据符

结构二：X12X11X10X9X8X7X6X5　　X4X3X2X1X0

　　　　左侧数据符　　　　　　　右侧数据符

每种结构都包含 4 个层次结构，各部分含义如下。

① 前缀码。由 3 位数字（X12X11X10）组成，表示国家代码，我国的前缀码目前有 3 个：690、691、692。当前缀码为 690 或 691 时，其代码结构形如结构一；当前缀码为 692 时，其代码结构同结构二。它由我国物品编码中心分配给申请条码的企业。

② 制造厂商代码。由 4 位（X9X8X7X6）或 5 位数字（X9X8X7X6X5）组成，当前缀码为 690 或 691 时，厂商代码为 4 位，而前缀码为 692 时，厂商代码为 5 位。它由我国编码中心统一分配并统一注册，采用一厂一码制。

③ 商品代码。由 5 位（X5X4X3X2X1）或 4 位数字（X4X3X2X1）组成，当前缀码为 690 或 691 时，商品代码为 5 位，而前缀码为 692 时，商品代码为 4 位。它由厂商确定，代码表示每个厂商商品的属性、规格、价格等，可标识 10 万种商品。

④ 校验码。由 1 位数字（X0）组成，用以校验代码的正误，一般由承接条码制作的单位进行校验码计算。

例如，商品条码 6902952880041 中，690 代表中国，2952 代表贵州茅台酒厂，88004 代表 53%（V/V）、106PROOF、500 毫升的白酒，1 是校验码。

（2）缩短码。缩短码由 8 位数字及相应的条码符号组成，结构为：

X7X6X5　　X4X3X2X1X0

左侧数据符　右侧数据符

它有以下 3 个层次结构。

① 前缀码。由 3 位数字（X7X6X5）组成，表示国家代码。

② 商品代码。由 4 位数字（X4X3X2X1）组成，由国家物品编码中心分配。

③ 校验码。由 1 位数字（X0）组成，用以校验代码的正误。

二、物流条码与商品条码

1．物流条码

物流条码是指专门应用于物流领域的条码，即用在商品装卸、仓储、运输等配送过程中的识别符号，如图 2-18 所示。在商品从生产厂家到运输、交换、整个物流过程中都可以通过物流条码来实现数据共享，使信息的传递更加方便。

图 2-18　物流条码示意图

2．物流条码与商品条码的比较

当今的通用商品条码已经普及，使商业管理实现了自动化，而物流条码却刚刚起步。物流条码和通用商品条码相比有许多不同之处。主要表现在以下几个方面。

（1）标识目标不同。通用商品条码是最终消费单元的唯一标识，它常常是单个商品的条码，通常印在商品的零售包装上。消费单元是指通过零售渠道，直接销售给最终用户的商品包装单元；物流条码则是货运单元的唯一标识，通常印在外包装箱上，用来识别商品的种类及数量。货运单元是由若干个消费单元组成的稳定的和标准的产品集合，是收发货、运输、装卸、仓储等物流业务所必需的一种商品包装单元，一般是多个商品的集合，也可以是多种商品的集合，应用于现代化的物流管理中。

（2）应用领域不同。商品条码用于零售业现代化的管理，在零售业 POS 系统中通用商品条码印在单个商品上，可以实现商品的自动识别、自动寻址、自动结账，使零售业管理高度自动化和信息化。物流条码则是面向各类企业，如制造商、批发商、零售商、物流企业等。零售店以配送包装单位当作销售单位时（如家电或整箱销售的商品）即可用外箱上的物流条码扫描结账；批发业、零售业在进货、点货或库存盘点作业时，对以配送单位包装的商品可扫描物流条码，对以零售单位包装的商品则扫描原印条形码。总之，物流条码用于物流现代化的管理，产品从生产厂家出来，要经过包装、运输、仓储、分拣、配送等众多环节，物流条码应用于众多环节之中，实现对物品的跟踪和数据的共享。

（3）采用码制不同。通用商品条码采用的是 EAN/UPC 码制，条码长度固定，信息含量少；物流条码主要采用 UCC/EAN-128 条码（UCC：美国统一编码委员会），条码的长度可变，信息容量多，且条码精度要求低，易于制作，容易推广。

此外，商品条码已经实现了国际化和标准化，不需要经常增建更新；物流条码是可变性条码，贸易伙伴根据贸易的具体需要而增减信息，而且随着国际贸易的发展，物流条码的内容需要不断地补充、丰富。

三、物流条码标准体系

在国际贸易中，物流条码标准体系已经基本成熟，并随着世界经济的发展而日趋完善。我们国家也已经制定了许多相关标准，可以据此建立物流条码标准体系。物流条码标准体系如图 2-19 所示。

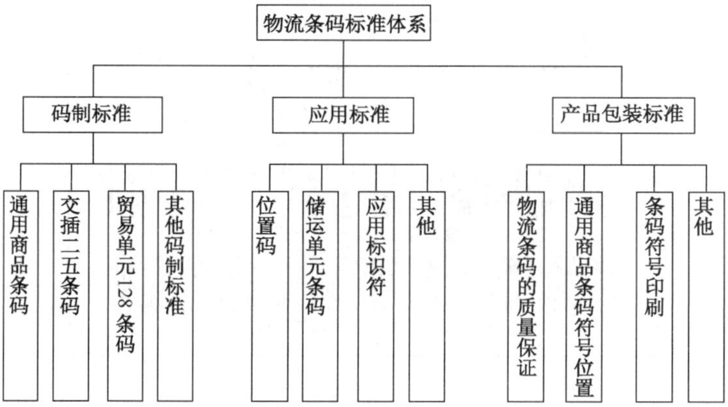

图 2-19　物流条码标准体系

1．码制标准

（1）通用商品条码。我国于 1990 年制定了国家标准《通用商品条码》（GB/T 12904—91）。通用商品条码结构与国际物品编码委员会推行的 EAN 码结构相同，其标准与国际标准是兼容的。物流条码应用的是 EAN 码制中的 EAN-13 码。EAN-13 码是国际通用符号体系，是一种定长、无含义的条码，没有自校验功能。内容如前所述。

（2）交插二五条码（分别见图 2-20 和图 2-21）。交插二五条码在仓储和物流管理中被广泛采用。1997 年，我国制定了国家标准《交插二五条码》（GB/T 16829—1997），并于 1998 年 3 月开始实施。交插二五条码是一种连续、非定长、具有自校验功能且条空都表示信息的双向条码。ITF（Interleaved Two of Five，ITF）条码是在交插二五条码的基础上扩展形成的一种应用于储运包装箱上的固定长度的条码。ITF 字符的条码符号表示和交插二五条码相同。为了适应特定的印刷条件，多数情况下都在条码符号的周围加上保护框，并设有印刷适应性实验的“H”符号。在物流系统中，常用 ITF-14 和 ITF-6 来表示储运单元。

（3）贸易单元 128 条码（EAN-128 条码）。我国制定的《贸易单元 128 条码》（GB/T15429—1994）与 UCC/EAN-128 条码相同。UCC/EAN-128 条码由国际物品编码协会（EAN）、美国统一代码委员会（UCC）和自动识别制造商协会（AIM）共同设计而成。UCC/EAN-128 应用标志条码是一种连续型、非定长条码，能更多地标识贸易单元中需表示的信息，如产品批号、数量、规格、生产日期、有效期、交货地等。因此它广泛地应用在生产流程控制、仓储管理、车辆调配、货物跟踪等领域。

1 89 31234 56789 4

图 2-20　ITF-14 条码

1 2 3 4 5 6

图 2-21　ITF-6 条码

UCC/EAN-128 条码由左侧空白区、起始符、数据字符、校验符、终止符、右侧空白区组成，每个条码字符由 3 个条、3 个空共 11 个模块组成，每个条、空由 1～4 个模块构成。UCC/EAN-128 条码构成及模块分配见表 2-1。

表 2-1　UCC/EAN-128 条码构成及模块分配

左侧空白区	双字符起始符	数据字符（含应用标志符）	校　验　符	终　止　符	右侧空白区
10 模块	22 模块	11N 模块	11 模块	13 模块	10 模块

UCC/EAN-128 条码的号码组成依据所携带的信息而定，各种信息可以连结在一起，以应用识别码加分区隔。UCC/EAN-128 条码的内容如图 2-22 和表 2-2 所示。

图 2-22　UCC/EAN-128 条码的内容

表 2-2　UCC/EAN-128 条码的内容

代　　号	码　　别	长　　度	说　　明
A	应用识别码	18	00 代表其后资料内容为运送容器序号，为固定 18 位数字
B	包装形态指示码	1	3 代表无定义的包装指示码
C	前置码与公司码	7	代表 EAN 前置码与公司码

续表

代号	码别	长度	说明
D	自行编定序号	9	由公司指定序号
E	校验码	1	校验码
F	应用识别码		420 代表其后资料内容为配送邮政编码，应用仅限邮政当局
G	配送邮政编码		代表配送邮政编码

以上 3 种条码都是物流条码中常用的码制，它们具体应用在实际中又有所不同。一般来说，通用商品条码用在单个大件商品的包装箱上，当包装箱内含有预先确定的、规则数量的商品时，也可以用通用商品条码码制，给每个货运单元分配一个与消费单元不同的 EAN-13 码；交插二五码可用于定量储运单元的包装箱上，ITF-14 和 ITF-6 附加代码共同使用也可以用于变量储运单元，前者标志其主代码（厂商识别代码与商品项目代码），后者标志附加代码（表示变量储运单元内按基本计量单位计量取得的商品数量）；贸易单元 128 条码的使用是物流条码实施的关键，它可以弥补商品通商代码和交插二五码的不足，更多地表示贸易单元信息。而且，对贸易单元 128 条码的印刷要求更为宽松，在许多粗糙、不规则的包装上都可以印刷。贸易单元 128 条码的识别要比前两种码制容易得多。

2. 应用标准

在物流条码标准体系中，还有许多应用标准，应用标准大多采用以上 3 种码制，适用于不同的实际情况，解决不同的具体问题，使物流条码在我国物流领域的应用具有可行性和实用性。

（1）位置码。位置码是对法律实体、功能实体、物理实体进行标识的代码，具有唯一性、无含义性、国际通用，并有严格的定义和结构，主要应用于 EDI 和自动数据采集中。位置码结构见表 2-3。

表 2-3 位置码结构

×××	×××××××××	×
前缀码（由国际物品编码协会分配）	位置参考代码（由国家物品编码协会分配）	校验码（根据前面 12 位计算得出）

位置码当用条码符号表示时，应与位置码应用标识一起使用，条码符号采用贸易单元 128 码制。EAN 位置码提供了国际共同认可的标志团体和位置的标准。

（2）储运单元条码。为了便于运输、装卸、搬运、保管、配送等作业，需要将商品的消费单元按照需求组成新的储运单元，储运单元条码正是伴随这种需要而产生的，储运单元条码分为定量储运单元条码和变量储运单元条码。

定量储运单元是由按件数计价销售的商品组成的储运单元。如果定量储运单元等于定量消费单元，则应按定量消费单元进行编码，也即采用通用商品编码（EAN-13），如彩色电视机、电冰箱、洗衣机等大件消费品；如果定量储运单元由不同种类的定量消费单元组成，则需按定量消费单元的编码规则，为定量储运单元分配一个区别于它所包含的消费单元代码的 13 位数字代码（EAN-13）。例如，某一储运单元由两种定量消费单元组成，其编码分别为 6901234567811 和 6901234567828，而储运单元的条码为 6901234567878；定量储运单元由相同种类的定量消费单元组成的情况下，定量储运单元可用 14 位数字代码（代码标识交插二五条码、EAN-128 条码）进行编码标识，其编码的代码结构见表 2-4。其中，定量储运单元包装指示符（V）用于指示定量储运单元的包装级别，取值范围为 V=1，2，3，…，8。

表 2-4 定量储运单元条码结构

定量储运单元包装指示字符	定量消费单元代码（不含校验符）	校验字符
V	X1X2X3X4X5X6X7X8X9X10X11X12	C

如物流条码 16902952880041 中，V=1，代表集合包装容器装有中国贵州茅台酒厂的白酒 6 瓶；物流条码 26902952880041 中，V=2，代表该包装容器装 24 瓶酒。

变量储运单元是按基本计量单位计价，以随机数量销售的商品组成的储运单元，如农产品、布匹、钢材等。变量储运单元可用 ITF14 条码和 ITF6 条码来标识，前者标识其主代码，后者标识附加代码，代码结构见表 2-5。变量储运单元的主代码和附加代码也可用 EAN-128 条码标识。

变量储运单元包装指示字符（LI）表示在主代码后面有附加代码。附加代码（Q1～Q5）表示变量储运单元内按基本计量单位（如 kg、m 等）计量取得的商品数量。

表 2-5 变量储运单元条码结构

主 代 码			附 加 代 码	
变量储运单元包装指示符	厂商识别代码与商品识别代码	校验字符	商品数量	校验字符
LI	X1X2X3X4X5X6X7X8X9X10X11X12	C1	Q1Q2Q3Q4Q5	C2

（3）条码应用标志：条码应用标识是指一组用条码表示的数据，用来表示贸易单元的相关信息，它由应用标识符和数据两部分组成，通常不包含校验符。条码应用标识的内容包括系列货运包装箱代码、EAN 物品编码/货运包装箱代码、批号和组号、生产日期、包装日期、保质期、有效期、长度、重量、面积、体积等。条码应用标识是一个开放的标准，可根据用户的要求，随时定义新的应用标识符。每个应用标识符用 2～4 个数字表示，采用的是贸易单元 128 条码码制。

四、射频识别技术

1. 射频识别技术的概念及特征

射频识别技术（Radio Frequency Identification Technology，RFID）利用无线电波对记录媒体进行读/写（见图 2-23）。射频识别的距离可达几十厘米至几米，且根据读/写的方式，可以输入数千字节的信息，同时还具有极高的保密性。射频识别技术适用的领域包括物料跟踪、运载工具和货架识别等要求非接触数据采集和交换的场合，要求频繁改变数据内容的场合尤为适用。例如，中国香港的车辆自动识别系统——“驾易通”，采用的主要技术就是射频技术。目前，中国香港已经有约 8 万辆汽车装上了电子标签，装有电子标签的车辆通过装有射频扫描器的专用隧道、停车场或高速公路路口时，无须停车即可缴费，大大提高了行车速度，提高了效率。射频识别技术在其他物品的识别及自动化管理方面也得到了较广泛的应用。射频识别技术主要有以下特征。

（1）数据的读/写（Read/Write）机能。只要通过 RFID Reader，即可无须接触（识读距离可以从十厘米至几十米），直接读取信息至数据库内，且可一次处理多个标签，并可以将物流处理的状态写入标签，供下一阶段物流处理使用。

（2）容易小型化和多样化的形状。RFID 在读取上并不受尺寸大小与形状的限制，无须为读取精确度而配合纸张的固定尺寸和印刷品质。此外，RFID 电子标签可小型化，可应用在不同产品上。因此，可以更加灵活地控制产品的生产，特别是在生产线上的应用。

（3）耐环境性。纸张一旦受到脏污就会看不到，但 RFID 对水、油和药品等物质却有强力的抗污性。RFID 在黑暗或脏污的环境中，也可以读取数据。

（4）可重复使用。由于 RFID 为电子数据，可以反复被覆写，因此可以回收标签重复使用。如被动式 RFID，不需要电池就可以使用，没有维护保养的需要。

（5）穿透性。RFID 若被纸张、木材和塑料等非金属或非透明的材质包覆，也可以进行穿透性通信。如果包覆物是铁质金属，则无法进行通信。

（6）数据的记忆容量大。数据容量会随着记忆规格的发展而扩大，未来物品所需携带的资料量愈来愈大，对卷标所能扩充容量的需求也增加，对此 RFID 不会受到限制。

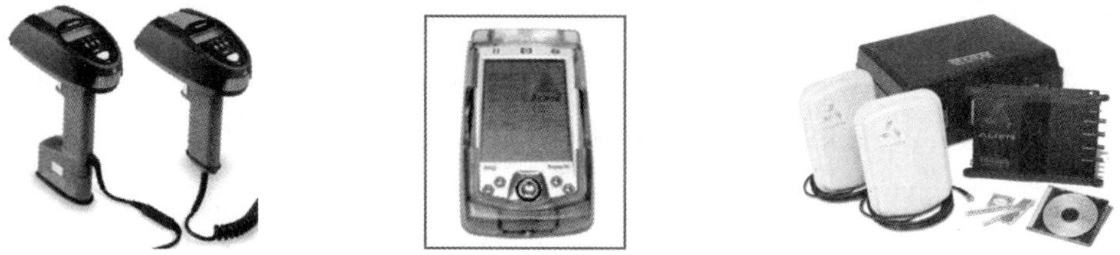

（a）RFID 高频阅读器　（b）RFID PAD 阅读器　（c）RFID 读写器套件

图 2-23　射频识别技术应用

2. RFID 系统的组成及其工作原理

RFID 系统因应用不同其组成会有所不同，但基本都由电子标签（Tag）、阅读器（Reader）和数据交换与管理系统（Processor）三大部分组成。电子标签（或称射频卡、应答器等），由耦合元件及芯片组成，其中包含带加密逻辑、串行 EEPROM（电可擦除及可编程式只读存储器），微处理器 CPU，以及射频收发及相关电路。电子标签具有智能读写和加密通信的功能，它是通过无线电波与读写设备进行数据交换的，工作的能量则是由阅读器发出的射频脉冲提供。阅读器，有时也被称为查询器、读写器或读出装置，主要由无线收发模块、天线、控制模块及接口电路等组成。阅读器可将主机的读/写命令传送到电子标签，再把从主机发往电子标签的数据加密，将电子标签返回的数据解密后送到主机。数据交换与管理系统主要完成数据信息的存储及管理、对卡进行读/写控制等。

RFID 系统的工作原理是，阅读器将要发送的信息，经编码后加载在某一频率的载波信号上经天线向外发送，进入阅读器工作区域的电子标签接收此脉冲信号，卡内芯片中的有关电路对此信号进行调制、解码、解密，然后对命令请求、密码、权限等进行判断。若为读命令，控制逻辑电路则从存储器中读取有关信息，经加密、编码、调制后通过卡内天线再发送给阅读器，阅读器对接收到的信号进行解调、解码、解密后送至中央信息系统进行有关数据处理；若为修改信息的写命令，则有关控制逻辑引起的内部电荷泵提升工作电压，对 EEPROM 中的内容进行改写，若经判断其对应的密码和权限不符，则返回出错信息。RFID 系统基本原理框图如图 2-24 所示。

3. RFID 系统的分类

根据 RFID 系统完成的功能不同，可以粗略地把 RFID 系统分成 4 种类型：EAS 系统、便携式数据采集系统、网络系统和定位系统。

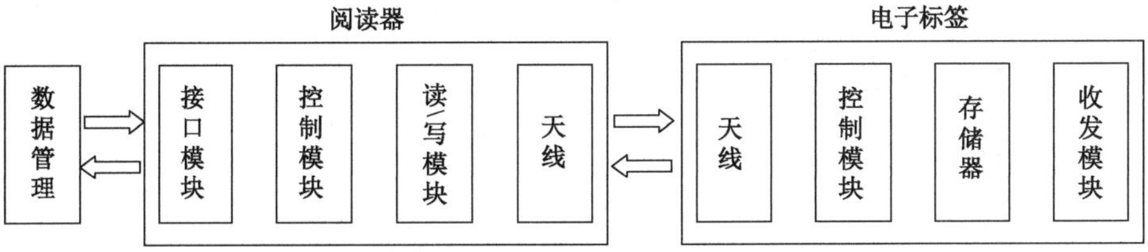

图 2-24　RFID 系统基本原理框图

（1）EAS 系统。EAS 系统是一种设置在需要控制物品出入的门口的 RFID 系统。典型应用的场合是超市、图书馆、数据中心等地方，当未被授权的人从这些地方非法取走物品时，EAS 系统就会发出警报。

（2）便携式数据采集系统。便携式数据采集系统使用带有 RFID 阅读器的手持式数据采集器采集 RFID 标签上的数据。它适用于不易安装固定式 RFID 系统的环境。

（3）网络系统。在网络系统中，固定布置的 RFID 阅读器分散布置在指定的区域，并且阅读器直接与数据管理信息系统相连，信号发射机是移动的，一般安装在移动的物体和人体表面，当物体和人体经过阅读器时，阅读器会自动扫描标签上的信息。

（4）定位系统。定位系统用于自动化加工系统中的定位及对车辆、轮船等进行运行定位支持。阅读器放置在移动的车辆、轮船上，或者放置在自动化流水线中移动的物料、半成品和成品上，信号发射机嵌入到操作环境的地表下面。信号发射机上储存位置信息，阅读器一般通过无线的方式或者有线的方式连接到主信息管理系统。

4．RFID 技术的应用

在国内外，RFID 技术已被广泛应用于工业自动化、商业自动化等众多领域。应用范围如下。

（1）防伪。RFID 使防伪打假手段登上一个全新的台阶，给名牌厂商，执法人员和普通消费者提供了打击假冒商品的强有力的武器，如二代身份证、军车牌照、名牌香烟等。

（2）生产流水线管理。电子标签在生产流水线上可以方便准确地记录工序信息和工艺操作信息，满足柔性化生产需求。对工人工号、时间、操作、质检结果的记录，可以完全实现生产的可追溯性，还可避免生产环境中手写、眼看信息造成的失误。

（3）仓储管理。将 RFID 系统用于智能仓库货物管理，有效地解决了仓储货物信息管理。对于大型仓储基地来说，管理中心可以实时了解货物位置、货物存储的情况，对于提高仓储效率、反馈产品信息、指导生产都有很重要的意义。它不仅增加了一天内处理货物的件数，还可以监视货物的一切信息。其中，应用的形式多种多样，可以将标签贴在货物上，由叉车上的读/写器和仓库相应位置上的读写器读/写；也可以将条码和电子标签配合使用。

（4）销售渠道管理。建立严格而有序的渠道，高效地管理好进、销、存是许多企业的强烈需要。产品在生产过程中嵌入电子标签，其中包含唯一的产品号，厂家可以用识别器监控产品的流向，批发商、零售商可以用厂家提供的读写器来识别产品的合法性。

（5）贵重物品管理。RFID 技术还可用于照相机、摄像机、便携式计算机、CD 随身听、珠宝等贵重物品的防盗、结算、售后保证。其防盗功能属于电子物品监视系统（EAS）的一种。标签可以附着或内置于物品包装内。专门的货架扫描器会对货品实时扫描，得到实时存货记录。

如果货品从货架上拿走，系统将验证此行为是否合法，如为非法取走的货品，系统将报警。

（6）图书管理、租赁产品管理。在图书中贴入电子标签，可方便地接收图书信息，整理图书时无须移动图书，可提高工作效率，避免工作误差。

相关链接

2016年全球10大物流黑科技应用

1. 智能传送分拨系统

2017年08月02日京东物流昆山无人分拣中心正式亮相，这也是目前全球首个正式落成并运营成功的全程无人分拣中心。这也标志着京东物流配送中的分拣环节进入了全场无人化、智能化阶段。场内自动化设备覆盖率达到100%，目前分拣中心的分拣能力已经达到9 000件/小时，同等场地规模和分拣货量的前提下，据测算每个场地可以节省180人力。同时，一线设备的操作效率和运营质量也得到显著提升，对比传统供包能力，自动供包台的效率最高可达到传统效率的4倍多。

2. 奔驰无人驾驶物流车

在无人驾驶和智能出行的概念上领先的奔驰发布了最新的Vision Van概念物流车。首先，奔驰不仅为Vision Van设计了一套先进的装货系统，还配有专用的货架传送车，可以自动化分拣包裹，然后装车。另外，奔驰Vision Van还将传统的车厢隔成N个小隔间，可由计算机自动控制合理摆放，进行包裹配送时，车辆顶部的无人机会预先设定地址等。当然，这款车目前为止量产的可能性很低。不过，概念车上的一些科技元素与创新大胆的想法将被运用在奔驰未来的发展道路上，期待它给我们带来更多的惊喜。

3. 菜鸟首款智能配送机器人小G

小G身高1米左右，能装10～20个包裹，通过手机APP进行需求预定，小G便会规划最优配送路径，实时产看你的包裹位置，用户电子扫描一下即可签收。小G机器人在用户取走包裹时，会自行检查剩余包裹，一旦发生异常，它会提醒用户重新操作，若用户拒不执行，则会当场发出警报。

4. 德国智能停车系统

来自德国Serva公司的智能停车系统将AGV叉车和智能停车系统完美结合，实现停车场空间的充分利用。

5. 菜鸟的AR智慧物流系统

只要带上AR眼镜，打开操作系统，菜鸟的AR智慧物流系统就可接到源源不断的订单，工作人员还可直观看到商品的质量、体积等各种信息，进行快速分类。菜鸟的AR智慧物流系统会指导工作人员按照最优路线行走，迅速找到货架上的商品，并进行合作扫描等操作。之后，AR眼镜还能帮助工作人员迅速地完成质量检测、包装等工作。

6. 第三代物流机器人

第三代物流机器人在第二代基础上，增加了替换人工的机械手、机械臂、视觉系统、智能系统，提供更友好的人机交互界面，并且与现有物流管理系统对接更完善，具有更高的执行效率和准确性。例如，日立机器人，Fetch&Freight等，实现了从自动化到智能化的转变，由移动车体、机械臂和机械手组成，具备高度的自主性，能够完成多种功能如物体识别、抓取、分拣及运输等。

7. 京东无人配送机器人小 D

小 D 长宽高分别为 1 米、0.8 米、0.6 米，具备 6 个不同大小的载货舱，和小 G 的空间存储量差不多。小 D 能够规划最佳路线、躲避行人，到达地点后，会通过京东 APP、手机短信等方式通知用户收货，用户输入提货码即可取货。

8. 申通快递分拣“机器人”

申通快递分拣机器人平台，只需配备 2 000 米的仓库，10 个入口，350 个机器人就可以同时作业，1 小时可以分拣 18 000 个快件，这些机器人自动充电 5 分钟，就可以奔跑 4 小时，真正的 24 小时不停歇。

9. 海康威视智能泊车机器人

海康威视的泊车机器人也“现身”于桐乡乌镇街的地下停车库，此次海康威视智能泊车机器人应用于第三届世界互联网大会，是全球首个机器人智能停车应用案例。智能泊车机器人采用海康机器人成熟的视觉&惯性双导航技术实现自主定位，定位精度误差小于 5 毫米，可完成 2 000 千克汽车的升举、搬运、旋转、下放，全球首家落地运行，2 分钟帮客户稳稳地停好车，一次完美的停车体验就该是这样。

10. 德国移动仓库机器人 TORU

2016 年上半年，一家名为 Magazino 的德国公司宣称，他们已经打造了一个名为 TORU 的移动仓库机器人，它不仅能运输货物，还能直接从货架上分拣物品，这大大减少了人员在仓库内的走动，并减轻了员工在分拣货物上的工作负担，它甚至比只能够锁定货物位置并移动整堆货架的亚马逊仓库机器人技高一筹：具备视觉导航功能、操作简单，还能与人协作。

——资料来源：物联网 2017-03-12

单元四 GPS 技术和北斗技术

一、GPS 技术

1. GPS 的概念

全球定位系统（Global Positioning System，GPS）是利用多颗通信卫星对地面目标的状况进行精确测定的系统。GPS 可以实现对运行车辆、船舶及其他运输工具的全程跟踪、监视，并通过相关的数据和输入的其他系统相关数据进行交通管理和运行指挥（见图 2-25）。

20 世纪 50 年代末，苏联发射了人类的第一颗人造地球卫星，美国科学家在对其跟踪研究中发现了多普勒频移现象，并利用该原理促成了多普勒卫星导航定位系统 TRANSTT 的建成，在军事和民用方面取得了极大的成功，是导航定位史上的一次飞跃。但由于多普勒卫星轨道高度低、信号载波频率低，轨道精度难以提高，使得定位精度较低，难以满足大地测量或工程测量的要求，更不可能用于天文地球动力学研究。为了提高卫星定位的精度，美国从 1973 年开始筹建全球定位系统。历时 20 年，耗资 200 亿美元，于 1994 年全面建成，具有在海、陆、空进行全方位实时三维导航与定位能力的新一代卫星导航与定位系统。GPS 的空间部分由 24 颗卫星组成，均匀分布在 6 个轨道面上，地面高度为 20 000 余千米，轨道倾角为 55 度，偏心率约为 0，周期约为 12 h，卫星向地面发射两个波段的载波信号，卫星上安装了精度很高的原子钟，以确保频率的稳定性，在载波上调制有表示卫星位置的广播星历、用于测距的C/A码和P码及其他系统信息，能在全球范围内，向任意多个用户提供高精度的、全天候的、连续的、实时的三维测速、三维定位和授时。

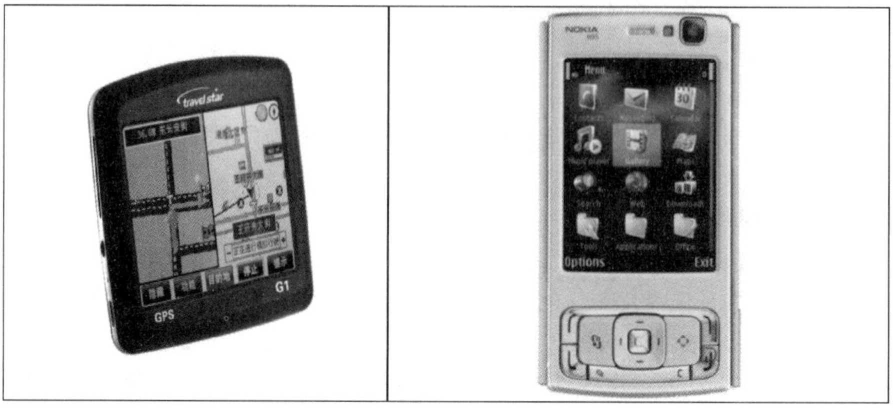

图 2-25　GPS

GPS 的特点是高精度、全天候、高效率、多功能、操作简便、应用广泛等。

2．GPS 的组成

GPS 包括三大部分，空间部分—GPS 卫星星座；地面控制部分—地面监控系统；用户设备部分—GPS 信号接收机。用户只需购买 GPS 接收机，就可享受免费的导航、授时和定位服务。

（1）GPS 卫星星座。21 颗工作卫星和 3 颗在轨备用卫星组成 GPS 卫星星座，记作（21+3）GPS 星座。24 颗卫星均匀分布在 6 个轨道平面内。位于地平线以上的卫星颗数随着时间和地点的不同而不同，最少可见 4 颗，最多可见 11 颗。在用 GPS 信号导航定位时，为了测算测站的三维坐标，必须观测 4 颗 GPS 卫星，称为定位星座。这 4 颗卫星在观测过程中的几何位置分布对定位精度有一定影响。对于某地某时，甚至不能测得精确的点位坐标，这种时间段称为“间隙段”。但这种间隙段是很短暂的，并不影响全球绝大多数地方的全天候、高精度、连续实时的导航定位测量。

（2）地面监控系统。GPS 工作卫星的地面监控系统包括 1 个主控站、3 个注入站和 5 个监测站。监控站是在主控站控制下的数据采集中心。主控站根据各检测站送来的观测数据，计算每颗卫星的预报星历和卫星钟的预报修正数，并以规定的格式编制成导航电文送往地面注入站，负责调度备份卫星，替代出现故障的卫星。地面注入站的作用是在主控站的控制下向卫星注入导航电文和其他命令。此外，还包括通信辅助设备，综合利用地面通信线，海底电缆和卫星通信等手段，把主控站、地面控制站和监测站联结起来，所有信息都采用编码传送。

（3）GPS 信号接收机。GPS 信号接收机能够捕获到按一定卫星高度截止角所选择的待测卫星的信号，并跟踪这些卫星的运行对所接收到的 GPS 信号进行变换、放大和处理，以便测量出 GPS 信号从卫星到接收机天线的传播时间，解译出 GPS 卫星所发送的导航电文，实时地计算出监测站的三维位置，甚至三维速度和时间。

3．GPS 在物流领域的应用

GPS 在连锁企业配送管理中的应用，主要体现在对车辆行驶状态的管理，以及对货物流动的查询。用户只需在每辆长途运输车辆上安装 GPS 接收设备，便可实现实时跟踪、管理记录功能。运输公司可以通过GPS调度中心或互联网的方式了解车辆工作状态。例如，查看车辆是否按预定轨迹接送货物，中间有无停车，在哪里停的车，停了多少次等。同时，对于货物的委托用户，可以通过网上查询，及时了解货物运转状态。利用GPS防暴反劫功能，将为货主、运输公司提供更多的安全保障，尤其对贵重物品和特殊物品的运输管理。

随着GPS在运输行业应用的日趋完善，将大大提高货物运输的工作效率，节省管理费用，保护货物及司机的安全。运输公司通过互联网实现对车辆的动态监控式管理和货物的及时合理配载，加强对车辆的管理，减少资源浪费，减少费用开销。同时，将有关车辆的信息开放给客户后，既方便了客户的使用，又减少了不必要的环节，提高了公司的知名度与可信度，拓展了公司业务面，提高了公司的经济效益与社会效益。

GPS在连锁企业配送管理中的主要功能包括如下内容。

（1）GPS全球卫星实时定位功能。物流管理调度中心可对装有GPS车载终端的特殊或所有车辆进行呼叫，通过GPS网络上传到调度中心，上传数据按相应的格式，进行处理后得出精确的位置、时间、速度、运行方向等信息。通过成熟的地理信息平台直接体现在调度中心，就可以在互联网上实时查看到货物信息，掌握货物在途中的状态及运输时间，以此来提前安排货物的接收、停放及销售等环节，使货物的销售链可提前完成，从而提高工作效率。

（2）远程控制功能。调度中心在了解车辆目前的运行状况和所处的地理位置后，通过调度中心对车辆实施远程合理调度，车载部分接收调度中心发来的调度指挥命令，在显示单元上显示或发出语音。调度中心可以对车辆的运行设定边界、速度等限制，当车辆超过此限制值时，车载设备将自动向调度中心报警。调度中心还可以向指定车辆发出或解除强制熄火或区域警戒的信号。

（3）自主查询功能。货主可实时拨打车载电话，查询车辆位置、行驶方向和速度等车辆实况，或通过互联网方式，经物流中心授权验证，实时了解货物、路线及所到目的地的时间，使管理更透明，更快捷。

（4）全功能防盗报警功能。当物流车辆出现被非法侵入或被非法拆除电源等异常情况时，会触发车载终端的报警装置，通过控制电路自动将此信息发送到调度中心，直接显示在电子地图上，产生声光提示报警。通过GPS可以对遇有险情或发生事故的车辆进行紧急救援。

（5）全球通车载电话。全球通车载电话可以在有GSM网络覆盖范围内进行自由通信，方便物流车辆与调度中心及货主实时查询车辆的位置及货物安全。

小贴士

第4颗北斗新一代卫星——国语流畅

中国北斗卫星导航系统

中国北斗卫星导航系统（COMPASS）是继美国GPS、俄罗斯格洛纳斯、欧洲伽利略之后，全球第四大卫星导航系统。2000年10月31日，我国成功将第一颗“北斗一号”导航定位卫星送入太空，2012年10月25日，我国成功将第十六颗北斗导航卫星送入预定转移轨道。按照“三步走”的发展战略，北斗卫星导航系统已于2012年前具备了亚太地区区域服务能力。2017年11月5日，我国成功发射北斗三号卫星。

2013 年 19 月 9 日，中国政府网发布了《国务院办公厅关于印发国家卫星导航产业中长期发展规划的通知》，规划明确了我国卫星导航产业中长期发展目标：到 2020 年，我国卫星导航产业创新发展格局将基本形成，产业规模将超过 4 000 亿元。规划提出，到 2020 年，我国北斗卫星导航系统将建成由 30 余颗卫星及地面运行控制系统组成的全球卫星导航系统，基本实现全球覆盖，具备为全球用户提供导航定位服务的能力。通过加强地面基础设施建设，北斗将为中国及周边大部分地区提供面向行业和大众应用的“实时分米级”和“事后厘米级”定位服务，为重点区域和特定场所实现室内外无缝定位服务覆盖提供基础支撑。

二、GIS 技术

1. GIS 的概念

地理信息系统（Geographical Information System，GIS）是多种学科交叉的产物，它以地理空间数据为基础，采用地理模型分析方法，适时地提供多种空间的动态地理信息，是一种为地理研究和地理决策服务的计算机技术系统。其基本功能是首先将表格型数据（无论它来自数据库、电子表格文件或直接在程序中输入）转换为地理图形显示，然后对显示结果进行浏览、操作和分析。其显示范围可以从洲际地图到非常详细的街区地图，显示对象包括人口、销售情况、运输线路和其他内容。

2. GIS 在物流领域的应用

（1）空间查询和分析。通过空间数据进行快速搜索和复杂查询是 GIS 的重要功能，GIS 能提供从最简单的单击式查询到辩证思维的空间分析方法。GIS 通过各种假设分析来模拟区域内空间规律和发展趋势。其操作结果可通过可视化地图、影像、多媒体等方式加以直观表达。有了 GIS 的空间查询和分析能力，可以在配送过程中，迅速、准确地掌握供需双方的地理分布，确定物资调运的数量和运输方式，决定运送货的数量、种类、到货方式等，从而降低经营成本，提高收益。

（2）辅助决策。在配送过程中，不仅必须在库存数量、存货地点、订货计划、配送运输等方面实现最佳选择，而且要能够在准确的时间、准确的地点，以恰当的价格和便捷的方式将商品送到消费者手中。因此，针对物流配送的各项分析和决策就显得非常重要，这些分析和决策主要包括：位置决策，是指在建立配送体系时的设施定位；生产决策，主要是根据存在的设施情况，确定物流在这些设施间的流动路径等；库存决策，主要是关心库存的方式、数量和管理方法；运输决策，包括运输方式、批量、路径及运输设备的尺度等。

具备了数据集成、空间分析、可视化表达，GIS 堪称最佳决策支持系统。GIS 以快速有效的信息获取、加工处理手段，使用户足不出户便可运筹帷幄。

（3）商业服务。在配送过程中，掌握精确的顾客资料是成功的关键。GIS 能够帮助用户发现最好的顾客，发掘潜在市场，并针对特定顾客设计独特的广告和促销活动，并选择办公设施的最佳位置。

（4）市场分析、预测。利用 GIS 还可准确掌握潜在顾客的地理分布，GIS 可以根据顾客的地址给顾客信息赋以地理位置值，并使这些信息与顾客收入、心理因素、购买行为等许多有关数据联系起来，从而分析出潜在的顾客，降低经营成本，提高收益。

综合训练

基础训练

一、名词解释

1．EDI 概念
2．RFID 概念
3．GPS 概念
4．POS 系统
5．物流条码
6．物联网

二、填空题

1．条形码是由一组按特定规则排列的_____、______及其对应_____组成的表示一定信息的符号。

2．中国商品条码的前缀码目前有_____、_____、______。

3．根据 RFID 系统完成的功能不同，可以粗略地把 RFID 系统分成四种类型_____、_____、______、______。

4．EDI 的特点主要有_____、_____、_____、______和______。

5．物流 EDI 主要由_____、_____、______、_____和_____组成。

6．GPS 是美国国防部发射的_____颗卫星组成的_____、_____及_____系统。

7．条形码常见的码制有_____、_____、_____、_____和______。

8．通用商品条码采用的是_______码制，我国采用的是_____结构。

9．物流条码的码制主要有_____、_____、______。

10．二维条码的类型主要有_____和_____。

三、选择题

1．GPS 是美国国防部发射的（　　）颗卫星组成的全球定位、导航及授时系统。

A．23　　B．25　　C．24　　D．26

2．条形码常见的码制有（　　）。

A．EAN 码　　B．UPC 码
C．标准 39 码　　D．库得巴码（Coda Bar）

3．通用商品条码采用的是（　　）码制。

A．EAN 码　　B．UPC 码
C．标准 39 码　　D．库德巴码（Coda Bar 码）

4．电子商务物流信息按其作用不同，可分为（　　）。

A．计划信息　　B．控制及作业信息
C．统计信息　　D．支持信息

5．EDI 的特点主要有（　　）。

A．单证格式化　　B．报文标准化　　C．处理自动化　　D．软件结构化

E．运作规范化

6．（　　）技术是利用无线电波对记录媒体进行读写。

A．RFID　　B．EDI　　C．POS　　D．GPS

7．到 2020 年，我国北斗卫星导航系统将建成由（　　）颗卫星及地面运行控制系统组成的全球卫星导航系统，基本实现全球覆盖。

A．20 多　　B．20　　C．16　　D．30 多

8．（　　）作为信息产业发展的第三次革命。

A．RFID　　B．物联网　　C．EDI　　D．GPS

四、简答题

1．简述物流 EDI 的运作过程。

2．物流条码与商品条码有何异同点？

3．二维条码有哪些优点？一个二维条码究竟能容纳多少信息？

4．简述条码技术在物流作业中的应用。

5．简述 POS 系统的作用。

6．何谓 EDI 技术？应用 EDI 技术应具备哪些基本要素？

7．什么是 EDI 标准？EDI 标准有哪些主要内容？

8．物流企业通过 EDI 系统可处理哪些物流单证？

9．简述 RFID 的应用原理。

10．简述 GPS 在物流业中的应用。

技能训练

案例分析：2016 年影响物流领域变革的 10 大事件

事件一：快递企业扎堆上市

关键词：快递上市资本战

2016 年，如果一定要为物流行业选一个热词的话，那一定是：上市。从开年申通、圆通宣布重组上市，到今天申通、顺丰即将 A 股敲锣。上市一词可谓贯穿了一年了物流头条。

10 月 20 日，圆通在上海证券交易所鸣锣，成为中国快递第一股。

10 月 27 日，中通在纽交所正式挂牌交易，成为中国海外快递第一股。

12 月，申通、顺丰、韵达先后公告拿到证监会批文。

早先宣布 IPO 的德邦，目前上市审核状态也为“已受理”。

至于尚未宣布上市的全峰、天天、百世、速尔等也获得融资。

在电商带动下迅速崛起的民营快递，在 2016 年正式迈入资本时代。

事件二：菜鸟联盟组建

关键词：菜鸟电商快递联盟

自从马云组建菜鸟网络之后，这个菜鸟怎么飞一直备受行业关注。2016 年，马云又提出了新零售，这背后菜鸟网络又将如何进行支撑？

这一年，菜鸟也是频频有大动作：联手阿里云启动鲲鹏计划；公开亮相 E.T.物流实验室；“绿动计划”大规模实测；搭建全国最大快递自提柜服务平台，完成新一轮融资等。不过，最吸引行业关注的当属“菜鸟联盟”的组建。

3 月 28 日，菜鸟网络宣布拿出 10 亿启动“菜鸟联盟”，来提升中国物流体验。菜鸟联盟首期将推出当日达、次日达等优质产品，并承诺“说到就到、不到就赔”。这是菜鸟网络完成首轮融资后的第一个大动作，四通一达、天天快递、EMS 等中国主要快递公司均到场参与联盟的启动。

事件三：京东物流开放

关键词：京东物流开放

电商物流领域另外一个重磅事件，或者说是里程碑事件那就是被外行视为“要抢快递饭碗”的京东物流开放了！

11 月 23 日，京东对外宣布：希望将过去十年所积累的物流基础设施、经验和价值向全社会开放，服务中国商业社会，帮助数以百万计的商家降低供应链成本、提升流通效率。开放范围包括中小件网络、大件网络和生鲜冷链网络。

数据显示，截至 2016 年 9 月 30 日，中国物流从业人员已经达到了 3 000 万、物流园区已经达到了 1 210 个；而京东拥有 7 个智能物流中心、254 个大型仓库、550 万平方米的仓储设施、6 780 个配送站和自提点，完成了对全国 2 646 个区县的覆盖。可谓是中国目前最大的自建电商物流体系，它的开放，对行业的冲击和影响可想而知。

事件四：中远海运重组

关键词：海运央企重组

除了电商物流，我们再放大一下视角看一眼海上——航运市场也是波云诡谲。

2015 年底，国资委宣布中远集团与中海集团实施重组。进入 2016 年，这两家中国航运业巨头重组整合方案终于揭开神秘面纱，各个版块陆续开展重组整合。12 月 21 日中远海运物流正式揭牌，“中国神运”最后一块版图凑齐，标志着中远海运集团向“打造全球领先的综合物流供应链服务商”目标迈出重要一步。

据悉，本次整合旨在打造出集装箱航运、港口码头、油气运输及以租赁业务为核心的综合航运金融的四大专业化集群。此次整合是继中国南北车合并，五矿集团战略重组中冶集团之后，又一起重头央企之间大重组。“中国神运”也由此正式诞生。

事件五：联邦快递收购 TNT

关键词：国际快递收购

旷日持久的联邦快递收购 TNT 一案也终于在今年落下帷幕。

今年 5 月，联邦快递正式宣布成功以 44 亿欧元价格收购欧洲快递巨头 TNT。联邦快递称此次收购是世界最大空运网络与欧洲最大陆运网络的结合。合并后，阿姆斯特丹和霍夫多尔普将成其欧洲总部。

作为收购协议的一部分，TNT 将剥离两条航空货运线，即欧盟所有并控制下的 TNT Airways 和 Pan Air Líneas Aéreas，这两条线路不能被非欧盟国家企业所收购。最终这两条线路在 5 月 24 日 FedEx 收购 TNT 敲定之后，由爱尔兰航空集团 ASL Aviation Group 收购。

事件六：快运快递彼此跨界

关键词：快运快递跨界

快递做快运，快运做快递。2016 年，物流市场深度整合，各个企业在朝综合性物流企业发展的路上开始加速。

2017 年 4 月，中通快递宣布进军快运，并正式启动全国地区的招商和加盟。

9 月，德邦战略升级，布局电商大件快运业务，推出“德邦 e 家”零担电商整体解决方案。

9 月，优速快递日前宣布大包裹战略升级，将 2015 年 8 月定位的主打 3 至 50 公斤大包裹快递门到门的产品战略，升级为 2 至 100 公斤。

12 月，国家邮政局正式批准零售物流平台企业安能获得快递资质，覆盖 6 个省区。备受行业关注的新闻性大事件终于有了完美结局。

事件七：卡行“货运圈”系统发布

关键词：互联网+物流小微物流转型

除了物流巨头的动作，小微物流的整合发展，互联网+物流方面的新动作，也值得我们关注。中国最大的互联网物流交易平台卡行天下的动作尤其具有代表性。

2016 年 1 月，卡行天下线上操作系统“货运圈”正式发布。在货运圈内，物流企业可以自己发布产品，也可以自定义配送服务和价格供发货方选择，还可直接对接“圈”内的项目客户和电商平台；只需用手机就能轻松做生意，管理电子合同、各类合同并实现到期预警。加入货运圈能够连接 70 万发货客户、8 000 家物流公司、10 万个个体司机，同时对接阿里巴巴、天猫等大型平台、银行和保险公司。各项资源在货运圈内彼此相连，货运人在货运圈内随意对接、谈生意、定价格、做业务。

此外，6 月 6 日，卡行天下宣布与中小微物流企业成员共同打造一款高端物流运输产品“精准直通车”。在新产品“精准直通车”的网络内，卡行天下干线运输成员实行双边甩挂，以实现大幅降低干线的运输和管理成本，同时提高运输安全和时效保障。

事件八：跨境电商新政

关键词：跨界电商国际物流

电商人，尤其是跨境电商人，物流人，尤其是国际物流人，今年最关注的无外乎 4 月份的跨境电商新政。

4 月，财政部宣布 4 月 8 日起执行跨境电商零售进口税收政策。新政规定跨境电商零售进口商品单次交易限值为 2 000 元，个人年度交易限值为 20 000 元。限值内关税税率为 0%；进口环节增值税、消费税取消免征税额，按法定应纳税额 70%征收，超过限值的全额征税。

一石激起千层浪。到了 5 月，海关总署发布跨境电商进口新监管要求通知。通知明确过渡期内，网购保税模式试点城市按新政前监管要求监管；直购模式暂不执行清单内关于化妆品等产品备案要求。新监管要求过渡期一年，截止时间为 2017 年 5 月 11 日。

事件九：无车承运人试点启动

关键词：公路运输无车承运人政策

近期，一份名单引发行业瞩目，那就是各省区陆续出台的无车承运人试点名单。

9 月，交通部将于今年 10 月在全国开展道路货运无车承运人试点工作。本次试点将完善无车承运人许可准入、运营监管、税收征管等环节管理制度，建立健全标准规范，推动大数据、云计算等技术在物流领域应用，培育一批运作高效、服务规范、竞争力强的无车承运人。

目前，江西、浙江、重庆、云南、浙江等十余省份名单出炉，多省区正在酝酿中，形形色色的物流企业陆续拿到试点名额。

事件十：9.21 新政

关键词：治超 GB1589

交通部等五部委共同发布治理大货车非法改装和超限超载工作意见。意见提出，将建立超载车辆和违法司机信息库，并与社会信用挂钩，对严重违法超限超载运输当事人实施联合惩戒。

《超限运输车辆行驶公路管理规定》于 9 月 21 日起施行，相比原标准，新标准在超限方面明显收紧，六轴货车车货总重由原来 55 吨降为 49 吨。

此外，在《超限运输车辆行驶公路管理规定》出来之前，国家修正了《汽车、挂车及汽车列车外廓尺寸、轴荷及质量限值》(GB/T 1589—2016)，虽然这本身是两件事。但新政结合了原来文件的内容作了统一协调，即统一了超限认定标准。

——资料来源：中国电子商务研究中心 2017-01-19

问题与思考

1. 你如何评价 2016 年影响物流领域变革的 10 大事件？
2. 2016 年影响物流领域变革的 10 大事件中运用了哪些物流信息技术？
3. 结合 2016 年影响物流领域变革的 10 大事件的关键词，分析信息技术在我国物流领域的具体应用。

模块三

电子商务环境下的供应链管理

学习目标

知识点		● 供应链、供应链管理、QR/ECR/EOS 等概念； ● 供应链管理思想的产生和发展过程； ● 供应链主要类型、供应链管理的基本方法； ● 基于供应链管理的物流系统。
能力点	专业能力	● 能够结合实际情况分析供应链管理模式对电子商务物流发展的影响程度。
	方法能力	● 具有基本的电子商务供应链管理实际应用的现实感知； ● 具有一定的分析供应链管理方法对电子商务物流发展影响的逻辑思路。
	社会能力	● 拥有良好的职业道德和较强的团队合作精神； ● 具备一定的供应链管理模式分析与应用的能力； ● 关注电子商务环境下供应链管理的发展态势，追踪分析基于供应链管理物流系统热点现象或问题。

导入案例

中国外运发展智慧物流

外运发展打造全程供应链运营平台

中外运空运发展股份有限公司于 2000 年在上海证交所上市，股票代码 600270，简称“外运发展”，是国内航空货运代理行业第一家上市公司，2017 年前三季度实现营收 42.35 亿元，增长 21%，现实净利润 9.7 亿元，增长 36%。外运发展以专业化的航空物流为主营方向，主要经营航空货代、国际快件和与之密切相关的综合物流业务，同时积极开拓电商物流，并已开始探索物流的电商化，致力于成为具有专业能力的现代化物流网络运营商。如今，外运发展在全国拥有 4 大区域，下辖一百多家分支机构，和 300 多个物流网点，2 000 多名员工，服务范围几乎覆盖境内所有省份，运营网络辐射全国。通过与 DHL 等国际物流巨头结成战略伙伴，公司先后在德国、美国、日本、阿联酋、香港、澳门设立了分支机构，同时借助中国外运长航集团在 15 个国家设置的 40 余个办事处，利用自身遍布 65 个国家的强大代理网络，为客户提供了全球化全程物流服务。目前，公司在国际上的服务范围已覆盖全球 200 多个国家和地区。近年来，外运发展一直致力于打造全程供应链运营平台，不断提升全球化全程物流服务水平。

1. 引入RFID技术，建立货物的信息流

精准的物流管理和环节控制离不开准确的业务数据和信息流，于是外运发展首先利用RFID射频识别技术将货物、单据和信息的流转有效地结合起来，通过对业务流程、系统架构、系统接口、RFID精准识别等内容的重点攻关，实现了货物流与信息流的实时同步，不仅从根本上解决了传统仓储管理中普遍存在的货位、提货环节差错率高，理货、上架、出库速度慢、效率低，多人操作时容易出现混乱等问题，还实现了移动终端和仓库操作叉车与核心业务系统的信息通信，降低了物流成本，开创了RFID技术在外运发展应用于生产的先河，使外运发展的仓库信息化管理能力处于行业领先地位。并由此产生了外运发展的第一个实用新型专利——基于RFID技术的仓储作业装置和方法，并获得国家专利证书。

2. 依托互联网，打造全程供应链运营平台

完成从传统仓储管理模式到现代仓储管理模式的转变后，外运发展通过立足现代仓储，依托互联网技术建设了能够适应新型综合物流服务的全程供应链运营平台。平台除了包含仓储管理外，还涵盖了订单管理、运输管理和结算管理等物流活动的主要管理、操作环节，使自身的物流服务能力进一步得到提升。

（1）订单管理

基于常规的订单管理功能，再结合索尼VMI项目实际需求，通过自主研发实现了根据客户的生产计划自动叫料，确定物料供应商、物料数量，自动挂PO，并根据相关规则自动合并、生成后续出库预报、分送集报单据、送货单据等物流服务环节信息，最大限度地规避了人为因素对物流信息准确度的影响。

（2）运输管理

平台除了提供常规的运输环节操作管理、货物跟踪等功能外，还依托飞速发展的移动互联网，通过设计研发平台专属的手机APP客户端（货主端、司机端），不仅令客户能够随时随地地咨询价格、预约发货、实时掌握货物最新动态，还通过手机APP的司机端将货物与运力科学的整合、匹配到一起。

（3）结算管理

物流结算管理是物流管理活动中的一个重要关节，通过外运发展自主研发的智能计费引擎，在具体业务单据进行费用结算时，根据物流公司与客户签订的服务合同的相关服务条款、计费模式及费率，智能计费引擎能够自动计算出相关的费用，包括运费、仓储费、报关报检费等费用。通过智能计费引擎工具，能够有效降低结算人员劳动强度，显著提高物流结算的效率及准确性。

——资料来源：中国物流与采购网 2016-11-24

案例分析

外运发展通过打造全程供应链运营平台，一方面极大地提高了仓储操作的效率和准确率，以仓储环节为例，采用RFID技术后，操作员会通过录入接单信息时生成的条码，在货物进入仓库前核对实际货物与系统数据是否匹配，将系统信息关联上RFID标签并和货物进行绑定，后续的操作可直接使用叉车进行，叉车上的读头会自动读取货物信息、库位信息及操作环节信息，所有操作环节的信息都是自动生成的，并自动传回到仓库系统和核心业务系统中。货物上

下架操作时，系统会自动进行货物和货位的校验，从而避免了以前操作出现的货物错出库，货物实际货位与系统记录不相符的情况，避免了人为失误，缩短了作业流程和作业时间，减少了人力成本，降低物流环节的成本。另一方面有效解决了物流运输空载率居高不下的问题，通过全程供应链运营平台，将物流所涉及的各类业务主体（托运人、承运人、运输公司、车辆、驾驶员、收货人、服务机构、仓储配送中心）通过统一的信息平台整合起来，有效解决了运力和货物难以高效整合匹配，空载率居高不下的问题，实现了物流业务的无缝连接，提高物流链的整体运营效率，降低运营成本，提高整体效益。

问题思考

什么是供应链及供应链管理？供应链管理有哪些类型及其实施方法？在电子商务环境下，物流企业应如何实施供应链管理？其应用成效及发展趋势如何？这些问题都是需要我们进行认真思考与分析的，同时，它们也是构成本模块内容的主要理论知识点。

单元一　供应链管理概述

一、供应链管理思想的产生和发展过程

20 世纪 90 年代末期以后，有一句话在中国物流界广为流传并被企业不断实践。这就是马丁·克里斯托弗（英国著名物流专家、克菲尔德大学管理学院副院长）所说的：“在 21 世纪，市场上只有供应链而没有企业，市场竞争将是供应链和供应链的竞争，而不是企业和企业的竞争。”

1．供应链管理思想的产生

供应链（Supply Chain）本来就是客观存在的事物。自古以来，只要有土地、牛羊、矿藏，就有农、牧、矿产产品的生产，就会放到商贾的店铺出售，同时又会有买主购买和消费，这些单体连接起来，就是一条最原始的供应链。也就是说，只要有了商品交换，供应链就在无形中客观存在了。它伴随商品流通而产生，已有几千年的历史。在当今的市场经济条件下，任何一个企业都不可能是市场中的孤立一员，它必须有客户、消费群体和其他企业的支持与合作才能生存。换句话说，任何一家企业都必须有下游和上游其他企业或成员的支持，否则将孤掌难鸣。其实把这些相互关联的企业或实体连接起来，就是一组供应链。

供应链虽然早已客观存在，但是其概念是在 20 世纪 80 年代才提出来的。它不是一种简单的机械结构，而是一种复杂庞大、交叉错综的网络系统。企业的客户还有客户，企业的供应商还有供应商；一个企业的供应商又可能同时是另一个企业的供应商，一个企业的客户又可能同时是另一个企业的客户。整个社会生产就是众多首尾相连、交叉错综的供应长链。

2．供应链管理思想的发展

随着世界经济一体化形势的发展，人们逐渐认识到，任何一个企业都不可能在所有业务上成为世界上最杰出的企业，只有优势互补，才能共同增强竞争实力。因此，国际上一些先驱企

业摒弃了过去那种从设计、制造直到销售都自己负责的经营模式，转而在全球范围内与供应商和销售商建立最佳合作伙伴关系，与他们形成长期的战略联盟，结成利益共同体。例如，美国福特汽车公司在推出新车 Festival 时，新车在美国设计，在日本生产发动机，在韩国生产其他零件和装配，最后再运往美国和世界市场上销售。整个汽车的生产过程，从设计、制造直到销售都是由制造商在全球范围内选择最优秀的企业，形成了一个企业群体。在体制上，这个群体组成了一个主体企业的利益共同体；在运行形式上，构成了一条从供应商、制造商、分销商到最终用户的物流和信息流网络。由于这一庞大网络上的相邻节点（企业）都是一种供应与需求的关系，因此称为供应链。为了使加盟供应链的企业都能受益，并且要使每个企业都有比竞争对手更强的竞争实力，就必须加强对供应链的构成及运作研究，由此形成了供应链管理这一新的经营与运作模式。

进入 20 世纪 90 年代，随着网络通信技术的迅猛发展，在互联网的支持下，供应链管理理论日益受到重视。特别是国际上一些著名企业如惠普公司、IBM 公司、戴尔公司等在供应链实践中取得的成就，更使人坚信供应链是进入 21 世纪后企业适应全球竞争的一个有效途径，因而吸引了许多学者和企业界人士对供应链管理进行研究与实践。20 世纪 80 年代中期至今，工业发达国家中近 80%的企业采取了全球制造和全球供应链管理这一新的经营模式。我国的海尔集团、深圳华为集团、宝洁（中国）公司等也进行了供应链管理的探索与实践，并取得了较好的成效。

近几年全球性竞争日趋激烈，商业环境中新的需求和新技术的应用，迫使企业重新审视自身发展战略和运作模式，供应链管理在这场企业鏖战中扮演着重要角色。

3．现行企业运作模式与供应链管理思想的冲突

当今世界各种技术和管理问题日益复杂化和多维化，这种变化促使人们认识问题和解决问题的思维方法也发生了变化，逐渐从点的和线性空间的思考向面的和多维空间思考转化，管理思想也从纵向思维朝着横向思维方式转化。在经济全球化的背景下，横向思维正成为国际管理学界和企业界的热门话题和新的追求，供应链管理就是其中一个典型代表。

供应链管理是新的管理哲理，在许多方面表现出不同于传统管理思想的特点。从另一个角度看，这一新的管理哲理与传统管理模式之间也必然存在着许多有冲突的地方。因此，应用供应链管理首先要认清传统管理模式在当前环境下存在的问题。总体上讲，传统的企业管理与运作模式已不能很好地适应供应链管理的要求，主要存在着以下几个方面的问题。

（1）企业生产与经营系统的设计没有考虑供应链的影响。现行的企业系统在设计时只考虑生产过程本身，而没有考虑本企业生产系统以外的因素对企业竞争力的影响。

（2）供、产、销系统没有形成供应链管理模式。供、产、销是企业的基本活动，但在传统的运作模式下，基本上都是各自为政，相互脱节，存在着部门主义障碍。激励机制以部门目标为主，孤立地评价部门业绩，造成企业内部各部门片面追求本部门利益，物流、信息流经常被扭曲、变形。

（3）信息系统落后。我国大多数企业仍采用手工处理方式，企业内部信息系统不健全，数据处理技术落后，企业与企业之间的信息传递工具陈旧，没有充分利用 EDI、Internet 等先进技术，致使信息处理不准确、不及时，不同地域的数据库没有集成起来。

（4）库存管理系统满足不了供应链管理的要求。传统企业中库存管理是静态的、单级的，库存控制决策没有与供应商联系起来，无法利用供应链上的资源。

（5）没有建立有效的市场响应、用户服务、供应链管理方面的评价标准与激励机制。

（6）系统协调性差。企业和各供应商没有协调一致的计划，每个部门各搞一套，只顾安排自己的活动，影响整体最优。

（7）没有建立对不确定性变化的跟踪与管理系统。与供应商和经销商都缺乏合作的战略伙伴关系，且往往从短期效益出发，挑起供应商之间的价格竞争，失去了供应商的信任与合作基础。市场形势好时对经销商态度傲慢，市场形势不好时又企图将损失转嫁给经销商，因此得不到经销商的信任与合作。

以上这些问题的存在，使企业很难一下子从传统的纵向发展管理模式很快转到供应链管理模式上来。

4．全球供应链发展的趋势

（1）环保趋势上升。公众健康和环境影响仍是主要的问题。全球持续关注的温室效应，以及含铅的油漆和货物污染将会使企业的经济发展观念转变为可持续发展模式。建立一条绿色供应链的观念会从公共关系的战略转变为一种重要的手段，以促进企业的环境意识。就像在环境方面，公司关注供应链和产品循环周期管理的优先权，观念包括使用可循环材料设计的产品，产品用完后尽量做到“零垃圾”，实施在减少燃料消耗基础上的采购策略，以及要求有环境经验的供应链伙伴。

尽管去年在全球范围内实行了一系列的环境条例，但仍有大量的制造商未能执行和遵守新的贸易法，如在中国、日本和欧盟已批准实施的“电气、电子设备中限制使用某些有害物质指令”(ROHS)。不遵守这些条例可能会导致供应链流程的拖延，收入损失，罚款，破坏企业的声誉。尽管很多企业宣布已经达到认证规定的要求，但是还有一些企业没有达到标准，需要进一步调整制造过程。当法律演变的时候，需要确保内部团队或外部贸易专家积极地遵守这些条例。确保供应链伙伴运输的是符合 ROHS 标准的货物，并且能够追踪并获得有关措施的数据。

（2）采购从亚洲转移到南北美洲。2008 年爆发了全球金融危机，美元贬值，有限的自由贸易协定，高昂的能源成本和亚洲上升的生产成本，导致企业重估供应链的扩张战略，从而将采购转移到更靠近生产国的国内市场。另外，股票持有者和董事会成员开始质疑所依赖的中国等亚洲地区市场，惧怕难以应对的质量问题的出现。尽管在亚洲仍然有机会，但越来越多的人认为墨西哥将成为公认的工业品的一个采购地，因为公司在“时间—市场”战略中竞争，在墨西哥的多重自由贸易协议中寻求财政优势，投资激励，高效的海关流程和大量会说英语的劳动力。

（3）进口安全刺激了美国进口商的增加。从美国机构间进口安全问题工作组获得的数据来看，美国消费者每年从 80 多万家进口商手中购买通过 300 个港口进口的将近 2 万亿美元价值的产品。进口安全计划包括 14 项国内推荐和 50 项行动步骤。例如，建立第三方认证，提高消费者安全处罚，以及加强执行力以明确责任问题。当美国政府实行进口安全措施时，企业会问：“我们该做什么来确保进口安全?”

（4）施供应链安全倡议。《海关贸易合作反恐条例》（C-TPAT）实施 5 年后，一些小公司发现参与 C-TPAT 对其业务的发展至关重要。作为选择供应商的一部分，越来越多的大型进口商要求供应商能获得 C-TPAT 的认证，或者拥有适当的安全证书。尽管美国法律声明 C-TPAT 检定并非是强制性的，但 C-TPAT 参与者正在推测自身暴露的危险，重视他们是否要和缺少有效文件证明的安全措施的供应商合作。C-TPAT 参与者的责任是确保供应商不给供应链带来危害。结果，许多小公司建立自己的安全标准，甚至超过了 C-TPAT 的标准。

（5）检查贸易遵守情况。美国政府将继续使用额外的资源，注重贸易的遵守和实施，确保最敏感的美国技术是有保障的。增加调查以限制美国厂商、出口商、进口商和代理人，使他们有责任和动力遵守贸易控制条例。这些努力让触犯法律的企业必须采取更多实施的措施。

二、供应链的概念

当面对企业生产、销售流程中的诸多问题时，究竟什么是企业真正需要的——实时企业信息、全面集成供应链管理还是先进的流程计划？为解决以上疑难，首先必须理解什么是供应链管理。各种用于制造业的现代管理思想都融合了供应链的概念，但人们一直仅把它作为改进供应链管理的一种强化行为。那么，供应链到底是什么含义？

供应链实质含“供”与“需”两方面，亦可理解为供需链（见图 3-1）。物流从供方开始，沿着各个环节向需方移动。每个环节都存在“需方”与“供方”的对应关系，形成一条首尾相连的供需长链，称为供应链。链上除物料的流动外还有信息的流动。其中，需求信息同物料流动方向相反，从需方向供方流动；由需求信息引发的供给信息，同物料一起沿着供应链从供方向需方流动。

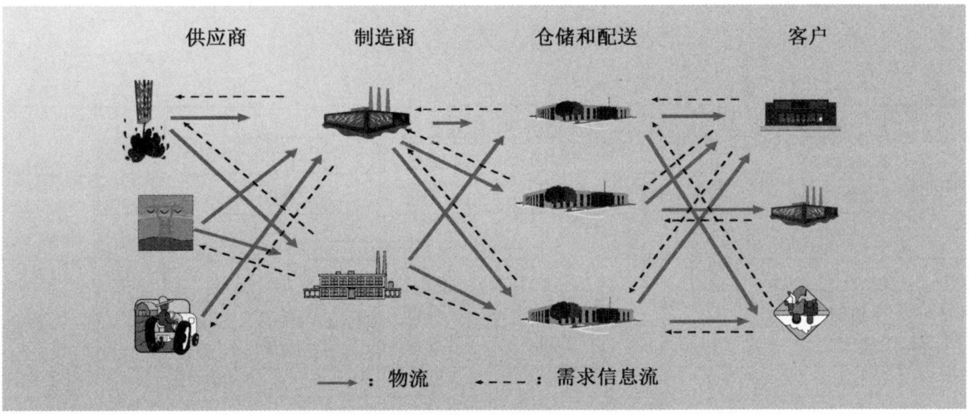

图 3-1　供应链示意图

英国著名物流专家马丁·克里斯托弗教授在《物流与供应链管理》一书中对供应链进行了如下定义：“供应链是指涉及将产品或服务提供给最终消费者的过程和活动的上游及下游企业组织所构成的网络”。这种供应链仍是传统意义上理解的供应链。

美国供应链协会认为：供应链，目前国际上广泛使用的一个术语，涉及从供应商的供应商到顾客的顾客的最终产品生产与交付的一切努力。

我国 2006 年修改的国家标准《物流术语》（GB/T 18354—2006）中对供应链的定义是：“生产及流通过程，涉及将产品或服务提供给最终用户活动的上游与下游组织所形成的网链结构。”

三、供应链的结构模型

根据供应链的定义，其结构可以简单地归纳为一种网络结构模型，如图 3-2 所示。

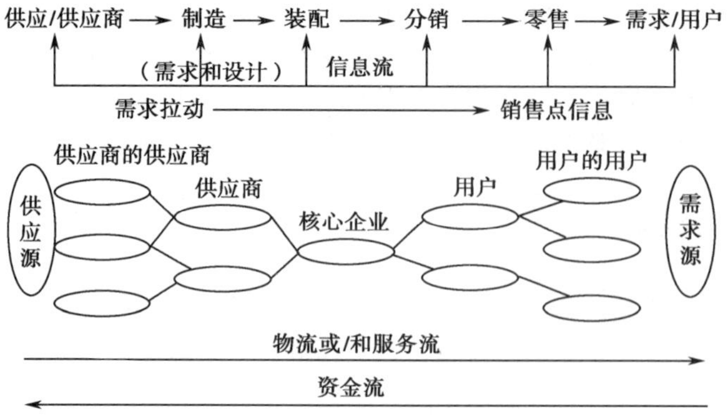

图 3-2 供应链的网络结构模型

从图 3-2 中可以看出，供应链由所有加盟的节点企业组成。其中，一般有一个核心企业，节点企业在需求信息的驱动下，通过供应链的职能分工与合作，以资金流、物流和服务流为媒介实现整个供应链的不断增值。

根据供应链定义，也可将供应链模型具体化为图 3-3 所示的模型。从图中可以看出，供应链不是一条单一的链条。链状网络中的企业具有共同的交叉点，每部分并不能孤立地运作，交叉的程度因企业而异，每个企业既是供应商，又是客户。

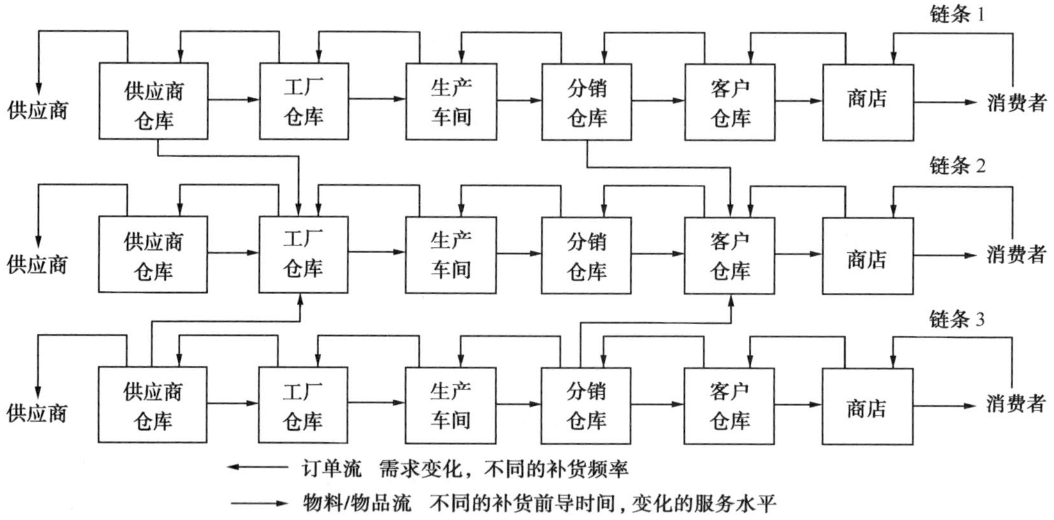

图 3-3 供应链的模型

参与到贸易过程中的每个公司，无论是原材料供应者、制造者、批发者、分销者还是零售者，都必须增加价值。价值的增加可以通过不同的方式实现，并且可以通过成本和时间来衡量。消费者的目标是在每次收到的产品组合中获得最大价值，但付出最少的费用。供应链上的贸易伙伴将在充分共享信息的基础上，增加反应速度，消除非增值过程，生产出具有高客户价值的产品或服务。

供应链中的库存用于缓冲不确定性及需求的变化。每个贸易伙伴都应该认识到共享信息的重要性，因为对供应链的改进无法独立进行。

供应链中的信息流可以向上或向下流动，或从最终客户开始流动，或在中间供应商和客户之间流动。物料、产品或货物在供应链中向下流动。

四、供应链的类型

在表现形态上，供应链的形式多种多样，按照不同标准，可以把供应链分成不同的类型，目前常见的分类标志主要有以下几种。

1．从供应链在企业和部门中的适应性方面分类

从供应链在企业和部门的适应性方面划分，可总结出九种供应链类型，如图 3-4 所示。

以下的九种供应链能在大量的部门中找到，每种适应于不同的企业

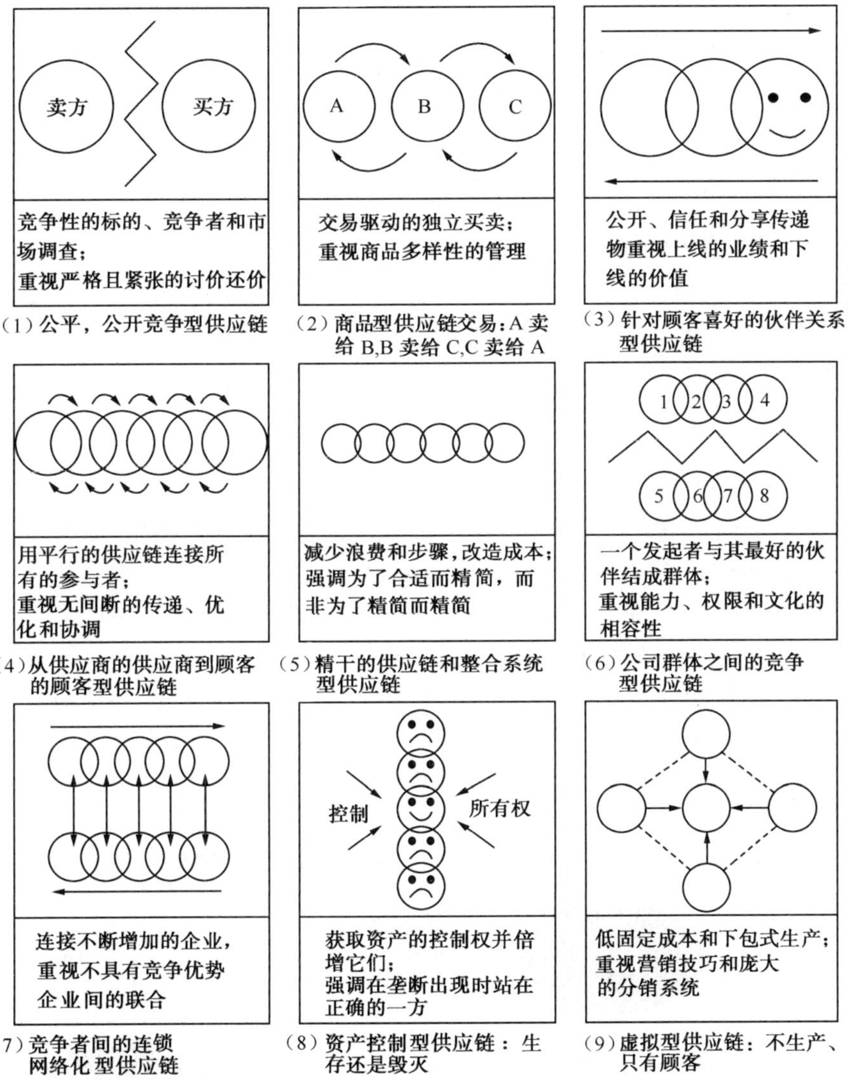

图 3-4　九种供应链类型

（1）公平、公开竞争型供应链。

（2）商品交易型供应链。

（3）针对顾客喜好的伙伴关系型供应链。

（4）从供应商的供应商到顾客的顾客型供应链。

（5）精干的供应链和整合系统型供应链。

（6）公司群体之间的竞争型供应链。

（7）竞争者间的连锁的网络化型供应链。

（8）资产控制型供应链。

（9）虚拟型供应链。

2．从供应链存在的稳定性方面分类

从供应链存在的稳定性方面划分可划分为稳定的供应链和动态的供应链。前者基于稳定、单一的市场需求；后者基于相对频繁变化、复杂的市场需求。

3．从供应链容量与用户需求的关系方面分类

从供应链容量与用户需求的关系方面划分可划分为平衡的供应链和倾斜的供应链。前者基于供应链容量能满足用户需求时；后者形成于市场变化加剧，造成供应链成本增加、库存增加、浪费增加而使企业不能在最优状态下运作时。

4．按照供应链的功能模式分类

按照供应链的功能模式划分可以划分为有效性供应链和反应性供应链。前者主要体现供应链的物理功能，即以最低的成本将原材料转化成零部件、半成品、产品及在供应链中的运输等；后者主要体现供应链的市场中介的功能，即把产品分配到满足用户需求的市场，对未预知的需求做出快速反应等。

5．按照供应链的运行模式分类

按照供应链的运行模式划分可划分为推动式供应链和拉动式供应链，如图 3-5 所示。一般来说，传统模式上的供应链总是被推动运作，制造商根据产品的库存情况，有计划地将产品通过零售商销售到顾客手中；在整个供应链中，由于固有的后勤无效率、生产难度、需求多样性和较差的预测技术，原料将堆积如山，交货时间也偏长。而当前更多的是“拉动”模式，顾名思义，该供应链模式源于客户需求，客户是供应链中一切业务的原动力；零售商通过 POS（Point of Sale）系统采集客户所购商品的确切信息，数据在分销仓库中经汇总后又传给制造商，制造商就可以为下一次的补货提前做准备，同时调整交货计划和采购计划，更新生产计划。原材料供应商也可以改变他们相应的交货计划。

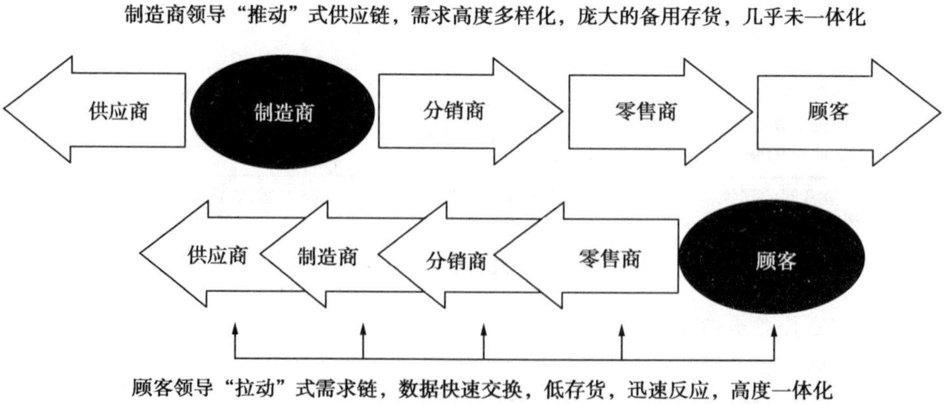

图 3-5 “推动”式和“拉动”式供应链模型

6. 从供应链的空间范围来划分

从供应链的空间范围划分可分为企业内部供应链、产业供应链或动态联盟供应链和全球网络供应链。

五、供应链管理的概念

供应链管理术语的出现已有近 20 年的时间，但关于它的定义，由于出发点不同，每个理论研究者或企业实践者给出的定义不完全一样。一般认为，供应链管理指的是对供应链的物流、信息流、资金流、价值流，以及工作流进行计划、组织、协调与控制。它是一种从供应商开始，经由制造商、分销商、零售商直到最终客户的全要素、全过程的集成化管理模式。其目标是从整体的观点出发，寻求建立供、产、销企业，以及客户间的战略合作伙伴关系，最大限度地减少内耗与浪费，实现供应链整体效率的最优化。

美国供应链专家 Robert B Handfield、Ernest L Niches 对供应链管理的定义是：通过改善供应链关系而对这些活动进行集成（整合），从而获得持续的竞争优势。

我国也有学者认为供应链管理是把供应链上的各个企业作为一个不可分割的整体，使供应链上各个企业分担采购、生产、分销和销售的职能，成为一个协调发展的有机体。

我国 2006 年修改的国家标准《物流术语》（GB/T 18354—2006）中将供应链管理定义为：对供应链涉及的全部活动进行计划、组织、协调与控制。

六、供应链管理的特点

1. 供应链管理是一种基于流程的、纵横的、一体化经营的集成化管理模式

供应链管理以流程为基础，以价值链的优化为核心，强调供应链整体的集成与协调，通过信息共享、技术交流与合作、资源优化配置和有效的价值链激励机制等方法来实现经营一体化。打破了以职能部门为基础的传统管理模式，摆脱了因职能矛盾，利益目标冲突，信息分散等原因造成的整体目标难以最优化的弊端。

2. 供应链管理是全过程的战略管理

供应链中的各环节不是彼此分割的，而是环环相扣的一个有机整体。从总体上考虑，如果只依赖于部分环节的信息，则会由于信息的局限或失真，导致决策失误、计划失效、管理失效。因此，最高管理层要充分认识到供应链管理的重要性和整体性，积极运用战略管理思想，才能有效地实现供应链的管理目标。

3. 供应链管理提出了全新的库存观

传统的库存只是企业与其上下游企业之间在不同市场环境下实现的库存的转移，整个社会库存总量并未减少。在买方市场的今天，供应链管理的实施可以加快产品通向市场的速度，尽量缩短从供应商到消费者的通道的长度；而且，供应链管理把供应商看作伙伴，而不是对手，从而使企业对市场需求的变化反应更快、更经济，总体库存得到大幅度降低。

4．供应链管理以最终客户为中心

无论供应链的链节企业有多少类型，也无论供应链的长度有多长或多短，供应链都是由客户需求驱动的，企业创造的价值只能通过客户的满意并产生利润来衡量。只有客户取得成功，供应链才得以存在、延续并发展。因此，供应链管理以最终客户为中心，将客户服务、客户满意与客户成功作为管理的出发点，并贯穿供应链管理的全过程，将改善客户服务质量，实现客户满意，促进客户成功作为创造竞争优势的根本手段。

七、供应链管理的目标

供应链管理指的是对整个供应链系统进行计划、协调、控制和优化，其本质目标是将合适的产品或服务按照合适的状态与包装，以合适的数量和合适的成本费用，在合适的时间送到合适客户的合适地方，并使总成本为最小。

1．合适的客户

合适的客户不仅是指企业的直接客户，而且包括客户的客户，这是供应链组织的一个显著特点。

2．合适的产品和合适的数量

合适的产品和合适的数量指的是既要按照客户提出的品质标准、规格型号向客户提供产品，又要使客户的订货数量得到完全满足。这是供应链管理最重要的目标之一。

3．合适的地点

为了进一步提高对客户服务的满意水平，促进客户的成功，企业越来越注重完成客户期望的配送增值活动，包括客户的库存、产品零售平面或货架的重新布置，按照有助于客户使用的特定顺序堆放产品等。

4．合适的状态与包装

破损的货物不仅对客户毫无价值，而且增加了处置成本和替代产品的运输费用。因此，配送货物的状态与包装对供应链管理目标的实现也非常重要。如果发生了过多的货物破损，就应及时查找原因，以便及时处理。

5．合适的时间

合适的时间是指完全按照客户提出时间条件，将货物准时送到客户需要的地点。时间过早，会增加客户的负担；时间过晚，则势必造成客户缺货，甚至导致客户停产。

6．合适的成本费用

对客户来说，合适的成本即是产品或服务价值的竞争性价格的成本。显然，客户想以最低的成本得到最多的价值。通过供应链管理，有效消除了各种浪费与重复，从而使得以最低的成本费用为客户提供最大的价值成为可能。

八、供应链管理流程

1. 供应链管理流程分析

供应链管理作为一种业务流程，在供应链、制造商、分销商和零售商及企业之间构造了一个网络，完成由企业物资需求到给企业提供所需要物资与服务的整个过程（见图3-6）。

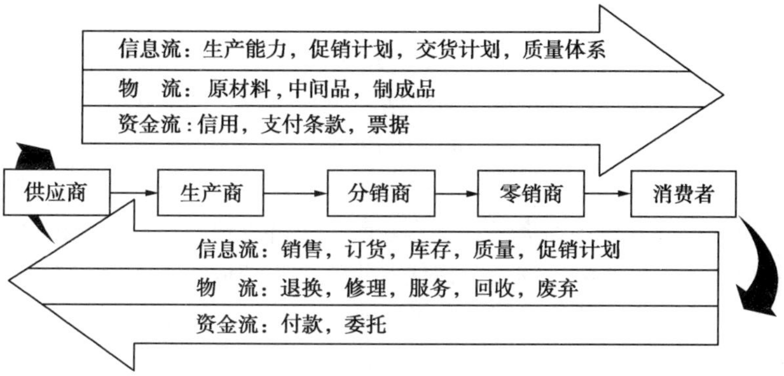

图3-6　供应链管理流程分析

供应链是由各种实体构成的网络，网络上流动着物流、资金流和信息流。这些实体包括一些子公司、制造厂、仓库、外部供应商、运输公司、配送中心、零售商和客户。一个完整的供应链始于原材料的供应商，止于最终客户。

物流向一方流动而资金流则向相反方向流动，退货和赔购是例外的情况，信息的流动在这里要求是双向流通的。需求信息流自下而上流动，而供应信息流则自上而下流动。订单是从用户向供应商移动，而订单收到通知、货运通知和发票则是以相反的方向流动。

2. 牛尾效应

在供应链管理方法的实施过程中，需要企业内部各组织部门之间，以及企业与供应商之间能建立起合作互利的双赢关系，因此，协调与合作是供应链管理的核心。在产品的供应链中，如果各个组织、部门之间缺乏相互信任与合作，各个组织均以自己的利益为出发点进行决策，最终将使得供应链内各个企业的利益均受到损害。企业的物资需求在缺少同中间环节协调与沟通的条件下，到供应商那里就会产生巨大的波动，著名的牛尾效应很清楚地说明了这种影响（见图3-7）。由于夸大的需求信息所引起的企业存货成本、生产成本和固定投资不仅极大地影响了企业的竞争力，也会给全社会带来大量的浪费。

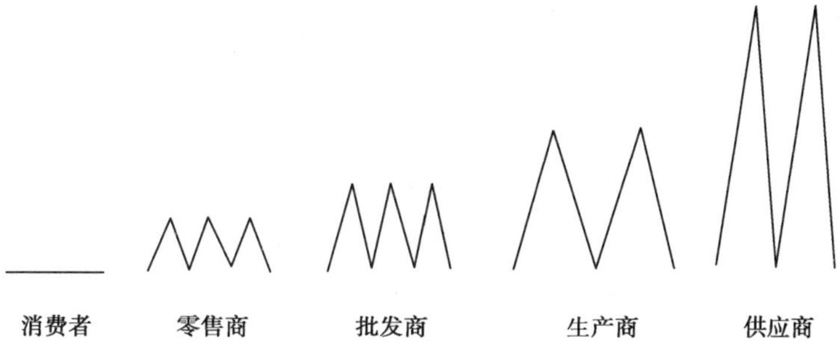

图3-7　牛尾效应

单元二　供应链管理中的物流管理

一、供应链管理与物流管理的关系

供应链管理与物流管理有着十分密切的关系。供应链管理是由物流管理发展而来的，但是供应链管理已经超出了物流管理的范围。有学者将供应链管理的演化分为四个阶段：第一阶段是仓储与运输，第二阶段是总成本管理，第三阶段是物流一体化管理，第四阶段是供应链管理。物流一体化管理将企业内部的物流活动和战略同供应链上贸易伙伴的物流活动和战略进行集成，以增进整个渠道的顾客服务和降低总成本，而供应链管理的核心是通过供应链上贸易伙伴的密切合作来获得潜在竞争优势。物流一体化将物流视为获取最大的内部战略优势的资源，而供应链管理则以物流运作的一体化为基础，来创建“虚拟组织”，它超过渠道界限，将所有的核心竞争能力连接在一起。供应链管理与物流一体化的区别可以从以下三个方面加以说明。

1．供应链管理是物流运作管理的扩展

供应链管理要求企业从仅关注物流活动优化，转到关注优化所有的企业职能，包括需求管理、市场营销、制造、财务和物流等，要将这些活动紧密地集成起来，以实现在产品设计、制造、分销、顾客服务、成本管理及增值服务等方面的重大突破。鉴于成本控制对市场的成功仍很关键，物流绩效将逐渐根据整个企业的 JIT 和快速响应目标做评估。这种内部的定位要求高层管理将企业的战略计划和组织结构的关注点放在他们的物流职能的能力上。

2．供应链管理是物流一体化管理的延伸

供应链管理将企业外部存在的竞争优势机会包含在内，关注外部集成和跨企业的业务职能，通过重塑他们与他们的代理商、顾客和第三方联盟之间的关系，来寻找生产率的提高和竞争空间的扩大。通过信息技术和通信技术的应用，将整个供应链连接在一起，企业将视自己和他们的贸易伙伴为一个扩展企业，从而形成一种创造市场价值的全新方法。

3．供应链管理是物流管理的新战略

供应链管理在运作方面比较关注传统的物流运作任务，如加速供应链库存的流动，与贸易伙伴一起优化内部职能，并且提供一种在整个供应链上持续降低成本以提高生产率的机制。然而供应链管理的关键要素，将在于它的战略方面。供应链管理扩展企业的外部定位和网络能力，将使企业建立一个共同市场和竞争视野，构造一个变革性渠道联盟，以寻找在产品和服务方面的重大突破；同时，管理复杂的渠道关系，使企业能主导市场方向，产生有关的新业务，探索关键性的新机会。

由上述内容可知，供应链管理的产生有着深刻的经济学和管理学动因。它与物流管理、战略管理、营销管理与业务流程重组等有着十分密切的内在联系。供应链管理的产生是许多管理学的思想和方法相互渗透、相互融合的结果。但供应链管理绝不是这些管理学的内容的叠加，它需要从一个新的角度考察和理解。

相关链接

国美集团安迅物流供应链服务平台战略

物流是连接生产与消费的桥梁，关系着我国现代化建设的进程及社会综合服务能力的提升。随着移动互联的快速发展，在李克强总理互联网+的大力号召下，生产企业纷纷拥抱互联网，商流多元化趋势越来越明显。在渠道多元化的影响下，库存、仓储越来越分散，管理难度及物流成本越来越高。

安迅物流负责人表示：为应对市场多元化的市场需求，安迅物流致力于打造一个适应多渠道的全国网络的供应链服务平台。利用全国物流网络与标准化服务优势，采取轻资产运作模式，根据客户需要配置相应物流资源，为客户提供仓、配、装一体化服务，尤其是大件同城在全国范围的共同配送服务。

一、无所不在的物流服务网络

1. 安迅物流服务网络的广度

经过 30 年的沉淀与发展，安迅物流在全国建立了 290 个操作中心，428 个物流仓储，配送网络覆盖 700 多个地/县级市，2 800 多个区/县，安迅目前在全国几乎覆盖了除西藏之外的全部省份，编织串联成了一张仓、配、送、装一体化的物流网，这张网在移动互联网的大背景下，无论客户身在经济发展，交通发达的华南、华东地区，还是身处经济欠发展，交通欠发达的西北、东北地区，无论购物方式是线上下单，还是实体店下单，安迅物流总能为客户提供专业、快捷、周到的物流配送服务。

2. 安迅物流服务网络的深度

服务网络覆盖 700 多个地/县级市，2 800 多个区/县，40 000 多个乡/镇。无论对繁华的一、二级市场，还是经济快速发展的三、四级市场，甚至偏远的农村，都如同一、二级市场一样的快速覆盖、无缝对接，真正做到了“覆盖到村，送货到门，服务到户”。凭借这一深度的物流网络布局，无论用户是一、二线的城市居民，还是劳作在田间地头的乡镇村民，安迅物流都能使其享受到大件商品配送到家的方便快捷。

3. 安迅物流配送的速度

借助遍布全国大件物流仓储与配送网络，通过大数据精准预测与分析，分仓库存共享的优化配置，安迅物流总能从距消费者最近的仓库处理订单，减少中间转运环节，从而达到最快的配送速度，及时响应消费者需求。目前，对库存点所在城市执行一日三达、精准配送，库存点周边城市执行次日达服务。据统计，目前半日达城市 178 个；次日达城市 428 个；隔日达、定期达城市 915 个。真正实现无论用户身处何地，都可享受到快速的一站式物流服务。

二、因需而变的服务能力

1. 多渠道的库存共享

多渠道背景下，安迅可以实现多渠道商品入同一仓库，系统内区分库存。当同一渠道顾客需求量增加，库存紧张时，其他渠道库存充足，可执行系统内调拨，实现物理地点不变的库存转移与共享。这样的库存共享，不仅减少资金占压，也降低了调拨时效，节省了调拨费用，同时又减少货物在移动中的残损率。

2. 全供应链的一体化服务

作为销售的末端服务，安迅物流提供的是全供应链仓、配、装一体化服务。货主可以专注于产品开发、市场营销与渠道推广等主业，安迅依托全国性大件网络与标准化服务队伍，可以一站式解决货主们的后顾之忧，实现物流供应链全部流程的无缝连接，效率高、成本低、质量可控。

3. 高效的运作模式

电商和电视购物的仓储、配送是安迅物流重点发展项目，安迅物流承担着最后一公里配送，优化商家到最终消费者间线路，整合配送网络覆盖率的重任。采用“一仓发全国/分仓配货+区域调拨+宅配+银联POS机代收货款”的运作模式，安迅物流通过遍布全国的网络，通过整合运输资源，高效的协调机制和信息集成，实现全国货品快速、高效的一体化运营和管理。

三、规范高效的管理体系

1. 先进的信息控制系统

强大、透明的信息系统是物流执行与服务体验的保障，安迅物流自主研发的专业的物流信息系统，通过标准化EDI接口，可与众多客户系统进行数据实时传输与交换。同时，帮助客户实现订单在途可视化及库存实时可视化，这些优势条件，都为安迅的多渠道物流发展打下了坚实的基础，也成为多渠道下物流做大做强的先决条件。设施完备的硬件基础设施和技术领先的信息化控制系统，保证了安迅物流每天上百万件商品的货物安全、及时、准确地送达，真正实现“安全迅捷，精准送达 ”。

2、平台化的共同管理

多渠道库存共同仓储，多渠道订单共同配送，传统渠道与电商渠道销售高峰互补。安迅作为轻资产物流公司，人力，仓库和车辆可因客户需要而配置，固定成本少，充分利用社会闲置资源，降低物流成本。安迅在平台仓储，平台管理，共同配送的基础上合理分摊管理成本，获得边际收益，打造物流的共享经济。

安迅物流负责人表示：安迅物流凭借30年搭建起来的专业化仓储配送服务队伍，积累丰富的仓储、库存、配送、安装全流程管理经验，在传统企业互联网转型大潮中，通过轻资产的运作模式，因客而变，因需而变，助力制造业、电商企业，解决互联网化库存分散、配送分散、管理分散的物流困境。真正成为制造企业互联网化的助推器，中间商互联网化的护航者，打造全国最大的供应链服务平台。

——资料来源：凤凰科技网 2016-12-15

二、供应链管理环境下物流管理的新特点

由于供应链管理下物流环境的改变，使新的物流管理和传统的物流管理相比有许多不同的特点，这些特点反映了供应链管理思想的要求和企业竞争的新策略。

在传统的物流系统中，需求信息和反馈信息（供应信息）都是逐级传递的，因此上级供应商不能及时地掌握市场信息，因而对市场的信息反馈速度比较慢，从而导致需求信息的扭曲。另外，传统的物流系统没有从整体角度进行物流规划，常常导致一方面库存不断增加，另一方面当需求出现时又无法满足。这样，企业就会因为物流系统管理不善而丧失市场机会。

简而言之，传统物流管理的主要特点表现如下。

（1）纵向一体化的物流系统。

（2）不稳定的供需关系，缺乏合作。

（3）资源的利用率低，没有充分利用企业的有用资源。

（4）信息的利用率低，没有共享有关的需求资源，需求信息扭曲现象严重。

和传统的纵向一体化物流模型相比，供应链管理环境下的物流信息的流量大大增加。需求信息和反馈信息不是逐级传递，而是网络式传递的，企业通过 EDI/Internet 可以很快掌握供应链上不同环节的供求信息和市场信息。因此在供应链环境下的物流系统有三种信息在系统中运行：①需求信息；②供应信息；③共享信息。

归纳起来，供应链环境下的物流管理的特点可以用如下几个术语简要概括。

1. 信息的共享性

共享信息的增加对供应链管理是非常重要的。由于可以做到共享信息，供应链上任何节点的企业都能及时地掌握到市场的需求信息和整个供应链的运行情况，每个环节的物流信息都能透明地与其他环节进行交流与共享，从而避免了需求信息的失真现象。

2. 过程的同步性

物流网络规划能力的增强，也反映了供应链管理环境下的物流特征。它充分利用第三方物流系统、代理运输等多种形式的运输和交货手段，降低了库存的压力和安全库存水平。对信息跟踪能力的提高，使供应链物流过程更加透明化，也为实时控制物流过程提供了条件。在传统的物流系统中，许多企业有能力跟踪企业内部的物流过程，但没有能力跟踪企业之外的物流过程，这是因为没有共享的信息系统和信息反馈机制。

3. 响应的敏捷性

作业流程的快速重组能力极大地提高了物流系统的敏捷性，通过消除不增加价值的过程和时间，使供应链的物流系统进一步降低成本，为实现供应链的敏捷性、精细化运作提供了基础性保障。

4. 合作的互利性

合作性与协调性是供应链管理的一个重要特点，但如果没有物流系统的无缝连接，运输的货物逾期未到，顾客的需要不能得到及时满足，采购的物资常常在途受阻，都会使供应链的合作性大打折扣。因此，无缝连接的供应链物流系统是使供应链获得协调运作的前提条件。

5. 服务的满意度

灵活多样的物流服务，提高了用户的满意度。通过制造商和运输部门的实时信息交换，及时地把用户关于运输、包装和装卸方面的要求反映给相关部门，提高了供应链管理系统对用户个性化响应的能力。

三、供应链管理中物流管理的基本功能

在供应链管理的背景下，物流管理是将原材料管理和实物配销进行集成的一套规范，它涉及原料和产品从供应商并通过公司的配销系统到达零售商和客户的整个过程的移动和储存。物流管理处理货物的物理移动，其范围起始于原料的供应，终止于被消耗。物流管理的目的是在给客户提供最佳服务的同时使成本达到最小。物流管理的基本功能可分为库存管理、订购过程管理、配销管理和仓库管理，如图 3-8 所示。

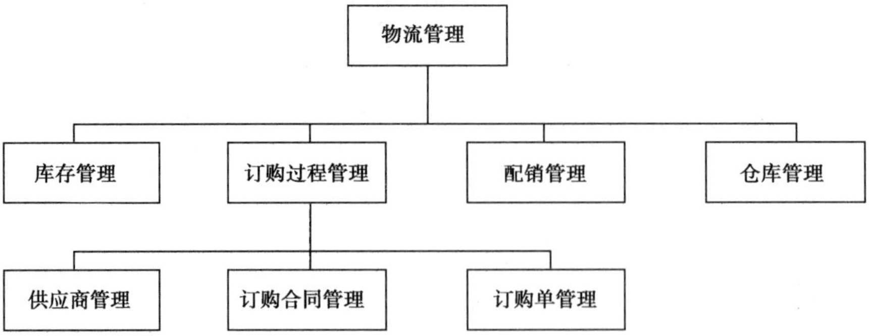

图 3-8　物流管理的基本功能

1. 库存管理

库存管理的目标是缩短订购—运输—支付的周期时间。当多数伙伴都用电子形式连接起来时，过去用传真和邮寄形式传递的信息，现在可以马上发送。库存管理可以跟踪单证，确保单证的接收，提高审计能力。有效的库存管理方案可以降低库存水平，加速库存周转，消除缺货事件的发生。

2. 订购过程管理

订购过程是给供应商发出订购单的过程。它可细分为以下三个管理过程。

（1）供应商管理。通过供应商管理，企业可利用配销单据制订捕获计划，并向供应商自动发出订购单。这样可以简化常规交易，减少纸张处理，为每日的征购活动提供一个电子通信框架。

（2）订购合同管理。合同管理是买方和供货方建立长期管理的关键。一旦决定从一个特定的供货方那里订购产品，一个合同就建立了。当然，也可以随时取消合同。

（3）订购单管理。订单管理是指检查订购数量，将订购单发送给供应商并对已接收货物进行支付。近些年来，以 EDI 等电子商务方式的订购日益增多，这使得供应商可快速收到订购单并尽早地交货，从而缩短从订货到交货的时间。

3. 配销管理

如果货物被接收，就必须将它们放在仓库里。一旦产品进入零售商的直接负责区内，配销管理便意味着对成品货物的运输、储存等进行管理。配销管理包括以下几个过程。

（1）配销需求计划。根据配销管理过程，后勤系统为仓库、劳力、运输、车队管理的容量装载提供相关计划。配销需求计划给出配销系统需要服务区域内的数量、类型和配销中心位置的评估。

（2）实物库存管理。测量库存水平和产品在仓库的周转率。它决定库存水平，商业服务的登记管理，分配存货和补货等的库存控制，实现仓库和商店间货物的再分配。

（3）运输和车队管理。这是指选择运输方式及运输管理过程，通常包括车队规划、车队管理、装载规划、车辆计划、道路选择、交货计划和车辆跟踪与监测。

（4）劳力管理。劳力管理包括劳工和工作量规划、劳动时间、出勤记录及人事和工资册等。

4. 仓库管理

仓库管理也称为收货和仓储管理。收货及接收货物并入库，对照送货人提供的订购单对货物进行计数和检查。多数零售商在收货时有某种质量控制系统，质检员将接收到的货物的样品与组织内的质量标准进行对照，检测货物质量。

四、供应链管理中物流管理的目标与要求

电子商务下供应链中物流管理的目标是：在恰当的时间和地点，以正确的质量水平交付正确的产品。该目标给出了物流管理必须解决的三个变量：需求的产品或服务（可利用性）等级；费用水平（它意味着提高操作效率）；减少整个供应链的库存水平。

配销系统中货物的快速移动完全依赖信息。然而，物流信息系统缺乏精确性是当今配销渠道集成的最大障碍，多数公司仍致力于交易系统上。虽然交易系统对企业的日常操作十分重要，但它们不能提出快速战略决策。而战略决策是企业良好管理的标志，因为它可以建立对公司生产、物流和订购活动的整体看法。通过供应链管理可将信息从客户需求一直传递到原材料供应商。这意味着可以做出计划并提高预测的稳定性。一旦企业消除了需求的不确定性，便可降低库存。这不只是针对一个公司，而是针对供应链中的所有参与方。

对于物流管理而言，预测是一个重要的功能。一个好的库存管理系统应该能够面对随机波动因素，绘出相对稳定的预测，以便对实际销售变更做出反应。预测必须考虑到销售推动和季节变更因素，使在增加销售的同时将商业库存降至最小，这可通过预测变更趋势来实现。预测系统是利用历史的销售数据和先进的预测算法来进行精确评估。一个好的预测系统能减轻库存分析工作人员处理和调整库存的工作量，提供库存调整的具体方案，它使库存分析工作人员以最小的人力介入处理日常项目并集中精力处理异常情况。季节的变更可使预测复杂化，各种零售形式都受季节性因素的影响。例如，在服装行业，每个季节都有新的款式和颜色。季节性也与天气和事件有关。在食品类，圣诞布丁只是在圣诞之前销售。在运动类产品中，在温布尔登比赛期间或之后，网球拍比其他时间销售得更多。季节因素影响了需求的高峰期和低谷期，对零售商而言，能够了解产品的季节性因素对精确预测需求具有非常重要的意义。

单元三　供应链管理的策略

一、快速反应

1．快速反应的定义

快速反应的基本思想：为了在以时间为基础的竞争中占据优势，必须建立一整套对环境能够反应敏捷和迅速的系统。

我国 2006 年修改的国家标准《物流术语》（GB/T 18354—2006）中对快速反应（Quick Response，QR）的定义是："供应链成员企业之间建立战略合作伙伴关系，利用 EDI 等信息技术进行信息交换与信息共享，用高频率、小批量配送方式补货，以实现缩短交货周期，减少库存，提高顾客服务水平和企业竞争力为目的的一种供应链管理策略。"

2．成功实施 QR 的条件

美国是 QR 的发源地，有许多企业都已开始实施 QR，并取得了成功。实施 QR 的著名企业和公司见表 3-1。

表 3-1 成功实施快速反应的企业和公司

实施 QR 的零售商	Sears、Walmart、Kmart、JCPenney、Dayton Hudson、Target、Federated、Dillards、The Limited、Montgomery Ward、Cireuit City
实施 QR 的供应商	Levi Strauss、VF Corp、Arrow Produtes、Estee Lauder、Nike、Sara Lee Hosiery、Whirlpool、Panasonic
实施 QR 的承运商	Roadway、Schneider

Blackburn（1991）在对美国纺织服装业 QR 研究的基础上总结出 QR 成功的五个条件，这也是 QR 的主要特征。

（1）必须改变传统的经营方式、企业经营意识和组织结构。企业不能局限于依靠本企业独自的力量来提高经营效率的传统经营意识，要树立通过与供应链各方建立合作伙伴关系，努力利用各方资源来提高经营效率的现代经营意识。

零售商在垂直型 QR 系统中起主导作用，零售店铺是垂直型 QR 系统的起始点。在垂直型 QR 系统内部，通过 POS 数据等销售信息和成本信息的相互公开和交换，来提高各个企业的经营效率。明确垂直型 QR 系统内各个企业之间的分工协作范围和形式，消除重复作业，建立有效的分工协作框架。必须改变传统的事务作业的方式，通过利用信息技术实现事务作业的无纸化和自动化。

（2）必须开发和应用现代信息处理技术。这是成功进行 QR 活动的前提条件。这些信息技术有商品条码技术（Cord Bar）、电子订货系统（EOS）、POS 系统、EDI 技术、电子资金转账（EFT）、连续补货（CRP）等。

（3）必须与供应链各方建立战略伙伴关系。具体内容包括以下两个方面：一是积极寻找和发现战略合作伙伴；二是在合作伙伴之间建立分工和协作关系。合作的目标定为削减库存，避免缺货现象的发生，降低商品风险，避免大幅度降价现象发生，减少作业人员和简化事务性作业等。

（4）必须改变传统企业对商业信息保密的做法。将销售信息、库存信息、生产信息、成本信息等与供应链中的合作伙伴交流共享，并在此基础上，要求各方在一起发现问题、分析问题和解决问题。

（5）供应商必须缩短生产周期，降低商品库存。具体来说，供应商应努力做到：缩短商品的生产周期；进行多品种、少批量生产和多频度、少数量配送，降低零售商的库存水平，提高顾客服务水平；在商品实际需要将要发生时采用 JIT 方式组织生产，减少供应商自身的库存水平。

3．实施快速反应的阶段

实施 QR 的三个阶段如下。

第一阶段，对所有的商品单元条码化，即对商品消费单元、商品贸易单元、物流单元分别用相应的条码标志。利用 EDI 传输订单报文和发票报文。

第二阶段，在第一阶段的基础上增加与内部业务处理有关的策略，如自动补库与商品及时出售等，并采用 EDI 传输更多的报文，如发货通知报文、收货通知报文等。

第三阶段，即联合计划、预测与再充实（Collaborative Planning，Forecasting and Replenishment，CPFR）阶段。这个阶段是指与贸易伙伴密切合作，采用更高级的 QR 策略，以对客户的需求做出快速反应。

以下重点介绍一种由我国学者在对 CPFR 进行深入研究的基础上提出的，基于 CPFR 的供应链管理运作模型，如图 3-9 所示。

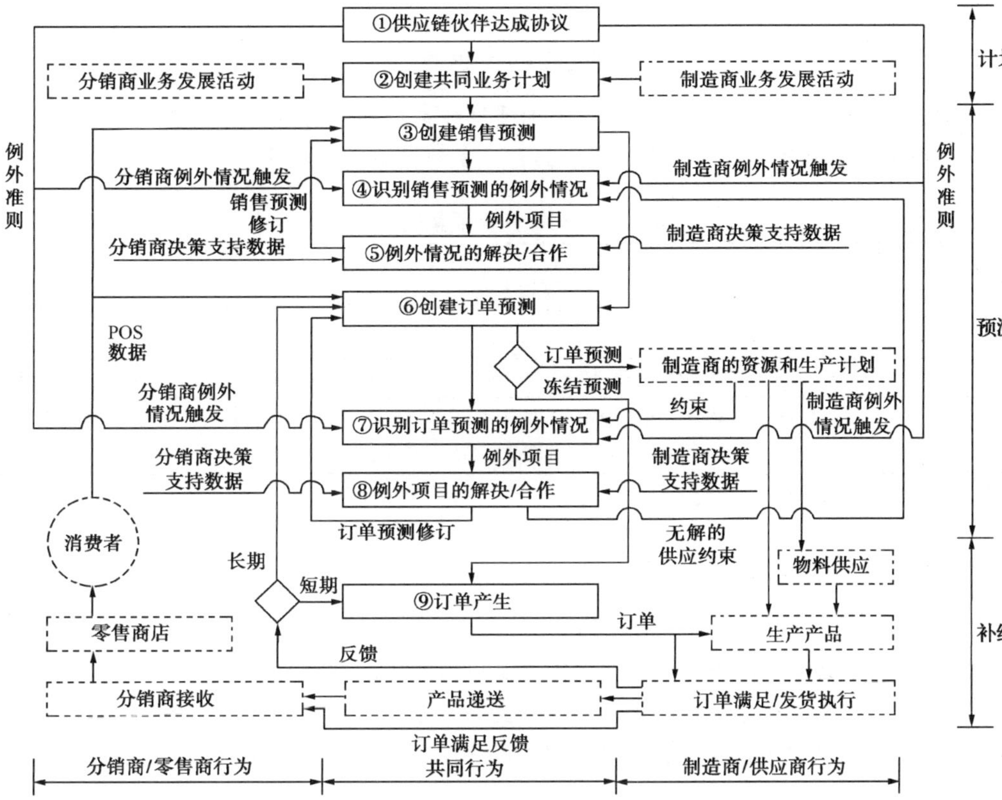

图 3-9　基于 CPFR 的供应链运作过程

该模型可分为三个阶段共 9 个步骤。第一个阶段为计划，包括步骤 1 和步骤 2；第二个阶段为预测，包括步骤 3～步骤 8；第三个阶段为补给，包括步骤 9。

二、高效客户反应

1．高效客户反应的定义

高效客户反应是一种在食品杂货分销系统中，为降低与消除分销商与制造商体系中不必要的成本和费用，为客户带来更大利益而进行密切合作的一种供应链管理策略。高效客户反应的目标是建立一个具有高效反应能力和以客户需求为基础的系统，使零售商及供应商以业务伙伴方式合作，提高整个食品杂货供应链的效率，而不是单个环节的效率，从而大大降低整个系统的成本、库存和物资储备，同时为客户提供更好的服务。

我国 2006 年修改的国家标准《物流术语》（GB/T 18354—2006）中对高效客户反应（Efficient Customer Response，ECR）的定义是："以满足客户要求和最大限度降低物流过程费用为原则，能及时做出准确的反应，使提供的物品供应或服务流程最佳化的一种供应链管理策略。"

小贴士

ECR 四大要素

ECR 活动是一个过程，这个过程主要由贯穿供应链各方的四个核心过程组成，也称四要素，分别是：高效产品引进、高效商店品种、高效促销及高效补货，见表 3-2。

表 3-2　ECR 四大要素的内容

高效产品引进	通过采集和分享供应链伙伴间时效性强的、更加准确的购买数据，提高新产品的成功率
高效商店品种	通过有效地利用店铺的空间和店内布局，最大限度地提高商品的赢利能力，如建立空间管理系统，有效的商品品种等
高效促销	通过简化分销商和供应商的贸易关系，使贸易和促销的系统效率最高，如消费者广告、贸易促销
高效补货	从生产线到收款台，通过 EDI，以需求为导向的自动连续补货和计算机辅助订货等技术手段，使补货系统的时间和成本最优化，从而降低商品的售价

2．实施 ECR 的原则

应用有效客户反应系统具有五大原则：

（1）ECR 要求必须以低成本向消费者提供高价值服务；

（2）ECR 要求供需双方必须从传统的输赢交易关系转变为双赢的联盟伙伴关系；

（3）ECR 要求及时准确的信息必须在市场营销、生产制造、物流配送等决策方面起重要作用；

（4）ECR 要求必须建立与供应链匹配的绩效评估体系，进行公开利益分配；

（5）ECR 要求即时配送（Just In Time Distribution，JID）、交叉配送（Cross Docking，CD）、自动的连续补货和店铺直送（Direct Store Delivery，DSD）等。

有效客户反应是一种运用于工商业的策略，供应商和零售商通过共同合作，改善其在货物补充过程中的全球性效率，而不是以单方面不协调的行动来提高生产力，这样能节省由生产到最后销售的贸易周期的成本。

3．实施 ECR 的办法

（1）构建合理的供应链流程。首先应联合整个供应链所设计的供应商、分销商及零售商，改善供应链中的业务流程，使其最合理有效。

（2）最低成本实现业务流程自动化，以进一步降低供应链的成本和时间。具体地说，实施 ECR 需要将条形码、扫描技术、POS 系统和 EDI 集成起来，即在供应链由生产线至付款台之间建立一个无纸系统，以确保产品能不间断地由供应商流向最终客户，同时信息流能够在开放的供应链中循环流动。这样，才能满足客户对产品和信息的需求，即给客户提供最优质的产品和适时准确的信息。

（3）创造 ECR 的最佳氛围。对大多数组织来说，改变对供应商或客户的内部认知过程，即从敌对态度转变为将其视为同盟的过程，将比 ECR 的其他相关步骤更困难，时间花费更长。创造 ECR 的最佳氛围首先需要进行内部教育及通信技术和设施的改善，同时也需要采取新的工作措施和回报系统。但公司或组织必须首先具备言行一致的强有力的高层组织领导。

（4）选择初期 ECR 同盟伙伴。对于大多数刚实施 ECR 的公司来说，建议成立 2～4 个初期同盟。每个同盟都应首先召开一次会议，来自各个职能区域的高级同盟代表将对 ECR 及怎样启动 ECR 进行讨论。成立 2～3 个联合任务组，专门致力于已证明可取得巨大效益的项目，如提高货车的装卸效率；减少损毁；由卖方控制的连续库存补充。经验证明，往往要花上 9～12 个月的努力，才能赢得足够的信任和信心，才能在开放的非敌对环境中探讨 ECR 的诸多重要问题。

（5）开发信息技术项目。虽然在不大的信息技术投资的情况下就可获得 ECR 的许多利益，但是具有很强的信息技术能力的公司要比其他公司更具竞争优势。

那些作为 ECR 先导的公司预测，在五年内，连接他们及其业务伙伴之间的将是一个无纸的、完全整合的商业信息系统。该系统将具有许多补充功能，既可降低成本，又可使人们专注于其他管理及产品、服务和系统的创造性开支。

相关链接

鲜易构建智慧生鲜供应链生态圈

河南鲜易供应链股份有限公司（以下简称“鲜易”）成立于 2013 年 7 月，由鲜易供应链、鲜易网络科技和冷链马甲三个专业公司组成。公司定位于 O2O 生鲜供应链服务商，致力于为客户提供温控仓储、冷链运输、供应链金融、生鲜品集采分销、国际贸易、电子商务等一站式服务。

鲜易先后获得“中国供应链管理示范企业”、“中国食品物流示范企业”、“中国冷链管理示范企业”、“中物联常务理事单位”、“中物联冷链委轮值理事长单位”、“中国仓储与配送协会副会长单位”、“AAAA 级物流企业”、“五星级冷链物流企业”、“中国仓储服务金牌企业”、“河南物流行业诚信企业”、“河南物流最具社会责任奖”等资质荣誉，拥有是“河南省温控供应链工程研究中心”承建单位，鲜易网连续 3 年荣获国家电子商务示范企业称号，冷链马甲被评为 2015 年度最具价值的中国冷链物流公共平台。

创新商业模式 B2B2B+O2O2O

作为中国温控供应链标杆性企业之一，鲜易深入洞察中国供应链发展进程，响应国家号召，充分了解市场变化及客户需求，时刻把握“互联网+”风口带来的发展机遇，公司定位于 O2O 生鲜供应链服务商，通过互联网+冷链，依托线上+线下、产品+服务、硬件+软件优势资源，携手合作伙伴，优化生鲜供应链，减少流通环节，降低社会物流成本，构建从企业到产业，再到社会的 O2O 综合服务平台，承托万亿产业，创造千亿价值，最终实现智慧生鲜供应链生态圈共享共生共创共赢的愿景目标。

公司基于生鲜产业的属性，探索出了 B2B2B、O2O2O 的发展模式。第一个“B”是包括品牌商、分销商、渠道商、服务商为主的流通服务商；第二个“B”是包括品牌商、供应商为主的生产性服务商；第三个“B”是生产商。三个“B”相互协同，相互联动，围绕用户需求，通过大数据、云计算对消费市场进行分析预测，为分销商、渠道商提供采购建议，为制造商、供应商提供生产规划，定制研发，定向加工，敏捷配送，安心支付等系统化增值服务，并通过线上、线下分销渠道，提供分销服务，将生态圈优质的产品和服务提供给全国的消费者，同时也为生态圈的每位成员提供相应的增值服务，共同成长。

中国生鲜电商的属性决定了在传统电商 O2O 的基础上再增加一个“O”，第一个“O”是 online“线上”，包括冷链马甲和鲜易网；第二个“O”是 offline“线下”，是温控供应链；第三个“O”是 origin“源头”，从餐桌到源头的溯源体系。

供应链金融服务

随着全球生产经营组织模式转变和我国经济转型期，中小企业受外部环境影响而导致经营存在很多不确定性，使银行金融机构无法对中小企业信用状况做出客观评估，因而中小企业很难长期、持续解决融资难题。鲜易联手金融机构推出系统增值的线上、线下供应链金融服务方案，可以帮助中小企业有效缓解资金压力，助力其进一步做大做强。

在产地，鲜易依托产地布局优势，为农产品加工企业及贸易商提供原料代采+流通加工+温控仓储+冷链运输+产品分销执行+供应链金融的系统化服务，帮助企业或贸易商有效缓解因农产品“季产年销”带来的资金压力。

在销地，鲜易充分发挥销地温控供应链基地网络化优势，为品牌企业或其经销商提供“温控仓储+干线运输+区域分拨+城市配送+采购及分销执行+供应链金融”等系统集成服务，帮助品牌企业或其经销商提升供应链运营效率。

围绕中小型冷链食品加工企业融资难、融资高的难题，鲜易通过原料定金代采+温控仓储+冷链运输+产品分销+供应链金融的系统化服务，帮助他们缓解资金压力，提升市场分销能力。

针对 KA 商超供应商因结款账期长带来的资金压力，鲜易以其现有或未来一段时间所有的应收账款作为质押物，根据应收账款池中余额情况，为 KA 商超供应商提供流动资金贷款或有偿授信等金融服务。

打造全国 B2B 生鲜食材电子商务交易平台——鲜易网，鲜易与中信银行、广发银行、平安银行等多家商业银行合作，为客户提供线上展示及交易、在线质押、在线出账、在线赎货、在线还款等一体化线上供应链金融服务。

——**资料来源：万联网 2016-03-21**

三、电子订货系统

1．电子订货系统的含义

电子订货系统（Electronic Ordering System，EOS），是指企业间利用通信网络（VAN 或互联网）和终端设备以在线联结（ON-LINE）方式进行订货作业和订货信息交换的系统。因此，EOS 能处理从新商品资料的说明直到会计结算等所有商品交易过程中的作业，可以说 EOS 涵盖了整个物流。EOS 因内涵了许多先进的管理手段，因此在国际上使用非常广泛，并且越来越受到企业界的青睐。

2．企业应用 EOS 系统的基础条件

（1）订货业务作业的标准化，这是有效利用 EOS 系统的前提条件。

（2）商品代码的设计。在零售行业的单品管理方式中，每个商品品种对应一个独立的商品代码，商品代码一般采用国家统一规定的标准。对于统一标准中没有规定的商品则采用本企业自己规定的商品代码。商品代码的设计是应用 EOS 系统的基础条件。

（3）订货商品目录账册（Order Book）的制作和更新。订货商品目录账册的设计和运用是 EOS 系统成功的重要保证。

（4）计算机及订货信息输入和输出终端设备的添置和 EOS 系统设计是应用 EOS 系统的基础条件。

3．EOS 的构成

电子订货系统的构成内容包括订货系统、通信网络系统和接单电脑系统。就门店而言，只要配备了订货终端机和货价卡（或订货簿），再配上电话和数据机，就是一套完整的电子订货配置。就供应商来说，凡能接收门店通过数据机的订货信息，并可利用终端机设备系统直接作订单处理，打印出出货单和检货单，就已具备电子订货系统的功能。但就整个社会而言，标准的电子订货系统绝不是“一对一”的格局，即并非单个的零售店与单个的供应商组成的系统，而是“多对多”的整体运作，即许多零售店和许多供货商组成的大系统的整体运作方式。根据电子订货系统的整体运作程序来划分，大致可以分为以下三种类型。

（1）连锁体系内部的网络型。即连锁门店有电子订货配置，连锁总部有接单计算机系统，并用即时、批次或电子信箱等方式传输订货信息。这是“多对一”与“一对多”相结合的初级形式的电子订货系统。

（2）供应商对连锁门店的网络型。其具体形式有两种：一种是直接的“多对多”，即众多的不同连锁体系下属的门店对供应商，由供应商直接接单发货至门店；另一种是以各连锁体系内部的配送中心为中介的间接的“多对多”，即连锁门店直接向供应商订货，并告知配送中心有关订货信息，供货商按商品类别向配送中心发货，并由配送中心按门店组配向门店送货，这可以说是中级形式的电子订货系统。

（3）众多零售系统共同利用的标准网络型。其特征是利用标准化的传票和社会配套的信息管理系统完成订货作业。其具体形式有两种：一是地区性社会配套的信息管理系统网络，即成立由众多的中小型零售商、批发商构成的区域性社会配套的信息管理系统营运公司和地区性的咨询处理公司，为本地区的零售业服务，支持本地区 EOS 的运行；二是专业性社会配套信息管理系统网络，即按商品的性质划分专业，从而形成各个不同专业的信息网络。这是高级形式的电子订货系统，必须以统一的商品代码、统一的企业代码、统一的传票和订货的规范标准的建立为前提条件。

4．EOS 系统的操作流程

（1）在零售店的终端利用条码阅读器获取准备采购的商品条码，并在终端机上输入订货资料，利用电话线通过调制解调器传到批发商的计算机中。

（2）批发商开出提货传票，并根据传票开出拣货单，实施拣货，然后根据送货传票进行商品发货。

（3）送货传票上的资料便成为零售商店的应付账款资料及批发商的应收账款资料，并接到应收账款的系统中去。

（4）零售商对送到的货物进行检验后，就可以陈列出售了。

在商业化、电子化迅速发展的今天，EOS 系统越来越显示出它的重要性，同时随着科技的发展和 EOS 系统的日益普及，EOS 系统的标准化和网络化已成为当今 EOS 系统的发展趋势。

单元四　电子商务环境下供应链管理面临问题

一、供应链管理存在的普遍问题及趋势

传统的供应链管理与“后勤学”（物资的流动）是一致的。而今天，它包含的意义更为广泛，包括了物资、信息及从原材料供应商到最终消费者的资金运动的管理。三个因素（物资、信息和资金）的协调将使得流程更为顺利，并通过提高客户的满意度来实现效率的提高。由于供应链管理承担的责任扩大了，今天的供应链管理必须积极地管理供应链的每个方面，包括从供应商的供应商到顾客的顾客。然而，在许多公司，供应链并没有得到重新定义，尤其在物资、信息及资金缺乏协调的公司更为明显。

1999 年，一项有关供应链管理的趋势和问题的调查揭示了对供应链管理重新定义的重要性。该调查包括 200 多家公司详尽的书面材料。这些公司代表了美国和加拿大的跨行业的公司，在年收入、雇员人数和地理覆盖率上都各自存在差异。这一调查的目的是理解供应链所面临的普遍趋势和问题，尤其关注的是供应链战略、信息科技和组织。

该项调查的结果集中揭示出以下几大问题及趋势。

1．高效率的供应链是战略上的必要条件

提高顾客的满意度及削减成本的要求，是人们对供应链重要性的认识日益增加的驱动力。许多公司都在时间和资本上大量投入以改进它们的供应链，但仍达不到同行业的一般水平。原因可能是：尽管很多公司都认识到供应链的重要性并进行了大量投资，但并没有制订能够与它们的供应链发展相适应的一整套的战略。

好在对供应链进行再造不再是一项风险大、投资大的行动了。许多行业的公司都成功地进行了供应链再造，并且重塑了他们销售产品和服务的途径。随着越来越多的公司对其供应链重新定义和其竞争地位的改变，高效率的供应链将成为对行业生存至关重要的问题。

2．突破性的进展很难获得

在最近几年内，公司在供应链上耗资巨大，但只有 26%的公司相信它们的业绩在行业平均水平之上。

要取得突破性进展，还存在大量障碍。主要表现在如下几个方面。

（1）极少有公司建立了支持有效供应链管理所必需的综合的管理环境。实际上，他们团队的交叉功能十分有限，在供应链和销售组织中缺乏信用。

（2）仍然需要能有效管理跨供应链的有关物资、信息和资金等方面的新技术。战略计划和财务上的技术是在供应链管理中最为薄弱的一个环节。其结果是，供应链极为关注成本问题。只有极少数的公司持有以价值为基础的供应链的管理观点。这一观点认为，对收入、成本、投资和现金流量的冲击将最终提高股票的价值。

（3）另一个棘手的操作问题是对供应链绩效进行评估所需要的更好办法。在许多公司内，评估办法都与公司目标不一致。而且，一些公司在供应链上没有使用计划和控制活动中可以利用的最灵活的工具。

3．供应链的技术必须得以提高

许多公司都缺乏供应链信息系统的战略性计划，这是一个普遍的现象。这些公司都安装了各种系统以取得一系列目标，但是这些系统之间缺乏协调性。如果没有信息系统的支持，公司所安装的系统所带来的利益都是相互分离的，而且不会给供应链整体带来深远的影响。

不到半数的被调查者对其供应链计划和实施的系统支持水平感到满意。几乎所有的公司都认为，信息的流动必须得以改进，才能取得长期的供应链及商业目标。在技术风险的压力下，这些公司实施其供应链优化系统（高级计划系统），已经取得了可观的收益。然而，大多数公司仍没有走出传统的企业资源计划（ERP）系统的“窠臼”，而且对供应链支持的现状也感到非常不满意。

4．供应链的出现再造了组织结构

在对供应链重视程度提高的同时，公司中这一部门的负责人的可预见性增强，而且承担了更多的责任。越来越多的公司开始发展自己的供应链组织，这一组织的唯一目的就是传递一种新的供应链流程和技术，从而能以更低的成本提供更高水平的服务。然而，许多供应链管理者都缺乏广泛的组织权力，而这种权力是充分联合传递优化的服务环境所必需的。

供应链成功的关键所在是要有有效的业绩评估办法。调查显示，许多公司对它们评价供应链负责人和供应链整体行为的方法感到不满意。

5．对扩展的供应链的管理将是满足消费者需要的关键因素

从某种程度上，公司与公司的竞争将主要表现为供应链与供应链的竞争。供应链中的每个环节都必须尽可能地坚固。这需要在供应链的每个阶段都选择最优秀的公司并与之合作，建立新的商业系统和流程以使产品、信息和资金的流动更为有效。在公司的内部供应链关系被理顺后，公司将迅速与关键顾客和供应商建立牢固的合作关系。为了支持彼此间的战略伙伴关系，许多公司计划利用互联网来实现有效和及时的信息共享。互联网供应链优点的整合很重要，对扩展的供应链进行有效整合后，所能收获的利益也是非常巨大的。

二、我国供应链管理的基本情况

前面所述是供应链管理中普遍存在的问题，我国也不例外。由于受到长期的计划经济和短缺经济的束缚，我国许多企业拼命争技改、抢项目、扩建厂房、更新设备，导致制造能力大量过剩，而销售和供应能力则很弱，形成了典型的“橄榄球形”呆滞式企业。另外，“万事不求人”的思想使企业成为一个封闭的系统，与开放式的全球制造和供应链管理模式相差甚远，无法适应供应链管理的要求。主要体现在如下几个方面。

（1）生产系统设计没有考虑供应链的影响。设计生产系统时只考虑生产过程本身，而不考虑生产过程以外的因素对企业竞争能力的影响。

（2）供、产、销系统没有形成“链”。大多数企业的供、产、销等基本活动是在传统的运作模式下运作的，基本上是各自为政，相互脱节。

（3）缺乏供应链管理等方面的评价标准与激励机制。部门主义思想严重，使激励机制以部门目标为主，孤立地评价部门业绩，造成企业内部各部门片面追求部门利益，物流、信息流经常扭曲、变形，难以真正实现市场响应与用户服务。

（4）管理信息处理手段相对落后。现在我国仍有不少企业采用手工处理方式，企业内部信息系统不健全，数据处理技术落后，没有充分利用计算机、Internet等先进技术，致使信息处理不及时、不准确，不同地域的数据库没有集成起来。

（5）供应商之间缺乏协调与联合。在各供应商之间没有协调一致的计划，每个部门都各搞一套，只顾安排自己的活动，没有形成资源的整合与共享。

（6）制造商、供应商和经销商未形成长期的战略合作伙伴关系。制造商、供应商和经销商都缺乏合作的战略伙伴关系，且往往从短期效益出发，相互之间失去了信任与合作。

作为一种新的供应链管理理念，供应链管理引进我国不过几年，在我国的应用尚处于起步阶段。但作为一种集多种管理思想、方法和技术于一体的管理学的新概念，供应链管理的各种技术和方法在我国的一些先进企业已经得到了应用与发展。例如，海尔集团、广东华宝空调器厂、宝洁（中国）公司等，他们的供应链管理各有特色。但是从总体上讲，多数基层企业对供应链管理的知识知之甚少。

三、我国供应链管理服务的发展特点

供应链管理行业是典型的轻资产、高技术含量的现代服务产业，供应链管理企业通过对不同行业运行模式的深入研究，利用综合专业能力和自身的整合能力，为客户定制集成解决方案，将单一、分散的报关、运输、仓储、贸易、结算服务等流程组合为供应链管理服务产品，实现商流、物流、资金流和信息流“四流”合一，为客户节约成本，提升价值。

供应链管理行业特有的经营模式，要求供应链管理企业必须具备以下能力。

（1）跨领域、跨区域、跨行业的专业能力。跨领域能力：即纵向贯穿经营活动的商流、物流、资金流和信息流多个层次，具备在每个单一层次都能提供解决方案的专业能力。跨区域能力：横向跨越区域乃至不同的国度、不同制度和不同法律框架，具备在不同区域解决问题并执行方案的专业能力。跨行业能力：深刻掌握不同行业、同行业不同客户、不同类型商业模式，并具备针对客户个性化需求制订解决方案的能力。

（2）整合与运营能力。供应链管理服务与普通物流服务不同，供应链管理企业强调整合各层级现有资源，在供应链管理解决方案的指导下为客户提供全方位服务，这就要求从业企业具备较强的整合与运营能力。

（3）信息系统支持能力。供应链管理服务具有大范围、跨领域、多层次立体全方位整合的特点。信息传递也表现出多边、交叉、同步等特性，信息流是供应链管理中的关键要素。这就要求企业配备的信息系统技术架构先进、功能层次分明、高效协同，以满足业务需求。供应链管理的价值创造体现为：缩短客户交易时间，降低交易成本，提升企业供、产、销的整体运行效率，有助于企业在应对频繁变化的市场需求和激烈的市场竞争时提升响应速度。

目前，供应链管理服务应用较为广泛的是汽车等高端制造业和高科技电子行业，主要是由于上述行业技术更新快，用户需求和偏好转移愈加频繁。同时，该行业产品升级和技术进步所带来的工艺复杂性增强导致生产供给流程的复杂程度也日益增加。上述因素及激烈的市场竞争导致上述行业成为国内供应链管理服务市场需求最大、发展最快的行业。随着医疗器械和试剂、进口食品和服饰等高端消费品行业的产业升级和市场竞争的加剧，供应链管理服务的应用程度也在不断提升。

四、我国供应链管理存在的主要问题

在我国，对供应链管理的研究才刚刚起步，过去国内企业对供应链管理的关注主要集中在供应商—制造商这一层面上，研究的内容主要局限于供应商的选择和定位，降低成本，控制质量，保证供应链的连续性和经济性等问题上，没有考虑整个从供应商、分销商、零售商到最终用户的完整供应链，而且研究中也没有考虑供应链管理的战略性问题。因此可以说，目前在我国企业界还没有形成真正意义上的供应链。供应链管理在我国，无论从理论研究上，还是在实际应用上，仍处于起步阶段。就目前来看，我国在供应链管理方面还存在以下几方面的问题。

1．体制问题

由于体制上的条条框框，使得部门之间、地区之间的企业难以有效地合作和协调，它不仅制约了供应链的形成，而且也造成了资源的浪费。在投资政策上，政府对基础设施等硬件投入较大，但在教育技术创新、开发与研究及市场宣传等方面的投入和资助则明显不足。这也制约了供应链管理的发展。

2．观念问题

目前，我国许多企业"大而全""小而全"的思想观念仍较为严重，认为摊子越大越好，因而盲目兼并、盲目投资，造成许多浪费甚至负债累累。不少企业在管理过程中也采取过许多改进措施，但多是在企业内部或企业的部门内进行，没有从整个供应链的角度去考虑。多数企业不理解供应链管理，更不了解国外现状，企业内传统的物流部门的职能已经不能适应当前的竞争环境，急需从管理理念上进行改革。

虽然政府和企业领导对我国建立物流配送中心积极性很高，但至于建成什么样的物流配送中心则尚不十分清楚。由于陈旧观念的影响，不少连锁企业都要建成自己的物流配送中心。而建设一个物流中心，不仅需要巨额资金，而且还要有大片土地和昂贵的软硬件设备，更为重要的是要有经验丰富的管理人才，而且由于配送点少，物流量少，利用率低，很难达到预期的投资效果。

3．企业文化的冲突

企业文化可以定义为一个企业所具有的共同价值观体系。在每个企业中，都存在着随时间演变的价值观、信念、传统思想等观念模式，这些内容构成一个企业的价值观体系，在很大程度上决定了企业职工的看法及对环境变化的反应，当员工遇到问题时，企业文化对员工解决问题的方式、方法会起指导作用。有效的沟通是卓越的管理和组织成功的关键，一个企业长期培养的企业文化则是实现良好沟通和协调的坚实基础。但在供应链管理中，由于涉及多个不同的企业，无法实现单个文化的管理，不同企业、不同国别的文化差异常常带来沟通的障碍甚至冲突，而大部分的管理都需要一定程度的沟通。在跨文化的背景下，个体的文化、组织的环境、管理的风格和技巧都可能造成沟通和协调的障碍。

4．信任危机问题

孔子说："人而无信，不知其可也。"这句话指的是一个人不讲诚信，就不能立身处世，只有"言忠信，行笃敬"，才能得到社会的信任。而作为一个企业也应如此。但是目前在我国，法制的不健全，从业者职业道德的缺乏，社会舆论的错误导向等，都影响了诚信在每个人、每个企业以至整个社会中的地位，在供应链的发展过程中也面临着这样的问题。由于供应链的各参与成员是具有不同利益的实体，相互间存在着利益上的冲突，这种利益冲突常常会导致各成员间不信任行为的产生，加上长期以来人与人之间思维习惯定式化，从而无法对供应链中的各项活动实行有效的整合和协调。

在供应链管理中，各参与成员之间的彼此通力合作是至关重要的，这就需要在供应链各参与成员间建立起互相信任的关系，建立起以开发供应链效率为核心的战略合作伙伴关系。而一些企业由于不能与贸易伙伴实现信息共享，不能对未来的市场做出较正确的预测，就不得不把存货的风险转移到供应链中的其他企业，使得彼此之间很难建立起长期的真正意义上的信任与合作关系。

5．技术问题

（1）条码技术应用中存在的问题。

① 尽管从数量上讲，我国使用条码的企业总数仅低于美国、日本和德国，但企业规模大都比较小，无法与国外先进国家的企业相比。

② 有些企业虽然申请了商品条码，但却没有给自己的商品印上条码，或者只给出口或进超市的部分商品印上条码。

③ 条码的质量尚不够高，如编码错误、印刷质量不合格等。

④ 生产企业应用条码的比例很少，而且多数是迫于国际、国内的压力。

⑤ 条码技术在我国的应用已经相当普遍，使用 POS 系统的商店也相当普及，但主要是用于提高零售企业的结算速度上，很少将信息用于供应链的全过程，没有与贸易伙伴共享 POS 系统的信息。可以说，条码技术在提高整个供应链运作效率上的作用还没有得到充分发挥。

⑥ 物流条码的普及率低，使用不规范，给配送中心的物流运作带来了极大的困难。例如，上海联华公司配送中心共有 140 家供应商向其供货，在所配送的近 2 万种商品中，约有 15%～20%的商品规范使用物流条码。

（2）EDI 技术应用中存在的问题。

从 20 世纪 90 年代起，我国开始研究 EDI 技术，尽管在交通、海关、商检等部门都曾进行过 EDI 尝试，但是到目前为止，仅有少数几家大企业在实施 EDI，如中远集团、山东抽纱进出口公司、科龙集团等，他们都与外商进行 EDI 交换，是迫于国外的压力而实施 EDI 的。国内企业之间进行 EDI 交易的就非常少了。

在我国发展 EDI 的主要制约因素有如下几点。

① EDI 的标准体系过于复杂，其实施需要贸易伙伴间的密切合作才能实现。

② 许多生产企业的信息化水平太低，还没有建立自己的 EDI 系统。

③ 实施 EDI 花费较大，中小企业难以承受，且缺乏这方面的人才。

④ 我国许多企业虽然认识到实施 EDI 可以实现业务处理的自动化，减少人工操作，减少差错率，提高工作效率。但迫于近期目标，往往把主要精力放在扩大生产规模上，并不重视 EDI 的实施。

⑤ EDI 的安全性和法律问题还没有得到根本解决。目前，我国 EDI 的实施仍以部门为主，如海关、商检、远洋运输等，每个部门都建立了自己的网络，无法实现网络的互接与数据共享，这并非技术上的问题，而是思想观念的问题。

（3）互联网和电子商务应用中存在的问题。

尽管互联网为供应链管理的运作提供了很多好处，但还有一些问题需要解决。互联网上最主要的关注点是隐私问题，最敏感的问题是安全问题。在互联网上传送信息的隐私是所有用户所要面临的问题，在信用卡的卡号使用中，以及对一些敏感的信息，这一问题显得尤为突出。供应链成员在共享信息时，必须考虑这些问题。

实施电子商务主要存在如下两个问题。

① 人们对电子商务的认识还不够深刻，甚至可以说，对电子商务不够信赖。尽管目前我国的互联网用户与日俱增，但绝大多数互联网用户仅利用 Internet 查查资料，收发邮件，网上聊天，网上冲浪等，也有少数网民偶尔单击网上书店、网上商店，买一些小商品等；至于 B2B、B2C 及 B2G 等，电子商务大部分属泡沫形式，在中国不好开展。

② 电子商务遇到了物流这一瓶颈。一个完整的电子商务过程，与传统的商务过程一样，是由商流、物流、信息流、价值流、资金流和工作流六部分组成。任何一次商品流通过程，都是这“六流”实现的过程，电子商务也不例外。电子商务的物流瓶颈在我国现阶段主要表现为：在网上实现商流活动后，没有一个有效的社会物流配送体系对实物提供低成本的、适时的、适量的转移服务。配送的成本过高、速度过慢是电子商务的买方最不满意之处。

6．利用第三方物流的整体水平较低

中国的很多公司都是传统的纵向一体化，即集制造、装配、销售于一体，其主要目的是为了控制生产和交易程序；另外，中国传统的“万事不求人”的思想使企业成为一个封闭的系统，与开放式的全球制造和供应链管理相差甚远，无法适应供应链管理的要求。但随着竞争的加剧，这种传统的做法显然已经行不通了，因为企业必须在所有这些环节中都最强，才有可能取得整体的竞争优势。如今，人类已进入网络经济时代，竞争成为市场机制的核心。市场机会变动频繁，所需资源组合不一，单独一个企业的资源难以迅速和长久形成竞争优势，企业集团与传统的企业联盟难以适应。因此，第三方物流成为网络经济时代企业形成竞争优势的一个战略方针。我国很多企业目前还停留在传统的管理思维中，使得第三方物流的总体水平低下，市场竞争力较弱。

7．供应链人才奇缺问题

供应链管理引入我国仅几年的时间，企业界人士及公众对此知之尚浅，从事物流研究的大学和专业研究机构也很少，企业层面的研究和投入微乎其微，更缺乏供应链管理人才的教育和培养。

供应链管理是一个跨组织、跨行业的管理理念，它涉及诸多领域的高新技术，不仅需要专门的技术人才，而且需要精通各种管理理论、方法、手段，又熟谙供应链诸多技术的综合型人才。目前，我国这方面人才奇缺的状况严重地影响了供应链管理思想的发展、传播和实施。

8．组织机构问题

目前，我国绝大多数企业的组织结构都建立在职能部门专业化基础上，是一种多层次、多部门的“金字塔”型组织结构。由于一个完整的工作要跨越多个职能部门，因此，各部门间存在着大量的协调与沟通工作，有限的人力资源和时间都消耗在不能创造价值的工作协调上了。在这样的组织模式平台上，即使采用了供应链管理，其效果也受限制，甚至不能推行下去。

相关链接

2017年中国供应链管理市场前景分析

企业竞争方式转变，带动供应链服务发展。随着全球经济一体化的推进，国内企业的竞争环境开始发生转变，企业的竞争开始由国内竞争转向国际竞争。在此情况下，企业的采购及研发等开始走向国际化，供应链开始延长，由于对国际环境缺乏足够的认知，企业对于供应链的掌控难度越来越大。在此情况下，企业开始逐步转变自己的经营方式，将自己的非核心业务进行外包，不断集中精力在于自身的核心业务上，最终导致整个社会对于供应链服务的需求越来越大，进而带动了供应链服务的发展。

供应链市场规模取决于所服务行业整体规模及外包比例。供应链管理发展起来的根本原因就是为企业节约成本，提升交易效率等，其主要通过为企业节约的成本来实现自身的盈利。因此，供应链服务的规模取决于服务行业整体的市场规模，以及这个行业中企业愿意外包的服务的比例。

我国经济持续增长，为供应链发展奠定基础条件。根据国家统计局的统计数据，截至2016年我国实现工业增加值24.79万亿元，规模以上工业增加值同比为6%。持续稳定的工业增加值将为我国供应链业务的发展奠定基础条件，带来广阔的市场空间。外包比例逐步提升，进一步促进供应链业务的发展。近年来，随着我国企业经营方式和结构的调整，外包业务的比例逐步提升。以物流为例，根据中国物流与采购联合会发布的统计数据，2015年我国工业、批发和零售业企业对外支付的物流成本占企业物流成本的65.4%，同比提高0.1个百分点。

供应链整体处在发展初期，发展潜力大。2015年我国被调查企业物流效率有所提高，物流费用率延续小幅下降的趋势达到8.2%，企业购销比率也有所下降达到74.5%。但由于我国物流业和供应链管理业务总体发展较晚，虽然物流费用所占比例有所下降，与发达国家相比仍存在较大差距，供应链管理业务仍存在较大的发展空间。

——**资料来源：中国产业信息网 2017-05-09**

综合训练

基础训练

一、名词解释

1．供应链
2．供应链管理
3．快速反应
4．高效客户反应
5．电子订货系统

二、填空题

1．供应链管理是__________管理的延伸。

2．供应链管理是__________管理的新战略。

3．按照供应链的运行模式，可将供应链划分为________供应链和________供应链。

4．供应链上的五种流动要素包括________、________、________、________和________。

5．供应链管理的本质目标是将合适的________按照合适的__________，以合适的________和合适的________，在合适的________送到合适________的合适________，并使总成本为最小。

6. QR主要集中在__________________行业，其主要目标是对________做出快速反应。

7．ECR的四大要素包括________、________、________和________。

8．电子订货系统的构成内容包括__________、__________和__________。

三、选择题

1．从供应链容量与用户需求的关系方面，可将供应链划分为（　　）。
   A．平衡的供应链　　B．稳定的供应链
   C．倾斜的供应链　　D．动态的供应链

2．从供应链的空间范围来划分，可将供应链划分为（　　）。
   A．企业内部供应链　　B．产业供应链
   C．动态联盟供应链　　D．全球网络供应链

3．按照供应链的功能模式，可将供应链划分为（　　）。
   A．有效性供应链　　B．反应性供应链
   C．推动式供应链　　D．拉动式供应链

4．以下属于供应链管理特点的是（　　）。
   A．基于流程的管理模式　　B．一体化经营的集成化管理模式
   C．全过程的战略管理　　D．全新的库存观
   E．以最终客户为中心

5．供应链存在的源头要素是（　　）。
   A．价值流　　B．信息流
   C．物流　　D．资金流
   E．工作流

6．以客户需求为原动力的供应链管理模式是（　　）。
   A．“拉动式”供应链　　B．“推动式”供应链
   C．有效性供应链　　D．反应性供应链

7．以下哪些属于实施QR的三个阶段？（　　）
   A．对所有的商品单元条码化　　B．创建共同业务计划
   C．增加与内部业务处理有关的策略　　D．联合计划、预测与再充实
   E．订单产生

8．无论采用何种形式的电子订货系统，皆以（　　）的配置为基础。
   A．生产订货系统　　B．销售订货系统

C．库存订货系统　　　　D．门店订货系统

四、画图题

1．请画出供应链的网络结构模型图。
2．请画出“推动”式和“拉动”式供应链模型图。
3．请画出 ECR 的运作过程图。

五、简答题

1．供应链管理与传统企业管理有什么区别？
2．谈谈供应链管理实施的基本步骤。
3．实际工作中如何构建一条供应链？
4．供应链管理与物流管理二者的关系如何？
5．供应链管理中物流管理的基本功能有哪些？
6．QR 的目标是什么？主要解决什么问题？
7．ECR 的目标是什么？主要解决什么问题？
8．试比较 QR 与 ECR 的异同。

技能训练

案例分析：招商物流的供应链管理系统

一、企业简介

招商局物流集团有限公司（简称招商物流）是国家 A 级央企、香港四大中资企业之一招商局集团有限公司旗下发展现代物流业的核心企业，于 2000 年正式组建，总部位于深圳，注册资本 12.5 亿元。十六年来，招商物流聚焦泛快速消费品合同物流细分市场，发展迅速，实现了年复合增长率 30%以上的高速发展。截至 2016 年底，招商物流总资产达 178 亿元，2016 年实现营业收入 102 亿元，利润总额 7.6 亿元；拥有自有土地规模超过 200 万平方米，自建仓库达到 114.8 万平方米，经营仓库面积达到 221 万平方米，可控车辆超过 30 965 台。招商物流已经在华东、华北、东北、西南、西北、华中、华南 7 大经营区域拥有全国性物流网络实体，在全国 153 个城市设立了物流运作网点 815 个，物流配送可及时送达全国 700 多个城市，全国性物流网络布局初具规模，2016 年运输周转量 83.7 亿吨公里。2016 年，招商物流还完成了运输、仓储等核心系统的业务流程再造，借助“互联网+”重点打造物流供应链管理系统，进行数字化转型，现已完成供应链管理系统蓝图的确认及系统配置开发，并积极推广基于互联网+的供应链管理系统及运力组织新平台，通过整合社会资源，增强核心竞争优势，助力招商物流成为中国领先的全供应链物流服务商。

近几年，招商物流一方面聚焦泛快速消费品物流细分市场，强调客户维护与深度开发，追求客户服务领域延伸，为客户提供物流策划与供应链的管理咨询服务、物流与供应链解决方案的设计、物流与供应链实施与控制、物流与供应链的运作与管理、全球化的网络服务、物流信息化及信息网络服务、供应链上多个环节的资源整合服务、物流的特殊服务等；另一方面积极开展、新运力组织、跨境电商等新业务、新模式，并依托标准化、集约化的管理集成优势，积极寻求并购，开发公路快运网络平台的公共物流服务，逐步实现了合同物流与平台物流的融合，推进全供应链服务设计、操作能力。

二、企业信息化建设的必要性

（一）招商物流信息化建设的背景

随着物流市场发展逐渐成熟、物流市场进一步细分、物流价格进一步透明，客户在关注物流服务质量提升的同时更加关注物流服务价格，物流市场竞争逐渐白热化。招商物流运输业态营收占主营收入70%，在此市场竞争环境下，占收入、利润绝对比重的外协公路运输业务如果想继续做大做强，就必须紧贴市场、及时变革。

在新的第三方物流市场竞争态势下，信息系统的应用程度正逐渐成为物流企业成败的关键。为了在新常态中进一步巩固市场地位，提升企业竞争力，招商物流计划打造一个全新的供应链管理系统。该系统以仓储和运输业务的新形态为主体，整合运力组织平台，辅以移动应用、物联网技术等，为招商物流的发展提供有力的保证。

（二）建设供应链管理系统的意义

建设全面的供应链管理信息系统；提升管理效率，整合社会资源，增强竞争优势，朝着“成为中国领先的全供应链物流服务商”的方向努力。

1. 符合招商物流“1544战略”的需求

招商物流供应链管理系统项目的实施，满足公司“1544战略”需求，将全面提升招商物流的全国性、网络化物流管理水平，直接提升信息化技术应用与科学管理水平，既有内部管理性，又具备外部扩展性。

2. 全面提升招商物流管理水平和市场竞争力

供应链管理系统的推广应用，将极大提升招商物流信息化及数据分析与应用能力，增强管理过程的科学性、前瞻性与有效性，也将进一步提升公司物流运作效率，增强成本控制能力及资源高效使用能力，进而全面提升公司市场竞争力。

3. 有利于提升行业信息技术水平

招商物流作为全国网络化大型物流企业，在合约物流领域位于全国前列，供应链管理系统的应用，将推动物流行业信息化发展集成，带动物流产业向信息化、标准化方向快速发展。

4. 有利于打造招商物流品牌

基于招商物流现有的业务规模，通过信息化、大数据分析等信息技术手段，快速在物流服务、运营管理及成本效率等方面形成竞争优势，借此增强客户聚集能力，进一步扩大市场份额。

三、招商物流供应链管理系统项目概述

（一）项目规划

供应链管理系统项目将以招商物流为主导，利用SAP公司强大的软件产品开发能力，结合物流运作的实际情况，将实体运作与信息系统有机结合，最终实现物流运作效率的提升、成本的降低、技术的创新。

此项目在招商物流原有信息系统基础上设计并实现新的供应链管理系统，将原有系统的业务流程全面重新梳理，建立了新的信息系统体系；并通过与周边系统的全面整合，进一步提升了系统的应用水平。系统通过核心业务子系统完成业务执行并实现业务财务一体化；通过基于互联网+的运力组织平台和资源管理系统实现社会运力的组织和整合；通过客户关系管理系统和呼叫中心实现对客户的支持服务；通过移动应用平台实现业务的跨平台处理；通过和GPS/GIS系统的整合实现业务的过程跟踪；通过和政府机构应用的对接实现信用体系的初步建设；通过和客户系统的流程对接实现跨行业的系统整合应用。

（二）项目目的

供应链管理系统项目的主要目标如下。

完成业务执行并实现业务财务一体化；实现社会运力的组织和整合；实现对客户的支持服务；实现业务的跨平台处理；实现业务的过程跟踪；实现信用体系的初步建设；实现跨行业的系统整合应用。

此次实施的供应链系统项目是针对整个招商物流的物流运营环节，建立一个完善的信息化管理系统。这个系统已在招商物流北京公司进行试点，后续将覆盖全国的所有分公司。

（三）系统整体架构

供应链管理信息系统是一套包括资源管理、业务执行管理、仓储管理、运输管理、融资结算、风险管控和客户关系管理的大型综合性运营管理系统。系统用四种资源，通过七套核心系统，为三类客户进行服务，周边有四套应用平台协助完善系统的功能实现。

1. 业务执行系统

业务执行系统是一个在现有系统功能上实现的集业务下达、业务执行、状态跟踪等多种功能于一体的业务事件处理系统。

2. 仓储、运输系统

仓储、运输系统是主要的业务系统。其中，仓储系统是在目前的SAP EWM系统上进行扩展，集成更多仓储管理功能，通过业务流程再造实现新的仓储系统功能规划，并着重实现大数据、物联网方面的应用；运输系统以SAP TM系统为基础建立，在招商青啤的实施基础上进行功能改进和实施能力的完善，系统建设以运输资源优化、订单分拆和整合、运输过程状态跟踪为重点，兼顾车辆配载、路径规划和优化等功能。

3. 融资结算系统

融资结算系统将以SAP财务系统为基础，结合业务系统的结算功能，实现财务管控、业务结算、信息共享等相关功能。

4. 风险管控系统

风险管控系统是在现有的财务系统体系上建立的，结合业务与财务数据进行风险的识别、评估和应对。同时，结合大数据应用，进行风险预警。风险管控系统结合资源管理系统和客户关系管理系统可为物流资源和客户的质量评估提供有效依据。与资源管理系统、客户关系管理系统交互风险识别、评估和应对信息。

5. 客户关系管理系统

客户关系管理系统包括对市场营销、销售管理的支持，更能够通过客户服务子系统进行订单的下达和跟踪。结合来自业务执行系统和融资结算系统的数据，可望实现客户的信用管理和商融通业务。同时，通过移动应用平台和呼叫中心平台，可以拓展业务范围，吸收更多的社会货源。

6. 资源管理系统

资源管理系统用于管理自有和社会资源，包括仓库、运力等。系统对资源进行分类分级管理，并有资质审核和准入机制，同时要求按时间周期进行审核与评定。系统可以提供社会资源入口，进行订单管理和投标，并可结合业务执行系统、融资结算系统的数据提供商融通业务服务。对资源进行绩效管理，并与信用体系互动。同时对绩效指标优秀的资源给予不同形式的激励。

（四）服务平台模式

资源整合平台、客户服务平台、移动应用平台和呼叫中心平台是供应链管理系统对客户和司机的落地渠道。四个平台根据服务对象的不同，采取差异化的部署方式。

资源整合平台、客户服务平台主要通过网站和电脑客户端进行服务；移动应用平台主要通过手机客户端和社交媒体（微信群、企业号、公众号、服务号，微信群，微博等）进行服务；呼叫中心平台主要通过电话和电子邮件进行服务。

四个平台的客户服务团队可以进行整合，未来可以考虑简易应用系统的部署推广。

（五）核心系统蓝图设计

与此前规划的整体系统架构相比，核心系统架构的设计更加关注七套核心系统与周边系统的集成，同时引入了与互联网运力组织平台、移动应用的整合。

（六）标准业务流程

梳理出标准业务流程有利于将来招商物流的分支机构在同一标准下进行运作，并通过个性化功能开发来满足客户需求，以保证 70%～80%的业务集中于一套标准业务流程中，实现提高运作效率，降低人工成本。

（1）实现车辆资源储备、订单分配、运力采集、过程监控、回单管理、费用结算、运力评价、发票开具等运作全过程信息平台的规范化、标准化管理。

（2）减少了承运商、货运部等中间环节的利润盘剥，有效降低了物流运作成本，提高了公司盈利能力和市场竞争能力。

（3）通过该信息平台的应用，服务质量、车主响应均有大幅提升，增强了公司与客户、车主的合作黏度。

（七）项目实施推进计划表

招商物流供应链管理系统的核心建设，从项目启动到完成前后持续时间约为 8 个月，从 2016 年 9 月始，继续推进系统在北京公司的全面实施。截至目前，已完成北京公司多个项目的系统实施工作并上线。根据供应链管理系统的建设要求，运输系统移动应用的建设已完成了司机版，并在各大手机应用市场进行发布，后续将继续开发不同角色的使用版本，继续完善司机版的功能开发。

四、供应链管理系统项目的信息化效益分析与评估

（一）企业效益分析

招商物流在原有信息系统应用的基础上，提升系统应用，整合周边系统，这将使得公司在国内的物联网应用技术上处于领先地位，实现在物流精细化、标准化发展方面取得质的飞跃，其公司品牌价值及行业影响力将进一步提升，不断提升公司整体运作质量，对公司未来的业务发展将产生深远的积极影响。

提升系统应用。全面升级了基础的业务和财务系统，通过信息系统流程再造梳理了仓储和运输两大子业务系统的流程，并融合了业务财务一体化等功能。

融合周边系统。供应链管理系统借助互联网+，融合了移动应用、呼叫中心、运力组织平台、GPS/GIS 系统、相关政府机构系统、船公司及海关等周边系统，形成了整合的系统平台，塑造了一个完整的物流行业信息化解决方案。

完善系统流程。供应链管理系统形成了第三方物流端到端的解决方案，从订单下达、物流执行、仓储业务、运输业务、代理业务、过程跟踪到费用结算，整个流程都有完整的信息系统支持，最终达到系统功能全面覆盖，并进一步引领业务发展的目标。

增强企业核心竞争力。以领先行业的信息化技术手段，提升公司信息化、标准化运作管理水平，打造强大的综合物流服务能力，以此构建优势明显的核心竞争力。

（二）社会效益分析

招商物流建设供应链管理系统，在带来经济效益的同时，也将产生深远的行业影响力及社会服务价值。

通过建设全面的供应链管理系统，将推动国内第三方物流公司真正实现完整的端到端信息系统解决方案的发展，为市场拓展、运作支持、财务结算、业务创新等方面赢得先机；深度定制的各物流子系统应用，将推进物联网发展，提升深圳地区经济发展的物流配套服务水平，进一步改善物流产业发展环境，更好地推进城市经济的智慧发展；通过应用供应链管理系统等先进信息技术，有助于加快培育以深圳为总部的全国性、龙头品牌企业，进一步凸显深圳城市经济发展在全国范围的影响力及对全国物流产业升级发展的推动力。

总之，招商物流供应链管理系统的建设将推进物流行业信息化发展进程，这对整个产业升级及社会环境保护均将具有重要的积极作用。

——资料来源：中国物流与采购网 2017-09-13

问题与思考

1. 结合案例分析招商物流供应链管理系统建设的必要性。
2. 结合案例分析招商物流供应链管理系统主要功能模块。
3. 你是如何评价招商物流供应链管理系统的建设成效的？

模块四

电子商务环境下的物流外包

学习目标

知识点

- 物流外包、物流一体化、第三方物流、第四方物流等概念；
- 物流外包产生与发展概况；
- 电子商务环境下物流外包的意义与作用；
- 电子商务环境下物流外包的策略。

能力点

专业能力	● 能够结合实际情况分析电子商务环境下第三、四方物流运作的基本模式。
方法能力	● 具有基本的电子商务环境下第三、四方物流实际应用的现实感知； ● 具有一定的分析电子商务环境下物流外包策略应用的基本能力。
社会能力	● 拥有良好的职业道德和较强的团队合作、沟通能力； ● 具备一定的电子商务环境下物流外包的分析与应用能力； ● 关注电子商务环境下物流外包的发展动态，认真思考电子商务环境第三、四方物流热点现象或问题。

导入案例

麦当劳物流外包——夏晖物流

麦当劳的物流外包管理

2017年名列《财富》世界500强第436名（营收达246亿美元）的麦当劳，大家肯定对它都很熟悉，但“麦当劳不仅是一家餐厅”。餐厅并不是麦当劳的全部，它只是“冰山一角”，其背后有着全面、完善、强大的支援系统全面配合，它凭借美式快餐文化享誉世界，不仅是将商业环境复制的成功，更重要的是供应链的成功运作。在麦当劳的物流中，质量永远是权重最大，被考虑最多的因素。麦当劳重视品质的精神，这在每家餐厅开业之前便可见一斑。餐厅选址完成之后，首要工作是在当地建立生产、供应、运输等一系列的网路系统，以确保餐厅得到高品质的原料供应。无论何种产品，只要进入麦当劳的采购和物流链，必须经过一系列严格的质量检查。麦当劳对土豆、面包和鸡块都有特殊的严格的要求。例如，在面包生产过程中，麦当劳要求供应商在每个环节加强管理，如装面粉的桶必须有盖子，而且要有颜色，不能是白色的，以免意外破损时碎屑混入面粉，而不易分辨；各工序间运输一律使用不锈钢筐，以防杂物碎片进入食品中。

谈到麦当劳的物流，不能不说到夏晖公司（世界冷链大王），“夏晖和麦当劳没有签订合同，但是合作了43年!”“麦当劳在哪里开店，夏晖就会把自己的冷链配送体系覆盖到哪里”可以说，夏晖在中国的发展得益于麦当劳的迅速扩张，但反过来讲，夏晖高效的冷链物流也正是麦当劳能把连锁店开到中西部并保持一贯品质的原因。麦当劳没有把物流业务分包给不同的供应商，夏晖也从未移情别恋，这种独特的合作关系，不仅建立在忠诚的基础上，麦当劳之所以选择夏晖，在于后者为其提供了优质的服务。

而麦当劳对物流服务的要求是比较严格的。在食品供应中，除了基本的食品运输之外，麦当劳要求物流服务商提供其他服务，如信息处理、存货控制、贴标签、生产和质量控制，这些“额外”的服务虽然成本比较高，但它使麦当劳在竞争中获得了优势。“如果你提供的物流服务仅仅是运输，运价是一吨4角，而我的价格是一吨5角，但我提供的物流服务当中包括了信息处理、贴标签等工作，麦当劳也会选择我做物流供应商的。”为麦当劳服务的一位物流经理说。

麦当劳利用夏晖设立的物流中心，为其各个餐厅完成订货、储存、运输及分发等一系列工作，使得整个麦当劳系统得以正常运作，通过它的协调与连接，使每个供应商与每家餐厅达到畅通与和谐，为麦当劳餐厅的食品供应提供最佳的保证。例如，为了满足麦当劳冷链物流的要求，夏晖公司在北京地区投资5 500多万元人民币，建立了一个占地面积达12 000平方米、拥有世界领先的多温度食品分发物流中心，在该物流中心并配有先进的装卸、储存、冷藏设施，5～20吨多种温度控制运输车40余辆，中心还配有计算机调控设施用以控制所规定的温度，检查每批进货的温度。

——资料来源：中国投资咨询网　2017-07-05

案例分析

该案例包含了供应物流、生产物流跟销售物流三方面，而对供应物流和销售物流来说，夏晖公司特别之处在于，它不仅扮演了第三方物流公司的角色，而且还承担着供应商的责任。一方面可以说是麦当劳采用了委托第三方物流代理的方式为其制造、库存、配送及管理，另一方面，它完全采用了供应商代理的形式，由供应商掌握麦当劳的库存，采购也是由夏晖公司来完成，而麦当劳和其供应商夏晖公司的关系也就完全成为了伙伴型的，无论夏晖是作为第三方物流公司也好，作为供应商也好，它无疑都在整个物流运作过程中起到了不可忽视的作用。

问题思考

到底什么是物流外包？什么是第三、第四方物流？物流外包受哪些因素影响？第三方物流有哪些主要类型及其特征？在电子商务环境下，物流外包应怎样进行决策？我国第三、四方物流发展前景如何？这些问题都是需要我们进行认真思考与分析的，同时，它们也是构成本模块内容的主要理论知识点。

单元一 物流外包概述

一、企业物流外包的由来及发展概况

物流外包的思想，来源于管理学中的业务外包。20 世纪 90 年代物流业的杰出成就之一是第三方物流的广泛兴起，将公司核心业务以外的作业外包通常被认为是现代的高效率供应链管理的标志。物流外包也称作第三方物流，英文表达为 Third Party Logistics，简称 TPL。

近年来，随着激烈的市场竞争和客户日益多样化、个性化的需求，企业不得不投入更多的时间和精力专注于自身擅长的领域，并开始关注与其他企业的合作与联系。因此，在电子商务环境下，企业的物流外包业务发展迅速，物流外包活动越来越广泛地被采用。物流外包不仅关系到整个物流市场的规模，而且关系到物流业的发展方向。在电子商务环境下，企业进行物流外包，可以提高物流效率、缩短交货期、降低成本和提高企业的核心竞争力。

据统计，在第三方物流市场成熟的西欧，大约有 80%的企业表示它们正在使用物流外包服务。其中，77%的使用者最少也有三年时间的经历，60%的使用者甚至还在五年以上，而且 70%的企业不止使用一家。第三方物流在物流市场所占的份额：德国为 79%，法国为 72%，英国为 82%；北美地区 1996—2001 年的物流外包使用率在 68%～73%，2016 年达到 82%；在日本，第三方物流在整个市场中的比重则达到了 85%。

相比较而言，我国的物流外包目前还处于起步阶段，虽然发展速度很快，但其运行过程中暴露的问题也相对较多。根据 2016 年 12 月 29 日平安银行等机构在深圳发布的 2015 年中国供应链管理调查报告显示，在被调查的企业中，仅有约 51%的企业在生产制造方面选择无外包或小部分外包；全部外包的企业仅占约 26%。煤炭和汽车行业的外包比例较高。例如，汽车行业约 69%的企业会选择将大部分的制造业务外包出去。在企业库存外包方面，77%的企业选择了无外包或少部分外包，有 23%的企业选择了全部外包。

在 4PL 的理念还没有被学界完全消化之际，最近又出现了第五方物流（5PL）的概念及争论，有人认为它是从事业务培训的一方，也有人认为它应该是专门为第一方、第二方、第三方和第四方提供物流信息平台，供应链物流系统优化，供应链集成，供应链的资本运作等增值性服务的活动。从企业的物流自营到 3PL、4PL 再到 5PL，这些转变究竟意味着什么？这似乎预示着供应链革命的时代已经到来。但这并非是一个简单的替代关系。企业的物流业务是在企业内部运作还是采用外包，是采用 3PL、4PL 抑或 5PL，主要取决于交易费用的大小。内部组织有成本费用，利用市场和委托合约也需要成本——信息搜寻成本、发现价格的成本、谈判成本、签约成本等。追求利润最大化的动机决定了企业总是要选择一个成本费用最小的模式来完成自己的物流运作。不同规模、性质的企业面临的情况不同，因此，可能是选择的物流运作模式和层级也不同。传统物流、3PL、4PL 及 5PL 只不过是为不同的企业提供了不同的可选择的物流运作的合约方式，是市场自发演进的结果。因此，无论是传统物流、3PL、4PL 还是 5PL，甚少在短期内不会因为一种新模式的出现而导致另一种旧的模式的消失。现实世界中更为现实的状况是：各种物流模式的协作并存以满足不同规模与经营性质的企业组织的多样化需求。

二、企业物流外包的优势

在电子商务环境下，最具潜力的一种业务外包形式就是物流外包，即企业为集中资源，节省管理费用，增强核心竞争能力，将其物流业务以合同的方式委托给专业的物流公司（第三方物流），物流外包在企业运作中，逐渐呈现了许多优势，主要表现在以下几个方面。

1. 集中精力发展核心业务

每个企业的资源总是有限的，但是利用物流外包策略，企业就能够实现资源优化配置，减少用于物流业务方面的资源投入，通过契约关系，利用信息化高科技手段、专业化的设备、人才等，把物流活动的各环节，从点到面有机地串联起来，将有限的人力、财力、物力等资源集中于核心业务。

2. 减少投资，降低风险

现代物流领域的设施设备、技术及信息系统等投入是相当大的，通过将物流外包，企业可以减少对此类项目的建设与投资，将有限的资源聚焦于核心业务。由于物流需求具有不确定性和复杂性的特征，将会导致企业的投资具有巨大的财务风险，由此会对企业造成不必要的损失，但通过外包，企业可以将这种财务风险转移给第三方，而使自己得到最大的收益。

3. 降低成本

在电子商务环境下，市场竞争日趋激烈，降低成本、提高利润往往是企业追求的首选目标。专业的第三方物流供应商利用规模效应的专业化优势和成本优势，通过提高各环节能力的利用率实现费用节省，使企业能从分离费用结构中获益，从而减少资本的投入。

4. 提升企业形象

在电子商务环境下，物流供应商与客户之间是战略伙伴或者联盟的关系，他们站在客户的立场上，从客户的角度出发管理物流业务，通过全球信息网络进行供应链管理，这势必减少了物流的复杂性。他们通过遍布的运送网络大大缩短了客户的交货期，帮助客户改进服务，树立自己的品牌形象。他们为客户制订低成本高效率的物流方案，使其在同行业中脱颖而出，为企业在竞争中取胜创造了有利的条件。

5. 提高企业的运作柔性

企业将物流业务外包给第三方物流公司，由于大量的非核心业务都由合作伙伴来完成，物流外包企业可以精简机构，使金字塔状的组织结构，让位于更加灵活的对信息流有高度应变性的扁平式结构，从而减轻由于规模膨胀而造成的组织反应迟钝，以及缺乏创新精神的问题，这种组织结构将随着电子商务的快速发展而越来越具有生命力。

相关链接

生态型物流平台对快递集群升级价值

对于快递企业而言，订单的增加意味着业务的增多，即使在这样的情况下还能创造新的纪录，这与菜鸟构建的生态型物流平台是分不开的。生态型物流平台并不是简单地管理数据，它是对于各家合作伙伴供应链的集中整合，包括了供应链上各环节的信息，同时利用自身的数据优势不断吸引新的商家，使得各方信息能够在这个平台上有序规律地运行，菜鸟已经成为了“生态型供应链服务平台”。

菜鸟构建的生态型物流平台包括线上和线下两大部分，线上采用大数据驱动供应链的信息流通，促进物流升级；线下拥有现代化仓储地产，提供技术场地的支持。线上线下相辅相成，成就了菜鸟网络打造的“新物流”生态群。

菜鸟打造的生态型物流平台最大的成功在于它可以造就一个集体的成功，现在快递产业的成功只是在于企业的层面，菜鸟却可以集合多家企业之力促进整个快递产业的升级，这是值得学习的。

大数据驱动快递精准高效服务。据统计 2016 年电子面单渗透企业后使得中转错分率平均降低 40%，电商物流数据详情完整率超过 80%，2017 年电子面单的渗透率超过 80%，韵达已经达到 90%，出错率的降低，完整率的提高和渗透率的增加都表明快递企业在介入大数据后更加精准高效可视化。利他主义下供应链共赢新生态。菜鸟帮助了 5 家快递企业成功上市，为更多的企业提供资金、技术的支持，帮助企业降低运营成本。同时，菜鸟本身也从中得到了巨大的数据优势，开拓了新的市场，菜鸟这种产业联合的思想突破了行业本身的瓶颈，打造了共赢的局面。整体推进供应链智能化升级。数据显示，2016 年以智慧物流为指导的电商物流年度增速超过 50%，发展迅速。作为其中的佼佼者，菜鸟的研发产品被多次提及。“智能路由分单”使得仓库分拣效率普遍提高 50%以上，自动化流水线改变了传统作业模式。使用菜鸟智能打包算法，以 2017 年“双十一”当天产生的 8.12 亿包裹算，全行业一天可节省 4 100 万箱子。这些创新产品使得各家企业纷纷加大研发力度，促进整个供应链的升级。

——资料来源：现代物流报　**2017-11-29**

三、企业物流外包的风险

1．丧失控制力，影响企业发展

在电子商务环境下，企业在实行物流外包时，将大量非核心业务外包给第三方物流公司，而失去对这些产品的了解，有可能丧失对自身产品和服务的一部分控制力，这就增加了企业正常生产的不确定性，甚至会影响到今后业务的发展。

2．内部员工抵制

企业将物流业务外包给第三方物流公司后，将会节省较多的人力、物力资源，由此企业就会精简机构，这就影响了企业的内部业务流程，需要企业的内部业务流程重组，这个过程很可能对所有员工都产生影响，受到企业内部员工的抵制，会对企业正常的生产经营产生负面影响。

3．长期依赖于物流外包

企业与物流服务商之间事实上是一种委托（代理关系），一是不仅会在一定程度上降低资本投资和经济效益，而且因依赖关系，会使物流供应商产生骄傲心理；二是在企业因实行物流外包影响内部业务流程，而对其进行重组的过程中，会造成员工工作的改变和重复，使他们产生抵触心理，降低企业的生产效率和经济效益。

4．降低用户的满意度

企业长期地将业务外包给第三方物流公司就会依赖于物流外包，长久下去，企业将无法控制或影响他们，使企业得不到用户的直接信息，从而影响企业改进产品和服务的质量，降低了用户的满意度，甚至会失去用户。

物流活动的长期外包，会使第三方物流服务商认为企业缺乏专业技术，因此抬高物流服务价格或提供较差的物流服务，使企业蒙受损失。

5．决策风险

物流业务是否应该外包，哪些物流业务需要外包，物流业务外包后是否需要对组织进行业务流程重组，以及物流外包供应商如何选择的问题，都需要企业慎重地做出决策，任何一个细微的差错，都会导致企业的物流外包不能达到预期的目标，甚至会失败。

综上所述，企业在进行物流外包决策时，物流外包虽然具有降低风险等方面的优势，但也隐藏着风险，所以从系统的、长期的角度出发，企业应采取应对策略，防范各种潜在的风险。

四、企业物流外包决策的影响因素

在电子商务环境下，虽然企业选择物流外包有众多好处，但物流外包并非可以解决一切问题，是否进行外包，需要根据企业的性质、产品特点、物流服务商水平等因素综合考虑。通常，企业物流外包决策需要考虑以下因素的影响。

1．行业的性质

同一性质的企业分属于不同的行业时，其原料来源和产品特点、去向也会千差万别，因此对物流外包的需求也会有所不同。对于日用消费品行业，由于需求变化迅速，可替代产品众多，以最快的速度满足消费者多样化的需求是企业战略的重点。因此借助于专业化的物流企业进行运输、储存等物流活动是个不错的抉择。而其他一些行业，如重工业、资源生产型行业、医药行业等，产品特性对物流运作的专业性要求高，自营物流是最主要的形式。

2．企业的性质

企业按性质可分为生产企业和商业企业，对于以原材料、产品供应为主的生产及商业批发企业，如果供应服务对象较多，而且各个服务对象又处于不同的地区，则可采取物流外包；如果仅为某一固定对象提供服务，则可考虑采用自营物流。对于制造成品的生产企业及处于供应链终端的以零售为主的商业企业，由于所需物料或经营产品多样，进行渠道广泛，采用自营物流，资本投入会过大，采用外包物流较好。

3．企业的规模

通常，大规模企业选择物流外包的少一些，而小企业往往因为资金能力有限，自由物流设施的建设较少，物流基础薄弱，结构调整、转换成本及阻力都较小，业务量小，物流规模不经济，采取物流外包的模式较好。

4．企业物流外包成本与收益的权衡

企业是否进行物流外包主要取决于企业外包物流的成本与收益的权衡。除了直接发生的物

流成本项目之外，企业物流外包之后，会产生价格搜寻、供应商选择、谈判、履行合约等交易成本，但同时又会减少企业自营物流下的内部组织管理成本。

5．物流对企业降低成本的影响

降低成本往往是使用第三方物流的最原始的动机。由于第三方物流提供商往往拥有规模、专业、管理经验等方面的优势，这些都是降低成本的重要驱动因素，因此企业可以借此较为显著地降低成本。

单元二　电子商务环境下物流外包策略

从目前实际情况看，在电子商务环境下我国的物流外包仍然面临着许多制约因素，导致许多企业没有办法根据自身情况制订适合自己的物流外包决策，难以发挥物流外包的优越性。为了促进我国企业物流外包的发展，应采取必要的对策与措施。

一、宏观对策

1．为现代物流发展创造良好环境

我国现代物流业起步较晚，因此政府应发挥组织、协调、规划的职能，努力为物流市场的发展建立公平、开放、有序的市场环境。具体来说，主要表现为，要健全和完善物流法律、法规建设；积极采取各种政策为物流服务企业在跨地区经营的工商登记、办理证照、统一纳税、交通管制、进出口货物检验通关等方面创造良好的经营环境；要扶持、引导物流服务企业引进先进设备，改善物流设施，进而提高物流绩效和物流服务水平；要积极鼓励和扶持有一定基础的大型货运企业或者储运企业完善服务功能，实现向物流服务企业的转变，推动第三方物流服务市场的形成；要健全社会保障和就业机制，促进生产性和流通性企业更多地使用社会化物流，既提高经济效益又提高社会效益。

2．加快物流标准的制定

标准化水平的高低是区别传统物流与现代物流的重要标志，也是实现现代物流系统化管理的重要手段之一。虽然我国已制定了一些与物流相关的标准，但宣传贯彻工作落实不够，许多企业在实践中不能自觉执行统一的标准。因此，政府应尽快制定、完善与物流有关的各项国家标准、行业标准和地区标准。建立全国物流标准化技术委员会，加强标准化组织的协调工作，对物流标准化问题进行统一协调、规划、管理。加强对电子商务环境下物流配送标准的实施贯彻工作，并对各企业物流标准的实施贯彻工作实行强有力的监督。积极借鉴、吸取国外先进物流标准，加速与国际物流标准接轨，以推动我国现代物流业的快速、健康、协调发展。

3．加快物流基础设施的建设

加快物流基础设施建设关键在于资金的筹集，企业除调集自有资金外，重点要引入市场竞争机制，坚持“谁投资，谁受益”的原则，以多种方法吸纳资金。而发达国家的经验表明，综合物流中心在地区经济发展中具有重要作用。因此应加快综合物流中心的建设，以提高物流综合效益。做好地区或区域性产业布局规划和物流园区规划，减少企业物流成本。积极使用高科技物流设备，改善物流管理技术。在积极发展物流的同时，应大力推广信息技术，构建信息化服务平台；发展先进的装卸、仓储技术，并引进国外先进物流管理技术，努力缩小我国物流业与现代物流的差距。

4．加强物流学科建设，加快人才培养

物流专业人才对于保证物流业务外包的顺利进行具有重要的作用。我国对物流进行系统的研究只有二十多年的历史，物流人才的培养与教育起步较晚，而社会和企业对物流专业人才的需求与日俱增，物流专业人才相对缺乏，不能完全满足企业的需要。根据中国物流与采购联合会 2013 年发布的权威预测，我国的物流人才缺口为 500 万人左右，其中高级物流人才缺口约为 40 万人左右。我国物流业要在未来激烈的国际国内商务竞争环境中赢得优势，物流人才是关键。因此，培养各层次的物流专业人才是我国高等教育物流专业建设的当务之急。物流人才的培养可采取正规教育与在线培训相结合的方式，一方面，高校应以培养有扎实的理论基础、具备开展物流活动的能力的复合型人才为目标；另一方面，加强培训现有物流人才，积极发挥相关行业协会的作用，建立、健全培训和从业资格认证制度。

小贴士

物流业长期发展规划（2012—2020 年）

国家发改委经贸司副司长耿书海 2013 年 7 月 8 日在 2013 中国物流与采购信息化推进大会上透露，《物流业中长期发展规划（2012—2020 年）》目前正在抓紧修改完善，近期将正式发布。他透露，《物流业中长期发展规划（2012—2020 年）》的发展目标为：社会化、专业化水平进一步提升；物流企业竞争力显著增强；物流基础设施衔接更加顺畅；物流整体运行效率显著提高。在总体布局上将加快区域物流发展，进一步发挥《物流业调整和振兴规划》中确定的九大物流区域、十大物流通道和物流节点城市的辐射带动作用，完善物流节点城市布局。主要任务包括加快专业化、社会化物流服务发展；促进重点领域物流发展；加强物流基础设施的衔接与建设；强化物流标准化体系建设；提高物流信息化水平；提高物流技术装备现代化水平；注重绿色物流发展。

二、微观对策

1．克服观念和制度上的障碍

现代供应链管理对于企业生存和发展的重要意义。在电子商务环境下，企业只有转变思想观念，充分认识到物流业务外包的必要性和可获益性，才能够适应当前市场竞争的特点，在市场上求得生存与发展。而物流业务外包可以使企业有效地降低物流成本，提高物流服务能力，增加物流系统的灵活性，更好地满足用户需求波动的要求。

因此，企业应改变传统的经营组织方式，从“大而全”的经营误区中解脱出来，加强物流意识，不失时机地与合适的物流供应商、储运商等结成战略联盟，通过以供应链的整体优势参与竞争，提高中国产品在国内、国际市场的竞争能力和市场份额，实现互惠互利。同时，企业在进行物流业务外包时还应与企业内部的员工进行充分的沟通，讲明企业进行物流业务外包的必要性与重要性，取得员工的理解与支持，以减少变革的阻力。在外包时要尽量保护员工的利益，妥善解决好实施外包后员工的工作及安置问题。

2．引进物流管理人才

在物流业务外包的过程中，物流系统的审查，重新规划与设计，物流业务自营/外包决策，物流业务外包需求的确定，物流服务供应商的选择，物流业务外包合同的签订，物流业务外包的实施，以及对物流服务商的监督与评价，都需要不同层次物流人才的参与合作。因此，物流专业人才对于保证物流业务外包的顺利进行具有重要的作用。企业应根据自身情况，建立以内部培训为主、外部培训为辅的双层培训体系。企业内部培训具有针对性强、时间灵活等优点，其对象主要是中、低层从业人员，目的是为企业培训直接从事具体物流活动的操作或管理人员；外部培训主要是通过脱产或半脱产的学习形式，为企业加速培养富有实践经验的高级管理人员。同时，由于企业无法实时地全局把握整个行业的发展动向，需要积极发挥物流行业协会的指导和协调作用，以协调物流企业关系，为企业教育和培养熟悉物流政策法规、掌握现代物流管理技术的人才。

3．制订与企业发展战略相适应的外包决策

企业首先确定影响企业物流外包决策的内部因素和外部因素，并对企业内部优势和劣势，以及外部机遇和威胁进行分析，从而制订符合自身发展的战略，并在此战略基础上对物流外包需求进行分析，探讨物流是否为其核心能力，能否为企业带来外部战略利益。若物流运作是企业的竞争劣势，而且企业本身不具备物流设备和多余的资金，则选择外包；与此同时，在物流外包之前，一定要首先明确企业的物流总成本，并与物流外包成本进行比较，以保证物流外包决策与企业发展战略的一致性。

企业一旦确定要进行物流外包，还存在对物流外包形式的选择，即根据企业的发展战略决定哪些业务外包，哪些自营。同时，还要确定外界是否存在有能力和可供选择的物流供应商。否则，实施物流外包不仅不能成功，反而会产生一系列问题。企业只有在拥有了合适的合作伙伴，内部管理层也认识到外包的重要性后，才能决定实施物流外包。

4．选择合适的物流外包服务商

物流外包决策重要内容之一是如何选择合适的外包物流供应商，为此要求企业决策者在明确自身物流需求的基础上，从供应市场中识别与筛选供应商，并对他们进行综合评价。评估项目主要包括规划能力、管理状况、战略导向、运输能力、仓储能力、信息技术支持能力、服务水平、自身的可塑性和兼容性、行业运营经验等。此外，由于物流供应商的承诺和报价涉及物流外包的成本，企业务必认真分析衡量。首先，在评价的基础上，从中选择一些与企业相匹配的或类似的发展战略、相关运营经验、业务集中控制能力和信息技术支持能力的第三方物流供应商作为潜在的物流供应商。其次，对潜在的多个物流外包伙伴进行比较，并从中选择最适合企业需要的外包伙伴。最后，参观物流供应商的工作场所，了解他们是如何工作的，并确保每一个物流设备的可操作性和灵活性。这样，物流需求企业就可以避免一些常见的问题。

相关链接

三网融合，全时便利加快 O2O 布局

随着电商混战的加剧，互联网企业纷纷试水 O2O 领域，线下实体零售企业作为实现消费体验的重要一环，一跃成为新的战略焦点。对于传统零售企业来说，机遇与挑战并存，有竞争亦有合作，如何站对这一新的“风口”，赢得先机，目前最火的便利店行业，或许能为我们找到答案。

北京全时叁陆伍连锁便利店有限公司（以下简称“全时便利”），是北京市场上最引人注目的一支新锐力量，短短四年的时间，规模直逼区域大佬 7-11，最新的二代店不仅融入了餐饮、烘培等诸多品类，所有门店在便民服务领域，也增加了鲜花预定、火车票自助售取等特色项目，种类更加丰富和便利，已经进入公测的“全时汇”掌上外卖平台，则直指 O2O 的线上阵地，其强大的创新能力或将成为引起便利店行业重大变革的导火索。

与互联网企业不同的是，传统便利行业拥有超低成本的流量入口，就全时便利目前的规模来看，其线下的实体店拥有日均 20 万以上的稳定客流，这些客流只需要加以简单的引导，就可以顺利完成线上转化，线上产生消费后，又可以反哺线下，实现双向互动，所以大力发展线下门店规模，仍是全时便利 O2O 的战略支点。以门店构建最后一公里稳固阵地，强力覆盖各重点区域，组成地网；以 PC 平台构建全局网络，进行扩充，组成天网；以移动互联网平台构建人网，加强互动，三网融合，共同构成一个无死角的战略布局。

据悉，全时便利目前正以几何式的发展速度迅猛开拓终端市场，根据全时便利最新的战略规划，仅 2015 年度至 2016 年度，其线下门店的整体规模将突破 1 000 家，到 2019 年，全国门店数量可突破 10 000 家。与此同时，即将上线的云端平台也将助力其快速腾飞。传统企业依据互联网技术，回归零售本源，将二者相互融合，建立全新的“互联网+零售”思维，实现线上线下的联动，更加注重客户的核心价值，从而架构新型稳健的消费关系，并在此基础上，拓宽产品与服务的外延。可以预见，不久的将来，传统企业必将迎来互联网转型的巨大红利，而全时便利，则走在了这个时代的前列。

——资料来源：中国物流与采购网　**2016-10-24**

5. 签订明细的合作协议，在合作中增进双方的信任

在选定物流外包服务商之后，为了防范物流外包风险，保证物流外包的顺利实施，合作双方必须制订具体、详细、操作性强的合作协议，用以制衡双方的行为。因此，在草拟合同、谈判、合同签署的过程中，双方应反复切磋；同时，为规避风险，企业需要挑选专家来签订合同。在物流外包合同的订立过程中，企业应注意外包合同中的几个关键内容，尽量避免遗漏，即在合作协议中对工作范围、作业时间、作业方式、服务费用等细节做出详细、明确的规定；制订解决冲突的方案，以备发生冲突时，可以有据可依；明确终止合作条款，有效约束双方的合作，使双方保持长期合作关系，避免损失的出现。

相互信任是建立长期合作伙伴关系的关键因素，因此，物流外包双方应在双赢目标的基础上建立战略合作联盟关系，以及有效的信息共享及保密机制，以保证信息的及时性和准确性。同时，建立正确有效的沟通机制，以便解决在日常合作过程中出现的问题，并促进物流外包双方的相互理解。

6. 完善绩效监督与评价体系

企业在确定物流公司之后，应定期对其服务水平和质量进行监督与评价。这样有助于发现物流企业客户服务中存在的缺陷和不足，为企业的客户服务指明发展的方向，才能准确判断企业的实际经营水平，提高企业的经营能力，进而增加企业的整体效益。

对第三方物流服务的监督表现为以下几方面：物流需求企业以双方签订的合同为指导，保证第三方物流企业遵照合同规定，对合同中的不合理之处进行逐步修正、补充；防止第三方物流企业泄露商业机密，加强企业自身与直接客户企业的信息沟通；确保第三方物流企业不断改进服务，提高客户服务质量，降低物流运作成本。

建立物流服务绩效评价指标体系，并以此为依据对物流供应商的物流服务绩效进行评估，这样能够有效地避免人为因素的干扰，减少不同评价主体之间的利益冲突，使评价结果更客观、更准确、更及时。同时可以发现物流服务中存在的问题，及时进行协商改进，避免造成严重损失。

7. 开拓全球性物流，寻求全球性市场空间

世界经济一体化的发展，使中国经济与全球经济更加紧密地融合在一起。同时，国外资本的进入极大地推动了我国进出口贸易的增长，大批的跨国生产零售企业在我国建立了生产基地或销售网点。因此，我国的企业要增强竞争忧患意识，在抓住国内市场的同时，构筑全球化战略，以一体化的物流管理和供应链管理参与国际化竞争。

在全球范围内，通过实现对顾客需求的快速反应提高顾客服务水平，降低物流总成本，提高企业在国际市场中的竞争力。同时，促进供应链内不同文化背景的伙伴之间的沟通，努力消除彼此间的隔阂，使各种文化在供应链中相互渗透和交融，促进诚信关系的建立和发展。

单元三　电子商务环境下的第三方物流

一、第三方物流的概念及特征

1. 第三方物流的概念

第三方物流（Third Party Logistics，TPL 或 3PL）一词是 20 世纪 80 年代中后期由一些欧美国家提出的。第三方物流是针对第一方物流和第二方物流而言的。所谓第一方物流是指物流服务的需求方自行组织的物流；第二方物流指的是运输、仓储、流通加工等基础物流服务的提供者组织的物流。第三方物流是物流专业化的一种重要形式，第三方物流提供的物流服务是介于供应商和制造商、供应商与零售商之间的，即它是联系供应方和需求方的纽带，不参与商品供方、需方之间的直接买卖交易，而只是承担从生产到销售过程中的物流业务，包括商品的包装、储存、运输、配送等一系列服务活动。国家标准《物流术语》（修订版）（GB/T18354—2006）将第三方物流定义为“独立于供需双方为客户提供专项或全面的物流系统设计或系统运营的物流服务模式”。由此可见，第三方物流实际上就是由物流劳务的供方、需方之外的第三方去完成物流服务的物流运作方式，是实现供应链管理的业务模式。第三方物流处于流通的中间环节，其独特的功能是为供应方提供运输、配送、保管及相关的物流服务，为需求方提供运输的物流

服务（见图4-1）。

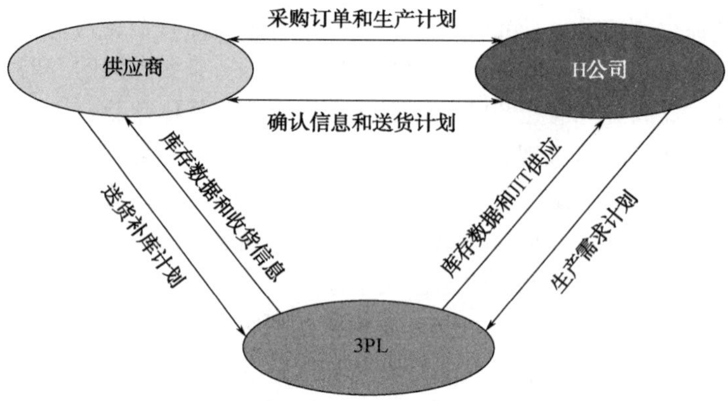

图4-1　第三方物流电子商务解决方案

因为第三方物流企业是受供方企业和需方企业委托，专业承包它们各项物流业务活动的物流企业，所以，第三方物流在国外也称作“合同物流”“外包物流”“代理物流”“物流外协”“全方位物流服务公司”“物流联盟”。

2．第三方物流的特征

（1）以现代信息技术为基础。信息技术的发展是第三方物流出现的必要条件。信息技术实现了数据的快速、准确传递，提高了仓库管理、装卸运输、订货采购、配送发运、订单处理的自动化水平，使订货、包装、保管、运输、流通加工实现一体化。企业可以更方便地使用信息技术与物流企业进行交流和协作，企业间的协调和合作也有可能在短时间内迅速完成。

（2）合同有偿服务。第三方物流有别于传统的外部协作，外部协作只限于一项或一系列分散的物流功能，第三方物流服务提供方则按合同要求，为客户提供多功能，甚至是全方位的物流服务，并以合同来管理物流服务活动及其全过程。

（3）为客户提供个性化服务。客户所从事的行业不同，由此带来的客户服务要求也是千差万别的，第三方物流根据客户的要求及其双方签订的合同条款制订物流业务流程，提供有针对性的个性化服务及增值服务。这种量身定制的服务，表明了物流服务理论从“产品推销”发展到了“市场营销阶段”。

（4）为客户提供专业化服务。第三方物流的服务范围已超过简单的运输、仓储活动，而成为一种技术含量较高的专业化行为。它在物流设计、作业和管理等方面体现的都是专业化；在物流设备和设施的装备上体现的是标准化。专业化的服务，使客户获得可靠的服务质量。

（5）与客户建立长期的战略联盟。通过第三方物流运作使第三方物流企业与客户制造商建立起密切的、长期的战略合作伙伴关系，并与整个制造商的供应链完全集成在一起。第三方物流与客户企业通过契约结成优势互补、风险共担的战略联盟伙伴关系。

（6）决策智能化。这是物流自动化、信息化的一种高层次应用，物流作业过程中大量的运筹和决策。例如，库存水平的确定，运输路径的选择，自动导向车的运行轨迹和作业控制，自动分拣机的运行，物流配送中心经营管理的决策支持等问题都需要借助于大量的知识才能解决。为了提高物流现代化的水平，物流的智能化已成为电子商务下物流发展的一个新趋势。

3. 第三方物流的作用

（1）增强企业的核心竞争力。发展第三方物流，企业能够实现资源优化配置，将有限的人力、财力等集中于核心业务，进行重点研究，发展基本技术，开发出新产品参与市场竞争。企业将物流业务委托给第三方物流专业公司负责，可增强自己的核心能力，降低物流成本，完善物流活动的服务功能，提高客户满意度。

（2）加速企业资本周转。企业自营物流需要投入大量的资金，用以购买物流设备，建设仓库和信息网络等专业物流设备。使用第三方物流不仅可以减少设施的投资，还减少仓库、车队、发货设施、包装器械方面的资金占用，加速了资金周转；同时，第三方物流提供者借助精心策划的物流计划和适时运送手段，最大限度地减少企业库存，甚至使企业实现零库存生产，减少企业的资金占用，加速资金周转。

（3）分担企业风险。第三方物流与客户企业是战略伙伴关系，它追求的不是短期的经济效益，它是以一种投资人的身份为客户服务的，这是它身为战略同盟者的一个典型特征。例如，为了适应客户的需要，第三方物流公司往往通过自行投资或合资为客户建造现代化的专用仓库，个性化的信息系统及特种运输设备等，这种投资直接为客户节省了大量的建设费用，而投资的风险必然也由自身承担。企业利用第三方物流资源，实际上是把参与物流运行中的政策、经济、技术、市场和财务风险分解。企业没有了后顾之忧，便能更具灵活性和针对性地对市场变化做出迅速反应。

（4）提升客户企业形象。第三方物流与顾客，不是竞争对手，而是战略伙伴，他们为顾客着想，通过全球性的信息网络使顾客的供应链管理完全透明化，顾客随时可通过网络了解供应链的情况。第三方物流提供者和物流专家利用完备的设施和训练有素的员工对整个供应链实现完全的控制，减少物流的复杂性，通过遍布全球的运送网络和服务提供者大大缩短了交货期，帮助顾客改进服务，树立自己的品牌形象。第三方物流提供者通过“量体裁衣”式的设计，制订出以顾客为导向，低成本和高效率的物流方案，使顾客在同行中脱颖而出，为企业在竞争中取胜创造了有利条件。

以上种种原因极大地推动了第三方物流的发展，使第三方物流成为 21 世纪国际物流发展的主流。

相关链接

家电商仓库的理想

2010 年，几位来自莆田的创业者在厦门创办了专门从事品牌鞋服网络销售的乐麦公司，他们把电商仓库选在家乡的枫亭镇。如今，乐麦公司的年销售业绩已经从最初的几千万元翻倍式增长到 10 亿元。同时，在枫亭镇租用的仓库也从 1 个增加到 4 个，仓储面积达 10 万平方米，备货的各大品牌鞋多达 350 万双。

“到了 2014 年，乐麦公司年订单量有几百万双，原有的电商仓储管理模式已经无法适应新需求。翅膀硬了，自然要单飞”。乐商公司总经理陈俊平介绍说，成为专门运营仓储业务的独立公司后，乐商在仙游经济开发区拿下一块 83 亩的土地，投资 1 亿元建设标准化电商仓储物流基地。“我们的目标是向行业巨头学习，由单纯的发货仓库转型为专业化的第三方仓储物流服务平台”。

乐商要学习的行业巨头是京东商城、亚马逊中国、苏宁易购等电商行业的佼佼者。如今，它们原有的仓储配送业务都在尝试着从母体独立出来，这成为一种趋势。业内人士认为，这是因为缩短送货时间正逐渐成为电商巨头的一项竞争利器，而仓储物流的反应速度是赢得竞争的关键，所以京东商城、苏宁易购、当当网等电商企业在自建仓储物流方面都投入了大量资金。同时，这些巨头又纷纷成立独立的物流公司，并加速将其第三方化，可为无法在各地自建仓储的电商企业提供服务，不仅避免了已建仓库的空置问题，而且又创造出新的利润增长点。

"随着电商产业的发展，对第三方仓储的需求肯定会进一步增长"。陈俊平举例说，以厦门乐麦公司为例，原来销售额在几亿元时，在枫亭镇的仓储能力就能满足需求；当销售额达到10亿元时，就必须依靠合作仓储方的力量。"比如2015年，乐麦公司一共发出约700万订单，其中乐商公司发货600余万单，占订单总数的80%，余下的20%则由厦门、广东中山等地的合作仓储代发"。

智慧仓储成竞争利器。工欲善其事，必先利其器。在未来的市场竞争中，乐商的利器是什么？"凭借自主研发的智能系统乐仓宝和自动化处理设备，我们有信心脱颖而出"。乐商公司部门经理朱帆说。春节后上班第一天，记者走进乐商公司 1 号仓库，映入眼帘的是一条长达 90 米的自动传送带。在传送带两侧，整齐地排列着一座座一人多高的货架，货架上分门别类地摆放着一双双不同款式、颜色和尺码的运动鞋。通过传送带，可以将一双双鞋子直接传输到打包区。"过去仓库管理员拣货时，要拉着拖车来回穿梭，每天需要 5～6 名员工专门拣货，现在人员节省了一半"。朱帆说，今后，他们还会引进 12～14 米高的高危立体货架，并使用堆垛机器人补货。

比自动化更高一筹的是智慧仓库的核心——乐仓宝系统。这一系统前端与销售平台对接，消费者在电商企业的网店下单后，订单会通过系统自动传输到乐商公司仓库，然后生成拣货指令下达给仓库管理员。此时，管理员借助手中的 PDA 扫描枪，就能直接读取需要捡取哪双鞋，这双鞋所在位置等信息，而后送入传送带即可。在传送带的尾端，是复核和打包程序。"扫描鞋盒的专属标签，1 秒钟就能识别鞋子与消费者订单是否吻合。同时，会根据消费者所在地域，自动选择当地最有优势的快递公司送货"。朱帆介绍说。

2015 年 9 月，这套智能系统在"双十一"大显神威。"双十一"对电商企业的备货能力、发货速度是一次巨大考验，2013 年"双十一"，乐商仓库用了一个星期才将全部订单发货完毕。而 2015 年"双十一"，乐商公司 4 个仓库发货量翻了几番，结果 2 天之内就完成了所有任务，而且杜绝了错发、漏发现象。

乐商公司还在继续提升仓储管理效率。陈俊平给记者展示了一台最新引进的自动打包机，这台机器是专门定制的，适用于鞋类打包，每天能打包鞋子 2.4 万双，相当于 4 个人的工作量。"智能化加自动化，两大利器在手，所以我们才有底气去转型为专业的第三方电商仓储物流服务商"。陈俊平说。

面向全国做第三方物流。在 1 号仓库的旁边，乐商公司另外两栋更大规模的仓储车间也已建成，还有两栋专为吸引各家快递公司入驻而兴建的分拣车间也即将完工。预计到 2016 年底，整个厂区全部投产，仅这一片厂区将拥有 8 万平方米的仓储基地，可储备 300 万双鞋子和 15 万件衣服。届时，乐商公司年总发货量将从去年的 600 余万单增长到 1 000 万单以上。

比车间竣工投产更值得期待的是乐商公司运营模式的成熟，该模式将具备为更多电商企业服务的实力。陈俊平介绍说，电商企业可以将货物存放在乐商公司的仓库，平时只需通过系统将订单信息反馈过来即可，拣货、配货、包装及联系快递发货等程序，全部交由乐商公司完成。

“这样，电商企业可以节约自建仓储物流的各项成本，将主要精力放在品牌运营和产品销售上”。

中心节点城市的布局。陈俊平介绍说，乐商公司已进军上海、广州、成都、武汉等大型物流中心城市，以租赁的方式兴建专业化电商仓储物流基地，目前仓储总面积已超过20万平方米。“未来，我们将在全国范围内建立起分仓模式，以提高发货效率、降低物流成本”。陈俊平说。

转型后，乐商公司还将以大数据为基础设计更高附加值的服务项目。据介绍，乐商公司将投入巨资研发电商云仓中心，通过跟踪发货、备货、退换货等各类数据，为电商企业客户提供畅销产品分析，爆款产品预测，营销策略调整等一系列配套服务。“这将成为我们下一个利润增长点!”

——资料来源：福建日报 2016-02-22

二、第三方物流创造价值的途径和方法

1. 第三方物流企业的利润来源

第三方物流企业的利润，从本质上讲，它来源于现代物流管理科学的推广所产生的新价值，也就是人们经常提到的第三利润的源泉。第三方物流的主要利润来自效率的提高及货物流动时间的减少。第三方物流服务的利润不是来自运费、仓储费用等直接收入，不是以客户的成本性支出为代价的，而是来源于与客户一起在物流领域创造的新价值，为客户节约的物流成本越多，利润率就越高。

2. 第三方物流企业创造价值的途径和方法

第三方物流供应方要能提供比客户自身进行物流运作价值更高的服务，为此，物流服务供应方应注重在物流上投资，从而能够在不同方面为客户创造价值。第三方物流创造价值的途径与方法如下。

（1）提高运作效率。物流运作效率提高意味着要对每个最终形成物流的单独活动（如运输、仓储等）进行开发。在作业效率范畴中的另一个更先进的作用是取得物流的作业效率，即协调连续的物流活动，提供较高的成本服务比。

（2）注重客户运作的整合。带来增值的另一个方法是引入多客户运作，或者说是在客户中分享资源。例如，多客户整合的仓储或运输网络，客户运作可把相似的资源结合起来利用。整合运作的规模效益是第三方物流扩展市场份额，吸纳拥有大量货流的大客户，取得比其他资源更高的价值。此时表现出的规模经济的效益是递增效益。

（3）提高发展客户运作的能力。物流服务供应方能够在物流方面拥有高水平的运作技能，即其员工在物流系统、方案与相关信息系统的工程、开发、重组等方面具备较高水平的概念性知识，具有将客户业务与整个物流系统综合起来进行分析、设计等的能力。这种创造价值方法的目的不是通过内部发展，而是通过发展客户公司及组织来获取。

（4）加强纵向或横向的整合。通过纵向整合，购买具有成本和服务优势的单项物流功能作业或资源，发展同单一物流功能提供商的关系，也是创造价值的一种方法。在横向上，第三方物流公司如果能够结合类似的但不是竞争的公司，可以联合为客户服务，扩大为客户提供服务的地域覆盖面。

三、第三方物流企业的客户及其管理

1. 交易型客户管理

第三方物流企业与此类客户的关系建立在一次交易或一系列独立交易的基础上，这种关系的客户数量较多且与需求具有随机性，需求的数量和水平难以准确预测。在管理这类客户时，第三方物流企业应强调客户服务能力的柔性化，在顾务满意和物流成本之间寻找良好的平衡。

2. 合同型客户管理

第三方物流企业与此类客户的关系是根据一种具体的情况确立的合同关系，并在合同的指导上满足客户的要求。由于这种关系是在合同的具体指导下进行的，客户需要的服务水平和数量可以比较准确地预测。因此，为这类客户服务时，第三方物流企业只要确保服务过程的稳定性和可靠性就可以达到客户满意。

3. 联盟型客户管理

第三方物流企业与此类客户的关系是一种为实现共同的利益、目标和战略的有计划的持久性合作关系。在管理这种客户关系时，第三方物流企业应该加强与客户的互动沟通，充分认识和发掘客户深层次的需求，为客户提供个性化的服务，帮助客户达到预定的战略目标。

四、第三方物流发展战略

基于我国当前中小企业的实际状况，我国第三方物流的发展战略应突出以下几点。

1. 资源战略

物流企业发展第三方物流，需要集中把握和有效运用企业经营资源，这主要表现在：首先，准确认识和深入分析企业经营资源的基础状况，正确选择第三方物流发展的方向；其次，积极探索企业资源的有效配置方式，有力促进第三方物流发展的速度；最后，认真研究企业资源的可持续发展问题，确保第三方物流的健康发展。因此，中小企业实施战略资源，以供应链管理重构业务流程，构筑第三方物流发展优势，就应把握资源转换方式，不断提高资源产出效益。

2. 联盟战略

物流企业发展第三方物流需要本着“优势互补、利益共享”的原则，借助产权方式、契约方式实行相互合作，共同拓展物流市场，降低物流成本，提高物流效益。首先，是物流资源的联盟。将中小企业分散的物流资源、物流功能要素通过一定的方式联合在一起，形成物流一体化的资源优势。其次，是物流地理区域和行业范围的联盟。根据各行各业中小企业的特性，在一定地理区域或一定行业范围实行物流联盟，形成高效直辖市运作体系。最后，是与中小企业建立发展第三方物流的联盟。通过组建服务协会，协调和指导物流企业与中小工业企业在发展第三方物流中的各种关系。

3. 服务战略

物流企业发展第三方物流必须依托中小企业的发展，做到“来自中小企业，服务于中小企业”。主要把握三点：第一，必须依据中小企业的实际需要，设计和提供个性化物流服务理念；

第二，必须关注市场需求变化，提供保障企业产品服务质量的服务措施；第三，必须深刻理解中小企业物流规律，建立完善的物流运作与管理的服务效益。

4．创新战略

物流的发展过程就是一个不断创新的过程。物流企业发展第三方物流，实施创新战略。首先，要创新观念。打破传统思想，借鉴国际先进物流管理思想，与中小企业实践有机结合起来，探索具有中小企业物流特色的新思想和新方法。其次，要创新组织。充分运用现代信息技术手段，借助中小企业数量大、面广的特点。建立网络化物流新型组织。再次，要创新服务。深入研究中小企业物流需求，通过引进、模仿和创新物流技术手段，不断设计、创新和提供有效的物流服务。最后，要创新制度。既要建立以产权制度为核心的现代企业制度，也要根据发展需要建立完善的合理的物流管理体制。

5．品牌战略

物流企业发展第三方物流必须确立品牌战略，充分发挥品牌效应，获取良好效益。首先，要树立物流发展的精品意识、名牌意识，严格制订各项物流质量标准，才会不断提高物流服务水平。其次，要引进先进技术手段，设计创造物流服务的精品意识、名牌意识，设计物流服务的精品内容、名牌项目。最后，要强化物流技术与管理人员素质培训，建立优秀的物流人才队伍，确保企业名牌战略的实现。

6．信息化战略

广泛采用信息技术，加快科技创新和标准化，引用信息网络技术，这些是构成现代物流体系的重要组成部分，也是提高物流服务效率的重要技术保障。第三方物流企业应积极利用 EDI、互联网等技术，通过网络平台和信息技术将企业经营网点连接起来，建立自己内部的第三方物流信息管理系统。第三方物流信息管理战略既可以优化企业内部资源配置，又可以通过网络与用户、制造商、供应商及相关单位联结，实现资源共享、信息共用，对物流各环节进行实时跟踪、有效控制与全程管理。例如，日本的第三方物流配送企业都十分注重研究探索物流配送的新技术、新方法。注重不断提高物流服务质量，降低物流成本，增强在市场上的竞争力。在日本物流企业中使用的可拆卸式货架、移动式商品条码扫描设备等都是非常方便实用的物流工具，物流配送企业中的商品条码和计算机管理系统应用非常普遍，实现了商品入库、验收、分拣、出库等物流作业全过程的计算机管理与控制。既提高了效率，又加强了管理。应该说，第三方物流的发展是建立在物流运营的低成本和高效率的基础上的，先进实用的物流信息化技术不仅可拓展物流企业的盈利空间，也使得第三方物流在物流竞争中具有更多的优势，从而促进整个第三方物流业的发展。

单元四　电子商务环境下的第四方物流

一、第四方物流概述

1．第四方物流的概念

第四方物流（Fourth Party Logistics，4PL）的概念，最早由全球 500 强企业之一的管理咨询、信息技术和外包服务公司安德森咨询公司提出，其定义是“一个供应链集成商，调集和管理组织自己的及具有互补性的服务提供商的资源、能力和技术，以提供一个综合的供应链解决方案”。有的咨询公司以“有领导力量的物流提供商”的名称提供类似服务。无论如何称呼，这种提供供应链的有影响力的、综合的解决方案，将为顾客带来更大的价值。第四方物流的概念在我国很少提及，即便在国外，物流业界对此也有不少异议，所以第四方物流思想的发展前景如何，尚待理论完善与实践检验。

第四方物流不仅控制和管理特定的物流服务，而且对整个物流过程提出策划方案。因此，第四方物流成功的关键在于为顾客提供最佳的增值服务，即迅速、高效、低成本和人性化服务等。发展第四方物流需综合第三方物流的能力、技术及贸易流通管理等，为客户提供功能性一体化服务，并扩大营运自主性。

2. 第四方物流的特点

第四方物流的特点之一是其提供了一个综合性供应链解决方法，以有效地适应需方多样化和复杂化的需求，集中所有资源为客户完美地解决问题。

（1）供应链再建：是指通过供应链的参与并将供应链规划与实施同步进行，或通过独立的供应链参与者之间的合作提高规模和总量。供应链再建改变了供应链管理的传统模式，创造性地重新设计了参与者之间的供应链，使之达到真正的一体化。

（2）功能转化：主要是销售和操作规划、配送管理、物资采购、客户响应及供应链技术等，通过战略调整、流程再造、整体改变管理和技术，使客户间的供应链运作一体化。

（3）业务流程再造：是指将客户与供应商的信息和技术系统一体化，把人的因素和业务规范有机地结合起来，使整个供应链规划和业务流程能够贯彻实施。

（4）实施第四方物流：开展多功能、多流程的供应链业务，其范围远远超出传统外包运输管理和仓储作业的物流服务。企业可以把整条供应链全权交给第四方物流运作，第四方物流可为供应链提供完整的服务。

第四方物流的特点之二是通过影响整个供应链来获得价值，与类似外包的供应链的区别之一在于其能够为整条供应链的客户带来收益。

（1）利润增长。第四方物流的利润增长将取决于服务质量的提高，实用性的增加和物流成本的降低。由于第四方物流关注的是整条供应链，而不是单纯的储存或运输方面的效益，因此其为客户及自身带来的综合效益会展现出来。

（2）运营成本降低。可以利用运作效率提高，流程增加和采购成本降低实现，即通过整条供应链外包功能以达到节约的目的。流程一体化，供应链的改善和实施将使运营成本和产品销售成本降低。

（3）工作成本降低。采用现代信息技术，科学的管理流程和标准化管理，使存货和现金流转次数减少，可望降低总成本的30%。

（4）提高资产利用率。客户通过第四方物流，减少了固定资产占用，提高了资产利用率，使得客户通过投资研究设计、产品开发、销售与市场拓展等获得经济效益的提高。

第四方物流成功地影响了大批的服务商（第三方物流、网络工程、电子商务、运输企业等）及客户的能力和供应链中的伙伴。它作为客户间的连接点，通过合作或联盟提供多样化服务。第四方物流的优点使得迅速、高质量、低成本的运送服务得以实现。不少人认为第四方物流由于难以获得委托方的信任而只能是一个设想，但随着社会经济的不断发展，第四方物流将会得到广泛的运用。

相关链接

物流汇：小微物流企业在这里起航

2017 年 7 月 3 日，上海市商务委员会下发《关于确定“第一批上海市商务诚信公众服务平台市场信用子平台”的通知》（沪商秩序（2017）165 号），正式确定上海新跃物流企业管理有限公司研发、运营的“新跃物流汇”小微物流企业公共服务平台（www.56hui.com）成为 19 家上海市商务诚信公众服务平台之一。上海新跃物流企业管理有限公司再度成为 2016 年度全市 12 家“双推”平台企业之一，为更多中小型陆运物流企业提供垂直行业公共服务。新跃物流也是上海首批“双推工程”培育企业之一，它打造的中小物流企业平台“物流汇”，推动当地物流服务发展、物流与制造、物流与商贸、物流与电融合创新。

“新跃物流汇”中小微物流企业公共服务平台主要定位于向我国广大物流企业提供全生命周期服务，使其能够实现包括快速建站、货物监控、物流管理、员工管理、在线保险等的一站式操作，且已能够为 7 100 多家会员企业提供多达 70 余项服务与产品，具体包括工商、税务及社保等政务事务的代办，商业保理、银行融资等泛金融服务，以及物流保险、行业征信等其他各类商务服务。

从“微小企业”到“小微企业”

“我们是在‘物流汇’中成长起来的小企业，起初我们对在上海发展充满疑虑，担心上海大企业多，中小企业发展不受重视。但自 2004 年成为新跃物流管理公司物流汇的会员后，新跃物流汇帮助我们提升管理、优化流程，协助我们协调与政府、税务、工商、银行的关系，改善我们的经营环境。世界 500 强的大企业也成了我们的客户”。回顾公司的发展，创峰物流的吴总感慨地说道。

创峰物流成为物流汇会员后，业务有了较大的发展，当年产值达到了近 800 万元。近 10 年来，他们的年产值已经超过 3 000 万元。尤其是去年国家实行营业税改征增值税后，超税负财政补贴达到 60 多万元，对一个中小企业来说，是个不小的数目。吴总说：“我们小微企业有了‘娘家’，日子越过越好”。

从“电子商务”到“个性化服务”

上海姜涛物流有限公司的姜总同样感慨万千。2000 年他们来到上海开始从事物流行业经营，最初公司才两人。经营过程当中，他经历了太多的无奈与无助。由于各种原因，始终没有办法取得经营资格，只好借用朋友的。一个偶然的机会他们知道了新跃公司物流汇，并成为物流汇的会员单位。由于发展的需要，在 2009 年又注册了上海思恒物流有限公司。从 2 个人发展到数十名员工，年产值也从几万元发展到上千万元。他说：“时至今日，物流汇始终坚持为我们小微企业提供优质的服务，并为我们创造了更多的机会与机遇，解决了我们资金、保险、财务等多方面的难题”。

姜涛物流是列入第一批上海市“营改增”一般纳税人的物流企业，经过一年多的时间的营改增实践，从最初大家都疑虑颇多，到现在所有的物流企业都非常满意。姜涛说，这其中离不开物流汇的帮助与支持。去年物流汇组织了七场专题宣讲会，还安排员工对涉及“营改增”的每个企业进行一对一的辅导、沟通，使他们消除了各种疑虑，保证了“营改增”的平稳过渡。他估算了一下他们企业今年还可收到超税负财政补贴 10 多万元，这能够减轻一些不断走高的物流成本。

据记者了解，全国第一张物流行业增值税发票是新跃物流汇平台上的会员企业在金山税务部门开出。

信息化建设扎实推进

新跃物流汇拥有自主知识产权的IMS迅捷构架技术正在不断完善。它所具有的“技术上‘无须写代码’、商业上‘所看即所得’”的优势，不仅得到了行业内的重视与好评，更重要的是大幅度降低了物流企业的使用门槛，正成为物流企业用得起、用得好的管理软件。

新跃公司去年还与上海联通正式签约，成为联通“云技术平台”的共同建设与合作伙伴。如今，上海金山区已将新跃公司作为“现代物流创业基地”，实现将产业结构调整与青年知识分子职业规划相结合，技能培训与市场需求相结合，产业特色与人才集聚相结合，优势核心项目与产业链打造相结合，微型创业与高能级就业相结合的新就业模式。

为小微企业着想的新跃公司名声在外，小微企业也纷至沓来。从2003年最初的150家，发展到如今已达4 000家左右。2012年11月，上海新跃物流企业管理有限公司荣获国家工业和信息化部授予的“国家中小企业公共服务示范平台（信息）”称号。

从立足“上海”到服务“全国”

相关资料显示，尽管中国物流业的增加值近年来占GDP的比重已达7%左右，但与发达国家相比，存在效率低下，专业化物流供给能力不足，物流市场不够规范等差距，这是挑战也是机遇。新跃的战略目标是：坚持为小微物流企业服务的宗旨，坚持用信息化推进小微企业发展的战略路径，不断改进自己的服务意识、服务技术、服务手段，不断扩充自己的服务内容，不断拓展服务领域，使自己的服务更好地满足小微物流企业的需要。

——资料来源：http://home.56hui.com/Hotpoint/hottext?p=82　2017-07-04

二、与第三方物流的异同

第四方物流与第三方物流相比，其服务的内容更多，覆盖的地区更广，对从事货运物流服务的公司要求更高，要求它们必须开拓新的服务领域，提供更多的增值服务。第四方物流最大的优越性，是它能保证产品得以“更快、更好、更廉”地送到需求者手中。在电子商务环境下，货主/托运人越来越追求供应链的全球一体化以适应跨国经营的需要，跨国公司由于要集中精力于其核心业务，因而必须更多地依赖于物流外包。基于此，它们不只是在操作层面上进行外协，而且在战略层面上也需要借助外界的力量，昼夜期间都能得到“更快、更好、更廉”的物流服务。

第三方物流独自提供服务，要么通过与自己有密切关系的转包商来为客户提供服务，它不大可能提供技术、仓储和运输服务的最佳整合。因此，第四方物流成了第三方物流的“协助提高者”，也是货主的“物流方案集成商”。

“第三方物流供应商”为客户提供所有的或一部分供应链物流服务，以获取一定的利润。第三方物流公司提供的服务范围很广，它可以简单到只是帮助客户安排一批货物的运输，也可以复杂到设计、实施和运作一个公司的整个分销和物流系统。第三方物流有时也称为“承包物流”“第三方供应链管理”。第三方物流公司和典型的运输或其他供应链服务公司的关键区别在于，第三方物流的最大的附加值是基于自身特有的信息和知识，而不是靠提供最低价格的一般性的无差异的服务。第三方物流的主要利润来自效率的提高及货物流动时间的减少。

然而，在实际的运作中，由于大多数第三方物流公司缺乏对整个供应链进行运作的战略性专长和真正整合供应链流程的相关技术。于是，第四方物流正日益成为一种帮助企业实现持续低运作和区别于传统的外包业务的真正的资产转移。第四方物流依靠业内最优秀的第三方物流供应商、技术供应商、管理咨询顾问和其他增值服务商，为客户提供独特的和广泛的供应链解决方案。这是任何一家公司所不能单独提供的。

从定义上讲，“第四方物流供应商是一个供应链的集成商，它对公司内部和具有互补性的服务供应商所拥有的不同资源、能力和技术能进行整合和管理，并提供一整套供应链解决方案”。尽管埃森哲公司拥有“第四方物流”这个专有名词，其他的咨询公司也开始使用类似的服务，称为“总承包商”或“领衔物流服务商”。无论称谓如何，这些新型的服务供应商可以通过其影响整个供应链的能力来为客户提供更为复杂的供应链解决方案和价值。第四方物流可以使迅速、高质量、低成本的产品运送服务得以实现，将实现零库存的目标距离又缩短了。

三、运作模式

1．协同运作模型

该运作模式下，第四方物流只与第三方物流有内部合作关系，即第四方物流服务供应商不直接与企业客户接触，而是通过第三方物流服务供应商将其提出的供应链解决方案、再造的物流运作流程等进行实施。这就意味着，第四方物流与第三方物流共同开发市场，在开发的过程中第四方物流向第三方物流提供技术支持、供应链管理决策、市场准入能力及项目管理能力等，它们之间的合作关系可以采用合同方式绑定或采用战略联盟方式形成。

2．方案集成商模式

该运作模式下，第四方物流作为企业客户与第三方物流的纽带，将企业客户与第三方物流连接起来，这样企业客户就不需要与众多第三方物流服务供应商进行接触，而是直接通过第四方物流服务供应商来实现复杂的物流运作的管理。在这种模式下，第四方物流作为方案集成商除了提出供应链管理的可行性解决方案外，还要对第三方物流资源进行整合，统一规划为企业客户服务。

3．行业创新者模式

行业创新者模式与方案集成商模式有相似之处，二者都是作为第三方物流和客户沟通的桥梁，将物流运作的两个端点连接起来。二者的不同之处在于，行业创新者模式的客户是同一行业的多个企业，而方案集成商模式只针对一个企业客户进行物流管理。这种模式下，第四方物流提供行业整体物流的解决方案，这样可以使第四方物流运作的规模更大限度地得到扩大，使整个行业在物流运作上获得收益。

第四方物流无论采取哪一种模式，都突破了单纯发展第三方物流的局限性，能真正地实现低成本运作，实现最大范围的资源整合。因为第三方物流缺乏跨越整个供应链运作，以及真正整合供应链流程所需的战略专业技术，第四方物流则可以不受约束地将每个领域的最佳物流提供商组合起来，为客户提供最佳物流服务，进而形成最优物流方案或供应链管理方案。而第三方物流只能独自或通过与自己有密切关系的转包商来为客户提供服务，它不太可能提供技术、仓储与运输服务的最佳结合。

四、第四方物流模式与电子商务关系

电子商务企业所建立、所拥有的物流体系模式大致分四种，即“自建物流体系”“自建物流+第三方物流”“完全借助第三方物流”“第四方物流的供应链物流模式”。

1．自建物流配送中心的供应链物流模式

目前，第三方物流企业（如申通、中通等快递公司）以中小企业占多数，由于经营管理不善而导致的服务质量低下、货物配送滞后等现象屡见不鲜。另外，第三方物流企业代收电商货款，导致账期过长，电商难于及时回笼资金等问题，制约电商今后的成长。此境此况迫使许多大型网商都选择建立自己的内部物流体系，通过控制和改进物流服务资源，以显著提高送货速度，确保物流服务质量，改善客户体验，促进业务持续增长。例如，名牌折扣网——唯品会，宣布将在北京、昆山建设物流中心，同时在华东地区试水自建物流体系。此为继京东商城、凡客诚品、阿里巴巴之后，又一电子商企宣布投入重金，规划建设的“物流生态圈”。时下京东商城、凡客诚品、阿里巴巴等电商大佬都称已投下数十亿元在建设自己的物流中心。

不过，建立自己的物流配送中心并不适用于所有电商企业，取胜的要诀在于规模化的订单和高效运作，特别是末端派送（一般占物流总成本的45%左右）。按照专家机构的测算，若一个城市区域的日送货量少于600单，那么创建一支自建送货团队，每件递送成本为13～15元，是无法盈利的。但若此城际的日送货量可以上升到10 000单，那么就可以使每件递送成本降至2元以下，就达到自建物流仓库的要求。因此，自建供应链物流配送系统，适用于那些规模较大，资金雄厚，物流在整体业务中战略地位重要，物流成本所占比重大，对物流服务要求较高的大型或超大型电商或制造型企业。例如，青岛海尔通过“一流三网”模式自建供应链物流系统；“一流”是订单信息流，这是海尔物流的中心；“三网”分别是全球供应链资源网、全球用户资源网、计算机信息网。“三网”同步运作，有效奠定了海尔在世界家电大佬的地位。

2．自建与利用第三方物流相结合的供应链物流模式

一些电商公司起家时借助第三方物流，但在饱受物流瓶颈所带来的严重冲击后，也开始投建自己的物流中心和送货团队。因此，中大型电商企业可根据利益最大化原理做出抉择，在业务频繁、物流量大、地位重要的城区可以自建供应链物流系统，而在其他地区则利用第三方物流，这样可使企业左右逢源、进退自如。例如，新蛋网就是采用“自建物流+第三方物流”相结合的方式，DELL计算机也是如此。

3．采用第三方物流的供应链物流模式

完全依赖第三方物流是大多数中小电商提供配送服务的常用模式，它通过协调企业间的物流运输和提供后勤服务，把企业的物流业务外包给专业化的物流企业。这样可以使得电商企业能够把主要精力与资源集中在自己的核心业务上，减少物流成本，并且通过电子商务平台与第三方物流企业实现实时交流、互动，提高物流化水准。

这三种模式各有优劣。优势表现为：物流外包可以使电商企业集中所有资源打造主力业务，无须分散精力在建设中转站和仓库上，有利于企业降低管理难度与风险成本。劣势表现为：不少第三方物流企业服务意识差，回款时间较长，甚至发生呆账、坏账损失；自建物流虽然能为网民客户提供较高质量的个性化服务，但需要在短期内投入巨额资金，电商要承担很大成本与

风险。自建与利用第三方物流相结合的供应链物流模式或为中庸之道，未来将为多数电商企业所借鉴。

4．第四方物流的供应链物流模式

第四方物流（4PL）实质上是供应链的集成者，主要通过合同管理和指导多个第三方物流的活动，利用第四方物流的整合能力，把客户需要、第三方物流供应商、信息技术供应商、业务资源和业务流程集合起来，更好地实现运作效率，降低物流成本，提高服务质量的目的。第四方物流虽然还是一个较为陌生的概念，但随着在我国深圳、厦门、天津等地的物流园区实践，相信第四方物流在国内的兴起为时不远。

五、发展第四方物流的对策

1．加强物流基础设施的规划和建设

政府应该统筹规划，整合物流资源，加强协调，加大物流基础设施的投资力度，并积极引导社会各方力量涉足物流业的投资建设，为物流和配送打好基础。同时，在政策上应该制定规范的物流产业发展政策，在全国合理地建立具有一定规模和区位优势的物流园区、物流基地和物流中心。加快物流产业标准化、规范化进程。

2．大力发展第三方物流

大力发展第三方物流是当前提高中国物流产业发展水平最重要的措施。在整个物流供应链中，第四方物流是第三方物流的管理和集成者，第四方物流通过第三方物流整合社会资源。只有大力发展第三方物流企业，第四方物流才有发展的基础。为满足现代物流业的发展需要，必须大力发展第三方物流，培育大型企业集团，提高物流业的效益。

3．加速物流产业信息化，建立全国物流公共信息平台

发展第四方物流是解决整个社会物流资源配置问题的最有力的手段。中国目前正在推进信息化进程，利用先进的 RFID、EDI、GPS 等信息技术把当前蓬勃发展的现代物流产业进行信息化改造。利用网络技术建立物流行业的公共信息平台，通过信息技术和网络技术整合物流资源，这样可以使中国物流产业产生质的提高，从容应对跨国物流企业的竞争。

4．加快物流人才培养

人才是企业的灵魂，第四方物流企业特别需要大量的物流人才。当前的物流人才远远不能满足第四方物流发展的需要，因此我们要通过高等院校和专业物流咨询机构，在实践中培养、锻炼人才，培养一支适应现代物流产业发展的企业家队伍和物流经营骨干队伍。要大量吸收在信息技术、人力资源管理、网络技术等方面的人才，激励这些人才把自己具备的知识和物流知识融合在一起，促进第四方物流的发展。大力引进和培育掌握现代知识的物流复合型人才，形成一支适应现代物流产业发展高素质人才队伍，以促进和保障未来第四方物流在中国的发展，提升中国物流产业整体水平。

综合训练

基础训练

一、名词解释

1. 物流外包
2. 第三方物流
3. 第四方物流
4. 物流一体化

二、填空题

1. 物流一体化的发展可分为三个层次，即__________、__________和__________。
2. 第三方物流产生于20世纪70年代的__________国。
3. 第三方物流具有__________、__________、__________、__________、__________和等特点。
4. 第三方物流创造价值的途径与方法有____________、____________、____________和等。
5. 第四方物流的运作模式有________、________和________等形式。
6. 企业物流外包一般有________、________、________、________及________等影响因素。

三、选择题

1. 第三方物流产生于（　　）。
   A. 20世纪70年代　　B. 20世纪60年代
   C. 20世纪80年代　　D. 20世纪50年代
2. 在电子商务环境下，最具潜力的一种业务外包形式就是（　　）。
   A. 技术外包　　B. 产品外包　　C. 物流外包　　D. 服务外包
   E. 供应链外包
3. 第三方物流在国外也称作（　　）。
   A. “合同物流”　　B. “外包物流”
   C. “代理物流”　　D. “物流外协”
4. 第四方物流（4PL）实质上是（　　）的集成者。
   A. 竞争力　　B. 供应链　　C. 价值链　　D. 物流
5. 第四方物流是由__________公司首先提出的。
   A. 马克西姆　　B. 麦肯锡　　C. 波多里奇　　D. 安德森咨询

四、简答题

1. 电子商务环境下物流外包有何现实意义？

2．电子商务环境下物流外包的策略有哪些？

3．物流一体化有何特征？

4．第三方物流发展战略有哪些？

5．电子商务环境下我国第四方物流发展对策是什么？

6．第三方物流与第四方物流有何关系？

技能训练

案例分析：共享模式成物流业降本增效突破口

进入 2017 年下半年，共享经济呈现出“爆发式”增长态势，并深刻影响着处在降本增效改革中的物流行业。日前，由深圳新沃运力汽车有限公司承建的湖北首个新能源汽车绿色运力共享平台投入运营，首批 2 000 台纯电动运输车辆正式投放武汉市场。

据介绍，新能源汽车绿色运力共享平台主要通过“分时租赁”这一新兴的共享模式展开运营，物流企业可直接向平台租赁车辆，省去购车养车的费用；而司机只需通过 APP 完成车辆预订，再到取车点取车，即可方便快捷地完成车辆租赁。

“随着共享单车和共享汽车的兴起，共享观念逐渐被人们接受”。新沃运力副总裁杜衡表示，通过共享平台提供纯电动物流车的长租服务，颠覆了传统物流企业的重资产模式，将显著降低物流企业的运营成本。以 4.2 米厢式货车为例，按当前的油电价格，每年行驶 7 万公里计算，仅 1 台车 5 年就能省下超过 12 万元人民币。

与此同时，鸿润（HOREN）旗下的智能物流包装共享平台“箱箱共用”也于 8 月 8 日宣布，完成超亿元的 B 轮融资，本轮投资由七海资本领投，本次投资完成后，七海资本创始人熊明华将正式出任鸿润董事。

熊明华说：“物流行业的物联网化是必然趋势，物流行业的各类资源都需要借助于物联网技术才能实现精细化管理。为此，我们将全力推动‘箱箱共用’成为世界级的智能化物流包装共享平台”。

据了解，鸿润是一家专注于可循环物流包装物（简称 RTP）的研发、设计与制造的高新技术企业，其技术和产品目前已输出到欧洲、北美、东南亚及澳洲市场。

事实上，目前很多物流企业都在积极开发物流共享平台，通过共享模式发展物流体系，一方面，可以充分利用现有物流资源提高资源利用率；另一方面，也可以避免因重复建设、投资和维护造成的浪费。

中国物流与采购联合会前不久发布的数据显示，2017 年上半年我国社会物流总费用占 GDP 的比率为 14.6%，比一季度回落 0.3 个百分点，这显示我国的物流“降成本”工作正在稳步推进。在政府降低物流税费的同时，共享经济模式的出现，为物流“降成本”提供了新的突破口。

物流成本偏高，是我国经济运行中的一大难题。2013 年，我国社会物流总费用占 GDP 的比率为 18%，是发达国家的近两倍。此后逐年降低，到 2016 年已降至 14.9%，但仍明显高于发达国家。

为降低物流成本，政府大力推进清费减税工作。铁路部门近期宣布，从 2017 年 8 月 1 日起，在 6 月下调铁路电气化附加费的基础上，取消部分货运杂费收费项目。国家发展改革委 7 月公布的《关于进一步推进物流降本增效促进实体经济发展的意见》提出，将统筹研究统一物流各环节增值税税率，选择部分高速公路开展分时段差异化收费试点。

减税清费之外，近年来依托互联网平台快速发展的共享经济模式，给物流“降成本”带来新的思路。

在前不久举行的“中国物流生态圈共享经济高峰论坛”上，中国物流与采购联合会秘书长崔忠付表示，在公共出行领域，中国已是全球规模最大的共享汽车和共享单车市场。随着共享经济的深入，共享的对象也由汽车、房屋发展到更广阔的社会资源，物流就是其中之一。

国家发展和改革委员会综合运输研究所所长汪鸣表示，在国内物流业呈现出多元化、生态化发展方向的当下，共享经济新生态模式通过物流各要素之间的高效匹配，成为物流业降低成本、提升效率的重要引领力量。而在崔忠付看来，物流领域的共享经济可以分几个层次。一是物流资源的共享。受滴滴、优步启发，通过互联网平台共享卡车资源，实现车货之间的匹配，从而降低卡车回程空返率。在公路货运领域，此类平台一度达到 200 多家。大浪淘沙之后，目前还剩下数十家。二是物流基础设施的共享。例如，通过建设物流园区，将卡车司机、货主企业、物流企业、政府办事机构配套企业等集聚在一起，形成新的物流生态圈，产生协同效应。“这种共享，比单个的物流资源共享具有更丰富的意义”。

“共享经济的核心是在所有权不变的情况下，通过分享使用权来提高行业效率”。互联网物流平台“天地汇”创始人徐水波说，物流行业有六大成本来源：人力成本、燃油、过路过桥费、仓库租金、配送、车辆。这其中，车辆运输效率的提升是关键。徐水波介绍，根据过去一年多的实践，通过基于互联网的共享模式，部分干线车辆的使用率从 40%增长到 80%，月行驶里程从 1.3 万公里提升到 3.5 万公里左右，推动运输成本下降 20%以上。

展望未来，这种共享的思路会进一步拓展，如将车企、金融企业、油品供应商、轮胎服务商等集聚在一个平台上，资源的利用效率会进一步提高。

政府也对市场上的新尝试表示出支持态度。国家发展改革委提出，要依托先进信息技术，大力发展“互联网+”车货匹配、“互联网+”运力优化、“互联网+”运输协同等新模式、新业态。“物流领域的共享经济商业模式还在探索之中，在产品和服务的标准化、安全性方面还有提升空间，需要在不断的试错中走向成熟”。崔忠付说。

——资料来源：经济参考报 2017-08-15

问题与思考

1. 你是如何理解共享模式成物流业降本增效突破口的？
2. 你认为我国物流领域的共享经济商业模式有哪些主要类型？
3. 请结合案例谈一谈物流领域的共享经济商业模式有何现实意义。

模块五

电子商务物流模式

学习目标

知识点		● 自营物流、共用物流系统、物流联盟、B2B/B2C/C2C 物流模式等概念； ● 电子商务物流模式选择的基本因素； ● B2B/B2C/C2C 物流模式的主要类型； ● 电子商务物流模式选择对促进电子商务发展的现实意义与作用。
能力点	专业能力	● 能够结合实际情况分析 B2B/B2C/C2C 物流模式具体应用。
	方法能力	● 具有基本的电子商务物流模式实际应用的现实感知； ● 具有一定的分析 B2B/B2C/C2C 物流模式对促进电子商务发展的逻辑思路。
	社会能力	● 拥有良好的职业道德和较强的团队合作精神； ● 具备一定的 B2B/B2C/C2C 物流模式分析与应用能力； ● 关注电子商务物流领域的发展态势，勤于思考 B2B/B2C/C2C 物流配送热点现象或问题。

导入案例

京东物流全流程无人化

京东物流全供应链“无人化”正在实现

随着新技术、新模式、新业态不断涌现，物流不再只是连接生产端与销售端的工具，已逐渐成为厂商和终端消费者、虚拟经济和实体经济之间的重要链条，物流在社会系统中的作用和角色也不断升级，正在经历巨大的变革。

在这样的时代背景下，2017 年 12 月 11 日，京东物流主办了“2017 全球新一代物流峰会”，邀请了国内外近千名人士，共同探讨和展望物流未来趋势。

京东物流 CEO 王振辉出席峰会并发表演讲，分享了其对新一代物流特征、供应链“权力中心”转移、未来几年京东物流的战略方向等方面的看法。

随着零售从线下时代走入电商时代，进一步向无界时代迈进，供应链的“权力中心”在不断转移。王振辉认为，随着信息时代的到来，消费者成为新的权力中心，物流逐渐围绕用户体验而设计。未来在无界零售时代，物流将真正起到贯通商流的作用。

关于未来物流，王振辉表示，未来物流不仅要提供更高效、精准、满足个性化需求的服务，还要实现整个物流体系运作的无人化、运营的智能化和决策的智慧化。京东物流近年来一直不断探索智慧化发展，打造出一个仓储、分拣、运输、配送、客服全供应链环节的无人化的智慧物流体系。

京东物流设计的核心就是减少商品的搬运次数，通过庞大的覆盖网络与首创的仓配一体模式等，已将商品搬运次数从5次降至2次，实现了90%以上的订单24小时内交付。此外，王振辉透露，继无人仓、无人机、配送机器人等的常态化运营后，京东物流的无人轻型货车、无人配送站点也将开始运营。2017年，京东物流SKU数量扩大到530多万个，日均订单上涨8倍，运营500多个大型仓库。

“我们在努力构建与商家、行业和整个社会共生的价值体系”。王振辉在演讲中特别重申这一观点。他表示，京东物流致力于为商家提供线上线下、全渠道、一体化的供应链服务，使用京东物流仓配一体化服务、订单渗透率超过50%时，商家销量增速为97%，远远高于POP平台46%的平均增速，配送时效普遍提升了两倍以上。

同时，绿色发展也是京东物流倡导重要理念，通过持续技术创新，京东物流在包装耗材、新能源设施、供应链作业流程及基础设施建设等方面不断进行低碳环保、节能降耗的探索。

未来3年内，京东物流计划将体系内几十万辆车替换为新能源车，并通过联动合作伙伴3年内减少100亿个一次性纸箱的使用。

——资料来源：Bianews 2017-12-11

案例分析

高效的物流配送效率让京东公司在与对手的竞争中脱颖而出。为了让自建物流成为京东持续有效的核心竞争力，京东公司也在不断尝试运用无人机、自动驾车车辆等新技术、新手段去完善物流体系，这对“京东速度”的追赶者来说无疑又增加了更大的挑战难度。

刘强东说：“京东公司有今天是因为敢打敢拼，肯干‘傻大黑粗’的活，一不小心将其他电商企业不愿意碰的物流配送做成了京东公司‘前端用户体验，后端成本效率’的核心竞争力，极速+良好用户体验，让竞争对手们望尘莫及”。

创造“京东速度”的背后，是大量的基础建设与资金投入，规模在当时的快递行业属于天量投资，这也是京东公司为何一直不盈利的重要原因之一。冒着持续亏损并被唱衰的风险，京东公司依旧毅然决然的持续投入，如果没有长远的目光与坚定的决心，肯定无法成就现在的京东公司。当最大的竞争对手阿里巴巴集团也将目光聚焦到自建物流配送这个方向的时候，其实已经证明了京东公司当初选择自建“最后一公里”的前瞻性。一直以来，自建物流配送被认为是刘强东个人的价值追求，但这也是京东公司对互联网时代商业趋势的成功判断。

问题思考

究竟应选择怎样的电子商务物流配送模式？它有哪些主要类型及其特征？在电子商务环境下，B2B/B2C/C2C物流模式怎样应用？其发展趋势如何？这些问题都是需要我们进行认真思考与分析的，也是构成本模块内容的主要理论知识点。

单元一　电子商务物流模式概述

在电子商务环境下，选择合理的物流运作模式已成为电子商务企业进一步发展面临的重大课题。目前，可供我国电子商务企业选择的物流模式主要有自营物流系统模式、共用物流系统模式、第三方物流系统模式、物流联盟模式等。

一、自营物流系统模式

1. 自营物流系统概述

作为电子商务运营的核心与关键，大多数电子商务企业对物流都非常重视。在传统产供销企业，物流被视为辅助环节，并不太受企业重视。但随着经济发展和市场竞争加剧，产品高速流转，为客户提供优质、快捷的服务成为企业生存与发展的重要因素，物流受到越来越广泛的关注与重视。电子商务的兴起，对物流服务提出了更高的要求，物流也成为电子商务兴衰成败的关键要素。

正是因为物流是电子商务运营成败的关键，所以企业对物流建设格外重视，在目前国内物流服务总体水平仍然偏低的背景下，不少电子商务企业选择了自行组建物流系统的方式。一般来说，自营物流系统分为以下几种情况。① 全能型。仓库、配送中心、配送投递队伍及设备一应俱全，就如同一个专业物流公司，从接受客户订单到将商品送达客户，整个过程均由自身独立完成。② 配送中心型。即建立配送中心，接受订单、货物分拣、打包配送等流程由自身完成，投派工作由专业物流实现。③ 混合型。自身也组建完整的物流系统，但只是服务于特定区域，其他区域仍然由专业物流公司提供服务。后两种模式在许多中小型电子商务企业应用比较广泛。

相比较而言，自营物流系统具有高效、简便等特征。同时，受资金预算等因素影响，自建物流配送系统虽然好用，但在服务范围等方面未必能与专业物流服务企业相抗衡。尤其是受传统观念影响，虽然许多电子商务经营者已经意识到物流服务的重要性，但对物流系统仍心存偏见，对其技术含量、合理规划、设备现代化、人员培训等心存疑虑，导致的直接结果是投入不足，自建物流系统无法跟上电子商务发展的需要。

2. 自营物流系统的优势

自营物流系统虽然费时耗力，但自建物流配送系统确实也有以下一些优点。

（1）可以根据企业实际情况建设物流系统，规模、投资容易控制。对一个新的电子商务企业而言，业务量不上规模，很难与专业物流公司达成比较好的服务价格。自建物流系统则可以根据企业的发展状况，分阶段逐步建设与完善。在电子商务创建早期，可以根据服务区域合理配置物流力量，将主要物流力量投放在重点推广区域，然后跟随公司的发展不断扩大物流服务范围，将物流投入与公司产出相搭配，最大限度地实现有效物流。

（2）可以自行操控物流系统，有效保证服务质量。对电子商务企业而言，交易、洽商、购买、支付等都是在虚拟环境下完成，顾客的消费体验比较有限，一切都是流程式操作，只要价格适宜、页面美观、网速快，很难进一步提升消费体验。因此，物流环节成为提升顾客满意度的关键之一，通过及时的送货，贴心的包装等服务，使顾客获得完美的消费体验。同时，物流人员是直接与顾客接触者，其一言一行、精神风貌等都会给消费者留下深刻印象，是公司形象的代表者，完全可以通过良好的服务宣传推广公司品牌形象。

3. 自营物流系统的不足

虽然企业自营物流系统有诸多优势，但是，企业自营物流系统也面临着不少困难，自建物流系统模式本身也有一些不足，比较突出的包括以下几个方面。

（1）建立一套完善的物流配送系统需要较大投入，在企业发展早期难以与电子商务企业的产出成正比。反过来说，物流配送系统必须要有相应的业务量来保证，否则，自行组建物流系统反而会加重企业经营负担。在我国，社会物流成本普遍偏高，物流费用在 GDP 中所占比例也远远高于发达国家，调查显示，对不少新建电子商务企业，自建物流配送系统的物流费用常常占企业成本的 30%以上，远远高于物流外包所产生的成本。因此，自建物流配送系统必须考虑企业的短期目标与长远规划，尽可能以较少投入获得最大化物流效益。

（2）专业化人才缺乏，自建物流系统存在专业障碍。物流作为商业活动的一个环节，越来越呈现出专业化的趋势。特别是近二三十年来，世界发达国家纷纷认识到物流的重要性，物流业在许多国家获得空前发展，使得现代物流配送体系成为社会分工的重要一环。在我国，由于物流业脱胎于计划经济体制，先天存在不足，其服务水准与社会需求有一定距离，使得一些电子商务企业选择自行组建物流配送系统，来迎接个性化消费时代的挑战。初衷虽好，除了成本考虑，专业化同样也是一大壁垒。

（3）自建物流配送系统可能在企业创建初期能满足物流需求，但是随着企业规模扩大和市场拓展范围扩宽而不胜其力。通常情况下，许多电子商务企业在早期将销售业务范围主要集中在某一区域，如同城或者同省，初具规模后再将业务扩展到其他地区。由于电子商务跨越地域局限的技术优势，在拓展过程中令物流感到吃力，物流配送系统服务难以跟上电子商务业务范围的不断增加。

二、共用物流系统模式

1. 共用物流系统模式概述

电子商务作为一种新型的商务模式，是互联网技术发展的应用成果之一。它开始于传统商务活动，以互联网技术为依托，利用 Web 平台，构建起全新的商务运作模式。因此，从本质上讲，电子商务和传统商务的最终目的并无区别，即实现产品销售，为企业创造利润，为顾客创造价值。它们之间的区别在于电子商务将传统的店铺与交易场所搬上了互联网，在这个虚拟空间里完成询价、比价、谈判等过程，直至达成交易，而物流则是实现交易的最后一步。

对企业而言，电子商务是传统业务活动的进步与延伸，在运作过程中，网站、信息系统等可能需要新建，但传统商务模式下的物流系统却可以承担同样的功能。特别是对一些大型生产销售型企业而言，拥有庞大的物流网络，健全的收、发、储、运的系统，执行电子商务物流只是业务的增加而已。因此，在不少拥有健全物流系统的企业，开展电子商务活动时会使用原先的物流系统，虽然电子商务对物流提出了更高的要求，但相比重建物流网络，电子商务与传统商务共用物流系统无疑是经济性选择。

采用共用物流系统模式的主要是一些传统大型企业，具有较好的物流基础，电子商务物流只是对旧系统的改造与升级。共用物流系统有以下几种形式。①完全共用型。即一套系统、一套人马，使用原来的场地与设备。主要适用于客户结构、销售区域无重大变化的情况，电子商务更像是对原有业务的电子化、信息化。②设立专门物流通道型。由于电子商务的地区覆盖范围更广，客户的要求呈现出个性化和少量化，这就需要改变传统物流模式，建立快速反应机制，及时响应客户需求。针对这种需求，企业可以设立电子商务物流组，按照电子商务物流的要求进行作业。③ 建立电子商务物流系统。电子商务对物流系统提出了更高要求，物流系统按照电子商务流程的需要进行规划与优化，可以提高物流效率，降低物流成本。因此，一些企业借助电子商务引入的契机，大力进行传统物流系统信息化、自动化、多功能化的改造，建设企业现代物流系统，适应未来市场竞争的需求。

2. 共用模式的优势

电子商务与传统商务共用物流系统的模式在一些大的传统生产制造型企业采用比较广泛，由于资源共享，自主控制，确实也有以下一些优点。

（1）无须重建物流系统，比较经济。对电子商务活动而言，只要解决好传统物流的改造问题，使之能够为自己的发展服务，便可最大限度地降低物流成本。

（2）由于是自己的物流系统，可操控性强，可以有效控制服务质量，对宣传、推广企业品牌比较有利。

（3）电子商务对物流提出了更高的要求，采用物流共用模式可促进传统物流的改造升级。优质高效的信息系统是电子商务物流的必要条件之一，但是传统物流往往重视不够，采用的仍然是手工登记、单据往来等信息交换方式，发展电子商务可以将物流技术与互联网技术相融合，建设信息化物流系统，从而提供高效、优质物流服务。

3. 共用模式的不足

电子商务与传统商务共用物流系统的模式也有一些自身的局限，势必对电子商务物流活动产生不利影响。

（1）物流所服务的产品结构相对单一，多采用少品种、大批量的物流输送方式，不适应电子商务物流需要。在计划经济时代，社会物流系统按计划、指标运作，主要是运输部门、商业储运公司，效率低下，满足率低，整个社会处于物流紧缺状态。一些大的企业只好自己组建物流系统，如车队、船队等，以满足企业自身的产、供、销物流需求。因此，物流所服务的范围比较有限；输送产品限于本企业生产制造，结构相对单一；物流输送的节点主要是大型经销商，少品种、大批量。随着经济体制的变革，这些企业物流逐步走向现代化、规范化，有的甚至对外开展物流服务，但在服务范围与产品上比较受局限。而在电子商务时代，个性化是显著特征，多品种、少批量是物流的新趋势，如何提供更广阔的覆盖范围，更为个性化的物流服务，是摆在传统物流模式面前的新问题。

（2）物流效率较低、服务质量落后。由于这种物流系统是计划经济时代的产物，建立初衷只是为满足企业内部需求。在传统经济体制下，服务意识、质量意识普遍落后，技术进步的积极性欠缺，一套物流系统数十年不变，往往落后于现实需要。电子商务是新技术的产物，快捷、反应敏捷是对物流服务的重要要求，传统物流模式下的条条框框、层叠架构等臃肿管理方式都会严重制约物流服务的效率。同时，传统物流的粗放式运营也直接影响物流服务质量，与电子商务所要求的精细化物流服务有较大差距。

（3）成本优势未必得以凸显。之所以共用物流系统，最大的考虑可能就是降低成本，发挥物流规模效应，但事实可能背道而驰。传统物流采用的是粗放式运营，不重视服务的广度与深度。电子商务要求的是精细化管理，服务需要个性与特色，快捷、准确是基本要求之一。但是在传统物流的臃肿运转模式下，如果改造不当，电子商务与传统不能较好融合，反而导致物流成本大幅提升，物流服务却没有预期中的改善。因为在共用模式下，要采取的是对旧物流的改造，既包括技术升级，设备更新，也包括人员观念的转变。

三、第三方物流系统模式（参见本教材模块四）

四、跨境电子商务物流模式（参见本教材模块一）

五、物流联盟模式

1．物流联盟模式概述

物流联盟是以物流为合作基础的企业战略联盟，它是指两个或多个企业之间，为了实现自己物流战略目标，通过各种协议、契约而结成的优势互补、风险共担、利益共享的松散型网络组织。物流联盟为电子商务物流发展提供了一种利益和风险共担的新思路。

（1）利益是物流联盟产生的最根本原因。企业之间有共享的利益是物流联盟形成的基础。物流市场及其利润空间十分巨大。在西方发达国家物流成本占 GDP 的 10%左右，而我国占18%～20%，如此大的市场与我国物流产业的效率低下形成鲜明的对比，生产运输企业通过物流或供应链的方式形成联盟有利于提高企业的物流效率，实现物流效益的最大化。电子商务企业通过与物流业的联姻可以实现纵向一体化，将各自利益捆绑在一起，获得更大的经济效益。

（2）大型企业为了保持其核心竞争力，通过物流联盟方式把物流外包给一个或几个第三方物流公司。如英国的 Laura Ashley 是一家时装、家具零售商和批发商，五十年间，从一个家庭为基础的商业企业发展到在全球 28 个国家有 540 个专卖店的企业。从 20 世纪 80 年代起，Laura Ashley 公司开始使用联邦快递的服务来经营北美地区业务，在 20 世纪 90 年代初，Laura Ash 面临着一个物流问题，即陈旧和集中的存货系统使公司在正常的基础上很难提供充足数量的产品，Laura Ashley 公司的仓储和供应网络会延迟送货时间，尤其在英国以外的国家。为了提升竞争地位，增加核心竞争力，Laura Ashley 公司决定与联邦快递（FedEx）结盟，外包其关键性的物流功能，如存货控制和全球物流配送。1992 年 3 月，公司将其未来 10 年内的总计 2.25 亿美元的全球物流服务项目外包给联邦快递公司。Laura Ashley 公司减少了一半的库存货物，减少了10%～12%物流费用。补货控制在 48 小时内，提高了产品的供货质量。尤其重要的是那些“易损”的产品也能得到可靠、频繁和准时的配送。

（3）中小电子商务企业为了提高物流服务水平，通过联盟方式解决自身能力的不足。近年来随着人们消费水平的提高，网上交易得到了迅猛的发展，这给物流业带来发展机遇的同时，也带来了新的挑战。因我国物流发展水平较低，物流设备、技术落后，资金不足，再加上物流区域按行政条块划分所导致的服务地域局限，很多企业尤其是中小企业不能一下子适应新的需求，于是通过联盟的方式来解决这个矛盾。

（4）第四方物流企业产生，通过其他物流企业尤其是第三方物流公司进行整合，形成比较完善的物流服务网络，服务质量、服务能力大大提高，解决了单独靠一家企业或第三方物流机构不能完成的问题。

（5）国际互联网技术的广泛应用使跨地区的物流企业联盟成为可能。由于信息高速公路的建成，使得世界距离大大缩短，异地物流企业利用网络也可以实现信息资源共享，为联盟提供了有利的条件。

（6）我国物流企业面临跨国物流公司的竞争压力，可以通过物流联盟的形式来应对。中国已经加入 WTO，这给国外的投资商带来无限的商机，具有巨大潜力的物流业让各国物流巨头虎视眈眈，世界最大的物流公司丹麦的马士基公司正全面进军中国的物流业，并在上海建立全国配送中心。面对如此强劲的竞争对手，我国的物流企业只有结成联盟，通过各个行业和从事各环节业务的企业之间的联合，实现物流供应链全过程的有机融合，通过多家企业的共同努力来抵御国外大型物流企业的入侵，形成一股强大的力量，共进退、同荣辱，才有可能立于不败之地。

2. 物流联盟的优势

组建物流联盟可以实现优势互补，为电子商务企业发展壮大提供契机。具体来说，有以下几方面优势。

（1）有利于开拓市场。大企业通过物流联盟迅速开拓全球市场，如 Laura Ashley，正是与联邦快递联盟，完成其全球物流配送，从而使业务在全球范围内展开。

（2）长期供应链关系发展成为联盟形式，有助于降低企业的风险。单个企业的力量是有限的，它对一个领域的探索如果失败了，损失会很大。如果几个企业联合起来，在不同的领域分头行动，就会减少风险。而且联盟企业在行动上也有一定协同性，对于突如其来的风险，能够共同分担，能减少各个企业的风险，提高了抵抗风险的能力。

（3）企业（尤其是中小企业）通过物流服务提供商，结成联盟，能有效地降低物流成本（据估计，通过联盟整合，可节约成本 10%～25%），提高企业竞争能力。由于我国物流业存在着诸多不利因素，让这些企业进行联盟能够在物流设备、技术、信息、管理、资金等各方面互通有无，优势互补，减少重复劳动，降低成本，达到共同提高，逐步完善的目的，从而使物流业朝着专业化、集约化方向发展，提高整个行业的竞争能力。此外，物流联盟有助于物流合作伙伴之间在交易过程中减少相关交易成本。物流合作伙伴之间经常沟通与合作，互通信息，相互信任和承诺，减少履约风险。即使在服务过程中产生冲突，也可通过协商加以解决，从而避免无休止讨价还价，甚至提出法律诉讼产生费用。

3. 物流联盟的不足

物流联盟也有自身缺陷，尽管结盟可以实现整体利益最大化，但是在具体环节上未必都能实现利益最大化，可能打击一些企业的积极性，使它们有随时退出联盟的可能，造成联盟的不稳固。进行横向结盟的企业，使分散物流获得规模经济和集约化运作，降低了成本，并且能够减少社会重复劳动，不足之处在于，必须有大量的商业企业加盟，并有大量的商品存在，才能发挥它的整合作用和集约化的处理优势。此外，各类商品配送方式的集成化和标准化也不是一个可以简单解决的问题。

相关链接

苏宁物流明确未来战略

2017 年 8 月 13 日，苏宁物流在开放三周年媒体通报会上明确未来战略：到 2020 年，苏宁物流要完成“基础设施航母编队建设”；将新建 40 座中大型仓库，100 个城市分拨中心，仓储面积新增 1 000 万平方米，航空物流突破 100 条，运输车辆超过 10 万辆；在农村和学校打造 10 000 个服务站点，自提点更是超过 50 000 个，快递点突破 30 000 个；构建“数据+无人”2 大智能生态等。

据苏宁物流集团常务副总裁姚凯介绍，苏宁物流经历了三大发展时期：从 1990 年到 2014 年为专业物流搭建期；2014 年到 2016 年为社会化物流开拓期，开启了 2B2C 开放产品的创新与研发；2017 年则进入智慧物流建设期，自动化仓储全面升级，数据驱动供应链变革等。与此同时，通过建立“仓储网、干支线运输网、末端服务网”三大网络，布局苏宁物流的“三网一平台”。

“以往的物流不流动，物流无法与零售真正形成生命共同体，苏宁物流通过物流全链条的改造，借助数据化的供应链服务，将物流懂零售这一特质发挥出来，做好连接，做好成本管控，做好用户体验”。姚凯说。

据悉，苏宁物流 2016 年社会化收入同比增长 320%，2017 年一、二季度分别保持 192%、152%的同比增长率。基于此，姚凯表示，苏宁物流预计 2017 年社会化收入增长率同比将超过 300%，并会在 3～5 年间保持高速增长。姚凯表示，2017 年，苏宁物流将从“供应链+”向“物流+”转变，拥抱零售和行业革命。

此次通报会上，苏宁物流重点发布了未来 3 年的服务生态战略。至 2020 年，苏宁物流将完成“基础设施航母编队建设”，包括新建 40 座中大型仓库，50 个城市分拨中心，仓储面积新增 1 000 万平方米。

围绕专业化、技术化、规模化，形成全链条的服务矩阵，打造仓储、运输、城配、跨境、冷链、售后 6 大专业化产品群。建构以数据和无人为中心覆盖大数据、仓储机器人、自动驾驶等形态的 2 大智能生态，探索未来物流的新模式。

进入三大服务生态的全面建设期，完成从自我效率提升转向社会协同效率提升的全过程，为跨行业、跨产业之间的开放协同提供技术和经验支持。

——资料来源：万联网　2017-08-14

单元二　B2B 物流模式的选择

一、B2B 电子商务物流概念

B2B 电子商务物流是在电子商务环境下的现代物流。具体来讲，是指企业间基于电子商务化和网络化的信息流、商流、资金流下的物资或服务的配送活动。B2B 电子商务物流区别于传统物流，这主要表现在三个方面：一是商业模式的合理性；二是科学应用的先进性；三是管理方法的科学性。B2B 电子商务物流具有几个明显特点和电子商务的特点相适应，分别为信息化、自动化、网络化、智能化、标准化、柔性化。B2B 电子商务物流的这些特点与电子商务的特点相呼应，体现了网络时代电子商务的要求。

结合企业间开展电子商务的实际情况，我们可以看到，在电子商务的环境下，对物流的要求与传统上的要求有着本质的区别。在传统商业模式下，对物流的要求往往不够严格，基本上只突出了低成本，多种运输方式选择性，运输货物安全，特定运输时效等方面的要求，与我们所谈到的电子商务下的物流有很大区别。相比较而言，后者的要求更加苛刻、严格，实现难度更大，对物流的基础设施、人员专业性、物流技术、信息工具的运用的要求更高。

二、B2B 电子商务物流需求特点

1．物流服务的稳定性

我们知道参与 B2B 电子商务的各方都是企业，在数量上相对于个人客户要少得多，并且相对集中，每次出货的频率相对较少，但是数量却很大。每笔订单从接单、采购、生产到仓储、运输、配送的环节时间都很长。但是，交易的内容和货品性质，要求都基本相同。所以，在物流上需要能够提供长期的、稳定的服务来满足其客户的要求。每笔订单的成败都决定了今后还有没有长期合作的可能。因而，对于买卖双方来讲，每笔订单的履行都很重要。由此看来，物流服务的稳定性至关重要，这也是 B2B 电子商务对于物流的首要要求。

2．物流递送的时效性

企业间的电子商务交易对象大多为生产、制造、销售急需的原材料、零部件，以及急于上架销售的商品。任何形式的延误都可能造成生产计划的落空，如生产线由于无料可供生产的暂时停止，没有足够的库存可供储存，或是错过了销售旺季造成利润减少，合同难以履行，以至于整个供应链的中断，会严重影响买卖双方正常的生产经营活动，给双方带来难以弥补的损失。所以，相对于普通的电子商务交易，B2B 电子商务物流必须要求有能够满足时效的解决方案。

3．物流法规的规范性

在 B2B 电子商务的交易中，往往会涉及大额的贸易合同，特别是对于外贸企业更是如此，每笔合同中都会严格地规定双方的责任、义务，其中对于物流运输的条款都会订立其中。这就涉及了运输过程中的责任和赔偿问题。这些问题，往往需要完善的法律和规范的法规。如果没有合适而规范的法规约束双方的权利和义务，分清责任，避免风险，一旦出现问题将无法可依，产生的贸易纠纷将无法解决，将会严重打击双方使用电子商务交易的积极性，不利于电子商务的发展。

4．交易各方资信的安全性

由于 B2B 电子商务的买卖双方是在线交易，双方没有经过面对面的谈判，或是经过任何的熟人引荐，是典型的信用交易。在实际运作中，由于相互之间不了解，没有建立过长期的合作关系，参与物流服务的各方在交易中都会存在戒心，担心对方的资信不佳而受骗。再加上合同金额很大，一旦资信出现问题，将会给一方造成致命的打击。客观上，在交易中要求各方的资信俱佳，交易要在安全的原则下进行；否则，一次出现问题，企业可能就不敢再继续进行电子商务交易，阻碍电子商务的发展。

5．物流信息的共享性

由于 B2B 电子商务全部是线上交易，电子化、数字化的特点使其具备传统商业模式所没有的优点，缩短了交易时间，降低了交易成本，使原本天南海北的交易双方能够在很短的时间内达成交易。但是，如果物流不透明，物流信息传递不通畅，信息不同步，将会使电子商务的优势大打折扣。因此，进行 B2B 电子商务，要求所有信息能够共享，特别是物流信息，时时更新的物流信息是电子商务信息中不可缺少的重要部分。

6．物流网络的全球化

在交易中，参与 B2B 电子商务的各方多处于不同地理位置，或不在一个国家的范围内，具有开放性和全球性特点。一个企业与处于不同国家地区的企业做生意，在文化、法律、观念、思维方式不同的条件下，很难做到心中有数。多数情况下，企业都不会在对方国家或地区建有分支机构或网络。但是客观上，与他们打交道，还必须要有强大的网络支持，保证物资准确、高效地运抵客户指定的地点。在这时，就要求物流的网络遍布全球，覆盖大部分的国家和地区。可以说，物流拼到高层次，就是在拼物流网络布局，这样才能满足电子商务的要求。

7．物流运营的灵活性

从 B2B 电子商务的特点上看，由于电子商务的进入门槛较低，包括大型企业、中小型企业、微型企业在内，都可以进行交易。对于中小、微型企业而言，其成交的交易可能金额不大，数量不多，所要求的时效也不是非常高，但要求物流成本非常低。在这种情况下，需要有灵活的物流运营流程和解决方案来满足中小、微型企业对物流的需求。根据不同的企业制订不同的业务解决方案，帮助他们降低成本，灵活地选择空运、海运、陆运等运输方式，整合运输资源，满足这一部分企业电子商务交易中的物流需求。

8．物流运输的可见性

从交易对象来看，B2B 电子商务的交易对象很多，并处于不同的地理位置。如供应商、制造商、批发商、零售商、运输商及银行等机构，由于他们对货物都直接或间接地拥有所有权，对货物所处的位置十分关心，需要随时掌握货物的流向或位置，需要物流具有可见性。交易各方可以随时在网站上，甚至在手机上查询到货物的位置，能随时根据货物的流向改变生产或销售计划，在网络化的今天至关重要。

三、交易平台在 B2B 物流中的对接作用

在 B2B 电子商务中，电子商务交易平台无疑是连接电子商务企业的重要载体和主要渠道，一方面，电子商务交易平台为交易企业提供供求信息；另一方面，现在越来越多的电子商务交易平台还为交易双方企业提供物流服务。目前，像知名的 B2B 电子商务平台阿里巴巴等，都开始为交易的企业提供物流服务。由于其物流服务的对象是在 B2B 电子商务交易平台上进行交易的企业，其物流模式的选择，也就代表着电子商务企业的物流模式选择，其对物流模式的选择是否合理和成功，将直接影响 B2B 电子商务物流的成败。

在电子商务交易平台上进行交易，选择电子商务交易平台提供的物流服务将是未来电子商务物流的发展趋势，这是因为，作为企业间电子商务的中间环节和主要渠道，电子商务交易平

台整合了交易本身和物流需求后，可以将整个交易过程无缝对接，将整个交易过程从交易到物流派送集成起来，为参与交易的企业提供便捷、高效的服务，其对接作用主要有以下几点。

（1）电子商务交易平台可以连接买卖双方，在提供交易平台的同时，为双方即时提供双方需要的物流服务，可以节省双方各自寻找物流解决方案的时间和精力，集中精力地从事好交易本身。

（2）由于交易平台上有数以万计的买方和卖方，物流需求量非常大，经过平台的整合和汇总，可以形成极大的物流采购能力，从而具有规模效益，使得物流采购成本降低，集成后的物流成本远远低于各个参与企业独自采购的成本。

（3）电子商务交易平台所提供的物流解决方案往往具有同质性，针对利用平台交易的双方的需求，提供长期的、稳定的物流服务。

（4）通过电子商务交易平台提供的物流服务，交易双方不仅解决了交易问题，还解决了物流问题，不需要企业另外去找物流服务企业，使得整个交易完整，易于控制，也减少了由于选择不同的物流方案而带来的延误。通过以上的分析，我们可以看到，由电子商务交易平台提供物流服务具有优势，可以方便平台上的交易双方集中精力进行交易本身的洽谈，只要交易平台选择的物流运作模式是合理的、高效的，必将使得交易的双方受益。

四、B2B 电子商务交易平台物流运作模式

一般来说，B2B 电子商务交易平台相对于 B2C 或 C2C 电子商务交易平台来说，客户订单要大。根据 B2B 电子商务交易特征，可供其选择地物流配送模式有以下几种。

1．企业自建物流体系模式

电子商务企业通过自建物流平台，投入资金建设自己的物流部门或物流公司，如京东商城、海尔物流等。由于 B2B 电商企业业务量相对比较大，比较稳定，供应区域相对集中，可以尝试自营配送，实行环城 BUS 式管理交付订单。如东莞厚街有很多鞋厂，如果一家 B2B 公司提供鞋材和相应的模具，完全可以实行 BUS 式供货。同样，在浙江嘉兴、海宁等单一工业制造业集中地方，也可以采用 BUS 配送模式。自营配送需要考虑物流成本和外包差异，能否容忍成本和服务质量之间的利益损失也是考虑范围。

2．第三方物流模式

与第三方物流公司合作，企业可专心于生产和营销，不参与物流的具体运作，如戴尔和惠普等。同时，部分电子商务企业根据实际情况也可选择零担包裹的第三方物流模式，如选择德邦物流、上海春风货运等物流运输企业，由于在一些主导城市和城市带，往往会选择零担包裹式运输，可能按照一个包裹多少钱来计算运费，这类企业包裹量一般比较多，业务量也很大，物流费比发快递要便宜不少，但需要对物流时效和送货质量进行严格监控。

物流企业采用委托代理的形式，运用自己成熟的技术为客户提供高质量服务。就现阶段而言，第三方物流是目前可以应用于实际的最佳物流模式之一，该模式不仅具有很多的优势，而且几乎适用于所有企业，特别是中小、微型企业，而我国 B2B 电子商务的特点又正是中小、微型企业参与居多，所以选择高水平的第三方物流企业合作的物流模式，是 B2B 电子商务交易平台物流的最佳解决方案之一，是解决现阶段企业 B2B 电子商务物流问题的重要选择。

3. 物流企业联盟模式

在电子商务交易的企业间通过签署合同形成优势互补、互信、共担风险、共享收益的物流伙伴，几家相关企业进行合作，优势互补，进行电子商务运作物流，如美国的道尔石油和美孚等企业的合作。

4. 第四方物流模式

区别于第三方物流，整合了电子商务交易供应链的全过程，协调交易企业、第三方物流企业和其他相关企业，实现供应链价值的增值，是最完美的解决方案。例如，坐落于上海金山区金山卫镇的上海新跃物流企业管理有限公司运营的“物流汇”，是一个整合并推动小微物流企业发展卓有成效的电子商务平台，通过提供信息化、专业化、个性化服务，帮助近 4 000 家（占上海物流企业总数的 30%以上）小微公路运输物流企业成长。目前，新跃物流汇面向物流企业的服务与产品已达 47 项；实体会员全部通过物流汇电子商务平台购买保险和向指定银行申请贷款；与中石油的合作已见成效，供油数量已由年初的每月不到 10 吨，达到了年底的每月 200 余吨，累计降低企业运营成本达 50 余万元；通过与银行的合作，累计为物流企业发放无抵押贷款近 4 000 万元，无一坏账。

相关链接

亚马逊式自营物流模式在中国走不通

英国《金融时报》2017 年 1 月 30 日报道称，中国电子商务淘金热汹涌之际，快递员成为掘金人。报道还表示大数据平台菜鸟网络引领快递业创新潮流，实现跨越式变革。其中，援引国际投行里昂证券观点认为，数据证明亚马逊那种自营物流的模式在中国行不通。

报道称，国际咨询机构 Armstrong & Associates 统计，全球物流市场价值 9 万亿美元，中国内地市场约为 2.2 万亿美元。其中，价值 435 亿美元的快递业是增速最快的一部分，复合增长率超过 30%。

随着低廉的快递费博得消费者的青睐，投资者也对快递业充满了兴趣。

“在某种程度上，中国的消费者是被宠坏了，”咨询机构 BDA 的董事长 Duncan Clark 说，“因为快递便宜，比起美国和欧洲，中国的消费者更偏爱网上购物。” Duncan Clark 说，中国平均每单快递费 1.9 美元（13 元人民币），美国则高达 5～10 美元，所以中国消费者买上半打套衫后退回五件也毫不担心。另外，走街串巷的快递员在马路边分拣包裹的现象屡见不鲜。

不过，快速变化的物流业正在消除这一场景。“变化非常快”。德勤中国物流和运输行业负责人 John Song 说：“一些高科技互联网公司大力投入在 IT 系统、大数据、自动化及最后一公里无人配送上”。

引领创新潮流的是菜鸟网络——技术驱动的物流平台，阿里巴巴持有其 47%的股份。不像自建物流的亚马逊等公司，菜鸟通过大数据协作网络，赋能给多家大型快递公司，方便快递员配送，提供更快更好的服务。目前，中国 70%的快递包裹运行在了菜鸟平台上。

菜鸟网络 CTO 王文彬表示，虽然起步较晚，但中国在快递领域实现了跨越式变革。他表示，中国市场更趋劳动密集型，同时面临一些问题，如邮政编码不准确、城市扩张导致新地址层出不穷等。菜鸟通过标准地址库和统一数字编码，减少了配送时间、成本和差错。其中，菜鸟推出的电子面单减少纸张印刷浪费，仅此一项2015年就相当于为行业节省10亿元。

全球咨询公司汤普金斯供应链咨询主管Jim Tompkins将这形容为“下单前竞争，下单后合作”。通过协作，菜鸟和传统快递企业能够达致更大规模。他说：“这真的很智慧，是终极的合作模式，你的包裹和我的包裹一起送出去”。这意味着利用数据，每分钟能运送更多包裹。“由此，成本下降，而快递的速度提升”。

王文彬表示，大数据还能帮助商家管理库存，通过智能分仓在消费者下单前提前布货。“通过前台（天猫和淘宝）的数据，我们还能准确预测，比如明天有多少包裹将发往上海。逐渐地，我们能为快递公司、仓配企业、商家和供应链管理公司提供端对端的预测”。

里昂证券分析师Elinor Leung指出，数据证明亚马逊那种自营物流的模式在中国行不通。她表示，亚马逊每天处理580万个包裹，有员工23万人；京东，亚马逊的模仿者，每天处理350万个包裹，有10万名员工。如果包裹量级提高到阿里巴巴每天数千万单，那么就需要雇佣100万的员工。而实际上，菜鸟只有1 000多名员工。

John Song认为，快递企业的进一步整合即将来临。咨询公司Armstrong & Associates总裁Evan Armstrong也指出，竞争仍十分激烈。他说：“主要的国际快递企业正花费巨资来建立他们在中国国内的快递网络，我们预期未来这个市场高速发展之时，将会有更多的投资进来，并将伴随更多的整合”。

——资料来源：新浪综合　2017-02-02

单元三　B2C物流模式的选择

一、B2C电子商务物流模式概念

B2C电子商务物流配送，就是信息化、现代化、社会化的物流配送，它是指物流配送企业采用先进的信息化技术，针对社会需求，严格、守信用地按用户的订货要求，进行一系列分类编配、整理、分工、配货等理货工作，定时、定点、定量地交给没有范围限度的各类用户，满足其对商品的需求。B2C电子商务物流配送的目的是为电子商务的客户服务，根据电子商务的特点，对整个物流配送体系实行统一信息管理和调度，按照用户的要求在物流基地进行理货工作，并将配好的货物送交订货人的一种物流技术。B2C电子商务从本质上集合了信息流、资金流和物流一体化的网上交易。B2C电子商务要进一步发展，物流是制约的瓶颈，B2C电子商务企业的物流运营模式的合理选择，是促进B2C电子商务持续发展的关键环节。

二、电子商务对B2C物流配送提出的新要求

电子商务既促进了现代商务活动交易方式的变革，也对现代企业的物流业务管理产生了巨大的影响。传统的零售业都是顾客亲自到商店购买，然后顾客自己带回所购商品，企业不存在面对终端环节的物流配送问题。而在电子商务环境下，企业可以借助自己的商业网站直接把商品销售给终端用户，当消费者确定要购买的商品后，商流、信息流和资金流都可以直接通过网络解决，这就使得电子商务环境下的消费者对所购买商品的可得性心理预期变大，相应地对商家配送的速度要求也就越高了。因此，B2C电子商务要取得长足的发展，必须要有灵活高效的

物流配送体系与之相匹配。具体来说，B2C 物流配送体系必须做到以下几点。

1．物流配送信息化

信息化体现在物流配送信息收集的数据库化和代码化，信息处理的电子化和计算机化，信息传递的标准化和实时化，信息存储的数字化等方面，只有实现了 B2C 物流配送的信息化，先进的技术设备才能应用于物流领域，才可能实现物流配送作业流程的自动化。因此，条码技术、数据库技术、电子订货系统、电子数据交换等技术必然在 B2C 物流配送中得到普遍的应用。

2．配送流程自动化

B2C 物流配送自动化可以扩大物流作业能力，提高劳动生产率，减少物流作业的差错等。自动化的设施非常多，如条码/语音/射频自动识别系统，自动分拣系统，自动存取系统，自动导向车，货物自动跟踪系统等。只有自动化技术的普及，才能快速地对 B2C 配送需求做出反应，并准确高效地把商品送到消费者手中，B2C 电子商务的优越性才能体现出来。

3．物流服务系列化

B2C 物流除了传统的储存、运输、包装、流通加工服务外，在外延上向上扩展至市场调查与预测，采购及订单处理；向下延伸至配送，物流咨询，物流方案的选择与规划，库存控制策略建议，货款回收与结算等。

4．物流管理柔性化

柔性化原是生产领域为实现“以顾客为中心”而提出的，但要真正做到柔性化，即真正根据消费者需求的变化来灵活调节生产工艺，没有配套的柔性化的物流配送系统是不可能实现的。它要求 B2C 配送中心根据消费者需求“多品种、小批量、多批次、短周期”的特点，灵活组织和实施物流作业。

小贴士

无人机快递

2013 年 12 月 1 日，美国零售巨头亚马逊公司在网站上发布一段视频。视频显示，用户在亚马逊网站下单后，亚马逊物流中心一架迷你无人机随即夹起内装货物的黄色小盒子，自行飞向目的地，不到 30 分钟后便把货物送到买家的家里。不过，根据美国联邦航空管理局目前的规定，不能用无人机来换取商业利益。管理局目前正修改相关条例，增加无人机商用的内容。

在中国，2013 年 9 月有消息称，顺丰快递公司正内测用“无人机”运载包裹。“无人机”已在广东东莞市松山湖地区进行了内部试运。

三、B2C 电子商务物流模式选择影响因素分析

1．B2C 电子商务物流模式选择的宏观影响因素分析

在网络购物环境下，分析电子商务企业物流模式的前提是充分分析、了解当前宏观影响因

素对电子商务企业物流模式选择造成的影响。通过对宏观影响因素的分析，有助于电子商务企业认清当前经济特别是物流业发展现状，充分应对存在的相关问题；有助于电子商务企业制订长期发展战略；有助于电子商务企业带动相关物流市场重新洗牌，促进相关法律法规的尽快完善出台。

（1）第三方物流业发展水平。第三方物流发展的不完善，已成为电子商务企业特别是 B2C 电子商务企业选择物流模式时所面临的主要问题之一。美国一所大学对第三方物流配送在电子商务中的应用研究结果表明，第三方物流配送已成为电子商务物流配送的最佳模式。国外的大多数电子商务企业通过与专业的第三方物流配送企业合作，完成配送业务。然而在我国，由于第三方物流发展的不完善，采用第三方物流模式在一些情况下并不能使得电子商务企业的物流配送业务顺利地完成。因此，第三方物流业的发展水平特别是配送业务的发展水平是直接影响电子商务企业选择物流模式的主要宏观因素之一。

（2）电子商务网络购物市场发展进程。电子商务与第三方物流之间形成的巨大差距，加速了 B2C 电子商务企业自建物流的步伐，然而自建物流是否是电子商务企业避免物流短板的唯一模式，值得电子商务企业思考。电子商务网络购物市场的迅速发展将促进第三方物流市场进一步发展完善，促进当前 B2C 电子商务物流市场的变革，间接影响电子商务企业物流模式的选择。

近年来，网络购物消费规模突飞猛进，网络购物的快速发展使得本已高负荷运作的快递配送物流业有些招架不住，并且未来几年网络购物市场会继续保持高速发展的态势，电子商务企业已经开始意识到，物流已成为制约电子商务企业扩大发展规模必须面临的一道门槛。

据中国电子商务研究中心（100EC.CN）监测数据显示，2017 上半年中国电子商务交易额 13.35 万亿元，同比增长 27.1%。其中，B2B 市场交易额 9.8 万亿元，网络零售市场交易额 3.1 万亿元，生活服务电商交易额 0.45 万亿元；中国电子商务服务企业直接从业人员超过 310 万人，由电子商务间接带动的就业人数，已超过 2 300 万人；中国快递业务营业收入为 2 572.9 亿元，预计 2017 年年底将达到 6 000 亿元，预计增长率为 49.8%。据中国电子商务研究中心（100EC.CN）监测数据显示，按 GMV 进行计算，2017 上半年中国 B2C 网络零售市场（包括开放平台式与自营销售式，不含品牌电商），天猫排名第一，占 50.2%份额，较 2016 年上半年下降了 3%；京东名列第二，占据 24.5%份额，同比上升了 0.3%；唯品会位于第三，占 6.5%份额，同比上升了 2.7%；苏宁易购排名第四，占 5.4%的市场份额，同比上升了 2.1%；国美在线位列第五，占 4.1%的份额，同比上升了 2.5%。其他平台包括 1 号店、亚马逊中国、当当、聚美优品等 B2C 平台占据整个市场的 9.3%份额。2017 上半年中国跨境电商的交易模式跨境电商 B2B 交易占比达 87.4%，B2B 交易占据绝对优势，跨境电商 B2C 交易占比 12.6%。

（3）现行的电子商务物流法律法规。现行的电子商务物流法律法规完善与否，对于出现在网络购物过程中发生的物流问题的处理有重要影响，而物流问题的处理水平既是电子商务企业要面临的问题，也是物流操作单位需要面临的问题，更是电子商务企业与物流操作单位合作展开业务活动需要面临的问题；物流问题的处理水平直接影响着网络购物客户的购物满意度及日后重复购物的消费欲望。因此，B2C 电子商务企业需要在客户满意度与物流经营成本之间进行权衡，选择合适的物流模式以满足企业目前的发展需求及战略发展目标。

国家邮政局作为邮政业管理部门，近年来高度重视快递物流与电子商务的互利合作、共同发展，出台制定了一些相关法律法规和发展规划。一是制定颁布了《快递服务行业标准》；二是印发了国家邮政局《关于贯彻落实物流业调整和振兴规划的实施意见》，出台了《促进电子商务配送业务的政策措施》；三是制定了《长三角、珠三角快递发展规划》，将电子商务业务列入区域快递发展的重点战略。随着法律法规的完善和政策环境的优化，快递物流对电子商务的支撑作用将进一步增强。但是依然存在着一些相关法律法规的执行得不到充分保障的现象，如快递公司经常会以收货人签字作为企业拒不赔偿或以很低的价格赔偿作为造成顾客商品损失的免责原因；快递市场鱼龙混杂，管理手段相对落后和滞后的经营管理模式导致了快递市场无序的混乱状态；快递公司采取分包的方式分派快递业务，快递员转单现象普遍，由于快递行业相关法律法规尚未出台，快递公司内部转单行为是否违法尚属法律空白，应该受到何种处罚暂时无法确定，但由此产生的风险却转移到了客户头上；很多消费者不了解相关纠纷的解决投诉办法，很多消费者有时会觉得不贵重的东西丢失只能自认倒霉等。以上这些现象表明，电子商务物流法律法规的不健全大大影响了消费者网络购物的满意度，一定程度上制约了价值较高、易碎等商品的网络交易。

2. B2C 电子商务物流模式选择的微观影响因素分析

电子商务企业是选择自建物流业务还是将物流业务全部外包给第三方或与第三方建立物流联盟关系不能草率，电子商务企业在对物流业务进行决策时，应当立足自身的实际需求和资源状况，以提高企业的核心竞争力和市场竞争能力为目的，综合考虑以下几方面的因素，谨慎选择适合自身发展需要的物流模式。

（1）物流模式的选择主体。B2C 电子商务物流模式选择的不同主体会对物流产生不同的要求，它是影响电子商务物流模式选择的前提因素，对待物流问题的侧重点不尽相同，会影响电子商务物流模式综合评价体系中各主要指标的权重。因此，对 B2C 电子商务企业类型进行分析具有重要意义。企业的规模和实力是电子商务物流模式选择主体的重要表现之一，它在一定程度上影响着电子商务企业对物流模式的选择，自建物流要求企业具有雄厚的实力，一般只有发展规模较大、实力雄厚的电子商务企业才具有自建物流的能力。而物流联盟模式相对来讲，需要几家电子商务企业与物流企业共同投入，对企业自身的规模和实力也就要求要低些。采用第三方物流的模式，对于企业而言要求最低。

一般来说，对于一些规模较大、资金充裕、货物配送量巨大的大中型电子商务企业来说，投资建立自己的配送系统，掌握物流配送的主导权，保障以客户为中心的经营理念，也是一种模式选择。这类电子商务企业由于实力较雄厚，有能力建立自己的物流系统，制订合适的物流需求计划，保证物流服务的质量。另外，还可以利用过剩的物流网络资源拓展外部业务（为其他企业提供物流服务）。而中小型电子商务企业则受资金、人员、核心业务、管理能力和资金投入的限制，如果物流业务量较小，反而会增加物流成本，降低物流效率，这些中小企业更适合把物流业务交由信誉良好的专业的第三方物流企业。

（2）物流在企业中所处的地位。物流在企业中所处的地位会因电子商务企业的不同而发生变化，一条完整的电子商务供应链是由供应商、电子商务企业、消费者及多个中间的相关企业构成，电子商务企业在这个供应链体系中占有重要的地位。商流、信息流、资金流、物流同时存在于电子商务供应链中。在信息高速发展的今天，商流、信息流、资金流可以通过电子信息技术手段实现并得到解决，相比之下物流必须还要通过传统的流通手段来实现，我国较落后的物流业已成为电子商务企业发展的短板，如何提高物流速度和物流服务水平已成为电子商务企业不得不面对的问题。物流处于电子商务交易过程中的最后一个环节，物流的成功与否直接影响着电子商务企业的市场竞争地位，电子商务企业要解决物流问题。首先必须清晰地认识到物流在企业发展过程中的定位问题，近年来自建物流的 B2C 电子商务企业越来越多，然而企业发展物流的重点究竟是什么？究竟物流的存在是为了降低成本还是企业达到促销的一个手段？提升物流服务水平在促进电子商务企业销售的同时，是否同时也降低了物流成本还是提高了物流成本？促销带来的利润是否足以弥补提高物流成本的损失？提升物流服务水平是否是企业长远发展的奠基石？这些问题归根结底，是要电子商务企业意识到物流对企业竞争能力的贡献程度如何，企业对物流的控制力有哪些要求，这是每个电子商务企业需要认真思考的问题。

（3）物流系统总成本。成本与费用是影响企业物流策略的又一重要因素，电子商务企业在选择物流模式时，必须清楚各种模式下物流系统总成本的情况。一般来说，每个特定的物流系统都包括仓库数目、区位、规模、运输政策、存货政策及顾客服务水平等构成的一组决策。

（4）物流服务能力。在选择物流模式时，虽然考虑总成本很重要，但是不同物流模式下为电子商务企业，以及电子商务企业所面向的顾客提供服务的质量也是选择物流模式需要考虑的重要因素之一。物流服务能力一般主要包括基础服务能力、信息服务能力、柔性服务能力和增值服务能力四个方面。基础服务能力主要通过交付能力（准确、及时、有效地将货物送达到客户指定位置的能力）、货物破损率、前置时间（客户下达订单到收到货物所需的时间）、供应能力（满足客户所需产品或服务的能力）、缺货率及订单履行率等指标来进行衡量和评价。信息服务能力主要通过信息的时效性、信息的准确性、信息系统的覆盖率、信息系统的先进性等指标来进行衡量和评价。柔性服务能力主要通过时间柔性（物流服务商对客户时间需求变化的响应能力）、物流系统柔性（物流服务商物流系统对市场需求变化的响应能力）等指标来进行衡量和评价。增值服务能力主要通过增值服务的项目、增值服务的内容、增值服务的水平等指标来进行衡量和评价。

（5）合作风险。任何一个企业都离不开企业间或企业各部门间的合作，进行风险评估对现代企业选择合作伙伴具有重要意义。同样，电子商务企业选择物流模式时，也需要面临企业间合作或部门间合作的问题，与其他企业、部门合作能力的高低，对企业能否选择适合的电子商务物流模式具有重要影响，特别是当电子商务企业采用第三方物流模式时，由于将物流业务外包给第三方物流企业具有很大的不确定性，会给电子商务企业带来巨大的风险。

相关链接

智能快递及仓储配送共创电商物流协同新项目

在试点工作中，出现了一批具有很强自主创新能力的企业，通过核心的数据软件系统和现代化的设备，降低了物流快递的成本，提高了物流效率，优化了用户体验，有效地解决了制约电子商务发展的物流快递发展瓶颈问题。

仓配拣一体化的专业物流配送体系

浙江网仓科技有限公司专业为电商提供仓配拣一体化服务。公司建立了一万平方米的仓配一体化中心，借助网仓科技自主研发的智能仓储管理系统，电商企业只需通知生产企业把货发到仓库，通过与天猫、淘宝等大型电商平台直接对接的数据软件系统，网仓提供包括验货、上架、拣选、包装、配送、退换货等一体化服务。网仓还与快递企业合作，在仓配一体化中心特别规划建设了自动分拣流水线及高效建包中心，货物在出仓前就已经完成分拣及包装，快递企业接货后不用再分拣，可直接进入干线配送，为电商企业有效节约了仓储和快递成本。杭州有22家快递企业参与到仓配一体化试点项目，集聚600余家网商，自试点开展以来，初步统计有3 600余万件快递由分散寄件改为集中寄件，降低快递成本20%左右。“我们现在采用的网仓2

号管理系统，实现了完全自动化的分拣，哪个包裹该到哪个流水线，送到哪里都是系统操控的。而且系统对整个仓库有一个最优路线规划，拣选人员怎样操作用时最短，效率最高，系统都有提示。”浙江网仓科技有限公司市场经理赵磊告诉记者，目前在拣选方面效率至少提高了40%。传统电商仓库打包时需要三个步骤，包括清点、包装、核对。网仓科技则把三个人的步骤完全合成一个人的步骤，由于快递订单和托盘是绑定的，员工只需要扫描一下托盘上的条码，这个包裹所有的信息都可以显示到电脑屏幕当中，这样扫描的过程就是一个核对的过程。通过这个方法可以减少两个人的人工成本，效率可以至少提高一半，差错率降到最低，只有万分之一。

目前，网仓已在广东、河北、四川等各地设立11个分仓，未来两年，将完成对全国电商战略要地的布局。“我们要把网仓做成一个生态化的系统，有四个体系：一是网仓，专门做系统；二是网配，干线物流；三是网柜，智能快递柜；四是网建，建仓，做仓库规划和设计。”赵磊说道。

数据显示，“双十一”期间，网仓科技体系下12个仓库（不包括跨境电商仓库）参与“双十一”活动发货，多仓联动作战，不到3天时间即完成320万个订单的发货量，并且未出现爆仓现象，如此强大的分拣配送功能为ARTKA阿卡等销售量极大的“淘品牌”解决了后顾之忧。

高效协同的B2B2C采购新模式

浙江云之涞网络科技有限公司正在创新和实践一种电商与物流高效协同的B2B2C的新模式。通过自主研发的管理系统和自建的物流仓储配送体系，采用网格化布局，云之涞为杭州超过8 200家便民小店提供全新的采购服务，出现了我们在杭城大街小巷经常看到的一只红色的小蚂蚁——“云蚂蚁”便利店。

云蚂蚁项目以云蚂蚁购物商城为线上服务平台，以加盟形式进行云蚂蚁服务站铺设，并通过转运平台的搭建来打通物流转运环节，使线上购物消费和线下服务体验得到融合。云蚂蚁不仅是一个网上购物商城，同时还是一个大型综合服务平台。目前，在云蚂蚁便利店和社区服务点已基本开通代收快递、网订店取和送货上门等服务。“因为现在传统快递业配送成本还是很高，如送到家里人不在，快递员还要送第二次。那我们现在让‘云蚂蚁’便利店遍布全城，在每个店里都设了代收快递的点，人家下班了随时去店里取就可以了。”浙江云之涞网络科技有限公司董事长郭少军介绍说。

订货方面，小店再也不用像以前一样开个三轮车到批发市场一样一样地拿货，只要通过云之涞公司的“云蚂蚁”网络平台进行网上订货，所有在当天下午四点前下单的货品，都会经由生产厂家的大物流配送到平台的分拣中心，并在三小时内配送到中转仓，第二天即可配送至散布在城区各个角落的小店。该模式的高效运作，使这些小店进货更快更方便，而通过直接向上游供应商集中采购，进货价格比原有渠道下降20%左右。进货渠道做到了可追溯，既方便政府监管，又能保证居民消费品质。另外，该平台提供面向消费者的网上商城，依托这些小店提供网订店取或送货上门服务。“比如说你公司要开一个会，需要一箱矿泉水，在网上商城下单，我们会直接让离你最近的云蚂蚁便利店配送，保证一小时内送到。”郭少军告诉记者。

目前，除了杭州，云之涞公司还在上海、江苏、湖南、宁夏、内蒙古、河南、河北、四川等省市开设了“云蚂蚁”项目，郭少军透露，接下来还会在宁波、舟山、台州、金华等地同步开展云蚂蚁项目，直到把“云蚂蚁”便利店的杭州模式复制到全国各地。

——资料来源：国际商报　2016-04-11

四、B2C 电子商务物流模式

1. 采用邮政特快专递（EMS）服务的物流模式

实现电子商务的企业或商家从网站或虚拟网站上获得消费者的购物清单和家庭地址等信息，然后到附近的邮局办理特快专递手续将商品寄出，消费者收到邮局的取货通知后，或到所在地邮局将商品取回，或由邮递员直接将商品送到顾客家中。采用 EMS 方式具有方便、快捷的特点。但是这种方式存在以下问题。首先，EMS 服务收费偏高，如果这部分费用由企业或商家负担，则其经营利润会大大降低；如果由消费者承担，则对于小件低价商品，消费者肯定难以接受。其次，EMS 很难保证消费者在期望的时间内将商品送到。

2. 网站自建配送的物流模式

企业或网站在各地的网民密集地区设置自己的配送点，在获得消费者的购物信息后，由配送点的人员将商品为消费者送货上门。这种物流模式可以满足消费者“即购即得”的购物心理需求。但它也存在如下的问题。首先是配送点的布局，人员的配备数量，商品的库存量等很难合理地确定。其次，由于要满足用户的即时需求，对配送时效有严格的要求。很显然，高配送费用需要更大的商品配送规模。

3. 借助第三方物流企业的模式

第三方物流就是电子商务主体将一部分或全部物流活动委托给外部的专业物流公司来完成。物流公司本身不拥有商品，而是与企业或商家签订合作协定或结成合作联盟。采用这种物流管理方式，将商品送达消费者的时间比前述两种方式都要快，而且服务是专业化的、多功能的和全方位的。但是如果送货量太小，送货费用一般比 EMS 服务还要高。这种管理模式要求专业物流公司要在基础设施、人员素质、信息系统等方面加强建设。

4. 网站与传统商业结合的模式

传统商业特别是连锁经营商业具有得天独厚的资源优势，丰富合理的商品种类，高附加值的服务，高效的配送体系等，这些正是电子商务主体所欠缺的。电子商务与传统连锁经营的结合能够充分发挥二者的优势，实现资源共享，优势互补。

5. 共同配送模式

在 B2C 电子商务目前状况下，由于市场竞争，各配送中心为开拓自己的市场，竞相建立自己的物流网络和相关设施，这就不可避免地造成重复建设、资源浪费的现象；而另一方面，一些地区又存在着配送设施不足的情况。上述这些问题对现代运输和物流提出了相当严峻的挑战，而共同配送是提高物流效率，解决上述问题的有效途径，是物流发展的新方向。共同配送是物流配送企业之间为了提高配送效率和实现配送合理化，以互惠互利为原则，互相提供便利的物流配送服务的协作型配送模式。

单元四 C2C 物流模式的选择

一、C2C 物流配送模式概念

所谓 C2C 电子商务物流配送，是指物流配送企业针对客户的需求，进行一系列分类、编码、整理、配货等理货工作，按照约定的时间和地点将确定数量和规格要求的商品传递到用户的活动及过程。

近年来，随着电子商务行业的快速发展，我国网络零售业取得了显著的发展成效。据我国电子商务研究中心统计，2017 年上半年我国网络零售交易额达到 3.1 万亿元，与 2016 年上半年的 2.3 万亿元相比，同比增长了 34.8%。在 B2C 和 C2C 两种主要电子商务类型中，C2C 占据了大半份额，C2C 电子商务的发展将是未来网络零售业发展关注的焦点。淘宝网作为亚太地区最大的零售商圈，在我国 C2C 市场中占有 60%左右的份额。目前，我国 C2C 网络购物系统由卖家、C2C 电子商务平台、买家、第三方支付平台和物流公司五大部分共同构成。在这个系统中，包括商流、信息流、资金流、物流等四大模块。其中，商流、信息流和资金流获得了突破性的进展，已全面实现电子化作业，而物流问题尤其是物流配送问题层出不穷，成为了制约我国 C2C 电子商务发展的一大瓶颈。

二、C2C 电子商务物流配送特征

1. 客户（买家和卖家）分布分散

互联网的无边界性特点导致了电子商务客户区域的分散与不确定性，但过于分散的配送网络则不利于物流企业集中配送降低成本。C2C 电子商务的买家、卖家分布在全国各地，可以说，几乎凡有互联网覆盖存在的地方，就有可能存在 C2C 电子商务的客户。由于 C2C 电子商务客户分布过于分散，当前我国现有的第三方物流企业（中国邮政除外）很难具有如此大的市场布局，同时在这方面也很难实现盈利，这是现在很多第三方物流企业不愿将快递业 C2C 业务纳入其主营业务范围的重要原因。对于很多第三方物流企业而言，C2C 类型的配送业务仅是他们用来扩大市场范围和影响力的一种手段或方式。

2. 第三方物流公司配送布局分散，重复布局现象严重

目前，我国尚没有建立公共的第三方物流信息平台，这是目前我国第三方物流（快递）行业发展的重要瓶颈。相关资料显示，大部分第三方物流公司（快递公司）一般根据自身的业务范围划定业务活动区域，往往会在同一小区范围内同时出现多家的第三方物流公司的业务代理点，从社会资源的角度考虑，这造成了资源浪费。

3. 单笔交易数额较小，卖家很难降低物流成本

目前，C2C 电子商务网络购物的单笔交易额较小，主要集中在 1 000 元以下，体现为一对一的单向物流过程。也就是说，一般是卖家将每天达成的交易商品集中送到快递公司，卖家根据买家的要求进行填单包装，由快递公司经其分拣中心处理后，根据客户要求将商品送至买家

手中。由于单个卖家的日均配送数量很小，其很难与快递公司形成稳定的客户关系，卖家在快递公司面前的谈判砝码很小，这造成了配送成本长期居高不下，很难实现规模效益。

4．卖家的道德风险

卖家在代理物流时有可能产生不能使买家利益最大化的行为。这类行为可分为两种，一种是物流成本最小化，指在交易过程中，夸大商品的物流费用；另一种是物流委托的逆向选择，指在选择物流代理人的过程中，卖家出于自身的利益，不选择最好的物流代理人，而选择报价最低的物流代理人。

从目前 C2C 电子商务的价值链实现流程看，卖家的道德风险产生根源是 C2C 电子商务价值链中物流价值的实现机制。首先，买家在物流完成之前，没有商品的具体信息，特别是和物流费用衡量方面的信息，如物理体积、包装要求等，所以在物流费用的确定上卖家占据强势。由于竞争激烈，卖家有压低商品价格吸引买家，夸大物流费用弥补收益损失的动机。其次，卖家在寻找物流代理人时，由于物流的效率最终由买家受益，而且出现问题时可以把责任推给物流商，再加上现有的卖家信用评价机制一般不包括由于物流引起的对于卖家的差评，所以作为在一定约束条件下寻求自身利益最大化者，会导致物流委托的逆向选择，对于买家来讲，也属于卖家的道德风险问题。

三、C2C 物流配送模式的主要影响因素

我国 C2C 电子商务起步晚、起点低、物流管理水平比较落后，目前的物流配送模式难以满足现阶段 C2C 电子商务迅猛发展的需求。因此，为选择与我国 C2C 网站自身特有特点相适应的物流配送模式，我们需要从影响 C2C 电子商务物流配送模式的若干因素加以考虑。

1．网络平台

无论是产品采购、销售、配送，还是售后服务，我国 C2C 网店都离不开现有电子商务网络平台的强力支撑。可以说，一个具有完善物流技术和良好经营理念的网络平台是 C2C 网店能够做大做强的强力后盾。在我国，一个较好的网络服务平台不是一蹴而就的，需要企业从多个层面上着手进行建设，主要条件包括高速有效的信息搜索引擎，便捷、经济的 C2C 互动交流工具，安全、可靠的第三方支付保障平台，以及产品售后高效物流配送的第三方物流企业。只有具备了以上条件，才可保证在整个网络购物交易过程中为顾客提供全程便捷的服务，满足顾客的多样化需求。因此，网络平台是我国 C2C 电子商务企业在选择物流配送模式时需要重点考虑的因素。

2．第三方物流企业

物流问题一直是我国电子商务行业前进步伐的一大瓶颈问题，尤其是对我国 C2C 电子商务企业而言。由于我国 C2C 电子商务企业存在“小、散、弱”等特点，企业之间的管理水平参差不齐，也较少发生交集，卖方没有能力依靠自身的力量成立自己物流组织或企业，而必须把自己物流业务委托于第三方物流企业完成。由此可见，第三方物流企业是 C2C 电子商务企业不可小觑的模块，也是满足顾客目标服务水平需要考虑的关键因素。

3．消费者偏好

据统计，消费者对网上购物产品的送达时间有独特的偏好。一般来说，消费者对不同区域的产品要求不同，同城产品要求 1 天送达，国内产品要求 3～5 天送达，国际产品要求 7～10 天送达。而且，相对价格而言，消费者往往对产品送货有时效性要求。市场调查显示，针对于有质量保证的同一款产品，消费者往往倾向于选择送货时效性更好而不是价格更低的电子商务企业。因而，我国 C2C 电子商务进行物流配送时要注意货物送达的时效性。

4．交易过程依赖性

C2C 网络购物的交易过程要经历信息搜集、洽谈、订购、支付、递送、收货、反馈等环节。其中，信息搜集要依靠搜索引擎，高速有效的搜索引擎是网络平台的基本服务内容，如果网上商店希望自己的网店得到更多的青睐，最好的办法是在搜索排名中居于前列。洽谈环节需要网络平台为双方提供点对点的交流工具，如淘宝网提供的 Web 旺旺和阿里旺旺，其中阿里旺旺还提供了聊天记录的保存功能，为解决纠纷提供了证据支持。支付过程一直是网络购物的难点，第三方支付工具结合银行提供的网上支付构成网上支付工具，不仅成为支付平台，而且因为其居中的权威性，解决了买卖双方的信用缺失，提高了交易成功率。C2C 电子商务的物流完全依赖社会性的第三方物流来承担。从以上可以看出，C2C 电子商务的交易过程对网络平台的依赖性之大。

5．价格敏感度高

C2C 电子商务的单笔交易额较小，网上交易拼价格尤甚于传统商业企业，由于交易批量小，交易额小，物流递送价格直接影响到商品的销售成本。

四、C2C 电子商务的物流模式

1．物流联盟模式

所谓 C2C 物流联盟，是指电子商务网站与邮政、快递等物流企业组成的物流产业链，电子商务平台在其中扮演产业链的中枢角色，对各方面的物流资源进行合理而高效的整合与利用。

作为当前国内最大的网上安全交易服务提供商，支付宝率先与相关物流企业进行合作。2005 年 6 月，支付宝与天津大田集团和宅急送共同成立了我国第一个电子商务第三方物流联盟，解决物流瓶颈问题，打造适合电子商务发展的现代化物流模式。

整合物流之后，支付宝在“全额赔付”制度的基础上，2006 年又推出“推荐物流赔付制度”。在支付宝交易过程中，卖家在交易中直接使用支付宝系统，用下订单的方式选择由支付宝推荐的物流服务，享有支付宝与推荐物流公司商定的相应理赔内容，即对物品在运输过程中的遗失、破损及非本人签收给客户造成的损失，给予相应的赔偿。进一步强化了对买卖双方的利益的保障。

建立物流联盟模式的基本条件是第三方物流的成熟。目前，在我国，第三方物流发展迅猛，国外的物流大鳄，中国邮政的 EMS，以及大量出现的民营快递公司齐头并进。同时也有越来越多的问题暴露出来，如入市门槛低，服务网络覆盖率不高，物流过程跟踪难度大，服务质量差，纠纷解决难等。在这样的情况下，物流联盟模式作为一种较为先进的电子商务物流模式是一种选择，但如果是仅依靠平台网站建立起来的物流联盟模式，在现阶段其本身就存在着很大的风险，也很难独立承担起 C2C 电子商务物流的任务。外资物流企业和中国的民营快递在全国范围内的网络布局远未完成，要完成物流任务，必须与其他物流企业进行合作，增加了服务难度和成本，风险可控性差。中国邮政的 EMS 却因为价格较高，很难被对成本十分敏感的 C2C 电子商务作为首选，充其量只能作为备选方案。

2．便利店模式

便利店模式来自于日本的 7-11 公司的服务模式，即充分利用分布于各居住区的便利店完成物流快递的最初和最后一公里，让便利店成为物流快递公司的接货起点与终点送达手段。这样既可以极大地降低或减少物流快递公司的配送成本，又可以使原有的便利店资源得以充分发挥作用。尤其是对上班族来说，便利店送达可以减少因为上班错过送货时间的机会。

采用便利店模式的前提条件是便利店的网络化，充分利用信息平台把便利店网络与物流快递网络，网上商店电子商务平台网络等整合起来，实行网上网下联动。在我国，全国范围内统一的便利店系统始终未能形成，如果利用散落的便利店，势必不能充分利用信息平台进行资源整合，便利店模式的优势也就不存在了。

3．物流代理模式

物流代理是指物流渠道中的专业化物流中间人，它们以签订合同的方式在一定期间内为其他公司提供所有或某些方面的物流业务服务。

对 C2C 网络购物的卖方来说，它们面对日趋激烈的市场竞争，不得不将主要精力放在自己的核心业务网络营销上，而将物流环节交由专业物流企业进行操作，以求节约和高效。物流快递公司分析比较操作成本和代理费用，灵活运用自理和代理两种方式，提供客户定制的物流服务。

在卖家难以有力量去选择和监督物流快递公司的运作过程时，选择如意运输这样的专业物流代理，开展对物流快递公司的综合性分析和评价，在经过充分比较后选择适用的物流快递公司作为自己的合作伙伴。

4．指定或推荐物流模式

在 C2C 电子商务平台上开设的网上商店，规模大小差异很大，在其与物流快递公司的合作过程中，店大欺客和客大欺店的现象并不少见。为了减少物流成本的差异性，提供网上商店的物流服务质量，电子商务平台或网站应该充分利用自身的优势，与规范的专业化的物流快递公司建立战略合作伙伴关系，向全体网商推荐这些物流快递公司，鼓励网商使用合作的物流快递公司的物流服务。

由于平台的加入，可以有能力（集众多网商的需求）进行服务招标，C2C 网上商店的卖方可以自愿选择是否采用平台推荐的物流快递公司，如果采用了平台推荐的战略合作伙伴，就可以享受到相应的物流服务。实际上，目前 C2C 网上商店卖方也自发地与大大小小的物流快递公司形成一定的合作关系，如货款按月按量结算，量大优惠等，只不过这种合作的规模很小，很不稳定。

相关链接

我国跨境电商发展存在的问题

当前我国跨境电商发展存在如下一些问题。

（一）管理体系不完善

跨境电商的快速发展，对平台、物流、支付、通关等环节提出了新的需求，“便利、快速、联动”成为关注的重点。管理体系完善是解决跨境电子商务通关便利化的焦点，但当前监管和通关仍落后于跨境电商发展的需要，口岸单一窗口的管理体制机制建设不完善。据统计，目前我国政府参与跨境电商管理的部门有16个之多，彼此各建数据库，监测系统，监管体系间缺乏沟通，管理分散；涉及海关、国检、国税、外管局等多政府职能部门各自为政，使企业无所适从。跨境电子商务的物流通关效率低，运作成本相对较高。标准规范可操作性不强，往往导致市场秩序处于混乱状态。当前，我国跨境电商出口主要以中小额交易为主，跨境零售的零散化、碎片化问题突出，监管难度大，物流效率低、成本高，通关管理工作烦琐。相关制度体系不严，网购中经常出现以次充好，甚至以“代购”、瞒报、化整为零等手段逃税避税，这些弊端严重阻碍了我国跨境电商的进一步发展。

（二）法律法规不健全

跨境电商是商业模式的变革，这种新型商业模式的出现对我国传统法律体系提出了新的要求。但当前在海关、检验检疫、税务和收付汇等方面仍然沿用传统贸易方式的法律法规，已无法满足跨境电商的需要。跨境电商信用评价体系缺失，诸如在通关方面的法律条文规定不规范，交易环节操作普遍缺乏合同文本、购物凭证或服务单据，这很容易引发纠纷问题。而一些法律条文又没能与发达国家接轨，往往导致监管难度加大。从当前跨境电商的法律问题看，最突出的仍然是涉及商品质量的监督和维权问题，由于法律体系不健全往往导致跨境消费者权益保护不足，一些网络欺诈、假冒伪劣的交易行为极大损害了消费者的跨境消费权益，严重影响了我国跨境电商的声誉。

（三）跨境电子支付面临制度性困境

支付结算是跨境电商交易的核心环节，传统贸易的结算主要是通过美元的中间环节转换来实现的，而在缺乏正常报关途径的情况下，跨境电商很难通过这种正常渠道结算。所以跨境电商一般都通过第三方支付行业来实现结算，如支付宝、易宝支付、钱宝、京东网银等。这些第三方支付行业虽然发展势头很好，但是面对通关、退税等跨境的复杂业务问题，也制约了跨境支付的开展。目前，美国第三方支付系统PayPal能够支持100多种货币支付，覆盖全球203个国家和地区，成为全球市场规模最大的在线支付工具。而我国国内金融机构及支付企业，国际化程度均较低，国际影响力小，服务能力不足，尚未被海外电子商务企业、买家普遍接受。

（四）跨境物流滞后

对于跨境电商发展来说，物流是保证商品在全球市场自由流通的保障。目前，我国的跨境物流存在着诸多问题。首先，是成本高的问题。我国物流成本一直占GDP总量的15%以上，相比于发达国家的10%以下，这个数据明显高于发达国家，物流成本居高不下成为跨境交易面临的最大“瓶颈”问题。其次，跨境物流系统不发达，没有形成一条完善的电商物流供应链体系。在信息流、资金流、物流、用户流等整个供应链体系中，跨境物流处于核心环节，但现实是物流并没有融入到进整个体系之中，甚至与其他环节是割裂的。目前，我国跨境物流多以第三方物流模式为主，52.8%的商户要依赖于国外的物流分配中心，零售商品的物流多以小包业务靠邮政渠道和依赖国际上的快递公司来实现。这些公司占据了70%的国际快递市场份额。国际物流业正向着信息化、综合型和一体化方向发展，但我国物流业目前却存在着成本高，效率低及服务不到位等问题。跨境物流主体较为分散，缺乏有实力大公司主导，对于零售物流来说，物流配送速度慢，时间长，全程追踪监督能力差，退换货难度大，跨境包裹破损甚至丢包等问题突出。除自身这些问题外，跨境物流的清关障碍是另一个制约因素，在通关过程中，由于各国海关政策不同，对进出境货物审查也不同，有些国家海关申报手续烦琐，申报时间长，费用支出高，商品被滞留导致消费者无法按时收货。真正实现跨境交易与购物便捷迅速高效，提高物流企业内功和海关效率是需要解决的根本问题。

（五）跨境电商企业的品牌竞争力不强

2014年以来，跨境电商进入3.0时代。在这个时期，虽然网络渠道和网络营销推广依然重要，但结合传统资源，从柔性供应链和多渠道运营状况看，品牌国际化战略深入到跨境电商各系统中已是必然趋势，实施品牌战略将成为跨境电商的新起点。近年来，随着跨境电商在市场、体制方面的不断成熟与完善，红利期“卖什么都赚钱”的时代不会再现。未来跨境电商的发展，只有品牌与服务才是王道。说到底，未来的跨境电商竞争仍然是品牌之争。一方面，近年来我国虽然积极参与跨境国际分工，但仍然处于分工中的下端，产品品牌认知度低，无品牌资质，又找不到品牌授权，已经成为我国跨境电商中小卖家普遍面临的难题。产品同质化，滥打价格战，忽视品牌、质量、服务意识的建设，这必然造成跨境电商发展的后继乏力。另一方面，跨境电商企业出售的商品，大多为简单加工产品和初级产品，主要集中于衣服、箱包、食品、电子产品等个人消费领域，高新技术产品、高附加值产品不多，这些商品的可替代性较强，缺乏真正的全球市场竞争力。

（六）跨境电商人才稀缺

跨境电商行业的不断发展，带来了企业对电商人才的渴求问题。当前最突出的是电商复合型人才急缺问题。当海外业务占比60%以上时，企业更看重外语能力和掌握平台知识的复合型人才，但现实情况是，企业不缺少单一的纯技术性人才，缺少的是真正能够具备综合能力的业务人才。虽然每年高等院校向企业输送了大量的国际贸易专业和电子商务专业的学生，但是，由于培训机构起步晚于市场需求，兼具国际贸易和电子商务特征的跨境电子商务企业人才培养远远落后企业对人才的需求，真正能对企业核心竞争力起到提升作用的复合型人才不多。

——资料来源：北京物流公共信息平台　2017-12-19

综合训练

基础训练

一、名词解释

1. 自营物流概念
2. 共用物流系统
3. 物流联盟概念

4．B2B 物流模式概念

5．B2C 物流模式概念

6．C2C 物流模式概念

二、填空题

1．自行组建物流系统分__________、__________、__________三种情况。

2．共用物流系统模式目前有__________、__________、__________三种情况。

3．__________是物流联盟产生的最根本原因。

4．B2B 电子商务物流具有几个明显特点和电子商务的特点相适应，即____________、____________、__________、__________、__________和__________。

5．目前，我国 C2C 网络购物系统由_________、_________、_________和_________四大部分共同构成。

三、选择题

1．电子商务物流模式主要包括（　　）。

A．自营物流　　B．共用物流系统　　C．第三方物流　　D．物流联盟

2．B2C 电子商务从本质上是集合了（　　）的一种网上交易模式。

A．信息流　　B．业务流　　C．物流　　D．资金流

3．以下不适合选择自营物流模式是（　　）电子商务。

A．B2B　　B．C2C　　C．B2C　　D．B2G

4．建立物流联盟模式的基本条件是（　　）的成熟。

A．第一方物流　　B．第二方物流　　C．供应链系统　　D．第三方物流

5．（　　）是物流配送企业之间为了提高配送效率，以及实现配送合理化，以互惠互利为原则，互相提供便利的物流配送服务的协作型配送模式。

A．物流联盟　　B．共同配送　　C．第三方配送　　D．供应链配送

四、简答题

1．简述电子商务环境下物流配送的主要模式有哪些。

2．物流联盟模式有哪些优缺点？

3．B2C 电子商务物流模式选择的微观影响因素有哪些？

4．根据 B2B 电子商务交易特征，简述可供其选择的物流配送模式有哪些。

5．B2C 物流配送体系有何要求？

技能训练

案例分析：顺丰 O2O 之路道阻且长

就在 2016 年 10 月，顺丰旗下同样为解决物流终端最后一公里收寄“痛点”，引流线上消费而建的 O2O 品牌嘿客，也在多轮试错之后，被顺丰创始人王卫所抛弃。

尽管顺丰已上市，但相比快递业务，顺丰在 O2O 这条路上走的颇为坎坷，可谓屡败屡战。

金汤匙太子，剑指最后一公里

工商登记资料显示，丰巢成立于 2015 年 4 月 8 日，但直到 6 月 6 日才正式对外公布，由

顺丰速运联合申通、中通、韵达和普洛斯共同出资 5 亿元成立，进军智能快递柜市场。按照丰巢的规划，2015 年要在全国 33 个重点城市建超过 1 万个网点，布局“丰巢”智能快递柜。这些快递柜将是小区或物业的快递交互平台，与丰巢合作的快递公司的包裹，可以放到快递柜里，用户也可以通过快递柜寄快件。未来使用快递柜的快递公司或者电商公司，要给丰巢交钱。

从股权结构来看，申通、中通和韵达三家公司各占 20%的股份，大股东顺丰持股 35%。快递业内几位大佬共同投资，丰巢可谓含着金汤匙出生。简单来说，只要能够汇集几家股东的业务，就可以在快递柜行业占据大片江山。表面上，大股东和其他股东股份占比相差不大，相较于菜鸟的阿里占股绝对优势，顺丰占股优势并不明显，但在实际运营中一直是由顺丰掌控。

丰巢是顺丰在社区商业部分的一次押宝，希望能够通过快递柜控制物流的最后一公里，也能够以此为基础拓展整体的社区商业服务。

快递柜新兵，难破行业大困境

丰巢的实际经营情况如何呢？2016 年 10 月 20 日的一次行业会议上，丰巢科技首席技术官张涛给出了数据：“从 2015 年 6 月丰巢开始进入到这个行业，我们在 70 多个重点城市已经部署了三万多个丰巢的网点，超过了公司创立之初的规划数据”。

他同时给出的快递柜行业整体数据是，全国有接近 17 万台正在运行的快递箱，日处理包裹量超过 500 万票，单纯从快递柜数量上丰巢大概占到了 17%。

而快递柜行业领军企业速递易 12 月给出的数据是，其已在全国 79 个城市的 5.5 万个小区设立了智能快递柜，日均存放包裹量在 150 万左右。

然而，即使是数据骄人的速递易也面临着业务亏损持续扩大的困境，三泰控股三季度财报显示，速递易业务 2015 年实现的毛利为 2.04 亿元，净利润为-1.36 亿元，今年上半年实现的毛利仅为 9 644 万元，比去年同期下降了 13.78%。三泰控股表示，2016 年速递易业务亏损将继续扩大。

目前的局面是丰巢虽有良好背景但表现欠佳，更重要的是就算他表现好一些，也难以解决整个快递柜行业面临的共同问题：烧钱。收入欠缺，亏损，尤其是丰巢在与速递易等企业竞争的时候打出了“丰巢是快递企业自己做的，对快递全免费”的旗号，收入更是难以预期。

老股东输血，烧钱快融资更难

在这种情况下，丰巢创立时的 5 亿元融资快速烧光。正式运营一年后的 2016 年 6 月 6 日丰巢宣布获得原始股东 5 亿元的同比例增资，用于布局更多的城市和智能快递柜网点和“微仓”等业务的拓展。当时媒体甚至打出了“顺丰系白刃阿里系”的标题，显得壮志满怀。

然而，这次的 5 亿元只挺过了半年。近期，丰巢已经开始了新一轮的融资，但是对比创立和再融资的豪气，这次可谓相当低调。微信公众账号“科学的 fan”称“据可靠消息人士透露，丰巢融资额约在十亿量级，承接的都是一些不太知名的小公司，甚至有股东可能不跟投”。这种境况令人不禁唏嘘。

2016 年是物流行业的资本元年，快递柜行业也有不少资本事件，但都没有丰巢这般的大融资量和快烧钱速度。

一哥也缺钱，嘿客巨亏遭抛弃

顺丰人称快递业一哥，创始人王卫更是进入 2 000 亿身家俱乐部，然而在上市之前王卫就说“顺丰也缺钱”。这不是哭穷。截至去年年底，顺丰控股拥有货币资金 36.2 亿元。除此之外，顺丰控股短期内可用于支付的款项合计为 141.5 亿元。不过，顺丰控股短期内需支付款项合计 137.9 亿元，这意味着顺丰控股可用于支付的流动资金款项只有 3.6 亿元。此外，顺丰控股的资产负债率也高于行业的平均水平，资金压力也逼得王卫选择借壳上市。

根据顺丰借壳上市的鼎泰新材披露的财报数据显示，顺丰“已剥离业务商业板块”自2013年至2015年亏损分别是1.26亿元、6.14亿元、8.66亿元，合计亏损16.06亿元。而亏损的原因，报告中称“主要是因为顺丰商业自2014年开始集中铺设线下门店所致”。这一数据可谓惨烈，堪称顺丰在O2O道路上的“血泪史”。

2014年这一时间点让人不难联想到，顺丰此前的另一个O2O尝试“嘿店”。

2014年5月，顺丰新一代便利店“嘿客”正式开门营业，当时正值O2O如火如荼，顺丰创始人王卫信心满满，希望嘿客能提前占领社区O2O的入口，并解决物流的“最后一公里”问题。同时，为分摊租金成本，店内展示商品，引导顾客到线上下单消费。但对于嘿客来说，理想虽然丰满，但现实是骨感的。据了解，嘿客所展示商品的购物体验较差，且种类偏少，几乎看不到实物，嘿客店没能实现盈利。

计划开4 000家门店的嘿客，2015年底在激进中以失败告终，业内预计，顺丰为此付出了超过10亿元的代价。2015年5月，嘿客更名为顺丰家，整合顺丰优选、顺丰快递、便民服务等。2016年10月，嘿客、顺丰家、顺丰优选实现线上线下统一名字统一品牌。虽然顺丰对外宣称统一品牌名有利于提升消费者品牌认知，但是背后难以掩盖的事实是嘿店这一品牌已经被顺丰放弃，整体尝试都陷入了一种尴尬的境地。

放弃嘿店，丰巢受阻，顺丰的两次在社区商业上的重金尝试都没有好的斩获，而且代价颇为昂贵，但是顺丰在O2O这条路上似乎并不死心，丰巢还在融资，顺丰优选也在2016年11月宣布开始招募创业者加盟线下店，顺丰并没有停止努力，这是压力之下的必然。

面对电商产业链的延伸，快递业激烈的竞争格局，顺丰不可能没有危机感。王卫曾多次在不同场合提及，顺丰的战略是“要让资金流、信息流和物流三流合一”，走出一条不同于国内任何一个快递公司的新模式。而社区、O2O、物流最后一公里更是物流行业的痛点，是各家必争之地。虽然目前看来这条路走得异常艰难，但是上市之后获得了大量资金支持的顺丰，在号称马云最佩服的人的王卫的带领下，能走出什么样的天地，仍值得期待。

——资料来源：智慧物流　2017-09-18

问题与思考

1. 结合案例分析顺丰为什么要布局O2O。
2. 你认为顺丰在付出超过10亿元的代价后为什么要放弃嘿店这一品牌？
3. 你认为上市后的顺丰在O2O布局上因如何进行战略调整？

模块六

电子商务环境下的采购与生产物流管理

学习目标

知识点		● 月份电子采购、JIT 采购、生产物流、MRP/JIT 生产等概念； ● 电子商务环境下采购与生产物流的主要特征； ● 电子商务环境下采购管理的基本模式和主要策略； ● 电子商务环境下生产物流的基本流程与主要策略。
能力点	专业能力	● 具有一定的电子商务环境下采购与生产物流的运作能力。
	方法能力	● 具有基本的电子商务物环境下采购与生产物流实际应用的现实感知能力； ● 具有一定的基于供应链管理平台分析电子商务环境下采购与生产物流运作的能力。
	社会能力	● 拥有良好的职业道德和较强的团队合作精神； ● 具备一定的电子商务环境下采购与生产物流运作的分析与应用能力； ● 关注电子商务环境下企业采购与生产物流运作的发展态势，勤于思考电子商务环境下采购与生产物流运作的热点现象或问题。

导入案例

福喜过期肉事件反思

福喜事件倒逼餐饮行业反省供应链体系

2014 年，食品行业的热点莫过于上海福喜食品公司向包括麦当劳在内的多家知名餐饮企业供应过期变质肉类原料的事件，包括国家食药监总局在内的各级监管部门对此给予高度关注并进行了严厉的查处。数名上海福喜管理人员被刑拘，福喜母公司 OSI 集团停止上海福喜的运营，而麦当劳等多家快餐企业也停止了与福喜的合作。

受上海福喜事件的影响，麦当劳不仅业绩大幅下滑，而且近期麦当劳首席执行官也换人。食品安全一直备受瞩目，上海福喜事件使得公众对餐饮业食品安全问题的关注度进一步提高。对于供应商的管控，确实近年来成为洋快餐的一大难题。在福喜事件之前，连锁餐饮企业的原料供货商概不向公众透露。该事件后，上海食药监部门多次约谈百胜、麦当劳、棒约翰、德克士、汉堡王、卡乐星等部分连锁餐饮企业，根据国家《食品安全法》有关规定，要求其在官网上公布本企业所有食品供应商、食品原料及相关资质材料、每批食品出厂检验报告，做到产品检验报告和食品同行。

福喜事件后，麦当劳也改变了中国地区供应商为福喜、欧圣、铭基三家的供应体系，转变为铭基、嘉吉、荷美尔、海神叉和圣农发展五家供应商共同分担的模式，以此来降低企业运营风险，保障企业在意外事件下正常运营。除圣农外，其余都是外资供应商。这也暴露出了供应商的问题，中国的50万家食品加工商中，绝大部分规模太小或太缺乏经验，不适合为外资连锁餐厅等既庞大又要求严格的客户服务。

如今，福建圣农集团代替已经和麦当劳合作超过 60 年的福喜，与麦当劳进行了半年来的合作，作为唯一一家麦当劳的中国供应商，此事件首先打破了对外资养殖企业的过度迷信。福建圣农发展集团在接受记者采访时表示，作为一体化的养殖企业，从源头就是可控的，麦当劳也派人加强了对食品安全检测的力度。

据悉，麦当劳遴选供应商有详细的量化标准，其供应商分为一级（主要做深加工）和二级（基础原料供应），在中国的一级供应商只有 5 家，福喜是其中之一。而二级供应商达上百家，年采购额超 20 亿元人民币。近年来，洋快餐已屡屡陷入食品安全风波，其中多起与供应商有关，有业内人士称，或与业绩压力、疏于管理有关。

据餐饮行业的统计数据显示，目前各地餐饮企业的利润率平均在 3%～5%，有的只有 1%。与前些年相比，大部分餐饮企业的利润率跌去大半。值得关注的是，供应商这几年人工、原材料等各种成本都在上涨，在成本居高、降低报损率的压力下，将过期肉混入合格肉中的类似情况仍有出现的可能。当然，也有积极的一面，冯恩援表示，福喜事件后，餐饮企业正在抱团集体采购。据悉，为加强与供应商深度合作，餐饮企业在上海还成立了众美联，在这个平台上，企业家可以携手打造采购平台，目前，一年的采购量已达上千亿元。

——资料来源：中国经营报　2015-03-16

案例分析

实际上，福喜事件也在倒逼餐饮行业自省。而食品安全不仅是餐饮服务一个环节所面临的问题，还需要整个上下游产业链齐心协力共同努力。跨国食品企业通常被视为食品安全保障程度较高的企业，但“福喜过期肉事件”彻底颠覆了中国消费者的心理预期。虽然国外的快餐连锁相比本土餐饮在中国消费者中一直拥有更好的口碑，但供应链中存在的食品安全问题仍旧不容小觑。其实，在食品生产链条上，越是处于上游的原料供应商，越容易引发系统性风险。食品供应链从上游至下游并非一对一的单一流向，上游企业的产品可能会流向多个下游企业，产生类似核裂变式的放大效应，这就是为什么一个福喜能引发蝴蝶效应的原因。

问题思考

福喜事件对企业反思采购供应链系统有何现实意义？对制造业而言，电子商务环境下的采购、生产物流与传统物流有何不同？什么是电子采购、JIT 采购、MRP/JIT 生产物流？在电子商务环境下的采购、生产物流是如何运作的？其发展趋势如何？这些问题都是需要我们进行认真思考与分析的，同时，它们也是构成本模块主要的理论知识点。

单元一　电子商务条件下的采购物流管理

一、采购管理概述

1. 电子化采购管理的概念

采购管理是指对物料从供应商到组织内部物理移动的管理过程，是企业经营管理和生产运作管理的一个重要环节，是物流供应链管理的起始点。而电子化采购管理就是通过互联网络，借助计算机管理企业的采购业务。

2. 电子采购管理的内容

采购管理为采购活动提供支持，同时也对其进行监督。电子商务环境下的采购管理有四个方面的内容：业务支持、业务审核、优化调整、批准实施。

（1）业务支持。其内容主要包括根据业务需求设计采购流程；建立采购组织；对采购业务进行配套建设；日常业务工作中的管理支持；对采购业务运转状况进行量化评估；产生报告文档。

（2）业务审核。其内容主要包括在采购业务运作过程中产生报告文档并送达审核人员；审核报告文档的正确性；审核文档格式；形成改进意见。

（3）优化调整。其内容主要包括业务人员分析商讨改进意见；确定优化调整措施；措施实施；形成业务报告新文档。

（4）批准实施。其内容主要包括接收业务报告新文档；第一道批准手续；必要时进行第二道手续；进行业务操作。

以上采购管理的四个环节是在电子商务环境下对采购业务单元进行管理的一个循环操作，有些业务的管理可能需要若干个循环才能付诸实施（见图 6-1）。

3. 电子采购管理系统

建立现代企业物流采购管理平台应该按照“强化管理，理顺职能；明确职责，规范业务；杜绝腐败，降低成本；高效运作，增加收益”的原则。物流采购管理操作平台（系统）由以下七部分组成。

（1）采购计划与预算子系统。采购预算是采购部门为配合公司年度销售预测或生产计划（包括产品品种、数量），对所需求的原料、物料、零件等数量及成本做翔实的估计，以利于整个企业目标的实现。采购计划与预算是企业年度预算的重要组成部分，它的建立要以年度生产计划、用料清单和存量管制卡为依据，设定物料标准成本指标体系和监控价格涨跌变化规律，针对现实状况进行必要求调整，实行动态滚动管理方法，提高采购计划与预算子系统在实际过程中的准确性、实用性和可操作性。

（2）供应商开发管理子系统。正确考察、评估、认证和选择适当的供应商，是物流采购工作成功的关键。无论价格如何便宜，如果供应商选择不当，日后会后患无穷。供应商的开发是为今后采购工作的顺利进行打下坚实的基础，为此，供应商的确立必须成立评选小组，确定科学、合理和系统的评审项目，一般包括经营状况、企业资信、制造能力、技术水平、品质性能、管理绩效等指标进行评审，把合格厂商按A（最好）、B（良好）、C（较好）分级建立档案。每半年重审评估一次，根据《供应商评估制度》，从品质、成本、价格、服务水平、交货周期、履行合约的承诺与能力等得分高低重新划分调整，进行动态管理，没有终身制，把供应商开发与管理有机结合起来，实现采购环境的最佳选择（见图6-2）。

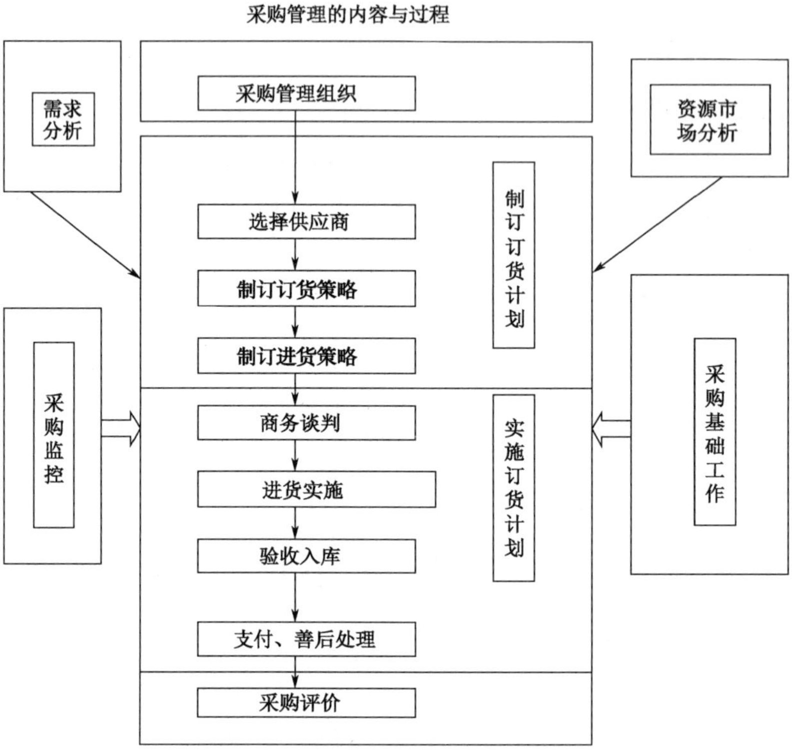

图6-1 采购管理的内容及过程

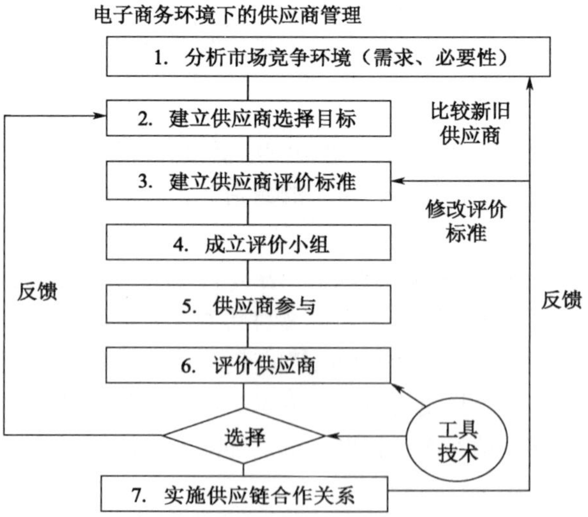

图6-2 电子商务环境下的供应商管理系统

（3）采购物流子系统。是指任何物品从卖方（供应商）到买方场所（公司）进行的转移活动，包括包装、装卸、运输、存储、配送、信息、管理等方面。采购物流子系统由包装运输物流、暂存检验物流和物料入库物流三部分组成。采购物流子系统的结构由位移载体、存放载体、位移路径构成。如何设计一个有效的采购物流子系统，并且使之运作富有成效，是现代企业迫切需要解决的战略问题之一。优化采购物流子系统必须把握好以下几个环节，即送货计划性强，批量规模采购合理，协作配送效率高，物流路径最优，信息电子网络化管理，最终建立企业的采购供应链模式，从而使之快捷高效地运作。

（4）采购绩效评估子系统。采购绩效评估子系统包括采购部门目标绩效考评制度，采购人员绩效考评制度，供应商绩效考评制度。在建立采购绩效评估子系统时，要正确、重点设定与选择最能反映和代表采购绩效的指标体系，明确绩效考评的目的、原则、程序与方法，合理选定考评人员和设置考评机构，正确及时反馈考评结果和认真搞好考评工作总结，保证考评内容重点化、考评指标定量化、考评手段科学化、考评结果客观化。一般来说，采购组织绩效指标体系包括采购（计划完成及时率）、物料质量（来料合格率）、采购成本（价格差额比率）、采购周期、供应（供应准确率）、库存（库存周转率）、服务满意度等，与供应商绩效指标体系和采购人员绩效指标体系是有所不同的。企业如能建立部门绩效子系统，并持续进行评估，就能及时有效地发现工作中存在的问题，制订解决的方案并采取措施，确保采购目标的实现和绩效的提升。

（5）采购（资讯）信息子系统。采购（资讯）信息子系统由资料数据库存、业务操作系统、业务管理系统、决策支援系统、电子商务系统五部分组成。为了迎接全球电子化的挑战，企业界导入或引用电子商务已是大势所趋，更是提升其竞争力的有效手段。采购信息子系统的全面导入不仅能提升采购效能，更为重要的是能给采购部门及整个组织管理带来明显的收益。现在，企业经常使用的是 ERP（企业资源计划系统），这能使我们获得更多、更新、更全面、更精确、更及时的资讯，利用这些资讯拓展采购视野，帮助在与供应商谈判时掌握主动权，提高工作效率和改善作业流程，把更多的时间放在采购策略和绩效提升等重要工作上。

（6）采购管理制度、工作标准、动作程序与作用流程子系统。为了全面、准时、有效地完成物流采购工作，实现生产计划、物料需求计划同物料采购三者之间的同步运作与均衡制造，达成整个组织的目标，必须以完善的管理制度、明确的工作标准、适用的运作程序和合理的作业流程为前提。

（7）采购策略规划子系统。采购策略规划子系统包括采购政策（大政方针）策略规划、成本价格策略规划、采购品质策略规划、支持供应策略规划、环境变动策略规划和存储策略规划等。全球经济竞争日趋白炽化，促使企业经营的策略规划与管理也越来越受到重视，如何制定企业未来发展的最佳策略，并付诸实施，无疑是企业决策者必须面对的重大问题。正因如此，实施采购策略规划之目的是通过策略性的规划管理，从企业长期经营目标出发，结合外部采购环境的变动，并分析企业所处的内外环境优劣因素，以求利用自己的长处抓住外部的机遇，克服自身的弱点和规避外部的风险，采取积极的对策迎接挑战，使企业采购活动由被动变主动，化劣势为优势，从而使企业在未来的发展中获得良好的采购收益。

相关链接

“互联网+采购”是企业电子商务发展的必然趋势

近几年，中国电子商务交易规模一直保持较快增速，年平均增速为 GDP（7%～9%）的 2～3 倍。2014 年中国电子商务市场交易整体规模达到 12.8 万亿元，同比增长 21.3%。中国已成为交易额超过美国的全球最大网络零售市场。其中，企业级电子商务市场交易额为 10.1 万亿元，占整体市场的比例为 78.9%。2015 年企业网购市场交易规模约为 12.9 万亿元。而据预测，2016—2018 年，中国企业网购市场年均增长率将保持在 30%，高于电子商务整体增长率。到 2018 年企业网购市场规模将达到 28.6 万亿元。

企业“互联网+采购”也是各级政府大力倡导的发展方向。“十三五”规划指出：“拓展网络经济空间。实施‘互联网+’行动计划，发展物联网技术和应用，发展分享经济，促进互联网和经济社会融合发展……推进产业组织、商业模式、供应链、物流链创新，支持基于互联网的各类创新。”“构建产业新体系。加快建设制造强国，实施《中国制造二〇二五》……促进信息技术向市场、设计、生产等环节渗透，推动生产方式向柔性、智能、精细转变。”各级地方政府贯彻落实国务院《关于积极推进“互联网+”行动的指导意见》，制订适合本地的“互联网+”行动落实方案，推动电子商务、供应链等关于互联网与传统产业深度融合，加速经济转型升级。

“互联网+采购”是制造业转型升级的必然选择。

制造业是一个国家工业的主导力量，在国民经济中发挥主要作用。2010 年中国制造业产出占全球 19.8%，成为仅次于美国的全球第二大工业制造国。中国凭借巨大的制造业总量成为名副其实的“世界工厂”。而产能过剩、大而不强是我国制造业的硬伤。工信部公布的统计数据显示，在中国目前 24 个行业中，22 个存在着严重的产能过剩，在中国经济 L 形走势下尤为严重。随着我国劳动力等生产要素价格不断上涨，劳动力成本优势逐渐丧失，面临印度、越南等其他发展中国家的低成本优势的竞争压力；另外在技术、服务等方面又要追赶发达国家。同时，我国制造业在全球价值链中处于低附加值的生产环节，高强度消耗和高密集化使用的资源给环境造成了巨大的压力。这几年的全球经济危机让我国制造业内外交困。因此，我国制造业淘汰落后、产业升级的压力紧迫。

全球经济下行，国内产能过剩，内需不景气，企业产品不好卖，效益下滑，销售开源不易，采购节流或许将成为企业新的经营利润源泉？杰克·韦尔奇先生曾说过：“在一个公司里，采购和销售是仅有的两个能够产生收入的部门，其他任何部门发生的都是管理费用。”全球范围内，采购金额在制造型企业的营业成本中占很大的比重，通常为 50%～70%，随着企业规模不断扩大，采购金额将同步增长，客观上要求企业建设经济高效的采购供应链体系，降本增效，并营造一个公开、公平、公正的采购业务环境，支撑企业快速发展。

——资料来源：中国物流与采购网　2016-11-23

二、基于互联网的采购管理

现代信息技术的发展，特别是互联网迅速地在市场中应用，促使企业的商务方式发生改变。如何在最低成本下，提高供应链的运作的效率，同时增加顾客的满意程度，这将对企业是一大挑战。

利用传统的 EDI 系统的物流管理方法存在着一定的局限性，如建立和维持费用过大、用户数目有限等。相反，利用互联网的物流管理具有成本低、实施动态性和顾客推动的特征。网上采购简化了传统物流烦琐的环节和手续，使企业对消费者需求的把握更加准确和全面，从而推动产品生产的计划安排和最终实现基于顾客订货的生产方式（Build to Order，BTO），减少了流通渠道各个环节的库存并且避免出现产品过时或无效的现象。网络采购的系统框架如图 6-3 所示。

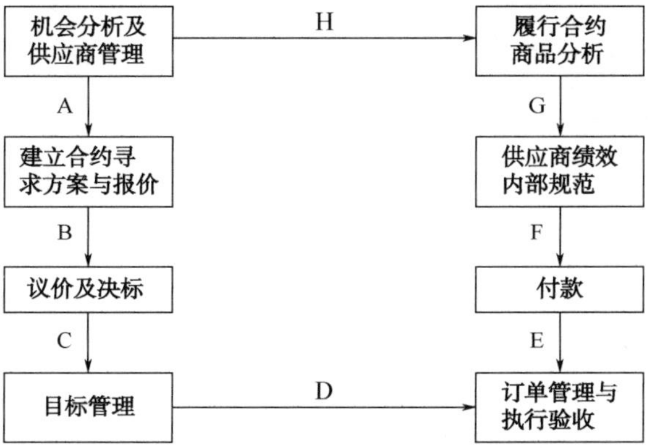

图 6-3　网络采购的系统框架

由图 6-3 可知，网络采购使整个采购流程电子化、自动化，企业采购人员只要利用台式计算机即可进行采购，其中主要是让买主根据产品目录了解商品，从而激发其需求欲望。总之，企业与企业间，乃至企业与消费者之间的交易活动形成了供应链关系。供应链管理中所用到的自动化技术，在买方（使用者）包括电子目录（Electronic Catalogues）、采购卡（Procurement Cards）、互联网（Internet）、企业内部网（Intranet）及供应链软件自动下单系统；在卖方（供应商）包括电子资料交换、整批订单（Blanket Order）、生产进程分享（Schedule Sharing）、供应商管理库存（Vendor Managed Inventories）等；其他方面包括自动收付款（Electronic Funds Transfer）等。

通用电气、摩托罗拉、丰田等公司都采用了网上采购管理，不仅降低了采购成本，而且建立了稳定的供应来源。IBM 网上采购系统（IBM OnLine Procurement Model）是 IBM 公司建立的企业对企业网上销售系统。该系统使该公司采购部门与供应商通过该网站完成全部交易活动，而共同使用的工具则是网页浏览器（Web Browsers），如此可大幅降低采购成本，提高采购作业速度，监护作业程序。采购部门接到订单信息后，首先通过 SCM 系统与供应商共享了大体的时间及数量需求，给供应商留出了准备的时间。在得到采购计划信息后，通过 OA 系统对所有的采购申请提出了审批催办要求，企业内部和出差在外的相关人员迅速在网上审批所有 ERP 中的采购要求，生成采购订单并下达执行，确保了采购工作的尽早完成。收到供应商的材料部件后，通过 ERP 系统完成了质检和入库登记等工作，并在约定的付款期限后，清款支付。

此外，政府的网上采购管理也正逐步建立并实施。

小贴士

PMI

PMI（Purchase Management Index）通常都是指美国的采购经理人指数，它是衡量美国制造业的“体检表”，是衡量制造业在生产、新订单、商品价格、存货、雇员、订单交货、单交货、新出口订单和进口九个方面状况的指数，是经济先行指标中一项非常重要的附属指标，是美国供应管理协会 ISM 商业报告中关于制造业的一个主要参数（见图 6-4）。

国家统计局服务业调查中心和中国物流与采购联合会日前发布了中国采购经理人指数。数据显示，2017 年上半年制造业 PMI 均值为 51.5%，高于去年同期 1.7 个百分点，6 月制造业 PMI 为 51.7%，环比上升 0.5 个百分点，为年内次高点，制造业扩张步伐有所加快，总体延续稳中向好的发展态势。

图 6-4　2016—2017 年中国 PMI 月度走势

三、网上采购管理与传统采购管理的差异

在现代电子商务供应链模式下，企业采购与传统采购有很大差异（见表 6-1），主要表现在以下几个方面。

1．从为保证安全库存而采购转变为企业订单而采购

在传统的模式下，企业的采购只为了生产的连续性，即为保证企业生产资料的安全库存，采购部门对企业的生产重点和市场需求的变化并不感兴趣。而在供应链模式下，企业的采购活动是以订单驱动方式进行的，这种模式下的采购方式要求供应链系统准确地对用户的需求做出判断，从而降低库存成本，提高整个供应链系统的流通速度和库存周转率。在这种方式下，信息的流通是全方位的，供应链是以一种并行方式在进行运作，因而叫作 JIT（Just In Time）管理方式。在这种方式下，企业基本能够实现零库存。

2．由采购管理转变为现场管理

由于传统采购管理的不足，供应商之间缺乏合作而导致整个供应链缺乏柔性，不能对用户进行快速响应。在供应链管理模式下，供应链企业朝着基于订单流的准时化生产模式，生产过程实现零库存、零交货期、零故障等。这样，供应商之间不仅有竞争，而且有合作了。

3．从一般买卖关系转变为战略协作伙伴关系

在传统模式下的供应商与需求企业之间是一种简单的关系，涉及全局性、战略性的问题无法得到解决。为了加强对用户市场的反应，在供应链模式下的采购管理由传统的买卖关系转变为全新的战略伙伴关系（见表 6-1）。

表 6-1　供应链环境下的采购与传统采购的不同之处

项　目	供应链环境下的采购模式	传统采购模式
采购批量	小批量，高送货频率	大批量、低送货频率
采购方与供应商之间关系	长期战略协作关系	短期竞争关系
供应商评价	多标准并行考核	强调价格
质量检查	采购方参与实时控制	事后把关
协商内容	共同控制成本、质量	获得最低价格
信息交流	快速、可靠、信息共享	一般要求信息专有

四、供应链下采购模式的优化

企业的采购应该着眼于供应链的整体框架，考虑供应的速度、柔性、风险，优化采购模式，从单一的竞争性采购模式变成为集中采购、全球采购、准时采购等多种模式及其优化组合以增强供应链竞争力。

1．采购优化模式

（1）集中采购模式。集中采购是相对于分散采购而言的，即采购组织同时为多个企业实施采购，通过全面掌握多个企业的需求情况，与供应商签订统一合同，实现大批量订购，利用规模优势，提高议价能力，从而大大降低采购成本。

例如，我国武钢、唐钢等大型钢铁企业曾经联手和全球最大的多种资源矿业公司达成合作意向，成立合营企业并通过该公司在 25 年内每年向这几家钢铁企业提供约 1 200 万吨铁矿砂。据估计协议采购价格约 25 美元/吨，到岸价约为 59 美元/吨，这同当时 120 美元/吨的澳矿到岸价相比，采购成本降低五成以上，极大地降低了企业的生产成本。

（2）全球采购模式。利用全球的资源，基于电子商务交易平台，整合互联网技术与传统工业资源，在全世界范围内寻找供应商和质量最好、价格合理的产品。全球采购在地理位置上更加拓展了采购的范围，也是大型企业全球化战略的必然要求。例如，戴尔公司全球采购的实施是通过建立全球采购中心，设立众多国际采购网点以提高采购效率，在全球范围内采购 5 000 多种零部件的。这种全球化采购模式充分发挥了现代物流、信息流的功用，使戴尔的采购成本降到了最低。

（3）JIT 准时制采购模式。准时制生产的基本思想是只在需要的时候，按需要的量生产所需的产品，是在多品种、小批量混合生产模式下高质量、低消耗的生产方式，其核心是追求无库存的生产系统或使库存最小化。所以，准时制采购模式建立在供需双方互利合作的战略伙伴关系的基础上，当需求商对原材料或半成品的需求产生时，有能力适时地从供应商处得到质量可靠的所需物料。JIT 采购模式对于降低原材料和外购件的采购价格，大幅度减少原材料和外购件的库存，提高生产率等方面的作用明显。

在这方面的典型代表是海尔集团，该集团借助先进的信息技术，以市场链为纽带，以订单信息流为中心，通过整合全球供应链资源和用户资源，实施 JIT 采购、JIT 生产和 JIT 配送三个同步工程运作（见图 6-5），提高了供应链整体的响应速度，更好地满足了客户的需求。例如，河北华联通过海尔网站的电子商务平台下达了五台商用空调的订单，订单号为 5000541，海尔物流采购部门和生产制造部门同时接到订单信息，在计算机系统上，马上显示出负责生产制造的海尔商用空调事业部的缺料情况，采购部门与压缩机供应商在网上实现招投标工作，配送部门根据网上显示的配送清单 4 小时以内及时送料到工位。7 天以后，海尔商用空调已经完成定制产品生产，五台商用空调室外机组已经配送到河北华联的仓库。

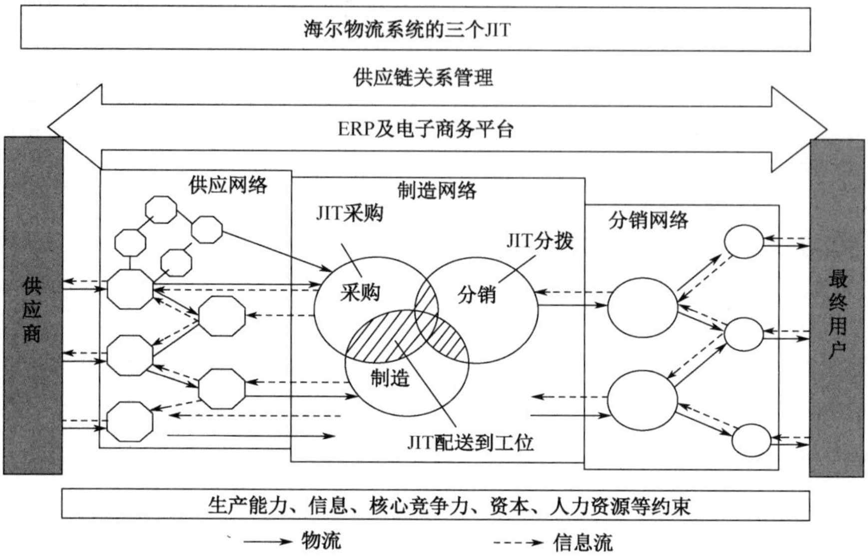

图 6-5 海尔的 JIT 采购模式

2. 采购模式优化过程中应注意的问题

通过采购模式的优化，可以提高采购效率，降低采购成本，使采购的过程公开化，促进采购管理定量化、科学化，实现生产企业从为库存而采购到为订单而采购的转变，实现采购管理从内部资源管理向外部资源管理的转变。在采购模式的优化过程中，应注意企业内外部的协同，与供应商关系的管理，健全采购绩效评估体系，以及采购流程合理管理等问题。

（1）注重与企业内外部的协同。企业的采购要实现高效就需要企业各业务部门的协同配合，包括设计开发部门、生产部门、财务部门等。采购模式的优化过程中要注重采购部门与其他相关部门（尤其是生产部门）的流程重组，逐渐从注重功能集合向注重流程重组转移，加强采购流程在企业内部的沟通和协调，充分发挥采购职能。

采购作业不仅需要与企业内部协同，而且更重要的是与外部供应商企业协同。这种协同不仅包括与供应商在库存、需求等方面通过信息的共享及时调整采购计划及执行过程，更为重要的是与供应商的全程协同，即在产品研发过程当中和供应商进行同步开发。此外，注重对采购价格的协同以保持最佳的价格竞争优势。

（2）加强与供应商合作关系的管理。集中采购、全球采购等现代采购模式，一方面促使供应商向专业化的方向发展，另一方面使生产商在更广的范围内挑选更为合适的供应商成为可能和必需。在全球供应链的环境下，采购方和供应方协同合作的难度不断增加，任何一方的失误都会造成供应链效率和利润的低下。由此可见，切实加强与供应商合作关系的管理在采购模式的优化过程中尤为重要。要加强对供应商的选择与评估，建立并协调与供应商战略合作关系，拟订产品共同开发计划，将采购作业与供应商的工作流程衔接，直接处理跨越双方的综合业务等。

（3）实行合理的采购流程管理。在流程管理方面，应注重企业采购流程管理，加强生产计划、物料需求计划和采购之间的协调运作。加强核心采购流程的设计，降低采购工作的随意性。以年度采购计划预算编制流程为例，如果没有明确的采购计划，缺乏对采购需求的分析和对供应商的培养，就会导致大量的常规采购变成突发性的临时采购，使生产成本大幅上升。

（4）健全采购绩效评估体系。企业通过健全采购绩效评估体系并持续进行评估，可以及时有效地发现采购作业中的问题，制订改善措施和解决方案，确保采购目标的实现和绩效的提升。对于绩效评估体系的健全，可建立包括采购（计划完成及时率）、物料质量（来料合格率）、采购成本（价格差额比率）、采购周期、供应（供应准确率）、库存（库存周转率）、服务满意度等指标体系来评估。

五、电子商务条件下的采购订单管理

订货批次和订货数量是决定库存水平非常重要的因素。对于一个企业而言，库存控制是建立在一定要求的输出前提下。因此，需要调整的是输入，而输入的调整是依赖于订货，所以，订货与库存控制关系十分密切。不少企业将库存控制转化为订货控制，以此解决库存问题。采购订单管理主要包括以下几个部分（见图 6-6）。

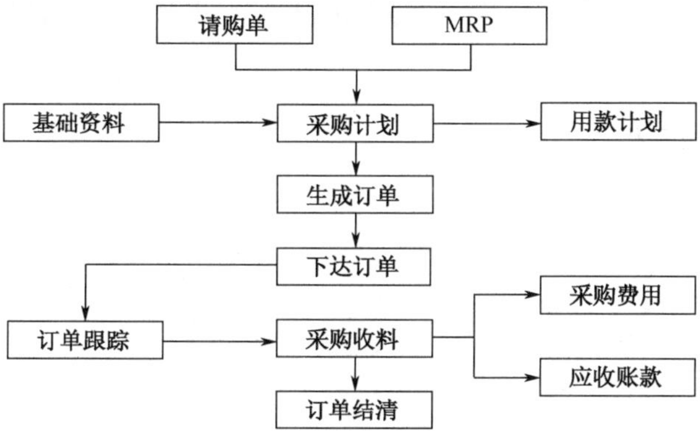

图 6-6　电子采购订单管理运行图

（1）规划和产生订单。订单规划是指在整个供应链运作之前各个环节的准备工作，包括计划和措施的协调。订单是供应链运作的源头，应当由离客户最近的营销和业务部门来做出销售预测。好的订单规划会产生好的订单。

（2）在线成本预估和售价。订单的定价问题取决于企业完成订单价值的成本，同时还要看订单给顾客产生的价值。有效的定价策略应充分考虑通过提升服务水平来扩大销售和通过减少库存来降低成本的潜力，从而使服务和价格都具有竞争力，但这需要进行精确的数据分析，如借助趋势分析工具等。

（3）输入订单交易资料。顾客在认可报价之后，便开始了订单输入程序。这些工作一般由顾客服务、订单输入、内部销售部或顾客联络处等不同部门来处理。订单输入必须有库存系统的界面，以便及时观察存货情况。为了正确服务于顾客，当顾客想要的产品卖完时，企业必须当即通知顾客。

（4）订单的选择和排序。顾客服务代表有权决定哪些订单可以接受，哪些订单需要委婉拒绝，因为并不是所有顾客的订单都一样，有些订单对企业会有帮助，尤其是那种符合企业能力而赚大钱的订单。这种订单属于顾客需求密集而顾客又能感到满意的大宗订单。无论企业生产能力如何，做好订单选择和排序，并把它和企业的策略相结合是很重要的。

（5）排定订单时间表。当顾客的购买手续完成后，需要对订单安排时间表，得到优先处理的订单就被放入真正生产或运作的流程里。由于企业的销售、营销、顾客服务、营运或生产部门各有不同的职能和目标，还涉及赔偿制度和组织上的要求，这项工作很复杂。各个部门都想强调本部门的特殊性，以便在流程中多一些余地和主动。因此，协调是非常重要的。

（6）完成订单。完成订单涉及大量物流活动。一个订单的零件可能由不同生产部门负责制造，然后再汇集到另一地点。分工越精密，跨组织的协调就越显重要。由于在线零售日益流行，现有完成订单和配送的方法将会对仓库储存货物和运送工具提出新的要求。电子商务环境下，企业在内部可以实现电子数据交换，如国际商用机器公司率先采用了内部的EDI系统。这样，公司的营销部门和采购部门对市场的预测反应将会大大加快，问题一出现，即可通过网络将情况马上传递给有关部门，有关部门就可以及时做出适当的调整。如果需求突然增加，或者某一工厂不能完成生产进度，那么生产计划部门就会及时觉察并安排另外一家工厂增加生产，这样，就可以减少库存，避免不必要的浪费。

单元二　电子商务条件下的生产物流管理

一、生产物流概述

1. 生产物流的概念

生产物流是指生产过程中原材料、在产品、半成品、产成品等在企业内部的实体流动。生产物流是制造产品的工厂企业所特有的，它和生产过程同步。原材料、在产品、半成品、产成品等按工艺流程在各个加工点之间不停顿地移动、流转，形成了生产物流。如果生产物流中断，生产过程也将随之停顿。

2. 影响生产物流的主要因素

（1）企业的生产类型。不同的生产类型，它的产品品种、结构的复杂程度、精确等级、工艺要求及原材料准备都不相同。这些特点影响着生产物流的构成及相互之间的关系。

（2）企业的生产规模。生产规模越大，生产过程的构成越齐全，物流量越大，物流管理也越复杂。

（3）企业社会专业化与协作水平。社会专业化和协作水平提高，企业内部生产过程就趋于简化，物流流程就会缩短。

3. 合理组织生产物流的基本要求

生产物流区别于其他物流的最显著的特点就是它和企业生产紧密联系在一起。只有合理组织生产物流过程，才有可能使生产过程始终处于最佳状态。如果物流过程的组织水平低，达不到基本要求，即使生产条件和设备再好，也不可能顺利完成生产过程，更谈不上取得较高的经济效益。

合理组织生产物流的基本要求有如下几点。

（1）物流过程的连续性。企业生产是按工序进行的，因此要求物资能顺畅地、最快地、节省地完成各个工序，直至成为产品。每个工序的不正常或停工都会造成不同程度的物流阻塞，影响整个企业生产的进行。

（2）物流过程的平行性。一个企业通常生产多种产品，每种产品又包含多种零部件，在组织生产时，将各个零件分配在各个车间的各个工序上生产，因此要求各个支流平行流动。如果一个支流发生问题，整个物流都会受到影响。

（3）物流过程的节奏性。物流过程的节奏性是指产品在生产过程的各个阶段，从投料到最后完成入库，都能保证按计划、有节奏或均衡地进行，即要求在相同的时间间隔内生产大致相同的数量，均衡地完成生产任务。

（4）物流过程的比例性。组成产品的各个物流量虽然是不同的，但是有一定比例，因此形成了物流过程的比例性。

（5）物流过程的适应性。当企业产品改型换代或品种发生变化时，生产过程应具有较强的应变能力，也就是生产过程应具备在较短的时间内可以由一种产品迅速转移为另一种产品的生产能力。物流过程应具备相应的应变能力，与生产过程相适应。

4. 生产物流的设计原则

生产物流的设计整合在企业生产系统设计中，必须强调物流环节的整体效益。生产物流的一般设计原则有以下几点。

（1）无用功最小原则。物流过程中不能增加任何附加的价值，否则会白白消耗大量人力、物力和财力。因此，物流距离要短，搬运量要小。

（2）流动性原则。良好的企业生产物流应当流动顺畅，消除无谓停滞，力求生产流程的连续性。当物资向成品方向发展时，应尽量避免工序或作业间的逆向、交错流动或发生与其他物资混杂的情况。

（3）准确性原则。尽量减少二次搬运和重复搬运量。

小贴士

PPI

生产者物价指数（Producer Price Index，PPI）也称工业品出厂价格指数，是一个用来衡量制造商出厂价的平均变化的指数，它是统计部门收集和整理的若干个物价指数中的一个，市场敏感度非常高（见图 6-7）。如果生产物价指数比预期数值高，则表明有通货膨胀的风险；如果生产物价指数比预期数值低，则表明有通货紧缩的风险。

PPI 是衡量工业企业产品出厂价格变动趋势和变动程度的指数，是反映某一时期生产领域价格变动情况的重要经济指标，也是制定有关经济政策和国民经济核算的重要依据。目前，我国 PPI 的调查产品有 4 000 多种（含规格品 9 500 多种），覆盖全部 39 个工业行业大类，涉及调查种类 186 个。

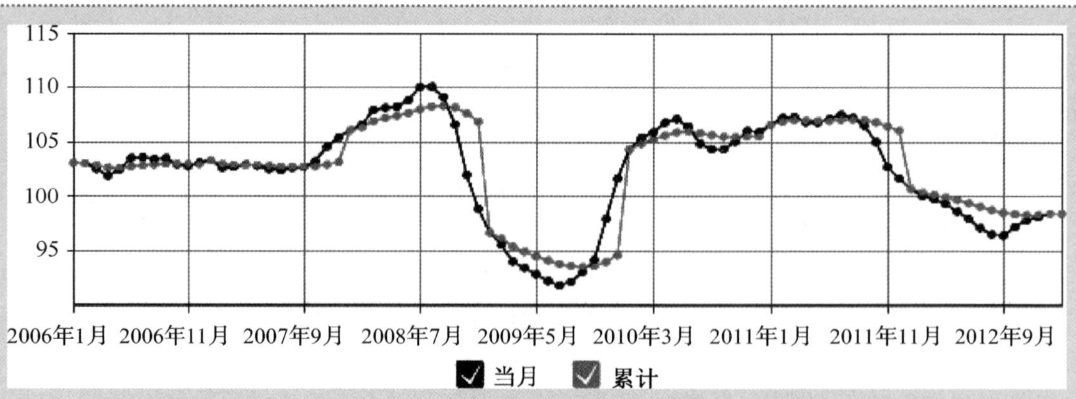

图 6-7 PPI 2006—2012 年走势

二、生产物流的类型

生产物流的类型与生产的产量、产品的品种、生产的专业化程度有关。企业的产量越大，生产的专业化程度越高，物流过程的稳定性和重复性也就越大。正因为如此，把划分生产物流的类型与划分生产类型看作一个问题的两种说法。

1．从生产专业化的角度划分

根据产品生产的重复程度把生产过程划分为单件、大量、成批三种类型。划分标准见表 6-2。

表 6-2 按工序划分生产类型的参考数据

生 产 类 型	工 序 数 目（单位：台）	工序占有用工作的系数
大量生产	1～2	0.5 以上
大批生产	2～10	0.1～0.5
中批生产	10～20	0.05～0.1
小批生产	20～40	0.025～0.05
单件生产	40 以上	0.025 以下

单件生产（项目型）生产品种繁多，但每种仅生产一台，生产重复程度低；大量生产（连续型或离散型）生产品种单一，产量大，生产重复度高；成批生产（连续型或离散型）介于上述两者之间，即品种不单一，每种都有一定批量，生产有一定的重复性，通常又可划分为大批生产、中批生产和小批生产。

2．从物资流向的角度分

根据物资在生产工艺过程中的流向，把生产物流划分为项目、连续、离散三种类型。

（1）项目型生产物流（固定式生产）。即当生产系统需要的物资进入场地后，几乎处于停止的“凝固”状态，或者说在生产过程中物资流动性不强。这种状态可分为两种状态：一种是物资进入生产场地后就被凝固在场地，和生产场地一起形成最终产品，如住宅、厂房、公路、铁路、机场、大坝等；另一种是在物资流入生产场地后，“滞留”时间长，形成最终产品后再流出，如大型水电设备、冶金设备、轮船、飞机等。管理的重点是按照项目的生命周期对每个阶段所需的物资在质量、费用及时间进度等方面进行严格的计划和控制。

（2）连续型生产物流（流程式生产）。连续型生产物流物资始终处于均匀、连续的流动状态，并且不能中断。生产出的产品和使用的设备、工艺流程都是固定且标准化的；工序之间几乎没有在制品存储。管理的重点是保证连续供应物资和确保每个生产环节的正常运行。由于工艺相对稳定，有条件采用自动化装置对生产过程进行实时监控。

（3）离散型物流（加工装配式生产）。产品是由许多零部件构成的，各个零部件的加工过程彼此独立；制成的零部件通过部件装配和总装配最后成为产品。整个产品的生产工艺是离散的，各个生产环节之间要求有一定的在制品储备。管理的重点是在保证及时供料和零件、部件的加工质量的基础上，准确控制零部件的生产进度，缩短生命周期，既要减少在制品积压，又要保证生产的成套性。

三、生产物流的特征

生产系统中物流的特征表现是物资按照生产工艺流程流动；物流作业与生产作业紧密联系且相互交叉；物流连续而有节奏地按比例运转。

通常，根据物流连续性特征从高到低，产品需求特征从品种多、产量少到品种少、产量多，而把生产过程划分为五种类型，如图 6-8 所示。按对角线排列依次是项目型、单件小批量型、多品种小批量型、大批量型、多品种大批量型。一般而言，沿对角线来选择和配置生产物流过程比较符合技术经济效益。

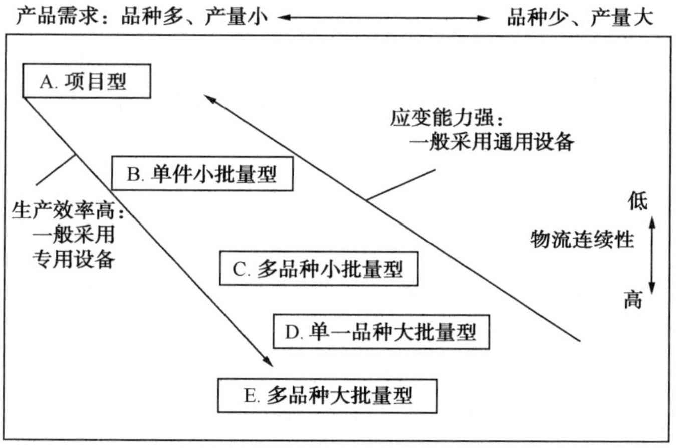

图 6-8　产品工艺矩阵

1．项目型生产物流特征

项目型生产物流是指具有项目特征（有具体的开始和结束时间，有严格定义的最终目标，有成本和时间计划，能够产生具体结果，只发生一次）的生产物流系统。

项目型物流特征有物资采购量大，供应商多变，外部物流较难控制；生产过程原材料和在制品占用大，几乎无产成品占用；物流在加工场地的方向不确定，加工路线变化极大，工序之间的物流联系不规律；物资需求与具体产品存在一一对应的相关需求。

2．单件小批量型生产物流特征

单件小批量型是指需要生产的产品品种多但每个品种生产的数量少、生产重复度低的生产物流系统。

由于生产的重复度低，物资需求与具体产品制造存在一一对应的相关需求，物资的消耗定额不容易或不适宜准确制订。生产品种的多样性，制造过程中采购物资所需的供应商多变，外部物流难以控制。

3．多品种小批量型生产物流特征

多品种小批量型是指生产的产品品种繁多并且每个品种有一定的生产数量、生产重复度中等的生产物流系统。

由于企业必须按客户需求以销定产，使得企业物流配送管理工作复杂化，因此协调采购、生产、销售物流并最大限度地降低物流费用是该生产物流系统最大的目标，其生产物流的特征表现在：物资生产的重复度介于单件生产和大量生产之间，一般是制订生产频率，采用混流生产，以物资需求计划（MRP）实现物资的外部独立需求与内部的相关需求之间的平衡；以准时制（JIT）实现客户个性化特征对生产过程中物资、零部件、成品的拉动需求；由于产品设计和工艺设计采用并行工程处理，物资的消耗定额容易准确制订，从而容易降低产品成本。

4．单一品种大批量生产物流特征

单一品种大批量型是指生产的产品品种数相对单一，而产量却相当大、生产的重复程度非常高且大批量配送的生产物流系统。

由于物资被加工的重复程度高，物资需求的外部独立性和内部相关性易于计划和控制，产品设计和工艺设计相对标准稳定，物资的消耗定额容易并适宜准确制订。而且生产品种的单一性，便于制造过程中物资采购的供应商的固定和外部物流的控制。为达到物流自动化和效率化，强调在采购、生产、销售物流各功能的系统化方面，引入运输、保管、配送、装卸、包装等物流作业中的各种先进技术的有机配合。

5．多品种大批量型生产物流的特征

多品种大批量型也称为大批量定制生产，是一种以大批量生产的成本和时间，提供满足客户特定需求产品和服务的新的生产物流系统。其基本思想是将定制产品的生产通过产品重组和过程重组转换或部分转化为大批量生产问题。该类型生产物流的特点如下。

（1）物资的采购、设计、加工、装配、销售等流程要满足个性化定制要求，这就促使物流必须有坚实的基础——订单信息化、工艺过程管理计算机化与物流配送网络化。而实现这个基础就要有一些关键技术支持，如现代产品设计技术、产品数据管理技术、产品建模技术、编码技术、产品与过程的标准化技术、面向 MC 的供应链管理技术、柔性制造系统。

（2）产品设计的“可定制性”与零部件制造过程中由于“标准化、通用化、集中化”带来的“可操作性”的矛盾，往往与物资的性质与选购、生产技术手段的柔性与敏捷性有很大关联，因此创建可定制的产品与服务非常关键。

（3）库存不再是生产物流的终结点，基于快速响应客户需求为目标的物流配送与合理化库存将真正体现出基于时间竞争的物流速度效益。单个企业物流将发展成为供应链系统物流、全球供应链系统物流。

（4）生产品种的多样性和规模化制造，要求物流的供应商、零部件的制造商及成品的销售商之间的选择将全球化、电子化、网络化。这会促使生产与服务紧密结合，使得基于服务标准化的定制化产品和基于定制服务的产品标准化，从交货点开始就提升整个企业供应链价值。

四、生产物流的计划与控制

1．生产物流的计划内容

生产物流计划是企业生产过程中物资流动的纲领性书面文件，指导生产物流的开始、有序运行直至完成的全过程，概括了生产物流系统开发可以达到预定经营目标的各种行动和项目。

生产物流计划的核心是生产作业计划的编制工作，即根据计划期内规定的生产产品的品种、数量、期限及生产发展的客观实际，具体安排产品及其零件在各工艺阶段的生产进度。与此同时，为企业内部各生产环节安排短期的生产任务，协调前后衔接关系。

2．生产物流计划的任务

（1）保证生产计划的顺利完成。为了保证计划规定的时间、数量出产各种产品，要研究物资在生产过程中的运动规律，以及在各工艺阶段的生产周期，以此来安排经过各工艺阶段的时间和数量，并使系统内各生产环节的在制品在结构、数量和时间上进行协调。总之，要通过物流计划中的物流平衡及计划执行过程中的调度、统计工作来保证计划的完成。

（2）为均衡生产创造条件。均衡生产是指企业及企业内的车间、工段、工地等生产环节，在相等的时间阶段内，完成等量或均增数量的产品。

均衡生产的要求是每个生产环节都要均衡地完成所承担的生产任务；不仅要在数量上均衡生产和产出，而且各阶段物流要保持一定的比例性；要尽可能缩短物资流动周期，同时保持一定的节奏性。

（3）加强在制品管理，缩短生产周期。保持在制品、半成品的合理储备是保持生产物流顺利进行的必要条件。在制品过少，会使物流中断，影响生产；反之，又会造成物流不畅，加长生产周期。因此，对在制品的合理控制，既可减少在制品的占用量，又能使生产环节衔接、协调，按物流作业计划有节奏地、均衡地组织物流活动。

3．生产物流控制

在生产过程中，由于受到物流企业的战略选择与企业内外部环境的作用和影响，使得企业在生产过程中其生产物流偏离预先目标，因此应加强企业生产物流的过程管理。

4．生产物流的控制内容

生产物流的控制内容包括进度控制和在制品控制。物流控制的核心是进度控制，即物资在生产过程中的流入、流出控制，以及物流量的控制；在制品控制是在生产过程中对在制品进行静态、动态控制及占有量的控制，进行偏差的测定和处理，在作业过程中，按预定时间及顺序检测执行计划的结果，掌握计划量与实际量的差距，根据发生差距的原因、内容及严重程度，采取不同的处理方法。

5．生产物流的控制程序

物流控制的程序与实现控制的内容相适应。物流控制程序一般包括以下几个步骤：制订生产物流计划，依据生产计划制订相应的物流计划，并有目的、有组织、系统地完成计划；按期调整，为了保证生产物流计划的顺利完成，及时检查、监督计划执行情况，及时调整偏差，保证完成生产物流计划的目标；物流信息的收集、传送和处理物流过程，要有物流信息为之服务，即物流信息要支持物流的各项业务活动。

6．生产物流的控制方式

生产物流的控制方式有两种：反馈和前馈。反馈控制是控制主体根据设立的目标，发布控制指令，控制对象根据下达的命令执行规定的动作，将系统信息传递到控制主体，经过与目标进行比较，确定调整量，通过控制对象来实施。前馈控制着眼于对系统的未来状态的预测，事先采取措施应付即将发生的情况。这种控制带有主动性。

相关链接

青岛啤酒：厂内物流的提升策略

青岛啤酒股份有限公司的前身是日耳曼啤酒股份有限公司，它是中国第一座以欧洲技术建造的啤酒厂。截至2017年上半年，公司共实现啤酒销量453万千升，同比增长2%；实现营业收入人民币150.63亿元，同比增长2.15%；实现净利润人民币12.25亿元，同比增长14%。青岛啤酒在物流信息化、搬运装卸集装化、储位精细化、设施布局科学化等方面形成了一条符合自身特色的物流管理之路。“喝啤酒就喝新鲜的青岛啤酒”，这不是一句空洞的广告词，背后支撑它的是青岛啤酒内部高效的物流运作。作为快销行业，产销之间的平衡是最重要的问题。为此，青岛总部定制信息系统，根据瓶装厂最大产能及区域历史销售和预测数据进行供求匹配，希望在充分利用产能的同时使得物流成本最低。

提高仓容利用率

走进工厂内部，首先看到的是整整齐齐堆放成一板一板的直立空瓶（青岛纯生必须用新瓶），据介绍这是深圳青啤2013年下半年对供应商的新要求，之前全用麻袋运输和装卸，不仅物流效率低下，更重要的是上灌装线（生产线）时需按上线的要求进行人工转换，增加了物流环节，使得成本高、效率低下。如今通过托盘化运作，最小流通单位由袋改为板，整个物流过程中的搬运、装卸、储存、运输、上线等均以集装化方式运作，效率得到提高，可以直接装运到生产线边。

深圳青啤的成品仓有三个，与成品罐装线形成“凸”字格局，总面积24 000平方米的仓库相当于三个足球场面积的空间，库存能力达16 000吨，但仅由13人管理，平均每人管理1 800平方米面积。而在此之前的管理比较粗放，对仓容利用率不高，见空就放，使得库内通道堵塞及查找耽误，经常出现发货延迟的现象。随着产量持续走高，仓储资源显得严重不足。2011年，物流管理系统被全面引入，通过精细测量，整体规划出储位和通道，使得仓储能力提高20%以上。

由于啤酒是重货，堆放高度和空间利用率形成矛盾，深圳青啤人从平面到空间进行了各方面的优化与挖潜。为充分利用仓库高度，深圳青啤经过优化托盘码放，加强了底层的承受力，将托盘定为三层标准。在考虑充分利用面积的前提下，深圳青啤先后选用过1 200毫米×1 000毫米和1 000毫米×1 000毫米规格的托盘，但最终选定为1 100毫米×1 100毫米的规格，一方面是因为与啤酒小箱包装吻合度最高，另一方面与集装箱或箱式货车的230毫米宽度形成匹配。

要将 1 100 毫米×1 100 毫米的托盘一层层地叠起来，自然少不了叉车司机的驾驶技术。为帮助司机提高技术，在白天操作过程中，深圳青啤安排专人拍摄叉车行驶路径及货叉取货、入位的全过程，晚上进行放映，让大家集中讨论需要改善的操作动作。

因生产批次数量有多有少，对储位能力的需求大小不一，为了提高仓容利用率，更好地实现先进先出，管理者将仓库储位分为标准的大储位（如某区 60 板为一个储位）和随机的小储位来实现仓储能力的柔性，从而满足多样化的需求。

建立可追溯系统

为满足客户差异化的需求，青啤的库存达 80 种之多。如何将合适的产品放在合适的地方，并能快速拣出来？这曾经是一个难题，而青岛啤酒通过自行开发的仓储管理信息系统（WMS）使得这一问题得到了有效解决。

首先，WMS 系统会进行数据分析，统计比较出不同品类的进出库频率。对于大进大出的品类，则将其储位规划在靠近进出货口的地方，流量低、周转慢的品类的储位则离出入口稍微远些。其次，每支瓶装啤酒在灌装后，由专用激光机在瓶盖上打上具有唯一性的条码。在装箱后，每支啤酒瓶上的条码与纸箱上的条码建立集装关联；接着装上托盘，纸箱条码又与托盘的板条码建立关联。等叉车来取货入库时，车载终端使板条码与库位条码之间建立关联。这一系列关联最终形成了数据库，为 WMS 系统提供数据分析依据，支持了物料在厂内的流动距离最短，并将客户交付的内部前置期缩到最短。最后，叉车司机按照包含产品批号的出货指令从储位取出货物，装上提货车辆，物流承运商车辆又通过自带车载终端与货物建立关联（青啤对物流承运商车辆信息化有要求）。

通过信息化系统，青岛啤酒将厂内物流延伸到厂外，可追溯到产品运到下游的中央物流中心、区域物流中心、终端物流中心及经销商的全过程。这与当今 IT 数码产品的追溯理论如出一辙。

未来面临的挑战

深圳青岛啤酒朝日有限公司于 1999 年建厂，建厂之初年产量不过 2 万吨，而 2013 年年产量达到了 50 万吨，年产量的高速增长不断对物流提出新的要求。

深圳青啤这些年一直在努力提升物流效率，并取得了一定成效，在仓容利用率、仓储管理系统化及减少搬运装卸集装化中间环节方面都给业内提供了可供借鉴的经验。如今，深圳青啤的年库存周转率达 30 次以上，平均库存周期为 11 天，13 个人管理着 24 000 平方米的成品仓库，响应客户需求达到 98%。但是，深圳青啤仍面临诸多挑战。例如，华南地区的生产部与销售部是分离的，这样的布局就使信息传递需要经过多个环节，那么，如何规避“长鞭效应”及如何提高产销协同将会是一个严峻的问题；在企业信息化的过程中，面对经销商和批发商实力及管理能力参差不齐的现状，毫无疑问，推行全程的产品追溯系统也存在困难；另外，由于工厂所处的地理位置及早期规划等原因，工厂没有设计装卸货台，集装箱装箱过程仍需人工辅助，在物流环节仍规避不了对高强度体力的依赖。

深圳青啤要想进一步提升物流效率，满足高速增长的年产量的需求，这些问题就必须得到有效的解决。

——资料来源：广东物流网　2017-11-30

单元三 物料需求计划（MRP）

一、物料需求计划的含义

MRP 是 Material Requirements Planning 的缩写，中文通常翻译为“物料需求计划”，其含义是利用物料清单、库存数据和主生产计划计算物料需求的一套技术。物料需求计划产生补充物料订单的建议，而且由于它是划分为时间段的，当到货日期与需求日期不同步时，MRP 会建议重排未结订单。最初 MRP 只被看作一种比库存订货点法更好的库存管理方法，在电子商务环境下，现在普遍认为它是一种计划技术，即建立和维护订单的有效到货日期的方法，它是闭环 MRP 的基础。

二、MRP 逻辑原理

对于庞大而复杂的生产系统，MRP 计划的制订与执行具有很高的难度，必须有强有力的计算机软、硬件系统实行集中控制，才能达到预想的效果，MRP 的逻辑原理图如图 6-9 所示。

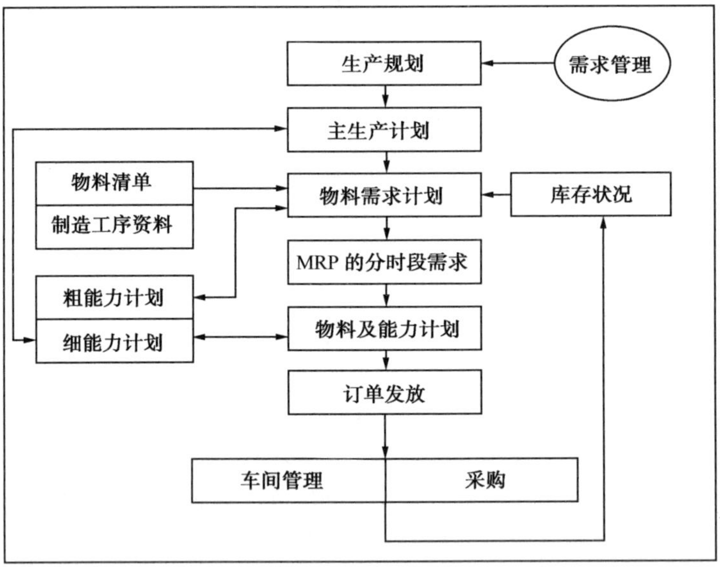

图 6-9 MRP 逻辑原理图

1. 物料清单 BOM（Bill of Material）

构成各项装配件的所有子装配件、零件及原材料清单，其中包括子项的数量。在某些工业领域可能称为“配方”、“要素表”或其他名称。它反映新产品的层次结构，即所有零部件的结构关系和数量组成。根据 BOM 可以确定该新产品所有零部件的需要数量、需要时间及相互关系。

2. 主产品进度计划 MPS（Master Production Schedule）

它根据营销计划、BOM 和工艺规程决定成品出厂时间和各种零部件的制造进度。它决定了产成品与零部件在各个时间段内的生产量，包括产出时间、数量或装配时间和数量等。主生产计划是驱动 MRP 的一整套计划数据，它反映出企业打算生产什么，什么时候生产及生产多少。主生产计划必须考虑客户订单和预测、未完成订单、可用物料的数量、现有能力、管理方针和目标等。

3. MRP 闭环（Closed Loop）

在 MRP 系统的应用中，需要人工介入较多。此外，MRP 系统没有涉及车间作业计划及作业分配，这部分工作仍然由人工补足，因此也就不能保证作业的最佳顺序和设备的有效利用。为了解决上述矛盾，20 世纪 80 年代初，MRP 由传统式发展为闭式的 MRP，它是一个结构完整的生产资源计划及执行控制系统。

闭环 MRP 是一个集计划、执行、反馈为一体的综合性系统，它能对生产中的人力、机器和材料各项资源进行计划与控制，使生产管理的应变能力有所加强。这时，物料需求计划 MRP 的实施使未来的物料短缺不是等到短缺发生时才给予解决，而是事先进行计划，所以必须增加生产能力计划、生产活动控制、采购和物料管理计划三方面的功能。

由 MRP 逻辑原理图可见，物料需求计划产生新产品投产计划和采购计划，生成制造任务单和采购订货单，再据此组织产品的生产和物资的采购。

三、制造资源计划 MRPⅡ

1. 制造资源计划 MRPⅡ的含义

在闭式 MRP 基础上，如果以 MRP 为中心建立一个生产活动的信息处理体系，将 MRP 的信息共享程度扩大，使生产、销售、财务、采购、工程紧密结合在一起，共享有关数据，组成一个全面生产管理的集成优化模式，利用 MRP 的功能建立采购计划；生产部门将销售计划与生产计划紧密配合来制订出生产计划表，并将其不断地细化；设计部门不再孤立地设计产品，而是将改良设计与以上生产活动信息相联系；产品结构不再仅具有参考价值而是成为控制生产计划的重要方面。如果将以上一切活动均与财务系统结合起来，把库存记录、工作中心和物料清单用作成本核算，根据 MRP 所得到的采购及供应商情况，建立应付账、销售产生客户合同和应收账，应收账与应付账又与总账有关，根据总账又产生各种报表……这就是制造资源计划（Manufacturing Resource Planning），为了避免名词的混淆，物料需求计划称作狭义 MRP，而制造资源计划称作广义 MRP 或 MRPⅡ。

MRPⅡ系统是在 MRP 系统基础上发展起来的一种更为完善和先进的管理思想和方法。MRPⅡ系统克服了 MRP 系统的不足之处，在以下几方面取得了突破。

（1）在生产能力计划功能方面，以调整好的物料需求计划的输出作为其输入，根据计划的零部件需求量和生产基本信息中的工序、工作中心等信息计算出设备与人力的需求量、各种设备的负荷量，以便判断是否有足够的生产能力，如果发现能力不足，则进行设备负荷调节和人力补充；如果能力实在无法平衡，则可以调整产品的生产计划。

（2）生产活动控制功能方面，利用计算机的模拟技术，按照在作业优先执行的原则，自动编制各种设备或工作中心的作业顺序及作业完成日期。

（3）在采购和物料管理计划功能方面，则根据物料需求计划和库存管理的策略编制物料请购计划，建立采购与进货管理，供应商档案和供应商账务管理，库存会计账务管理，成本、应收账、应付账、总账管理。

2. MRPⅡ逻辑原理

根据制造资源计划 MRPⅡ原理所设计的 MRPⅡ软件，由于各软件商设计的思路及方法不同，各种软件上所配备的 MRPⅡ模块的划分也不完全一致。但是，由于所运用的 MRPⅡ的原理是一致的，因此它们的逻辑功能是相同的。MRPⅡ的逻辑流程如图 6-10 所示。

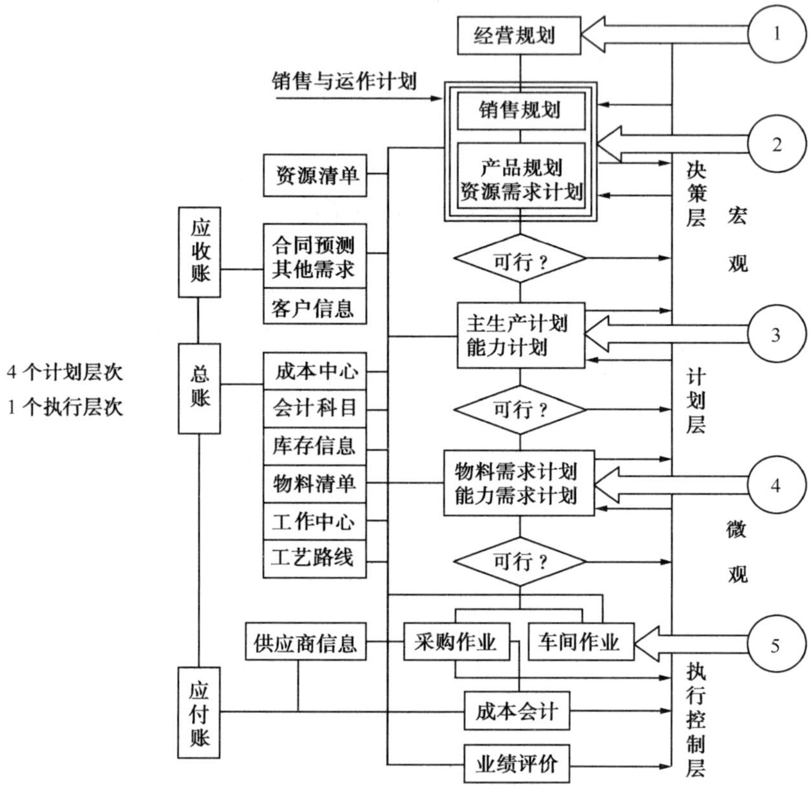

图 6-10　MRPⅡ的逻辑流程

MRPⅡ的入口是订单及预测，由它产生预测与生产要求，通过主生产计划 MPS 建立生产计划和资源需求计划，并且在将主生产计划、制造标准数据中物料清单和库存管理中的库存状况信息输入至 MRP 模块后，通过毛需求量、净需求量计算，产生零部件生产计划和原材料、外购件的采购计划。

能力需求计划 CRP 接收了来自零部件生产计划和制造标准中的工序、工作中心数据和采购实绩信息，经过处理产生能力需求计划（自制品生产作业详细计划和生产负荷标准化计划）。根据以上自制品计划信息、出入库信息和外加工信息，建立派工单和作业指令，产生生产实际报表及生产进度报告。成本管理接收车间控制所给予的实绩报告，采购和物料计划管理给予的收料，委外加工实绩报告及标准成本，实际成本和管理成本差异的分析。采购和物料计划管理根据 MRP 采购订单，生成委外加工计划，进行外协加工、采购计划、收料、检验、供应商管理。库存管理接收来自采购的收料入库信息，为 MRP 和订单及预测管理提供库存状况，为车间控制提供委外加工订单信息。销售管理接收 MPS 的发货计划，进行发货处理和应收账款处理。订单及预测根据库存状况信息进行订单处理和报价。

销售管理的销售发票为应收账提供信息，应收账处理的结果直接进入总账。采购的订货发票为应付账提供信息，应付账和固定的资产、工资的处理结果直接进入总账。

综上所述，MRP II 系统包含分销、制造和财务三大部分，三大部分又具体包括销售、订单、预测、主生产计划、库存、制造标准、物料需求计划、能力需求计划、车间控制、采购、成本、总账、应收账、应付账、工资和固定资产模块。因此，MRP II 是一个集成度相当高的信息系统。

除了以上基本模块外，对于不同生产模式和管理方法，MRP II 软件还提供如重复制造，配销需求计划等模块。

随着全球市场竞争的白热化，20 世纪 90 年代，企业必须将 MRP II 的实用性进一步地加以扩展，实用扩展的内容为质量信息管理，实验室信息管理，电子数据交换 DEI 与 CAD、CAM、CAPP 等的集成，组成企业资源计划（Enterprise Resources Planning，ERP）。

相关链接

华为智慧物流：为市场注入万物互联新动能

2017 年 3 月 31 日，华为投资控股有限公司发布了截至 2016 年 12 月 31 日的 2016 年年度报告。报告显示，华为 2016 年实现全球销售收入 5 216 亿元，同比增长 32%；净利润 371 亿元，同比增长 0.4%；研发费用达 764 亿元，同比增长 28%……

在中国东莞松山湖有个占地面积达 25 000 平方米的现代化自动物流中心——华为松山湖供应链物流中心。该物流中心采用射频（RF）、电子标签拣货系统（PTL）、货到人挑选（GTP）、旋转式传送带（Carrousel）等多种先进技术，集物料接收、存储、挑选、齐套、配送功能于一体，是华为重要的样板点基地之一。松山湖的自动物流中心，是华为全球物流供应网络中的典型代表，也是华为供应、物流体系，从被动响应走向主动感知，向敏捷供应、智慧物流转型的结晶之一。

在松山湖自动物流中心建成之后，华为启动了智慧物流与数字化仓储项目，旨在通过构建实时可视、安全高效、按需交付的物流服务能力，主动支撑交付保障，提升客户体验，改善物流运营效率。目前，项目已经初步实现了物流全过程可视，打造了收发预约、装车模拟、RFID 数字化应用等系列产品，已经取得了上千万元的收益。

多位一体：构建全透明自动化物流体系

华为松山湖供应链物流中心按功能模块分成不同区域，包括栈板存储区及料箱存储区、货到人拣选区、高频物料拣选区、集货区等，以多位一体的先进模式，实现物流端到端业务可视及决策性业务智能处理，极大提升物流各环节协同运作效率。

栈板存储区及料箱存储区，可覆盖华为公司所有 PCBA 单板原材料管理；中心仓+线边仓的物料供应模式，实现了超期管理、潮敏管理、在线循环盘点和自动补货等功能；多维度、多层次的物料管理模式，满足了业务高可靠性、高复杂性需求。

货到人拣选区为中低频物料拣选，采用货到人的作业模式，降低了人工作业劳动强度，其二级缓存库实现了全自动出入库作业。不仅如此，该区域还通过采用 PTL 技术、播种式拣选、自动关联条码打印等技术，实现了可同时处理多个订单，以及全面作业质量防呆和条码追溯。

高频物料拣选区采用小型堆垛机和流利式货架，实现了自动存储和补货作业，打造了存储、补货、拣选三位一体的立体作业模式。订单由系统进行自动下发和任务关联，通过 PTL/RF、接力式拣选和拣选防呆，可高效处理相关任务。

集货区根据交付对象设置不同区域，并配有多个滑道，按任务指令分滑道进行齐套，配合AGV 无人智能送料小车，直接供应生产线，实现库房与产线无缝对接。自动物流日均可处理10 000 个订单行，日均出库 16 000 个 LPN（注册容器编码）。

2015—2020 年：聚焦客户体验提升，帮助客户实现价值创造

启动 ISC+变革，聚焦客户体验，由被动响应向主动服务转身；对外加强协同能力建设，对内通过数字化创新，为客户创造价值。作为全球领先的信息与通信（ICT）解决方案供应商、数字化转型的重要使能者，华为将以数字化转型领先实践经验，与整个物流生态链伙伴一起，共同为全球客户提供最先进的智慧物流解决方案，实现物流过程数字化，资源规划智能化，实物履行自动化等方面的建设，为客户创造更大价值，为市场注入万物互联新动能。

从生产到运输的全生命周期的流程可视，真正做到“人与物的高效沟通”。相较于传统的人力作业模式，这种模式降低信息处理成本，提高了信息处理效率及准确率，并促进跨部门、跨企业的运营管理，通过提供一体化的数据集成服务，让客户获得了更高效、便捷、贴心的智慧物流体验。每个版本的产品推出后，该公司的物流团队都要在华为总部进行研究总结，以期做得更好。这就是华为的供应链，复杂而精妙的传输系统。

——资料来源：新浪科技　2017-08-29

单元四　准时制（JIT）生产物流

一、JIT 概念

准时制（Just In Time，JIT）生产方式是起源于日本丰田汽车公司的一种生产管理方法。它的基本思想可用现在已广为流传的一句话来概括，即“只在需要的时候，按需要的量生产所需的产品”，这也就是 JIT 一词所要表达的本来含义。

JIT 生产方式通过生产的计划和控制及库存的管理，追求一种无库存或库存达到最小的生产系统，为此而开发了包括“看板”在内的一系列具体方法，并逐渐形成了一套独具特色的生产经营体系。

二、JIT 生产方式的目标

JIT 生产方式的最终目标，也即企业的经营目的——获取最大利润。为了实现这个最终目的，“降低成本”就成为基本目标。

在福特时代，降低成本主要是依靠单一品种的规模生产来实现的。但是在多品种中小批量生产的情况下，这一方法是行不通的。因此，JIT 生产方式力图通过“彻底消除浪费”来达到这一目标。

所谓浪费，在 JIT 生产方式的起源地丰田汽车公司，被定义为“只使成本增加的生产诸因素”，也就是说，不会带来任何附加价值的所有因素。这其中，最主要的浪费是指由生产过剩（库存）所引起的浪费。因此，为了排除这些浪费，就相应地产生了适量生产，弹性配置作业人数及保证质量这三个子目标。

三、JIT生产方式的基本手段

为了达到降低成本这一基本目标，对应于上述基本目标的三个子目标，JIT 生产方式的基本手段有如下几种。

1．适时适量生产

对于企业来说，各种产品的产量必须能够灵活地适应市场需要量的变化。否则的话，由于生产过剩会引起人员、设备、库存费用等一系列的浪费。而避免这些浪费的手段，就是实施适时适量生产，只在市场需要的时候生产市场需要的产品。

以海尔集团的 e 制造为例，过去企业按照生产计划制造产品，是大批量生产，而海尔的 e 制造是根据订单进行的大批量定制。海尔 ERP 系统每天准确自动地生成向生产线配送物料的 BOM，通过无线扫描、红外传输等现代物流技术的支持，实现定时、定量、定点的三定配送。海尔独创的过站式物流，实现了从大批量生产到大批量定制的转化。

海尔集团要实现 e 制造还需要柔性制造系统。在满足用户个性化需求的过程中，海尔采用计算机辅助设计与制造（CAD/CAM），建立计算机集成制造系统（CIMS）。在开发决策支持系统（DSS）的基础上，通过人机对话实施计划与控制，从物料资源规划（MRP）发展到制造资源规划（MRP Ⅱ）和企业资源规划（ERP），发展到集开发、生产和实物分销于一体的适时生产（JIT），供应链管理中的快速响应和柔性制造（Agile Manufacturing），以及通过网络协调设计与生产的并行工程（Concurrent Engineering）等。这些新的生产方式把信息技术革命和管理进步融为一体（见图 6-11）。

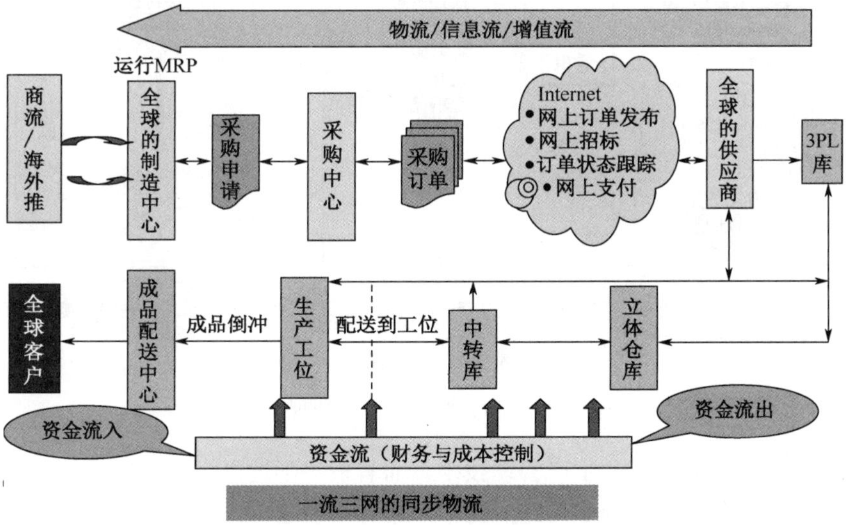

图 6-11　海尔集团的 e 制造流程

现在，海尔在全集团范围内已经实施计算机集成制造系统（CIMS），生产线可以实现不同型号产品的混流生产，如海尔电脑建成国内首条 FIMS 柔性电脑生产线。海尔电脑从接到订单到出厂，中间的每道工序都是在电脑系统的集成管理和严格监控之下完成的。为了使生产线的生产模式更加灵活，海尔有针对性地开发了 EOS 商务系统、ERP 系统、JIT 三定配送系统等六大辅助系统。正是因为采用了这种 FIMS 柔性制造系统，海尔不仅能够实现单台电脑客户定制，还能同时生产千余种配置的电脑，而且还可以实现 36 小时快速交货。

2．弹性配置作业人数

在劳动费用越来越高的今天，降低劳动费用是降低成本的一个重要方面。达到这一目的的方法是“少人化”。所谓少人化，是指根据生产量的变动，弹性地增减各生产线的作业人数，以及尽量用较少的人力完成较多的生产。

3．质量保证

人们历来认为，质量与成本之间是一种负相关关系，即要提高质量，就得花人力、物力来加以保证。但在 JIT 生产方式中，却一反这一常识，通过将质量管理贯穿于每个工序之中来实现提高质量与降低成本的一致性，具体方法是“自动化”。

4．看板管理

看板管理（见图 6-12）作为一种进行生产管理的方式，在生产管理史上是非常独特的。看板方式也可以说是 JIT 生产方式最显著的特点，但决不能把 JIT 生产方式与看板方式等同起来。

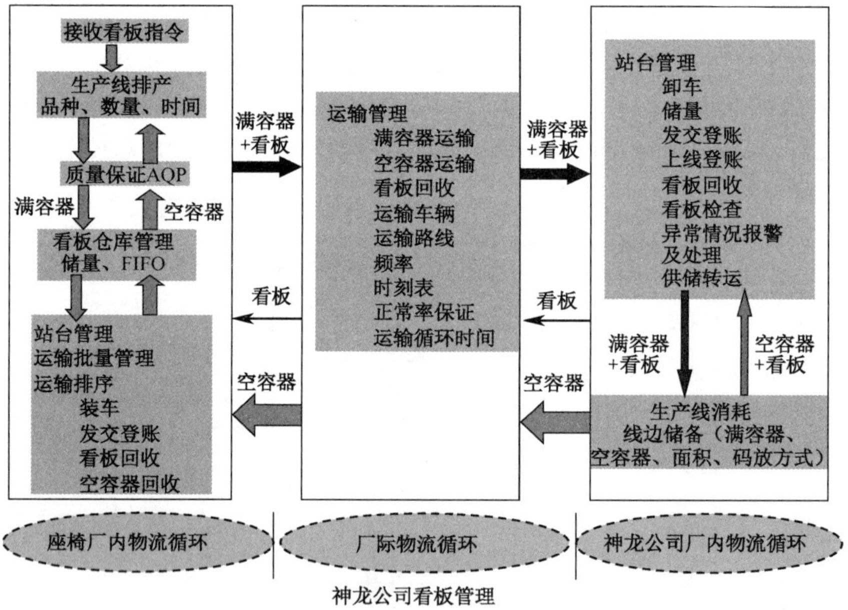

图 6-12　神龙公司的看板管理流程

JIT 生产方式说到底是一种生产管理技术，而看板只不过是一种管理手段。看板只有在工序一体化、生产均衡化、生产同步化的前提下，才有可能运用。如果错误地认为 JIT 生产方式就是看板方式，不对现有的生产管理方法作任何变动就单纯引进看板方式，是不会起到任何作用的。所以，在引进 JIT 生产方式及看板方式时，最重要的是对现存的生产系统进行全面改组。

看板的主要功能是传递生产和运送的指令。在 JIT 生产方式中，生产的月度计划是集中制订的，同时传达到各个工厂及协作企业。而与此相应的日生产指令只下达到最后一道工序或总装配线，对其他工序的生产指令通过看板来实现。看板的功能主要表现在以下几点。

（1）生产及运送的工作指令。看板中记载着生产量、时间、方法、顺序，以及运送量、运送时间、运送目的地、放置场所、搬运工具等信息，从装配工序逐次向前工序追溯，在装配线将所使用的零部件上所带的看板取下，以此再去前工序领取。“后工序领取”和“适时适量生产”就是这样通过看板来实现的。

（2）防止过量生产和过量运送。看板必须按照既定的运用规则来使用。其中一条规则是“没有看板不能生产，也不能运送”。根据这一规则，看板数量减少，则生产量也相应减少。

（3）进行“目视管理”的工具。看板的另一条运用规则是“看板必须在实物上存放，前工序按照看板取下的顺序进行生产”。根据这一规则，作业现场的管理人员对生产的优先顺序能够一目了然，易于管理。通过看板，可知道后工序的作业进展情况、库存情况等。

（4）改善的工具。在 JIT 生产方式中，通过不断减少看板数量来减少在制品的中间存储。根据看板的运用规则之一是“不能把不良品送往后工序”，后工序所需得不到满足，就会造成全线停工，由此可立即使问题暴露，从而必须立即采取改善措施来解决问题。

通过改善活动不仅使问题得到了解决，也使生产线的“体质”不断增强，使生产率得到提高。

相关链接

丰田汽车精益生产、看板物流管理

看板管理在汽车行业中的应用

看板管理使汽车企业生产实现了全面协同，与此同时看板又让各生产单元实现独立生产，从而使汽车公司建立能够自我循环、自我调节的生产管理体系，大大改善公司的存货管理。准时化生产是目前汽车工业普遍采用的一种先进的生产组织管理模式，而看板管理又是准时化生产方式中的一种重要的管理手段，看板是一种辅助工具，是一种用于生产现场控制的作业方法。

看板管理采取的是拉动式生产方式，即生产线上需求何种零件，物流配送何种零件；现场能够做到的最佳状态为：准时领取、准时转运、准时生产。看板最初是由丰田汽车公司于 20 世纪 50 年代从超级市场的运行机制中得到启示，作为一种生产、运送指令的传递工具被创造出来的。

在超市方式中，当顾客在超市中进行购物并付款时，收银台通过对贴在货物上的条码标签进行扫描以便将销售信息传递到仓库中，仓库按照收到的销售信息定时或定量配送相同数量、相同品种的货物补充到货架上，由此形成一个环。而看板就是将这一配送方式变化地应用到生产现场中，当后工序的作业人员从料架上取走了某一零件用于生产，他同时取下零件上所附带的看板卡并将其投放于看板盒内，物流人员定时从看板箱内取走看板，按照看板的数量和类别定时或定量从前工序搬运所需的东西补充到相应的部品架，供后工序连续生产使用。看板跟着零件走，没有看板不取货，没有看板不生产，防止过量运送及过量制造，这样就大大减少了在制品缓存数量，且减少了资金的占用。看板管理还同时充当着目视化管理工具，看板与在制品存放在一起，通过查看看板的零件号和数量，就可以清楚地了解在制缓存的品种和数量，通过实施看板管理，可以极大地提高生产物流和现场管理水平。

看板管理在汽车行业中的应用如下。

（1）使用看板管理操作流程如下：①物流配送员工将装有看板卡的零件料箱送到生产线旁的物料架上；②生产线员工在打开料箱使用第一个零件前先将此零件的看板卡投入到看板箱中；③物流人员定期到线旁看板盒中收取看板卡；④看板卡收回后按照配送线路及大件、小件区分放置；⑤物流人员通过看板拉动系统，定期将此时间段内的看板卡扫描，汇总成零件需求清单；

⑥厂外仓库物流员工从拉动系统中下载零件需求清单并按照清单内容准备物料；⑦厂外配送车辆将此时间段内需求物料在规定时间内送到厂内接收 Dock 区；⑧厂内叉车员工卸货，配送员工在料箱中插入看板卡后将零件配送到生产线上；⑨如此往复循环，从收取看板卡到配送物料上线的时间要控制在 2 小时之内，线旁料架上物料的最小至最大量设置是 20 分钟至 2 小时的用量，且为避免因物料原因造成停线，在厂内缓存区会放置 1 小时缓存物料，此部分缓存物料是流动的，配送时优先从缓存区取料，新到厂内物料再补充到缓存区内。

（2）在实际应用看板管理系统中还存在一些问题不容忽视。

①看板的目视工能被弱化。在丰田看板管理系统中，看板同时充当着现场物料的目其中，4 小时物料来源包括线旁最大存量的 2 小时物料，缓存区的 1 小时物料，备料或配送中的 1 小时物料。②看板的拉动循环被约束。当前的应用中，本小时内消耗的物料在下一个小时内补充到位，强行限制了看板应用的范围的扩展，并且对上游作业强度及资源消耗提出了过高的要求。

在现实工作中要充分认识看板管理的作用，充分了解看板卡数量的合理计算及看板循环方式的设计，以最大限度地发挥看板的功能，更好地为生产现场控制服务。根据日本丰田汽车公司的经验，单纯地采用看板管理不可能全面实现生产过程的合理化，应该首先从生产过程的合理化入手，不断改进作业方法，完善生产条件，然后逐步过渡到看板管理。

——资料来源：中国物流与采购网　**2017-04-16**

四、JIT 实施策略

JIT 的实际应用包含了纷繁复杂的内容，从实施手段和工具的角度也因企业和生产方式的差异而不同。但从 JIT 的核心思想出发，为了达到降低成本这一基本目标，对应上述基本目标，JIT 生产方式的基本策略也可以概括为下述三个方面。

1．生产流程化

生产流程化是指按生产汽车所需的工序从最后一个工序开始往前推，确定前面一个工序的类别，并依次、恰当地安排生产流程，根据流程与每个环节所需库存数量和时间先后来安排库存和组织物流。尽量减少物资在生产现场的停滞与搬运，让物资在生产流程上毫无阻碍地流动。

“在需要的时候，按需要的量生产所需的产品”。对于企业来说，各种产品的产量必须能够灵活地适应市场需要量的变化。众所周知，生产过剩会引起人员、设备、库存费用等一系列的浪费。避免这些浪费的手段就是实施适时、适量生产，只在市场需要的时候生产市场需要的产品。

2．生产均衡化

生产均衡化是实现适时适量生产的前提条件。所谓生产的均衡化，是指总装配线在向前工序领取零部件时应均衡地使用各种零部件来生产各种产品。为此，在制订生产计划时就必须加以考虑，然后将其体现于产品生产顺序计划之中。在制造阶段，均衡化通过专用设备通用化和制订标准作业来实现。所谓专用设备通用化，是指通过在专用设备上增加一些工夹具的方法使其能够加工多种不同的产品。标准作业是指将作业节拍内一个作业人员所应担当的一系列作业内容标准化。

生产中将一周或一日的生产量按分秒时间进行平均，所有生产流程都按此来组织生产。这样，流水线上每个作业环节上单位时间所需完成的作业量和作业种类就有了标准定额，所在环节便都可按标准定额组织生产，因此要按此生产定额均衡地组织物质的供应，安排物品的流动。JIT 生产方式的生产是按周或按日平均，是一种均衡化的生产，与传统的大生产、按批量生产的方式不同。

3．资源配置合理化

资源配置的合理化是实现降低成本目标的最终途径，具体是指在生产线内外，所有的设备、人员和零部件都得到最合理的调配和分派，在最需要的时候得到最及时的应用。

从设备而言，设备包括相关模具实现快速装换调整。例如，丰田公司发明并采用的设备快速装换调整的方法是 SMED 法。丰田公司所有大中型设备的装换调整操作均能够在 10 分钟之内完成，这为“多品种、小批量”的均衡化生产奠定了基础。

在生产区间内，需要设备和原材料的合理放置。快速装换调整为满足后工序频繁领取零部件制品的生产要求和“多品种、小批量”的均衡化生产提供了重要的基础。但是，这种频繁领取制品的方式必然增加运输作业量和运输成本，若是运输不便，将会影响准时化生产的顺利进行。合理布置设备，特别是 U 形单元联结而成的“组合 U 形生产线”，可以大大简化运输作业，使得单位时间内零件制品运输次数增加，但运输费用并不增加或增加很少，为小批量频繁运输和单件生产单件传送提供了基础。

综合训练

基础训练

一、名词解释

1．采购管理
2．JIT 采购
3．物料需求计划（MRP）
4．准时制（JIT）生产方式
5．看板管理

二、填空题

1．采购管理基本内容有________、________、________、________。

2．根据产品生产的重复程度把生产过程划分为__________、__________、__________三种类型。

3．MRP 是 Material Requirements Planning 的缩写，中文通常翻译为“物料需求计划”，其含义是利用________、________和________计算物料需求的一套技术。

4. MRP II 的入口是________和________，由它产生预测与生产要求，通过主生产计划 MPS 建立了生产计划和资源需求计划。

5．准时生产方式基本思想可概括为“________、________”。

三、选择题

1．（　　）管理是物流供应链管理的起始点。

A．采购　　B．生产　　C．库存　　D．装卸搬运

2．影响生产物流的主要因素有（　　）。

A．企业的生产类型　　B．企业的生产规模

C．企业社会专业化与协作水平　　D．企业的类型

3．根据物资在生产工艺过程中的流向，把生产物流划分为（　　）三种类型。

A．项目　　B．连续　　C．离散　　D．间断

4．在 ABC 分类法中，（　　）类物资，品种占 30%左右，占用资金 20%左右。

A．C　　B．D　　C．B　　D．A

5．MRP 逻辑原理包括（　　）。

A．物料清单 BOM　　B．主产品进度计划 MPS

C．看板管理　　D．MRP 闭环

6．JIT 实施的策略包括（　　）。

A．看板管理　　B．资源配置合理化

C．生产均衡化　　D．生产流程化

四、简答题

1．网上采购管理与传统采购管理的差异表现在哪里？

2．试分析 MRP 逻辑原理。

3．JIT 生产方式的基本手段有哪些？

4．JIT 采购主要包括哪些流程？

5．看板管理的功能有哪些？

6．MRPⅡ与 MRP 有什么关系？

技能训练

案例分析：上汽通用的智能制造与智能物流探索

上汽通用汽车有限公司（以下简称“上汽通用”）在向智能制造转型方面走在了行业前列，智能物流作为智能制造的关键组成部分，更是战略规划清晰、路径明确。上汽通用在打造全局物流数字化体系的基础上，对部分物流业务环节进行智能化改造并取得了显著效果。

上汽通用成立于 1997 年 6 月 12 日，由上海汽车集团股份有限公司、通用汽车公司共同出资组建而成，现有浦东金桥、烟台东岳、沈阳北盛和武汉分公司四大生产基地，共九个整车生产厂，四个动力总成厂，拥有三大品牌、二十多个系列的强大产品阵容，覆盖了从高端豪华车到经济型轿车各梯度市场，以及 MPV、SUV、混合动力和电动车等细分市场，同时面向未来全面开启新能源车战略。2016 年，在中国宏观经济仍处于 L 形底部，市场竞争更趋激烈的背景下，上汽通用以“卓越‘精’营”驱动“2020 战略”全速起航，全年完成销售 1 887 071 辆，同比增长 7.7%，旗下别克、雪佛兰和凯迪拉克三大品牌分别销售 1 230 203 辆、538 852 辆和 118 016 辆。历经 20 年的发展，上汽通用始终是中国汽车行业的领跑者，不仅业务规模以几何级数增长，经营范围不断扩大，在技术创新和模式变革的探索方面也走在行业前列。随着智能制造在全球兴

起，上汽通用在业内率先开始对智能制造的积极探索和严密布局，智能物流作为其中核心板块之一大胆尝试，稳步推进。

在上汽通用 20 岁生日之际，本刊记者采访了上汽通用生产控制与物流部业务开拓与发展经理倪斌，请他分享了上汽通用智能制造体系下的智能物流规划与实施情况。可以说，智能制造与智能物流建设总体战略规划清晰、路径明确、实施有效，该体系的成功打造将会是上汽通用未来继续领跑中国汽车行业的强大驱动力。

一、智能物流建设背景

1. 智能制造是转型方向

近年来，汽车制造行业面临产能过剩，客户需求产品多样化与个性化，原材料成本和劳动力成本上升，利润空间缩小等诸多挑战，传统的管理手段和运行模式明显已经遇到了瓶颈。

智能制造的兴起，无疑为汽车制造业的转型发展带来了新的机遇。在互联网高速发展的当下，人们的思维模式发生颠覆性转变。同时，各种新技术的发展与成熟应用，会推动商业智能走向一个新的高度，也使人工智能的实现成为可能。这些对汽车产业的影响已经从汽车产品向整个汽车工业延伸，全球很多汽车企业都在积极完成转型，上汽通用作为中国汽车行业领军者更不例外。

其实在公司成立初期，上汽通用就建立在一个先进工艺和高自动化率的基础上，具有完善的信息化系统支持业务高效运作。公司在发展过程中也不断创新，持续引入先进的生产技术和工艺，增加自动化、数字化、智能化设备的投入，不断巩固制造领先的优势。可以说，20 年的积累为上汽通用实施智能制造打下了坚实基础。

上汽通用整个智能制造体系由智能系统、智能产品、智能研发、智能设计、智能生产、智能质量、智能销售、智能服务及智能物流等多个板块组成，覆盖了产品研发、制造工艺及设备工程开发、生产制造、物流运作与管理、质量管控、市场营销及售后服务等方面。上汽通用在上述各个业务环节中均部署了全局性的数字化、智能化应用实践，将分阶段稳步推进。

2. 智能物流发展时机已到

物流作为汽车制造中的核心一环也面临着诸多压力。传统模式下的物流效率提升已接近瓶颈，需要寻求突破。市场需求与产品供给需要更精准、更快速对接，对供应链及物流提出更高要求。劳动力成本上升，土地资源稀缺及价格不断提高等因素，导致物流成本大幅提高。新兴产业公司拥有得天独厚的互联网资源优势，汽车物流面临跨界竞争的威胁。在此背景下，汽车物流被越来越多地植入“智能”的诉求。

近年来，自动化设备、智能机器人、新控制技术的不断涌现，物联网、视觉识别、大数据分析、云计算、机器学习等先进技术的不断发展成熟，都给智能物流的发展提供了良好契机。

对于上汽通用而言，物流智能化转型是企业保持优势、持续前进的目标，同时也是支撑公司智能制造顺利推进的重要组成部分。另外上汽通用作为汽车产业链的龙头，通过智能物流战略的推进，也将协同并带动汽车上下游产业链的共同发展。

二、稳健的数字化物流发展规划

上汽通用智能物流的发展主线将围绕模块化、自动化、数字化、网联化、智能化五个方向展开，数字化的实现被视为智能化改造的基础。2015 年，基于公司智能制造发展战略，上汽通用制订了供应链与物流数字化发展规划，在物流全过程中对传统业务流程进行全局数字化改造。同时，依托自动化物流设备、感知技术、物/务联网、大数据、智能优化算法等先进技术，对部分物流业务和系统进行智能化改造尝试，挖掘和寻找传统业务的突破点和新的效益增长点，为智能物流转型升级打下坚实基础。

1. 把握汽车供应链特点，推进物流数字化

（1）业务链长、环节多、范围广。上汽通用的供应链与物流管理运作由生产控制与物流部负责，其业务覆盖生产计划、物料准备、入厂物流、工厂物流、一直到出厂物流等一整条业务链，包含生产计划管理、零件计划管理、库存控制、供应链管理、物料运输管理、仓储管理、料箱料架管理、包装设计、整车发运等各个业务环节。业务范围在公司内涉及几乎所有部门（市场、采购、财务、工程、制造、质量等），公司外涉及零部件供应商（包括国内、国外）与物流服务供应商（包括陆运、海运、空运等）。

（2）系统数量多、互联互通性差。基于供应链的复杂性，上汽通用的信息系统建设和应用也较为复杂。具体表现在：一是公司业务部门众多，各部门所涉及和应用的系统达 30 多种；二是以往各业务部门的系统单独开发，互联互通性不强，导致各系统效率不同；三是各个系统并不是从同一数据池，不是在同一时间抓取数据，造成信息不对称。

2. 构建互联互通的数字化信息系统

为实现供应链上下游高效衔接，上汽通用需要从两个方面入手，推进传统业务流各环节的数字化改造：一是疏通整个业务链；二是打通整个信息流。为此，上汽通用采用了企业架构方法，对业务架构、应用架构、数据架构等内容，通过梳理、分解设计、构建、集成、扩展，形成端到端全局性规划，确保各数字化信息系统符合部门战略和业务、技术发展要求，互相之间实现互联互通。同时，在 IT 架构设计中采用了数据模块化设计，保证相关系统未来再改动时只需改动特点模块即可，不对其他系统造成任何影响。

倪斌以上汽通用汽车凯迪拉克工厂为例，介绍智能工厂的整体架构布局。该工厂应用工业以太网技术，为底层生产设备提供高带宽的网络化接入。设备层的传感器、执行器等设备均通过工业以太网接入系统；在控制层，使用 PLC 产品实现工艺过程和安全设备的一体化控制，在现场部署大量基于 PC 或面板型的 HMI 产品，实时获取生产设备运行状态信息和工艺过程信息，并能进行远程控制；在车间层，部署 MES 系统，具备生产过程监控、设备监控、生产计划调度、物流运作管理、质量信息收集和追溯等功能，并向上和企业 ERP 系统贯通；在企业层，按照业务链及功能分工，部署基于 ERP 系统及其他的相关系统，实现全业务链的系统功能覆盖。

未来，该工厂随着物联网建设不断投入，在设备层和控制层将接入更多传感器和设备，需采集并传输更多的数据供处理分析；在车间层和企业层，将推进大数据分析和可视化工具应用，帮助识别业务运行环节的优化机会，利用数字化建模分析、智能算法等技术，探索智能排产、智能调度、智能优化等高级应用；在各个层级上，将结合具体项目需求，开展通信网络的性能升级，部署相关业务应用。

三、智能物流系统建设探索

据倪斌介绍，基于成本控制与风险可控的考虑，上汽通用智能物流系统建设的推进，并不是集中在某一个生产基地或者某一个工厂，而是利用全局资源，选取合适的项目在不同的工厂分头试点，待取得成功之后再在四地工厂全面推广。智能物流战略推行两年以来，上汽通用已就数字化技术和智能物流装备等进行了分头试点，为全面实现智能物流转型升级打下坚实基础。

1. 数字化技术应用及探索

上汽通用在生产计划排产、入厂物流、工厂物流、供应链延伸管理等环节，不断引入数字化技术应用，推进物流的数字化及智能化转型。

（1）数字化排产技术。2016 年，上汽通用在国内汽车行业首次在冲压业务领域应用数字化排产技术。冲压车间的排产是典型的小批次、多边界条件、多约束条件的数学模型，同时在换模时间长、次数多、库位不确定等多种因素下，人工考虑的约束条件有限，排产效率低。上汽通用将传统的手工排产转变为数字化排产，可以大幅缩短排产所需时间，快速响应生产需求变化；缩减物料缓存区面积，提高场地利用率，实现精益库存管理；合理安排和配置人员，提升计划员工工作效率、设备利用率及生产效率，并能调和产能溢缺，减少公用动力，降低各项物流运作费用。

数字化排产在浦东金桥冲压工厂取得经验并进一步优化算法后，上汽通用将会在 2018 年把该技术逐步推广到动力总成工厂、整车装配厂，进而在四地工厂全面采用。

（2）室内定位技术。上汽通用在汽车制造业工厂物流领域首次应用室内定位技术，配合自动化扫描等各类先进感知技术，实现人、机、料数字化跟踪分析，优化送料路径，提升人员效率，最大化设备利用率，精益厂内库存，有效支撑数字化工厂的构建。

（3）智能调度技术。在行业内首次尝试应用智能调度算法，通过入厂物流、工厂物流等环节的全局资源调度，高效匹配物料需求与物流资源，实现物流整体效率的大幅提升。

（4）模拟仿真技术。目前，模拟仿真软件多用于工厂规划或产品开发，对于整个流程中所有自动化设备的结合运作仿真技术还属于空白。上汽通用正在探索在物流系统整体规划方面采用模拟仿真软件，仿真整个物流过程中的瓶颈、预知风险，模拟更多的方案，从而找出最优方案。

（5）窄带技术在料箱、料架追踪中的应用。上汽通用利用中国移动窄带技术，集成了 GPS 模块，只要手机有信号的地方就能追踪并传送料箱、料架的位置、状态等信息，实现料箱、料架的全生命周期管理。目前，该技术应用处于探索阶段。

2. 智能物流设备应用及探索

在智能物流体系建设过程中，上汽通用围绕入厂、接收、仓储、分拣、上线、下线、发运、出厂八大运作环节，持续推进物流自动化水平。目前，主要应用的自动化物流系统如下。

（1）自动化立体库。上汽通用已经在四个基地多个工厂分头试点了穿梭车、堆垛机等不同形式的立体库，用于包括发动机、变速箱在内的多种标准化大型零部件及总成件的自动化存储，提升了仓储面积利用率和物流作业效率。

自动化立体库目前在汽车行业应用较少，主要是因为汽车零部件规格、尺寸差异大，实现高效率应用比较难。但随着土地成本、人工成本的上升，自动化立体库的应用成为趋势。

（2）智能新型 AGC。上汽通用率先试点引入国际先进的智能新型 AGC 完成自动运送物料上线作业。有别于传统磁轨式导航 AGC，智能 AGC 可以 360 度原地旋转，几乎没有转弯半径，可以不用限制线旁零部件密集堆放，提高了上线效率。

目前，智能新型 AGC 在快递物流行业应用较多，而在汽车物流行业应用较少。同时，上汽通用在 AGC 应用过程中也发现，由于汽车行业有些零部件整体包装重达 1 吨以上，而 AGC 举升力有限，还不能胜任所有零部件的自动上线。上汽通用正在与新松、海康威视、极智嘉等行业领先的公司沟通，希望未来在技术上有所突破。

（3）无人叉车。上汽通用在浦东金桥、武汉分公司应用了激光导航无人叉车，实现物料的自动出入库，使仓库局部实现无人化运作，物流效率明显提升，未来还将加大投入。

（4）智能拣选机器人。上汽通用在汽车行业首次引入智能拣选机器人完成天窗零件自动拣选，提高了分拣效率。在柔性化生产现场，物料需要排序。上汽通用采用智能拣选机器人自动抓取天窗放在料架上，并按照生产计划排好顺序，最后由 AGC 将料架拖至线边，实现了天窗拣选及上线无人化。

除此以外，上汽通用还运用自动化设备，实现整托盘物料的自动扫描、自动打包、自动短驳；自主研发无人拖车，在发运端实现厂际间物料无人自动驳运；通过机运链的大规模应用，提高物料接收端作业效率；运用自动扫描、整车立体库、自动洗车等技术，提升整车物流操作效率；此外，还通过建立硬件控制系统，实现对不同自动化设备的统一管理与控制，初步实现无人化仓库的运作。

四、难点及解决途径

倪斌表示，在上汽通用智能物流的推进过程中，许多新技术、新模式在部门、公司甚至行业内都是首次尝试，无成熟方案可供借鉴，面临诸多困难与挑战。针对这些技术难点，一方面，上汽通用在部门内部成立了相应的平台化组织，集成部门各类专家对技术难点进行集中攻关；另一方面，通过战略供应商协同、产学研合作等方式，借用各类外部资源的帮助来进行项目推进。

此外，受到企业资源和人力条件的限制，不可能对所有物流系统和作业环节都起推进智能化，如何寻求技术与成本之间的平衡，找准突破口，也是智能物流建设过程中必须考虑的。上汽通用所追求的是精益的智能物流，用最低的成本来实现最优的解决方案，所有新技术新模式的应用都是为了最终能产生效益。因此，上汽通用在做好智能物流发展全局规划后，梳理整个业务流程中哪些业务有系统，找到最关键的环节先试先行。例如，入厂物流和出厂物流最复杂，所占物流成本也最多，即使取得哪怕 1%的改善，都将带来可观的效益，所以成为智能物流建设的重点。还有一些相对比较简单易行的业务也可以率先尝试。简单来讲，物流智能化改造的步骤就是，高收益、高回报及能够快速产生效益的业务先推进；一些规模比较大、难度也大的环节采用“小步快跑，快速迭代”的理念去推进。

最后值得一提的是，在新技术的试点与验证过程中难免会走一些弯路，但上汽通用公司管理层对于创新一直抱着容错的态度，允许试错，这使相关人员放下包袱，大胆尝试，使改善项目得以快速进展。

五、价值分析及未来展望

对于智能物流体系建设给上汽通用带来的价值，倪斌表示，上汽通用原来的物流体系基础扎实，在智能物流体系建设过程中，每提升一小步都是一次大的突破，目前的探索已达到了预期效果。上汽通用智能物流的不断推进，能够精准对接需求与资源两端，全面对接产品设计、制造执行及市场销售等关键环节，支持快速精准的产品个性化、柔性生产，打造了公司的智能制造核心竞争力。

——**资料来源：物流技术与应用　2017-09-28**

问题与思考

1．结合案例分析上汽通用智能物流有何特征。

2．结合案例分析上汽通用是如何通过构建智能物流促进其智能制造的。

3．你是如何评价上汽通用数字化物流发展规划的？

模块七

电子商务环境下的仓储管理

学习目标

知识点		● 仓储管理、零库存、自动化仓库、装卸搬运、装卸活性指数概念； ● 电子商务环境下仓储管理的基本特征及其现实意义； ● 电子商务环境下零库存管理和智能化仓库； ● 电子商务环境下装卸搬运管理。
能力点	专业能力	● 能够结合实际情况分析电子商务环境下仓储、装卸搬运基本操作流程及其主要管控节点、管控方法。
	方法能力	● 具有基本的电子商务环境下仓储、装卸搬运操作流程的现实感知； ● 具有一定的分析电子商务环境下仓储布局、运营管控的逻辑思路。
	社会能力	● 拥有良好的职业道德和较强的团队合作精神； ● 具备一定的电子商务环境下仓储管理的分析与应用能力； ● 关注电子商务仓储管理的发展态势，聚焦电子商务环境下仓储行业热点现象或问题。

导入案例

中国最大智能机器人仓库

中国最大智能机器人仓库启用

由菜鸟网络打造的中国最大的机器人仓库，于 2017 年 8 月 2 日已经在广东惠阳投入使用。跟随官方揭秘，我们得以了解中国机器人仓库的最高水平。

据菜鸟透露，该仓库内有上百台机器人，既协同合作又要独立运行。该仓库启用后，天猫送货将再提速，有望上午下单下午就到。

我们了解到，在该智能机器人仓库内，上百台 AGV 搬运机器人，其外形类似于大号“扫地机器人”。它们既能相互协作执行同一个订单拣货任务，也能独自执行不同的拣货任务。

虽然数量众多，但现场井然有序，机器人能相互识别，并根据任务优先级相互礼让。

目前，国内不少智能仓内搬运机器人仅只有十几二十台，“几十台和上百台机器人在一起的难度是大不一样的”。

菜鸟网络高级算法专家胡浩源介绍说，更多的机器人意味着分配任务难度大增加，既要合理地将每个任务分配给对应的机器人，从而实现整体任务完成效率的最优，还要防止机器人之间可能的碰撞，防止部分区域出现机器人拥堵、死锁等。

据了解，每台机器人能顶起的重量可达到500斤，同时还能灵活旋转，将货架的四面均调配到拣货员的面前，方便拣货员工作。

机器人究竟是如何提高仓库内的运作效率的呢？

以消费者在天猫超市下单为例，下单之后，菜鸟网络惠阳智慧仓内的机器人便会接到指令。机器人会自动前往相应的货架，将货架拉到拣货员的面前，由拣货员将市民购买的物品放置在购物箱内，随后进行打包配送。目前，机器人与拣货员搭配干活后，一个拣货员一小时的拣货数量比传统拣货员多了3倍还不止。

而在传统仓库内，消费者下单之后，拣货员需要跑步到货架前，将货物拣出。由于一个市民的订单往往有几件、几十件货物，拣货员需要在仓库内多次跑动，通常一个小时能拣货100多件。

据悉，智能机器人仓库的启用将大大提升快递分拣效率，今年"双十一"消费者在天猫超市网购商品后的收货时间也将进一步缩短。

——资料来源：央广网　2017-08-03

案例分析

伴随着传统行业的业务流程不断再造，对仓库的整个处理能力提出了更高的要求，传统的仓储配送已经远远跟不上时代的需求。无论是在成本管理还是在场景上，仓库都面临着很大的压力。同时，商家对于仓库的投资却是非常困难的，很多商家只能租用别人的仓库，采用第三方的服务。而在互联网+的大时代背景下，我国电子商务取得了长足的发展，电子商务的发展直接带动了仓储物流的发展。智能机器人仓库是未来提高速度的效率的有效手段之一，机器人部署的速度快，任务的执行速度快，客户订单履行的体验快等。所有的仓库机器人系统，看似一个小的运输机器人搬货架，但是它背后有非常复杂的算法，各种各样的数据挖掘和信息集成系统，体现了很多人工智能和劳动者的智慧，即高效、精确、灵活、低成本。机器人应用到仓储是今后的发展方向。从世界范围来讲，我国紧跟时代脉搏，发展速度是比较快的，发展前景也是比较乐观的。

问题思考

仓库管理信息化系统有何现实意义？对企业而言，电子商务环境下的仓储管理、装卸搬运物流与传统物流有何不同？什么是仓储管理、零库存、自动化仓库、装卸搬运、装卸活性指数？在电子商务环境下的仓储管理、装卸搬运物流是如何运作与管控的？其发展趋势如何？这些问题都是需要我们进行认真思考与分析的，同时，它们也是构成本模块内容的主要理论知识点。

单元一 电子商务条件下的仓储管理

一、库存管理概述

库存管理是企业的一项非常重要的内部管理活动，它的主要工作就是研究企业的库存水平，保证恰当的库存以维持生产和销售的正常进行。

1. 库存的定义

库存是指处于存储状态的物资。广义的库存还包括处于制造加工状态和运输状态的物资。

2. 库存的作用

库存对一个企业有双重的影响：一是影响企业的成本，也就是影响物流的效率；二是影响对企业的生产和销售的服务水平（见图 7-1）。

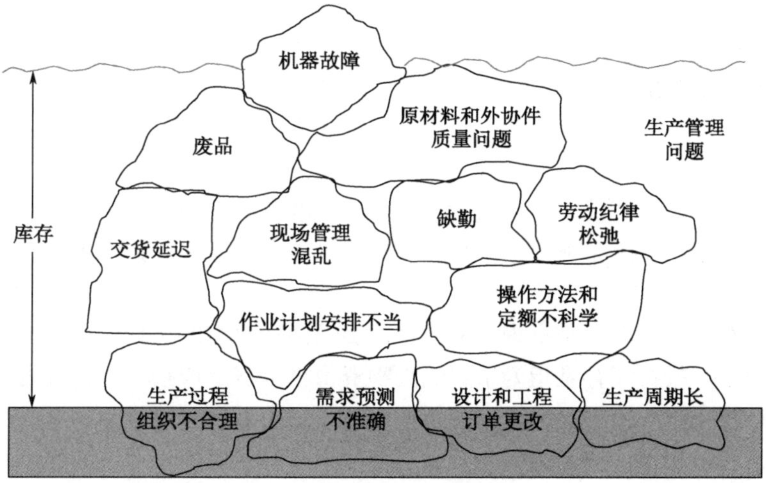

图 7-1 库存可能掩盖的问题

库存是物流总成本的重要方面，库存越多，成本越高。同时，库存水平越高，保障供应的水平也越高，生产和销售的连续性越强。随着供应链管理思想和库存管理技术的提高，这个问题将被更合理地解决，“零库存”管理思想成为更多企业所追求的物流管理目标。

我们可以从以下几个方面来了解库存的作用。

（1）平衡供求关系，弥补时间差，实现物流的时间效用。由于物资数量、价格和市场政策的变化等原因，导致供求在时间和空间上出现不平衡。企业为了稳定生产和销售，必须准备一定数量的库存以避免市场震荡。客户订货后要求收到物资的时间比企业从采购物资、生产加工到运送产品至客户的时间短，为了弥补时间差也必须预先库存一定数量的物资。

（2）降低运输的复杂性。由于企业供应商的所在地不同，企业拥有的生产厂或车间也可能在不同的地点，企业的客户更是遍布各地，因此企业如果不设立中转仓库，就会出现非常复杂的运输系统，而通过中转仓库，再加上配送这一物流功能，企业可以大大降低运输的复杂性。

（3）降低运输成本。企业有时会面临原材料和产成品的零担运输问题，长距离零担运输的费用比整车运输要高得多。通过将零担物资运到附近的仓库后再从仓库运出，仓储活动就能够使企业将少量运输结合成大量运输，有效减少运输费用。

（4）提高服务水平，实现企业工厂（车间）或客户所需物资的组合。企业工厂（车间）发出的用料需求和客户发出订单需求通常都是各种物资的组合。如果这些原料或产品被存放在不同的地点，企业就必须从各个地点分别运货来履行供应和服务的功能，可能会出现运达时间不同、物资弄混等问题。因此，企业可以通过建立混合仓库，用小型交通工具进行集货和交付，并在最佳时间安排这些活动，以避免交通阻塞，提高服务水平。

（5）预防意外的发生。仓储管理可以有效地预防运输延误、零售商缺货、自然灾害等意外事件的发生。

3. 库存的种类

库存可以从物资的用途、存放地点、来源、所处状态等几个方面进行分类。了解库存的分类有利于我们更好地理解库存的内涵。

最常见的是从企业经营过程的角度将库存分为以下七种类型。

（1）经常库存。经常库存是指在正常的经营环境下，企业为满足日常需要而建立的库存。这种库存随着每日的需要不断减少，当库存降低到某一水平时（如订货点），就要按一定的规则反复进行订货来补充库存。

（2）安全库存。安全库存是指为了防止不确定因素（如大量突发性订货，交货期突然延期等）而准备的缓冲库存。

（3）季节性库存。季节性库存是指为了满足特定季节出现的特定需要（如夏天对空调机的需要）而建立的库存，或指对季节性出产的原材料（如大米、棉花、水果等农产品）在出产的季节大量收购所建立的库存。

（4）促销库存。促销库存是指为了解决企业促销活动引起的预期销售增加而建立的库存。

（5）投机库存。投机库存是指为了避免因物资价格上涨造成损失，或者为了从物资价格上涨中获利而建立的库存。

（6）积压库存。积压库存是指因物资品质变坏不再有效用的库存，或因没有市场销路而卖不出去的产品库存。

（7）生产加工和运输过程的库存。生产加工过程的库存是指处于加工状态，以及为了生产的需要暂时处于存储状态的零部件、半成品或成品。运输过程的库存是指处于运输状态或为了运输的目的而暂时处于存储状态的物资。

二、库存管理的目标和效率

库存管理是根据企业各方面对库存的要求，订购、预测、计划和执行一种补充库存的行为，并对这种行为进行控制，重点在于确定如何订货，订购多少，何时订货等。简单说就是在物流过程中对物资数量的管理。

库存管理的目标是在保障供应的前提下，通过控制企业的库存水平，力求使库存物资的数量最小，提高物流系统的效率，以增强企业的竞争力。

1. 合理化的库存管理目标

我们对库存管理的目标用合理化的要求进行如下总结。

（1）合理库存量。合理库存量是指在新的物资到来之前，能保证在此期间物资正常供应的数量。合理库存必须以保证物资流通正常进行为前提，其影响因素有以下两个。

① 市场需求量。库存量与市场需求有直接关系。为了满足客户的需要，要求有相应数量的产品可随时投放市场。在其他条件不变的情况下，库存量与市场需求量成正比。库存量必须与产品再生产时间相适应。在其他条件不变的情况下，库存量的大小与再生产周期的长短成正比。

② 交通运输条件。物资从供应商到企业，从企业到客户，需要运输工具和运输时间，运输条件的好坏也影响库存量、管理水平和设备条件。库存量的大小也受企业本身条件的限制，如仓库设备、进货渠道、中间环节、进货时间等，都会影响库存量。

（2）合理库存结构。合理库存结构是指物资的不同品种、规格之间库存量的比例关系。企业对不同物资的需求不同，且不断变化。所以，在确定合理库存量的同时，还必须根据市场变化情况，考虑不同物资及其品种、规格在库存中的合理比例关系，确定合理的库存结构。

（3）合理库存时间。物资库存时间要合理，以保证物资的可用性，其影响因素有以下两个。

① 受物资消耗和产品销售时间的影响。使用得快，库存时间就短；使用得慢，库存时间就长，甚至积压在库。所以，物流部门要随时了解生产、销售情况，促进生产，扩大销售，加速周转。

② 库存时间在客观上受到物资的物理、化学、生物性能的影响。超过物资本身自然属性所允许的库存时限，物资会逐渐降低其使用价值。因此，库存的时间还必须以保证物资安全、减少损失、损耗为前提。

（4）合理库存网络、仓库网点的合理布局，也是合理库存的一个重要条件。对企业而言，物资主要分散存储在各工厂的仓库里，存储应适量，不宜过多，以免原材料大量积压。

2. 库存管理效率的衡量

库存管理效率的高低可以通过下面一些指标来衡量。

（1）库存资金周转率。库存资金周转率是衡量单位库存资金用于供应的效率。为了提高库存资金周转率，要正确地掌握供求规律，确定合理的储备金额，处理积压库存。

库存资金周转率（次）＝全部供应金额÷平均库存金额

（2）服务水平。服务水平一般用供应量占需求量的百分比大小来衡量。对于一个库存系统来说，为了保证供应，提高服务水平，必须设置一定的安全库存量，以防止由于某些突发事故而造成生产或供应系统的中断，防止由于缺货而造成的损失。

服务水平＝（供应量÷需求量）×100%

（3）缺货率。缺货率是从另一个角度来衡量服务水平高低的指标，分别从对所供应的客户数、物资数的缺货程度来反映这个指标。

缺货率＝（缺供用户数÷供货用户总数）×100%

（4）平均供应费用。平均供应费用反映为供应每单位库存物资所消耗的成本。

平均供应费用＝（库存系统年总费用÷年全部供应额）×100%

相关链接

优衣库：2017“双十一”去库存策略

2016年11月11日，0点开始后几乎秒光的天猫优衣库旗舰店成为“双十一”销售额最高的单店，优衣库官方微博于00:02:53发出突破1亿的战报，优衣库成为2016年服饰类最快破亿单品。优衣库在2017年“双十一”采取了“线上线下同价”和“线上商品，门店取货”的两个新策略，线上引流，线下提货，代表一种新零售方式，在去库存化方面再次取得了令服饰行业刮目相看的骄人业绩。

电商只是一个渠道，好产品才是成功关键

优衣库社长柳井正更愿意将优衣库定位为“技术公司”。其联合高科技供应商东丽开发的“HEATTECH”产品，在经历近10年创新、改良后，具有保暖、形态稳定、吸水、透气、抗静电、消臭、速干等11项专利技术，全球年度销量最高曾经达到1亿件。此外，优衣库还在努力打造一种舒适的生活方式。2016年6月，优衣库宣布任命Christophe Lemaire为新成立的优衣库巴黎研发中心及全新的“Uniqlo U”系列艺术总监，Christophe Lemaire此前担任法国Lacoste和爱马仕等知名国际时尚品牌艺术总监及类似职务。他与Sarah-Linh Tran合作设计的UNIQLO AND LEMAIRE系列以简约优雅的风格于2015年10月一经上市便大获时尚界好评。

线下零售有很多空间可以提供和创造体验

优衣库中国区电商主管早前接受采访曾透露，从优衣库的销售数据看，门店开得越多的地方，线上销售会越多。因为消费者到了门店，可以亲身体验优衣库的产品质量与服务，对品牌的认可度会更高。

显然，这正是近年来优衣库在强化电商渠道，却并没减缓线下门店发展势头的原因。联商网数据显示，优衣库仅在2015年在华开店数为91家，而其去年透露的计划是，每年在中国新开80～100家店铺的速度发展。

整合无缝零售能力

全渠道策略就是内部打造统一IT系统，运用数字技术，消除渠道壁垒，在任意时刻、任意接触点为每位消费者提供连贯的个性化品牌体验的能力。

事实上，优衣库从建立线上渠道之初就秉承这个原则。优衣库在每个国家的电商方式都不同，其在中国市场的线上渠道只有优衣库和天猫旗舰店，二者共建站点，所有消费者的线上购买账户均为淘宝账户。更重要的是，优衣库从不做电商定制款，线上、线下的产品同款同质同价，同时上线，有助于吸引消费者在任何一个渠道购买。此外，优衣库会通过多种方式吸引用户前往实体店购物。例如，APP中提供周边店面的位置指引，其线上APP提供的优惠券二维码也推荐在实体店扫描使用，从而实现从线上的到店引流。

在优衣库店内，可以立刻连接Wi-Fi，扫描店内数字海报了解商品的详细介绍，搭配指南和实时库存，还可以用微信和支付宝等移动支付方便买单，线下线上无缝连接。

在电商购物的体验中，优衣库也努力给顾客提供包括面向会员的特别服务，基于购物记录的个性化信息推荐，结算与配送服务多元便利化，提升配送速度，直接适配顾客尺码订购，电商特别商品等更多“新的购物体验”。这些线上线下的细节有日本企业乐于雕琢和钻研的特色，也打动人心。

当然，在消费者端实现的功能，都取决后台能力，同时反哺前台。2015年6月，优衣库社长柳井正就表示要将以往"看不见脸的顾客"具象化，同时让全球供应链管理与信息系统反应更加统一、快速，全面颠覆素材调配、企画、设计、生产、销售这一系列供应链，以顾客为中心，提供他们真正想要的商品。

具体来说，通过统一的客户销售数据，用大数据技术获得更深入更全面的客户洞察，了解消费者在任何时候、任何场景对购物体验的需求，甚至可以从事后分析式洞察转到事前洞察，更精准地进行客户窄众分群，为分销、生产、服务提供更丰富、准确的信息。

——资料来源：中国电子商务研究中心　2017-11-23

三、库存控制方法

1. ABC 分类控制法

ABC 重点控制法是把物资按照品种和占用资金大小进行分类，再按各类重要程度的不同分别控制，抓住重点和主要矛盾，进行重点控制。ABC 重点控制模式的基本原理是从错综复杂、品种繁多的物资中，抓住重点，照顾一般。其具体做法是：首先把物资分类，再针对重要程度不同的各类物资分别控制。库存物资按企业的物资品种及占用资金多少进行分类，可分为 A（特别重要的库存）、B（一般重要的库存）、C（不重要的库存）三大类。

A 类物资品种占 15%左右，占用资金 75%左右；B 类物资品种占 30%左右，占用资金 20%左右；C 类物资品种占 55%左右，占用资金 5%左右。这三类物资重要程度不同，A 类物资最重要，B 类物资次之，C 类物资再次之。这就为物资库存控制工作即"抓住重点、照顾一般"提供了数量上的依据。针对各类物资分别进行控制，对 A 类物资要重点、严格控制。A 类物资的采购订货，必须尽量缩短供应间隔时间，选择最优的订购批量，在库存控制中采取重点措施加强控制。对于 B 类物资也应引起重视，适当控制，在采购中，其订货数量可适当照顾到供应企业确定合理的生产批量及选择合理的运输方式。对 C 类物资要放宽控制或一般控制。由于品种繁多复杂，资金占用又小，如果订货次数过于频繁，不仅工作量大，而且从经济效果上也没有必要。一般来说，可根据供应条件，规定该物资的最大储备量和最小储备量，以后订购量照此办理，不必重新计算，这样就有利于采购部门和仓库部门集中精力抓好 A 类和 B 类物资的采购和控制。但这并不是绝对的，若对 C 类物资绝对不管，有时也会造成严重损失。

实行 ABC 重点控制模式的好处是，对物资控制做到重点与一般相结合，有利于建立正常的物资秩序；有利于降低库存，节约仓库管理费用，节约资金；加速资金周转，提高经济效益；方法简便，易于推广；有利于简化控制工作。

2. 经济订购批量方法

最优的库存控制应该是既能满足生产需要，保证生产的正常进行，又最经济。因此，研究库存最优控制模式的中心问题是，要计算确定在各种条件下的最优订购批量，即经济订购批量（EOQ，见图 7-2）。这个经济订购批量是指订购费用与保管费用总和最低的一次订购批量。在允许缺货的条件下经济订购批量的总费用包括订购费用、保管费用和缺货损失费用。

库存的最优控制模式可以分为简单条件下的最优控制模式和复杂条件下的最优控制模式。

所谓简单条件是指，假定在控制过程中所涉及的物资品种单一，不允许出现缺货现象，采购条件中不规定间隔折扣条款，每批订货均能一次到货，在这种条件下经济订购批量控制模式为基本模式。此时控制的存储总费用只包括订购费用和保管费用两项，这两类费用与物资的订购次数和订购数量有密切关系。在物资总需要量为一定的条件下，由于订购次数越多，每次订购批量就越小，订购费用就越大，而保管费用则越小；反之，每次订购数量越大，订购费用就越小，而保管费用就越大。因此，订购费用和保管费用二者是相互矛盾的，确定简单条件下的经济订购批量，就是要选择一个最适当的订购批量，使有关的订购费用和保管费用二者的总和为最低。

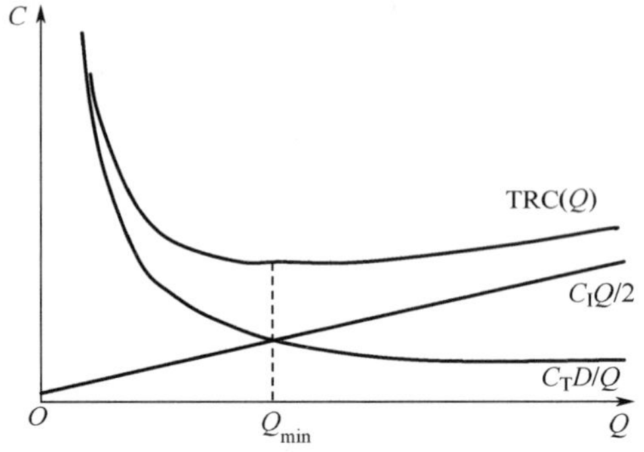

图 7-2　EOQ 成本随订货量变化

经济订购批量（EOQ）的基本模式可以表示为

$$Q=\sqrt{\frac{2RS}{CK}}$$

式中，Q 表示经济订购批量；

R 表示年物资需要量；

S 表示一次订购费用；

C 表示物资单价；

K 表示保管费用率。

经济订购批量的基本模式，在实际应用中往往会碰到各种各样的问题，必须对基本模式进行调整。最常见的情况有三种，即价格折扣、允许缺货、分批连续进货，必须针对这三种情况分别对基本模式进行调整。

3．定量订货法

定量订货法是指当库存量下降到预定的最低的库存数量（订货点）时，按规定数量（一般以经济订货批量为标准）进行订货补充的一种库存管理方式，又称订购点法，如图 7-3 所示。

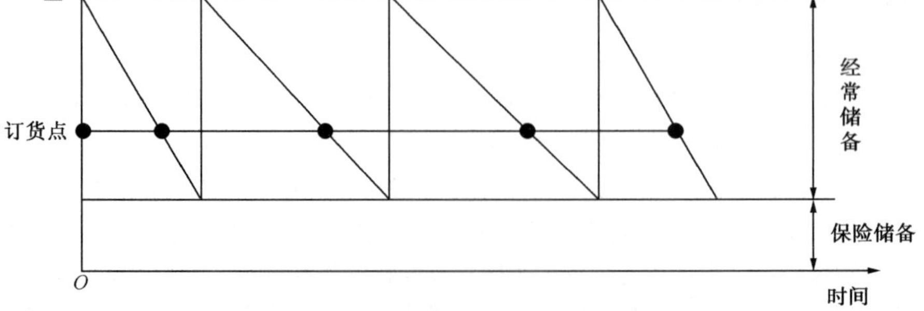

图 7-3　定量订货法

每当实际库存量降至订购点时即提出订购。经常储备是指前后两批货物入库的供应间隔期内为保证生产正常进行所必需的储备数量。这种储备是不断变化的，当货物入库时，达到最高筹备量，随着生产的消耗，储备逐渐减少，直到下一批货物入库前为最小储备量。保险储备是防止生产或供应可能误期而设置的储备量。保险储备是一种缓解生产和供应或各生产阶段之间供需发生脱节而建立的应急储备，故应常年保持，一旦动用后应尽快补充，以防备另一次紧急情况的发生。订购批量按经济订货批量计算。

订货点按下式计算：

订货点=平均每日需求量×订货时间+保险储备量

从订货开始到到达保险储备量的时间即为订货时间。

4．定期订货法

定期订货法是指按预先确定的订货间隔期间进行订货补充的一种库存管理方式，又称订购间隔期法。这种方法是从时间上来限定订货周期，从而达到库存量控制的目的。只要订货周期控制得当，既可以不造成缺货，又可以控制最高库存量，达到节省库存成本的目的。

可按照下列公式确定订购量：

订购量＝平均每日需求量×（订购天数＋订购间隔）＋保险储备量－现有库存－订货余额

这种方法订购时间固定不变，因此物资进入时间间隔相同，如图 7-4 所示。

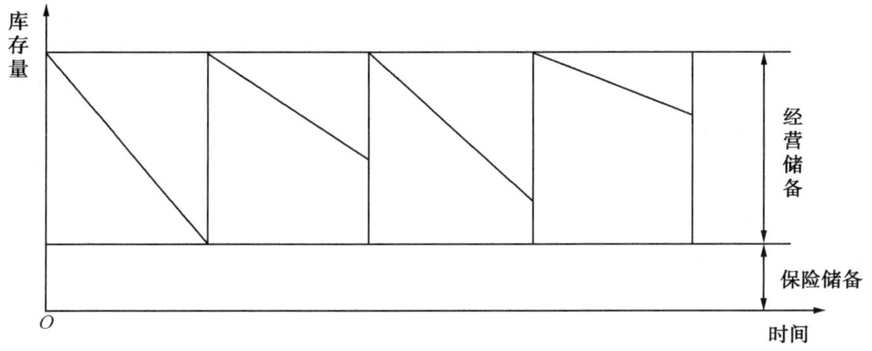

图 7-4　定期订货法

单元二　电子商务环境下的零库存管理

一、零库存管理产生的背景

零库存管理作为产生于日本的先进管理方式，在日本企业中有着广泛的应用。截至 1989 年，零库存管理方式在日本制造业已经被广泛采用。谈到零库存管理在日本的成功应用，日本丰田汽车公司无可争议地成为零库存管理最大的受益者，也是最好的证明。随着零库存管理在日本丰田汽车公司的成功实施，越来越多的日本企业加入了实行零库存管理的行列中。经过几十年的发展，零库存管理在日本已经拥有了供、产、销的集团化作业团队，形成了以零库存管理为核心的供应链体系。

而美国的企业从 20 世纪 80 年代开始逐步了解并认识了零库存管理理论。现在，零库存管理已从最初的一种减少库存水平的方法，发展成为内涵丰富，包括特定知识、技术、方法的管理哲学。例如，Dell 计算机公司运用直销模式以实现产成品的零库存，通过“供应商管理库存”（Vendor Management Inventory，VMI）的方式，实现原材料的零库存管理。

在电子商务环境下，零库存管理方式不仅在日本、美国广泛应用，其应用足迹也遍布欧洲、大洋洲等世界各地。

二、零库存管理的概念

零库存管理技术是在生产与流通领域按照准时制（JIT）组织物资供应，使整个过程库存最小化的技术总称。它并不是指以仓库储存形式的某种或某些物品的储存数量真正为零，而是通过实施特定的库存控制策略，实现库存量的最小化。实现零库存的目的是为了减少社会劳动占用量（主要表现为减少资金占用量）和提高物流的经济效益（投入产出比例）。

从物流合理化的角度来看，零库存概念应当包括两层意义：第一，库存物资的数量趋于或等于零（近乎于无库存物资）；第二，库存设施、设备的数量及库存劳动耗费同时趋于或等于零（不存在仓储活动）。

值得注意的是，零库存不等于不要储备和没有储备。企业不单独设立仓库和不库存物资，并不等于取消其他形式的储备。实际上，企业为了应付各种意外情况，常常要储备一定数量的原材料、半成品和成品，只不过这种储备不是采取常规库存或自有库存的形式罢了。

在有些情况下，零库存反而是不合算的。企业存储一定数量的物资是一个理性的行动，它与实现零库存的愿望并不矛盾。例如，对非个性化产品实现零库存是不合算的，因为生产和销售都是批量进行的，消费是连续和稳定的，并且随着生产技术的进步，这种产品的价值越来越低，单位库存产品占用的资金越来越少，而实现了零库存就要增加单位产品的生产、交换和消费费用，所以权衡的结果是，应该实行适量库存而不是零库存政策，对于那些个性化产品、消耗高的物资实行准时制和零库存是比较合算的。

关于是否采用零库存，决策的方法是找到一个平衡点，在该点上，增加单位库存量所增加的库存费用等于因为增加这个库存减少的生产、交换和消费成本。

三、零库存管理实现的条件

1. 转变员工观念，树立全员对减少库存的认识

企业在推行零库存管理前，应对全体员工广泛宣传教育，对于不同专业的员工进行针对性宣传。做到人人了解推行零库存管理的意义，形成推行零库存管理的良好氛围。

2. 合理选择供应商，与供应商建立合作伙伴关系

由于零库存要求供应商在需要的时间提供高质量的原材料，因此对于原料库存，供应商的距离远近及运输方式的选择是关键因素。同时，应注重与供应商建立长期的合作伙伴关系，分享信息，共同协作解决问题，保证对订货的及时供应。丰田汽车生产线确实能做到零存货不仅是因为它具有先进的管理手段，还在于它的零部件供应商设在丰田厂周围，或者其零部件仓库安排在其周围。也就是说，零库存需要建立在“零距离”的基础之上。

3. 构建以订单为导向的运营模式

销售部门要致力于拓展销售市场，并保证销售渠道的稳定，而生产部门必须以订单为导向，要有灵活的应变能力和以弹性的生产方式全力配合销售部门的工作，使企业能较均衡地进行生产，这对减少存货是有利的。

4. 严格奖惩制度

在零库存管理系统中，企业生产经营各环节、各生产工序的相互依存性空前增强。企业内部整条作业环节中的任何一个环节出现差错，都会使整条作业链出现紊乱甚至瘫痪。因而应严格奖惩制度来保障生产经营活动顺序顺利进行。要想做到零库存，首先要认识到库存管理的战略意义，还要从头做起、从开始做起，做好最基本的库存控制，并做出适宜的库存战略管理计划，这样才能为将来的零库存战略积累丰富的经验和打下坚实的基础。

四、实现零库存的方法

1. 无库存储备

无库存储备事实上是仍然保有储备，但不采用库存形式，以此达到零库存。有些国家将不易损失的铝这种战备物资作为隔音墙、路障等储备起来，以备万一，在仓库中不再保有库存就是一例。

2. 委托营业仓库存储和保管货物

营业仓库是一种专业化、社会化程度比较高的仓库。委托这样的仓库或物流组织储存货物，从现象上看，就是把所有权属于用户的货物存放在专业化程度比较高的仓库中，由后者代理用户保管和发送货物，用户则按照一定的标准向受托方支付服务费。采用这种方式存放和储备货物，在一般情况下，用户自己不必再过多地储备物资，甚至不必再单独设立仓库从事货物的维护、保管等活动，在一定范围内便可以实现零库存和进行无库存式生产。

3. 协作分包方式

协作分包方式主要是指制造企业的一种产业结构形式。这种形式可以以若干企业的柔性生产准时供应，使主企业的供应库存为零，同时主企业的集中销售库存使若干分包劳务及销售企业的销售库存为零。

4. 采用准时制生产方式

准时制（JIT）生产方式，即“在需要的时候，按需要的量生产所需的产品”。这是在日本丰田公司生产方式的基础上发展起来的一种先进的管理模式，它是一种旨在消除一切无效劳动，实现企业资源优化配置，全面提高企业经济效益的管理模式。看板方式是适时适量生产方式中的一种简单有效的方式，也称传票卡制度或卡片制度。采用看板方式，要求企业各工序之间、企业之间或生产企业与供应者之间采用固定格式的卡片为凭证，由下一环节根据自己的节奏，逆生产流程方向，向上一环节指定供应，其主要目的是在同步化供应链计划的协调下，使制造计划、采购计划、供应计划能够同步进行。在具体操作过程中，可以通过增减看板数量的方式来控制库存量。

5. 按订单生产方式

在拉动（PULL）生产方式下，企业只有在接到客户订单后才开始生产，企业的一切生产活动都是按订单来进行采购、制造、配送的，仓库不再是传统意义上的储存物资的仓库，而是物资流通过程中的一个“枢纽”，是物流作业中的一个站点。物资是按订单信息要求而流动的，因此从根本上消除了呆滞物资，从而也就消灭了“库存”。

6. 实行合理配送方式

一般来说，在没有缓冲存货情况下，生产和配送作业对送货时间不准更敏感。无论是生产资料，还是成品，物流配送在一定程度上都会影响其库存量。因此，通过建立完善的物流体系，实行合理的配送方式，企业及时地将按照订单生产出来的物品配送到用户手中，在此过程中通过物品的在途运输和流通加工，减少库存。企业可以通过采用标准的零库存供应运作模式和合理的配送制度，使物品在运输中实现储存，从而实现零库存。

（1）采用“多批次、少批量”的方式向用户配送货物。企业集中各个用户的需求，统筹安排，实施整车运输，增加送货的次数，降低每个用户、每个批次的送货量，提高运输效率。配送企业也可以直接将货物运送到车间和生产线，从而使生产企业呈现出零库存状态。

（2）采用集中库存的方法向用户配送货物。通过集中库存的方法向用户配送货物，增加库存中商品的数量，形成规模优势，降低单位产品成本。同时，在这种有保障的配送服务体系支持下，用户的库存也会自然日趋弱化。

（3）采用“即时配送”和“准时配送”的方法向用户配送货物。为了满足客户的特殊要求，在配送方式上，企业采用“即时配送”和“准时配送”的方法向用户配送货物。“即时配送”和“准时配送”具有供货时间灵活、稳定、供货弹性系数大等特点。因此，作为生产者和经营者，采用这种方式，库存压力能够大大减轻，甚至企业会选择取消库存，实现零库存。

五、基于互联网的库存管理

随着互联网的快速发展，电子商务管理中的存货管理已经从原有的传统管理发展到网络管理，通过网上订单管理和供应商管理，基本实现零库存。

许多企业常常根据经济社会中的销售与消费脱节的现象得出销售量就是消费量的结论，并据此制订出错误的生产、经销计划。例如，促销计划无论是数量上的优惠，还是价格或付款方式选择上的优惠，都会产生一定的先期购买（Forward buying），即在实际需求产生之前购买。这样会造成一段时间内产品的销售量远远超出该段时间市场对该产品的实际容纳量。这些超出需要的产品就会被客户或消费者堆放在仓库里供未来消费。当市场价格回升至正常水平，由于他们仍有存货，就会在一段时间内消费但不购买，结果是，客户的购买时间安排与消费时间安排截然不同，购买量的变化比消费量的变化幅度要大得多。因此，处于供应链上的企业受到震荡也就在所难免。

要避免这种情况的发生，可以从几个方面入手。首先，要构造企业局域网，引入计算机管理，实现企业内部信息共享。其次，企业通过互联网或电子数据交换系统（EDI）与客户连接，使企业有效地加快订单传输速度，避免重复录入，提高备货、运送的效率，最终缩短订货周期。再次，要减少订货批量。一方面可以引入电子商务来降低交易成本，另一方面可以借助专业化的第三方物流企业来降低小批量运输时的高额运输成本。在运输领域，由于规模经济的影响，整车运费与零担运费差异很大，专业公司因为可以将多个货主的货物集中运输，因此可以争取到较为低廉的整车运费。同时，专业企业庞大的销售系统、富有经验的车辆调度也有助于合理安排运量和运输路线，减少空驶成本。所以，虽然对货主来讲还是小规模运输，但平均运费水平就可以大幅度降低。在这一方面，还有的企业尝试鼓励经销商订购一揽子商品，而不是只订购一种商品。虽然交货频率、运输效率没变，但是每种货物的交货次数增加了，相应的每次订货量就少了。

企业可以在供应链上加强合作，减少信息传导过程中的失真，这方面近年来所推崇的综合物流管理模式将大有用武之地。现代化的供应链管理是将生产和销售企业之间瓜分利润的竞争关系变为共同拓展利润空间的合作关系，实现"双赢"。体现现代供应链管理观念的一个重要手段就是供应链企业之间的信息共享，典型的做法就是变原来独自搜集需求信息为随时与合作伙伴共享需求信息。通过互联网或者 EDI 技术使得零售商的销售信息随时传导到批发量、经销商、生产商，使他们得以利用即时信息了解产品消费状况，预测市场走向。由于即时信息比较准确，而且避免多次需求预测，因此真实需求波动被放大或缩小的现象减少，在掌握真实市场信息的基础上所做出的生产安排将会更加合理。

要减少供应链中仓储的层次。解决这一问题的关键仍然在于供应链企业的合作。例如，通过上下游企业共享仓库而减少整个供应链内仓库总数量；通过与第三方物流企业合作，准确、及时运输货物，实现实时管理，最大限度地减少库存，并结合即时市场信息的共享，削弱需求波动带来的库存波动；直接面向消费者，减少供应链的层次，加快市场反应速度，构筑新型的供应链模式，降低经营成本，提高企业竞争力。

相关链接

苏宁物流上海仓上线 AGV 托盘机器人

傍晚 5 点，仓库拣选员李华正想问问旁边的同事下班去哪儿，抬起头忽然想起，在这么大的仓库内，AGV 机器人正井然有序地穿梭着，从前整齐的人工流水线现在由 7 个操作台便取代了，要跟最近的同事说句话，对方也不见得能听清楚了。

李华从事拣选工的工作已经 2 年，他说，在这个 3 500 多平方米的仓库里，原来有 40 位同事，现在一天的拣选任务由 7 人便能完成，曾经朋友圈步数每日超 2 万步但现在常常垫底，这一切都源于上海苏宁 AGV 机器人仓的投入使用。

经过半年多的试运营和筹备，上海苏宁机器人仓在 2017 年 11 月初正式上线，200 组机器人首次承载"双十一"海量订单高强度作业。12 月 1 日凌晨，重整的一间 3 500 平方米的仓库又新增 70 组机器人，并正式开启机器人与托盘的全新组合，"变身"为 AGV 托盘机器人，主力应用 3C 商品整件及大批量的搬运。

每日出货量大且 SKU 多，是电商仓储的一大特点。以往仓库的 3C 整件商品主要依赖电动液压搬运车来实现搬运，不仅要配置专门的设备与人员，还要在仓库内规划行车路线，留足工作区域。机器人与托盘的搭档，大大提高整件商品的上架效率。同时，根据作业要求的变化随时增减机器人数量，真正地为仓储引入了柔性管理。

"AGV 托盘机器人，整件商品拣选效率超过 10 倍人工，拣选准确率可达 99.99%以上。相对于之前驼运小件商品货架的 AGV 机器人，托盘机器人载重量可达 800 千克，相当于一次性能扛住 200 个电脑显示器。"苏宁物流相关负责人介绍说。

目前来看，上海苏宁机器人仓针对 3C 全品类商品已经真正实现“货到人”拣选。接到订单指令后，机器人到指定货位托起托盘送达操作台，像李华一样的拣选人员只需根据显示屏和播种墙电子标签的提示，拣取相应数量的商品放入订单箱。

据悉，上海苏宁 AGV 机器人仓正在不断扩充作业面积，计划实现美妆、母婴、服装等更多品类仓储的机器人化，现有的 270 组机器人完整运营后将达到 1 000 组，成为华东也是全国最大的机器人物流基地。

此外，苏宁物流在武汉、济南两个城市也启动机器人仓库的筹建，预计明年年初将陆续上线运营。苏宁物流布局全国，真正建造中国最大的机器人仓库群，进一步探索智慧物流的多元运营模式。

——资料来源：第一物流网　2017-12-06

单元三　自动化立体仓库

一、自动化立体仓库概述

1．产生背景

仓库的产生和发展是第二次世界大战之后生产和技术发展的结果。20 世纪 50 年代初，美国出现了采用桥式堆垛起重机的立体仓库。20 世纪 50 年代末 60 年代初，出现了司机操作的巷道式堆垛起重机立体仓库。1963 年，美国率先在高架仓库中采用计算机控制技术，建立了第一座计算机控制的立体仓库。此后，自动化立体仓库在美国和欧洲得到迅速发展，并形成了专门的学科。20 世纪 60 年代中期，日本开始兴建立体仓库，并且发展速度越来越快，成为当今世界上拥有自动化立体仓库最多的国家之一。我国对立体仓库及其物料搬运设备的研制开始并不晚，1963 年研制成第一台桥式堆垛起重机，1973 年开始研制第一座由计算机控制的自动化立体仓库（高 15 米，由机械部起重所负责），该库于 1980 年投入运行。

2．发展阶段

（1）第一阶段：人工仓储技术阶段。物资的输送、存储、管理和控制主要靠人工实现，其实时性和直观性是明显的优点。人工仓储技术在初期设备投资时期的运用较为广泛。

（2）第二阶段：机械化仓储技术阶段。物料可以通过各种各样的传带、工业输送车、机械手、吊车、堆垛机和升降机来移动和搬运，用货架托盘和可移动货架存储物料，通过人工操作机械存取设备、限位开关、螺旋机械制动和机械监视器等控制设备的运行。机械化满足了人们速度、精度、高度、重量、重复存取和搬运等要求。

（3）第三阶段：自动化仓储技术阶段。自动化技术对仓储技术和发展起了重要的促进作用。20 世纪 50 年代末和 60 年代，相继研制和采用了自动导引小车（AGV）、自动货架、自动存取机器人、自动识别和自动分拣等系统。20 世纪 70 年代和 80 年代，旋转体式货架、移动式货架、巷道式堆垛机和其他搬运设备都加入了自动控制的行列，但这时只是各个设备的局部自动化，被称为“自动化孤岛”。

（4）第四阶段：集成自动化仓储技术阶段。在 20 世纪 70 年代末和 80 年代，自动化技术被越来越多地用到生产和分配领域，显然，“自动化孤岛”需要集成化，于是便形成了“集成系统”的概念。在集成化系统中，整个系统的有机协作，使总体效益和生产的应变能力大大超过各部分独立效益的总和。

（5）第五阶段：智能自动化仓储技术阶段。人工智能技术发展了自动化技术，并推定其向更高级的阶段——智能自动化方向发展。现在，智能自动化仓储技术还处于初级发展阶段，到21世纪，仓储技术的智能化将具有广阔的应用前景。

小贴士

自动化立体仓库的前景

据《2013—2017年中国自动化立体仓库行业投资需求与发展前景分析报告》显示，2012年是中国自动化立体库得到较快发展的一年。2012年年初，由于众多物流系统工程项目的纷纷开工，自动化立体库项目建设市场一片繁荣。据不完全统计，2012年建设的具有较大规模的立体仓库在建项目有130多座，截至2012年12月，全国自动化立体库保有量超过1 200座。自动化立体仓库的市场总值已经超过170亿元，根据中国物流技术协会信息中心调研情况，未来几年的自动化仓储市场需求将每年有17%的增长，预计到2015年，自动化立体仓库的市场规模将超过320亿元。

随着国家经济的持续向好和对自动化立体仓库需求较高的烟草、医药、机械等行业的持续快速增长，未来自动化立体仓库面临着较大的市场需求。以医药行业为例，据国家统计局数据显示，截至2012年，我国工业总产值在2 000万元以上的企业数量为6 075家，以10%的需求量计算，医药行业对自动化立体仓库的需求量就有607套，而保有量不足200套，市场前景可观。

3．概念

自动化仓库系统（Automated Storage and Retrieval System，AS/RS）是由立体货架、有轨巷道堆垛机、出入库托盘输送机系统、尺寸检测条码阅读系统、通信系统、自动控制系统、计算机监控系统、计算机管理系统及其他辅助设备（如电线电缆桥架配电柜、托盘、调节平台、钢结构平台等）组成的复杂的自动化系统。运用一流的集成化物流理念，采用先进的控制、总线、通信和信息技术，通过以上设备的协调动作进行出入库作业。

4．自动化仓库的类型

（1）按建筑形式分为整体和分离式自动化仓库。

（2）按货物存取形式分为单元货架式、移动货架式和拣选货架式自动化仓库。

（3）按货架构造形式分为单元货架式、贯通式、水平循环式和垂直循环式自动化仓库。

（4）按所起的作用分为生产性和流通性自动化仓库。

（5）按自动化仓库与生产连接的紧密程度分为独立型、半紧密型和紧密型自动化仓库。

二、自动化仓库主要组成

自动化仓库主要由货物存取机、储存机构、输送设备和控制装置四部分组成。

1. 货物存取机

在自动化仓库中，视需要存放零件的数量建立若干高层货架。每两个货架之间称为巷道，巷道内设有堆垛机。它可在轨道上水平方向移动，也可以在本身的立柱上沿垂直方向移动，借以完成货物的存取操作。为了适应立体存取，要求操作安全、准确并可进行遥控；为了适应各种货物的装载特点和不同的储存量，要求存取机具有各种相应的尺寸和构造。存取机有各种不同的速度，这取决于该系统单位时间内的货物吞吐量。

2. 储存机构

储存机构一般又称货架系统。从结构上看有两种不同的货架。一种是货架与建筑物没有联系，独立地建在建筑物内部。这种货架可以拆除，灵活方便，适用于高度不高的自动化仓库。另一种是货架与建筑物紧密相连，它除了储存货物以外，尚用作支撑建筑物的墙体或屋顶，成为建筑物的一部分，通常称为整体结构。这种货架建筑周期短、费用低，适用于高型的自动化仓库。

3. 输送设备

输送设备通常是指货物存取机作业范围以外的输送设备，用以将货物存取机与其他长距离的运输装置联系起来。输送设备类型很多，主要根据作业量多少，货物类型和作业之间的配合情况而选定。常用的输送设备有铲车、引导车、地面有轨流动车、穿梭车和辊筒链条输送机等。

4. 控制装置

控制装置把自动化仓库的一切设备有机地联系在一起，使其按照预定的程序和要求动作，形成一个自动控制系统。较先进的控制装置一般都用几台小型计算机构成，采取分级控制。这种计算机分级控制系统能快速地对信息进行实时处理。当一台计算机有故障时，操作仍不中断。整个系统便于测试、检查和维修。电子计算机还能对仓库的订货与发送、仓库物资储备、仓库作业定额管理提供信息，能对仓库作业人员、作业手段、作业组织进行指挥和监督。自动化仓库面临的主要问题是降低生产成本，提高机械自动化水平，节约能源，减少环境污染，提高经济效益。

三、自动化仓库主要优点

1. 自动化仓库可以节省劳动力，节约占地

由于自动化仓库采用了电子计算机等先进的控制手段，采用高效率的巷道堆垛起重机，使仓库的生产效益得到了较大的提高，往往一个很大的仓库只需要几个工作人员，节省大量劳动力。同时，仓库的劳动也大大地减轻，劳动条件得到改善。自动化仓库的高层货架能合理地使用空间，使单位土地面积存放货物的数量得到提高。在相同的土地面积上，建设自动化仓库比建设普通仓库储存能力高达几倍，甚至十几倍。在相同储存量的情况下，自动化仓库节约了大量土地。

2. 自动化仓库出入库作业迅速、准确、缩短了作业时间

现代化的商品流通要求快速、准确。自动化仓库由于采用了先进的控制手段和作业机械，采用最快的速度、最短的距离送取货物，使商品出入库的时间大大地缩短。同时，仓库作业准确率高，仓库与供货单位、用户能够有机地协调，这有利于缩短商品流通时间。

3. 提高仓库的管理水平

由于电子计算机控制的自动化仓库结束了普通繁杂的台账手工管理办法，使仓库的账目管理及大量资料数据通过计算机进行储存，随时需要，随时调出，既准确无误，又便于情报分析。在库存量上，自动化仓库可以将库存量控制在最经济的水平上，在完成相同的商品周转量的情况下，自动化仓库的库存量可以达到最小。

4. 自动化仓库有利于商品的保管

在自动化仓库中，存放的商品多、数量大、品种多样。由于采用货架——托盘系统，商品在托盘或货箱中，使搬运作业安全可靠，避免了商品包装破损、散包等现象。自动化仓库有很好的密封性能，为调节库内温度，搞好商品的保管养护提供了良好的条件。在自动化仓库中配备报警装置和排水系统，仓库可以预防和及时扑灭火灾。

四、自动化仓库的设计

每个自动化立体仓库的设计都分几个主要的阶段，每个阶段都有其要达到的目标。

1. 设计前的准备工作

（1）要了解建库的现场条件，包括气象、地形、地质条件、地面承载能力、风及雪载荷、地震情况及其他环境的影响。

（2）在自动化立体仓库的总体设计中，机械、结构、电气、土建等多专业相互交叉、相互制约，这就要求第三方物流企业在进行设计时必须考虑各专业的需要。例如，机械的运动精度要根据结构制作的精度和土建的沉降精度而选定。

（3）要制订出第三方物流企业对仓储系统的投资、人员配置等计划，以此来确定仓储系统的规模和机械化、自动化的程度。

（4）要对与第三方物流企业仓储系统有关的其他方面的条件进行调查了解。例如，货物的来源，连接库场的交通情况，货物的包装，搬运货物的方法，货物的最终去向和运输工具等。

2. 库场的选择与规划

库场的选择和布置对于仓储系统的基建投资、物流费用、劳动条件等都有重要的意义。考虑城市规划、第三方物流企业的整体运作，自动化立体仓库最好选在靠近港口、码头、货运站等交通枢纽，或靠近生产地或原材料产地，或靠近主要的销售市场，这样可以大大地降低第三方物流企业的费用。库场地址是否合理对于环境保护、城市规划等也有一定的影响。例如，选择在受到交通限制的商业区建立自动化立体仓库，一方面与繁华的商业环境不协调，另一方面要花高价购买地皮。最重要的是，由于受到交通限制，只能每天半夜来运送货物，这显然是极不合理的。

3. 确定仓库形式、作业方式和机械设备参数

仓库的形式需要在调查入库货物品种的基础上确定。一般都采用单元货格式仓库，如果存储的货物品种单一或很少，而且货物批量较大，则可以采用重力式货架或者其他形式的贯通式仓库。根据出入库的工艺要求（整单元或零散出入库）来决定是否需要堆垛拣选作业，如果需要拣选作业，则再确定拣选作业的方式。

在自动化立体仓库中还有一种作业方式常被采用，这就是所谓的“自由货位”方式，即货物可以就近入库，特别是对于出入库频繁、超长和超重的货物，应当尽量在到货和发货的地点附近作业，这样做不仅可以缩短出入库时间，还节省了搬运费用。

自动化立体仓库所使用的机械设备有很多种，一般包括巷道堆垛机、连续输送机、高层货架，自动化程度高的还有自动导向车。在进行仓库的总体设计时，要根据仓库的规模、货物的品种、出入库频率等选择最适合的机械设备，并确定这些设备的主要参数。

4. 确定货物单元形式及规格

由于自动化立体仓库的前提是单元化的搬运，因此确定货物单元的形式、尺寸和重量是一个非常重要的问题。它不仅会影响到第三方物流企业对仓库的投资，而且会影响到整个仓储系统的配备、设施等问题。因此，为了合理确定货物单元的形式、尺寸和重量，应根据调查和统计的结果，列出所有可能的货物单元形式和规格，并做出合理的选择。对于那些形状和尺寸比较特殊或者很重的货物，可以单独处理。

5. 确定库容量（包括缓存区）

库容量是指在同一时间仓库可容纳的货物单元数，这对自动化立体仓库来说是一个非常重要的参数。由于在库存周期会受到许多预料之外因素的影响，因此库存量的波峰值有时会大大超出自动化立体仓库的实际库容量。除此之外，有的自动化立体仓库仅考虑了货架区的容量，而忽视了缓存区的面积，结果造成缓存区的面积不足，使得货架区的货物出不来，库房外的货物进不去。

6. 库房面积与其他面积的分配

由于总面积是一定的，而许多第三方物流企业在建造自动化立体仓库时只重视办公、实验（包括研发）的面积，却忽视了库房面积，因此造成了这种局面，即为了满足库容量的需要，只好通过向空间发展来达到要求。但是货架越高，机械设备的采购成本和运行成本也就越高。除此之外，由于自动化立体仓库内最优的物流路线是直线形的，但在仓库设计时往往会受到平面面积的限制，造成本身物流路线的迂回（往往是S形，甚至是网状），这会增加许多不必要的投入和麻烦。

7. 人员与设备的匹配

无论自动化立体仓库的自动化程度有多高，具体运作时仍需要一定的人工劳动，因此工作人员的数量要合适。人员不足会降低仓库的效率，太多又会造成浪费。自动化立体仓库采用了大量先进的设备，因此对人员的素质要求比较高，人员素质跟不上，同样会降低仓库的吞吐能力。第三方物流企业需要招聘专门的人才，并对其进行专门的培训。

8. 系统数据的传输

由于数据传输路径不通畅或数据冗余等原因，会造成系统数据传输速度慢，甚至无法传输的现象，因此要考虑自动化立体仓库内部及与第三方物流企业上下级管理系统间的信息传递的问题。

9. 整体运作能力

自动化立体仓库的上游、下游及其内部各子系统的协调，有一个木桶效应的问题，即最短的那一块木板决定了木桶的容量。有的仓库采用了很多的高科技产品，各种设施设备也非常齐全，但是由于各子系统间协调性、兼容性不好，造成整体运作能力比预期差很多。

单元四　电子商务条件下的装卸搬运

一、装卸搬运的概念

装卸搬运是介于物流各环节（如运输、储存等）之间起衔接作用的活动。它把货物运动的各个阶段连接成为连续的“流”，使物流的概念名副其实。

装卸是指物品在指定地点以人力或机械装入运输设备或卸下。装卸是物流过程中对于保管货物和运输两端货物的处理活动，具体来说，包括货物的装载、卸货、移动、堆码、上架、取货、备货、分拣等作业，以及附属于这些活动的作业。与装卸相类似的词汇还有搬运。一般来说，搬运是指物体横向或斜向的移动，装卸是指上下方向的移动。广义的装卸则包括了搬运活动。此外，搬运与运输的区别主要是物体的活动范围不同。运输活动是在物流节点之间进行的，而搬运则是在物流节点内进行的，而且是短距离的移动。

装卸活动是物流各项活动中出现频率最高的一项作业活动，装卸活动效率的高低，直接会影响到物流整体效率。虽然装卸活动本身并不产生效用和价值，但是由于装卸活动对劳动力的需求量大，需要使用装卸设备，因此物流成本中装卸费用所占的比重较大。装卸活动的合理化对于物流整体的合理化至关重要。

在工业尚不发达的年代，货物装卸主要依靠人力来完成，装卸现场的劳动强度很大，而且劳动环境恶劣。在发展中国家，即便到了今天，仍有相当部分的装卸活动依靠人背肩扛来完成的。改善体力劳动的环境，提高装卸作业效率是物流现代化的重要课题。从某种意义讲，装卸发展的历史实际上就是用机械代替人力，不断提高装卸的机械化程度，将人从繁重的体力劳动中解放出来的历史。装卸的机械化不仅可以减轻人的作业压力，改善劳动环境，而且可以大大提高装卸效率，缩短物流时间。

二、装卸搬运的作用

装卸搬运是物流活动得以顺利进行的必要条件，在全部物流活动中占有重要地位，发挥着重要意义。主要表现在以下几个方面。

1．装卸搬运直接影响物流质量

因为装卸搬运是使货物产生垂直和水平方向上的位移，货物在移动过程中会受到各种外力的作用，如震动、撞击、挤压等，容易使货物包装和货物本身受损，是在物流过程中造成货物破损、散失、损耗、混合等损失的主要环节。例如，袋装水泥纸袋破损和水泥散失主要发生在装卸过程中，玻璃、机械、器皿、煤炭等产品在装卸时最容易造成损失。每年，我国由于装卸搬运造成的经济损失达上亿元，装卸搬运损失在物流费用中占有一定的比重。

2．装卸搬运直接影响物流效率

物流效率主要表现为运输效率和仓储效率，二者都与装卸搬运直接相关。在货物运输过程中，发运的装车时间和在目的地的卸车时间占有不小的比重，特别是在短途运输中，装卸车时间所占比重更大，有时甚至超过运输工具运行时间。所以，通过缩短装卸搬运时间可以提高运输效率。在仓储活动中，装卸搬运效率对货物的收发速度和货物周转速度产生直接影响，同时，装卸搬运组织与技术对仓库利用率和劳动生产率也有一定影响，装卸活动包括装车（船）、卸车（船）、堆垛、入库、出库及上述各项活动之间的短程输送，是随运输和保管等活动而产生的必要活动。

在物流过程中，装卸活动是不断出现和反复进行的，它出现的频率高于其他各项物流活动，每次装卸活动都要花费很长时间，所以往往成为决定物流速度的关键。装卸活动所消耗的人力也很多，所以装卸费用在物流成本中所占的比重也较高。由此可见，装卸活动是影响物流效率、决定物流技术经济效果的重要环节。可以从以下几个数据中反映出来。

（1）据我国统计，火车货运运距超过 500 千米，运输的在途时间多于起止的装卸时间；运距短于 500 千米，装卸时间则超过实际运输时间。

（2）美国与日本之间的远洋船运，一个往返需 25 天，其中运输时间为 13 天，装卸时间为 12 天。

（3）我国对生产物流的统计，机械工厂每生产 1 吨成品，需装卸搬运 252 吨的物料，其成本为加工成本的 15.5%。

3．装卸搬运直接影响物流安全

在物流活动中确保劳动者、劳动手段和劳动对象的安全非常重要。装卸搬运特别是装卸作业，货物要发生垂直位移，不安全因素比较多。实际表明，物流活动中发生的各种货物损失事故、设备毁坏事故、人身伤亡事故等，相当一部分是在装卸搬运过程中发生的。特别是一些危险品，在装卸搬运过程中若违反操作规程进行野蛮装卸，很容易造成燃烧、爆炸、泄漏等重大事故。

4．装卸搬运直接影响物流成本

装卸搬运是劳动力借助于劳动手段作用于劳动对象的生产活动。由于装卸搬运作业量比较大，它往往是货物运量和库存量的若干倍，因此为了进行此项活动，必须配备足够的装卸搬运人员和装卸搬运设备。以我国为例，铁路运输的始发和到达的装卸作业费占运费的 20%左右，搬运占 40%左右。因此，装卸是降低物流费用的重要环节。

三、装卸活性指数

装卸活性是装卸搬运专用术语，是指货物的存放状态对装卸搬运作用的方便（或难易）程度，也称装卸活性。如果很容易转变为下一步的装卸搬运而不需要过多地进行装卸搬运准备工作，则活性就高；如果难于转入下一步的装卸搬运，则活性低。

装卸活性一般是用“活性指数”来进行衡量的（见表 7-1）。根据物料所处的状态，即物料装卸、搬运的难易程度，可划分不同的级别，也即所谓的“活性指数”。一般来说，活性指数一般用数字 0、1、2、3、4 表示，具体含义如下：

0 级表示物料杂乱地堆在地面上的状态；

1 级表示物料装箱或经捆扎后的状态；

2 级表示箱子或被捆扎后的物料，下面放有枕木或其他衬垫后，便于叉车或其他机械作业的状态；

3 级表示物料被放于台车上或用起重机吊钩钩住，可以即刻移动的状态；

4 级表示被装卸、搬运的物料，已经被启动、直接作业的状态。

表 7-1　物品的活性指数表

物品的存放状态	活 性 指 数
就地堆放	0
置于集装容器中	1
置于支垫设备（如托盘）上	2
装载在可移动设备（如台车）上	3
处于移动状态（如传送带）	4

在货场装卸搬运过程中，下一步工序比上一步的活性指数高，因而下一步比上一步工序更便于作业时，称为“活化”。装卸搬运的工序、工步应设计得使货物的活性指数逐步提高，称为“步步活化”。通过合理设计工序、工步，在做到“步步活化”作业的同时，还要采取相应的措施和方法尽量节省劳力、降低能耗。从理论上讲，活性指数越高越好，但也必须考虑到实施的可能性。例如，物料在储存阶段中，活性指数为 4 的输送带和活性指数为 3 的车辆，在一般的仓库中很少被采用，这是因为大批量的物料不可能同时存放在输送带和车辆上。

四、装卸搬运技术与设备

1. 装卸搬运技术

装卸搬运技术是进行装卸搬运作业的方法，而装卸搬运设备则是进行装卸搬运作业的劳动工具或物质基础，其技术水平是装卸搬运作业现代化的重要标志之一。装卸搬运作业主要有堆拆作业、分拣作业、备货作业、搬送作业、移送作业等。

堆拆作业包括堆装、拆装作业和堆垛、拆垛作业。在堆装、拆装作业中，堆装作业是把物品从预先放置的场所内移动到卡车等运输工具或仓库等保管设施的指定场所，按照所规定的位置和形态码放的作业。拆装是堆装相反的作业。堆垛作业主要是指在仓库等节点设施的入库作业中，高度在 2 米以上的货物堆码作业。拆垛是堆垛的相反作业。

分拣、备货作业包括分货作业和配（备）货作业。分货作业是指在堆装、拆装前后或配货前发生的作业。按照货物的种类、入出单位类别、运送方向等类别划分区域，将货物堆码到指定位置的作业。配货作业是指向卡车等运输工具装载货物，从仓库出库前的作业，即将货物从所定的位置，按照货物种类、作业先后次序、发货对象等在规定场所分类取货、堆码的作业。这种作业方式有摘果式和播种式两种。

搬送作业是指为进行上述各种作业而发生的，以这些作业为主要目的的移动作业，包括水平式、垂直式、斜向式及组合式。移送作业是指用传送带对商品进行运送的作业。

2．装卸搬运设备

装卸搬运机械是指在工厂、仓库、货物中转中心、配送中心等物流现场用来从事货物装卸搬运的各种机械设备的总称。随着技术进步和机械工业的发展，在物流领域，机械装卸搬运逐渐取代人背肩扛的原始作业方式，现代装卸搬运机械的使用得到普及。装卸机械化成为实现装卸合理化、效率化和省力化的重要手段。装卸机械化带来的益处包括以下几点。

（1）依靠人力所难以完成的笨重物体的移动和处理变得简单易行。

（2）依靠人工作业非常困难的散装货物、危险品货物等的处理变得容易、安全。

（3）实现比人工作业更大范围的作业。

（4）比人工作业速度快、效率高。

（5）使装卸搬运作业的自动化、省力化成为可能。

但是，同时也应该考虑到机械使用的经济性问题。发达国家物流领域机械化程度高的重要原因是劳动力的费用高昂及劳动力不足，与其使用人工作业不如在作业机械上增加投资，通过机械的使用节约劳动力费用。因此，不能盲目地同发达国家攀比，要考虑到对物流费用的承受力。

在采用机械化作业和选用装卸机械时，要与作业环境、作业量、时间分布、货物特性及使用机械的经济性等因素结合起来考虑，以便使机械发挥最大的效益。为便于管理，商品装卸搬运的主要设备通常按其用途和结构进行分类。

按装卸机械的用途主要分为单件作业用设备、集装作业用设备、散装作业用设备三大类。按结构则分为起重机械、输送机械、工业车辆、专用机械四大类（见图 7-5）。按结构分类的主要装卸搬运设备有起重机械类，包括葫芦、绞车、升降机和起重机等，其工作特征是间歇动作、重复循环、升降运动，使货物在一定范围内上下、左右、前后移动。输送机械类，包括输送机及气力输送装置等，其工作特征是连续动作、循环运动、持续负载、线路一定。工业车辆类，包括叉车、单斗装载机、牵引车等，其工作特征是底盘上装有起重、输送、牵引、承载装置，可以在设施内移动作业。专用机械类，包括翻车机、堆取料机、堆垛机、分拣专用机械设备、集装箱专用装卸机械、托盘专用装卸机械、船舶专用装卸机械、车辆专用装卸机械等，其工作特征是带专用取物装置的起重、输送机械与工业车辆相结合，一般进行专门作业。

装卸搬运的基本方法，可以分别从作业对象、作业手段、装卸设备作业管理、作业方式的角度进行划分。

（1）按作业对象（货物形态）可分为：①单件作业法，即单件逐件货物作业；②集装作业法是指将货物集零为整（集装化）后再行装卸搬运的方法，这种方法又可按集装化方式不同，分为集装箱作业法、托盘作业法、货捆作业法、滑板作业法、挂车作业法（驮背式运输）；③散装作业法是指对如煤炭、矿石、建材等大宗货物通常采用的散装、散卸方法，以及近来随着粮食、食糖、水泥、化肥、化工原料等的作业量增大，为提高装卸效率，降低成本而趋向采用散装、散卸的方法。散装散卸方法主要分为重力法（利用货物的位能完成装卸；倾翻法（利用运输工具的载货部分倾翻完成卸货）；机械法（利用各种抓、铲、舀等机器完成装卸）；气力输送法（利用风机在管道内形成气流，依靠气体的动能或压差输送货物）。

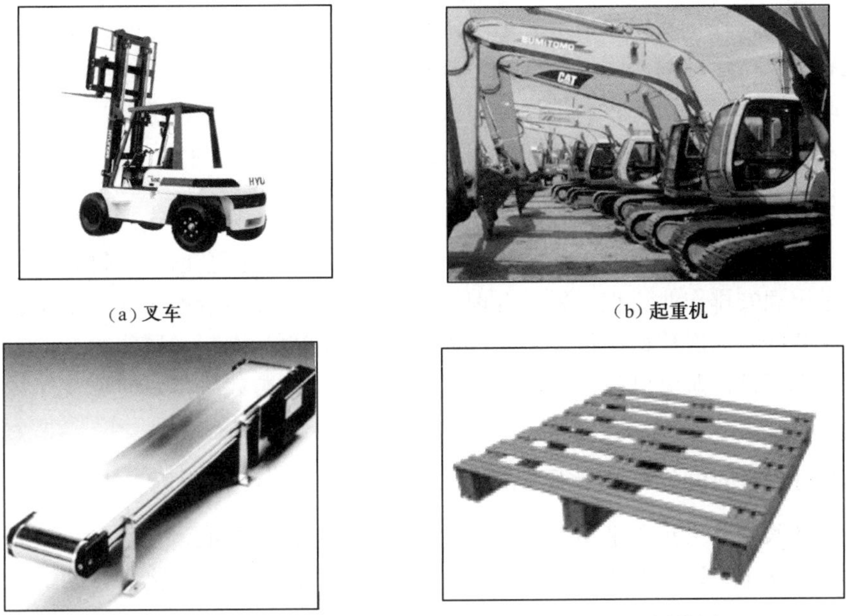

（a）叉车　（b）起重机　（c）专用输送机　（d）金属托盘

图 7-5　装卸机械

（2）按作业手段及组织水平，可分为人工作业法、机械化作业法、综合机构化作业法。

（3）按装卸设备作业原理，可分为间歇式作业法（如包装货件、笨重货物等的装卸搬运是断续、间歇、重复、循环进行的）和连续性作业法。

（4）按作业方式，可分为吊装吊卸法（也称垂直装卸法）和滚装滚卸法（也称水平装卸法）。

相关链接

世界首款智能超大防爆铲板搬运车诞生

2017 年 12 月 4 日，经过前期下线、调试，航天重型工程装备有限公司研制生产的世界首款智能超大采高综采 100 吨蓄电池防爆铲板搬运车，正式进入厂内试验阶段。该车于 11 月 15 日下线，改写了目前国内外蓄电池防爆铲板搬运车载重量 80 吨的历史，成为该设备领域世界最大矿井特种车辆。

据悉，该车经过 8 个多月的研发，航天重工研发团队先后攻克了高度集成轮边驱动技术，电制动与机械制动结合，系统配置模块化技术，电驱系统强制散热技术，高效的智能化健康管理技术等难关，使产品具有驱动强劲、能耗降低、功能扩展、寿命延长、高效可靠等优点。该产品在厂内试验一段时间后，将前往神华集团矿区进行工业试运行。

——资料来源：中国工业新闻网　**2017-12-18**

五、装卸搬运管理

装卸搬运只能改变劳动对象的空间位置，而不能改变劳动对象的性质和形态，既不能提高也不能增加劳动对象的使用价值。但是装卸搬运必然要有劳动消耗，包括活劳动消耗和物化劳动消耗。这种劳动消耗量要以价值形态追加到装卸搬运对象的价值中，从而增加了商品和物流成本。要提高装卸搬运效率，降低装卸搬运成本，需要科学、合理地组织装卸搬运过程，尽量减少用于装卸搬运的劳动消耗。在进行装卸搬运活动过程中，应遵循以下原则。

1．降低装卸搬运作业次数的原则

虽然装卸搬运是物流过程所不可避免的作业，但是应该将装卸搬运的次数控制在最小的范围内，因为装卸搬运不仅不能增加货物的价值与实用价值，反而会增加货物破损的可能性与成本，所以通过合理安排作业流程，采用合理的作业方式，仓库内合理布局，以及仓库的合理设计来实现物品装卸搬运次数最小化。例如，提高搬运纯度，只搬运必要的物品，有些物品要先去除杂质之后再搬运；避免过度包装，减少无效负荷；提高装载效率，充分发挥装卸搬运机械的效能等。

2．移动距离（时间）最小化原则

搬运距离的长短与搬运作业量大小和作业效率是联系在一起的，在货位布局、车辆停放位置、入出库作业程序等设计上应该充分考虑物品移动距离的长短，以物品移动距离最小化为设计原则。

3．提高装卸搬运的灵活性原则

物品所处的状态会直接影响到装卸和搬运的效率。在整个物流过程中，物品要经过多次装卸和搬运，前道的卸货作业与后道的装载或搬运作业关系密切。如果卸下来的物品零散地码放在地上，在搬运时就要一个一个搬运或重新码放在托盘上，因此增加了装卸次数，降低了搬运效率。

4．标准化原则

作业方法、设备及尺寸等的标准化，可以使各单位或各公司之间的搬运设备通用化、作业单纯化，因此可以得到很好的效果。同时，搬运设备因大量生产，价格会较经济。

5．水平直线原则

直线的搬运流程的搬运距离是最短的，曲折迂回的搬运则容易造成搬运的浪费。布置水平的搬运，可以使搬运距离最短、设备最省及成本最低。但是水平的布置有时会增加交错搬运的机会，所以必须针对实际的条件而加以调整。

6．弹性原则

搬运机械设备的利用范围越大，则其效率越大。以叉车为例，叉车除了可以装卸托盘货物外，还可以更换货叉等附属设备来操作其他各种货物，使其操作功能更为广泛。因此，搬运设备的价值需要考虑共同性及弹性的比例。

7．界面衔接的原则

在装卸过程中，A 工程与 B 工程的接点称为界面。为使装卸作业顺畅进行，界面必须能够将两个工程有效衔接起来。例如，在将从自动仓库货架上取出的一托盘货物装载到卡车上时，利用自动装载设备、滚柱传送机或叉车将两点顺畅地衔接起来。

8．系统化原则

系统化原则是指将各个装卸搬运活动作为一个有机的整体实施系统化管理，也就是说，运用综合系统化的观点，提高装卸搬运活动之间的协调性，提高装卸搬运系统的柔性，以适应多样化、高度化物流需求，提高装卸搬运效率。

综合训练

基础训练

一、名词解释

1．自动化仓库
2．零库存管理
3．EOQ
4．ABC 分类控制法
5．装卸搬运

二、填空题

1．从企业经营过程的角度将库存分为________、________、________、________、________、________、________七种类型。

2．合理化的库存管理目标为________、________、________、________。

3．________是指为了防止不确定因素（如大量突发性订货、交货期突然延期等）而准备的缓冲库存。

4．按装卸机械的用途，装卸机械设备主要可分为________、________、________三大类。

5．按自动化仓库与生产连接的紧密程度可将自动化仓库分为________、________和________类型。

三、选择题

1．在电子商务环境下，库存控制方法主要包括（　　）。

A．ABC 分类控制法　　B．经济订购批量方法
C．定量订货法　　D．定期订货法

2．按货架构造形式可将自动化仓库分为（　　）自动化仓库。

A．单元货架式　　B．垂直循环式
C．水平循环式　　D．贯通式

3．自动化仓库主要由（　　）、（　　）、（　　）和（　　）部分组成。

A．货物存取机　　B．储存机构　　C．输送设备　　D．控制装置

4．在 ABC 分类法中，（　　）类物资，品种占 30%左右，占用资金 20%左右。

A．C　　B．D　　C．B　　D．A

5．库存管理效率的高低可以通过（　　）指标来衡量。

A．库存资金周转率　　B．服务水平

C．缺货率　　D．平均供应费用

6．在装卸活性中，（　　）级表示箱子或被捆扎后的物料，下面放有枕木或其他衬垫后，便于叉车或其他机械作业的状态。

A．0　　B．1　　C．2　　D．3

四、简答题

1．在电子商务环境下库存管理的现实意义是什么？

2．试分析在电子商务环境下零库存管理的基本方法。

3．电子商务环境下实施零库存管理的条件有哪些？

4．自动化仓库的主要结构包括哪些？

5．自动化仓库规划设计的内容包括哪些？

6．在进行装卸搬运活动过程中，应遵循什么管理原则？

技能训练

蒙牛自动化立体仓库

案例分析：蒙牛六期的高度自动化物流系统

2016 年，中国乳制品行业有所恢复，乳制品产量保持增长，价格相对稳定。与此同时，乳业消费升级趋势明显，高端 UHT 奶及酸奶等高附加值品类的消费规模逐步增长。在激烈的市场竞争下，蒙牛聚焦品牌品类差异化，加大创新，2016 年财务情况理想，经营现金流也大幅也得到了一定增长。蒙牛 2016 年实现营收 537.79 亿元，同比增长 9.7%，年报数据显示，蒙牛液态奶于 2016 年仍然保持市场份额领先地位，营收 481.029 亿元，依然是营收的重要来源，占蒙牛总收入的 89.4%。

蒙牛乳业集团成立于 1999 年，总部设在内蒙古呼和浩特市和林格尔县盛乐经济园区，随着生产规模的不断扩大，自 2002 年起，蒙牛乳业集团开始采用自动化立体仓库，提高仓储容量与物流管理水平。2007 年，蒙牛投入使用的六期工厂的物流系统项目，以规模巨大和高度自动化受到业界的广泛关注。该自动化立体仓库，是蒙牛委托太原刚玉物流工程有限公司设计制造的第三座自动化立体仓库，该库后端与泰安公司乳制品生产线相衔接，与出库区相连接，库内主要存放成品纯鲜奶和成品瓶酸奶。库区面积 8 323 平方米，货架最大高度 21 米，托盘尺寸 1 200 毫米×1 000 毫米，库内货位总数 19 632 个。其中，常温区货位数 14 964 个；低温区货位 46 687 个。入库能力 150 盘/小时，出库能力 300 盘/小时。

2006 年，蒙牛乳业集团做出了在总部投资建设六期生产项目的决定，并提出了“八化”即国际化、智能化、规模化、立体化、展示化、个性化、差异化、系统化的要求，准备采用先进的设计理念和技术设备，建成国内规模最大，科技含量最高，集生产、科研、培训于一体的大型现代化液体奶生产厂。该项目主体工程投资 10 亿元，主车间为 4.77 万平方米，拥有 22 条生产线，日产鲜奶 2 000 吨，由中央控制系统指令各种设备，自动完成从收奶到产品出库的全过

程。蒙牛六期的建成，标志着我国乳品加工业技术水平迈进了世界先进行列，缩小了中国乳业与世界乳业的差距。

与蒙牛六期项目相配套的物流系统，集成了自动仓库系统AS/RS、空中悬挂输送系统、码垛机器人、环行穿梭车、直线穿梭车、自动导引运输车AGV、自动整形机、自动薄膜缠绕机、液压升降台、货架穿梭板、连续提升机及多种类型的输送机等众多自动化物流设备，是迄今国内乳业自动化程度最高、最先进的物流系统。

一、系统要求

蒙牛六期物流系统项目由太原刚玉物流工程有限公司负责整体规划、实施。由于此前双方长期而良好的合作基础，工程从招标到建成仅历时半年，速度之快、效率之高令人称奇。该项目总包方太原刚玉物流工程有限公司经受了大方案、大集成、大服务的严峻考验，展示出强大的综合实力。

蒙牛六期物流系统主要服务于常温液体奶的生产、储存、发货，按照功能设计划分为生产区、入库区、储存区和出库区等，由计算机统一对整个物流流程实行自动化管理。六期项目共设置22条生产线，包括10条利乐22型机（3条苗条型、7条标准型）和12条康美机（5条苗条型、7条标准型）、生产能力为每20小时1 800吨，出库量为每22小时5 000吨。按照规定，每天来自灌装车间的产品入库量约为每小时110托盘；出库需分拆的量为每小时30托盘。

在物流系统规划过程中，蒙牛集团不仅对处理量提出了很高的要求，更重要的是要求实现从牛奶生产到成品最后出库装车发运全过程的无人化作业，其中包括成品入出库、原辅料及包材的输送等所有物流作业环节。同时，整个系统还要符合经济性、灵活性、安全性与易维护性的要求。

二、系统构成

为实现从生产到出库流程的无人化作业，蒙牛六期的物流系统由成品全自动立体库及输送系统，内包材自动化立体库及输送系统，辅料自动输送系统，以及贯穿这三个子系统的计算机管理系统组成。

1. 成品自动立体库及输送系统的构成与特点

该系统从生产车间内的产品封箱后起，至出库区穿梭车后辊筒式输送机（装车前），实现成品存储与出库操作，以及空托盘的与存储。主要设备包括以下几个。

（1）提升机。

22台提升机与相应数量的封箱机衔接，提升高度为2米，负责将成品奶箱送至码盘机器人处。

（2）机器人自动码盘系统。

为提升整体系统的自动化程度，托盘码垛采用机器人作业。码盘机器人可同时分别对来自两条生产线的货物进行码垛。机械手为六轴式，每天可连续工作20小时以上。

（3）环形穿梭车。

环形穿梭车用于将满载托盘从机器人码垛后的输送线，自动运送到成品仓库入库端的各工位，并完成入库端空托盘组至分解空托盘处的自动运输。

（4）输送系统。

① 码垛好的托盘货物经输送线送至入库环形穿梭车入口，等待搬运车入库。

② 出、入库端各设24条输送线，和立体库内24条巷道对应。

③ 出库装车处有20条辊筒式输送机（有坡度），同20辆汽车对应。

④ 装车后留下的空托盘经输送线送回入库码垛处、分拆处或立体库存储。

⑤ 分拆后剩余的产品也经输送线重新送回立体库。

⑥ 入库码盘区空托盘的补充通过系统自动完成，可以保证在机器人码垛时始终有空托盘备用。码垛所需空托盘从立体库内取出后（8 个为一垛），由环形穿梭车送至空托盘输送线进行拆盘，再被分配到机器人码盘区。

（5）高位货架。

成品立体库总建筑面积为 102 米×106 米。库房顶最高点为 24 米，最低点为 20 米。货架分布为 24 排 76 列 12 层、24 排 76 列 13 层，共 45 600 个货位。

（6）单伸堆垛机。

（1）单元式直线型有轨巷道堆垛机工 24 台，单机最大起重量为 1 200 千克。

（2）采用变频调速方式，完成来自车间货物的入库或外来货物的出库操作。

（3）堆垛机与计算机管理监控系统采用红外线通信方式。

（4）堆垛机操作方式包括联机操作、单机操作、手动操作。

2. 内包材及输送系统的构成与特点

该系统从内包材经人工码垛后用叉车将托盘运至入库输送线起，至所有内包材被送到生产车间的使用点(包括空托盘回库)。内包材库存放的是和牛奶直接接触的包材(包括纸卷和纸盒)，因此对库房内的洁净度有一定的要求，故采用自动化立体库储存。另外，内包材库还具有包材外调和空托盘外出的功能。主要由如下设备组成。

（1）驶入式货架系统。

① 包材库总建筑面积为 102 米×30 米，库房净高 9 米，总货位数为 2 400 个。由于两种包材的托盘尺寸不等，故将货架分为两个区域，每种各占 50%。放置利乐包材的托盘尺寸为 1 200 毫米×1 200 毫米，托盘与包材重 1 200 千克/托盘。放置康美包材的托盘尺寸为 1 240 毫米×1 000 毫米，托盘与包材重 780 千克/托盘。

② 货架采用穿梭板式货位和螺栓连接式，高度可调整。

（2）单伸堆垛机。

① 采用 2 台转轨式堆垛机，单机最大起重量为 1 300 千克，既可满足外来包材的进货量及送往车间的包材出货量的要求，又可满足不同货架尺寸的需求。

② 设有过载与松绳保护装置、断绳保护装置、货叉动作连锁保护装置、货叉力矩限止器、货位探测及有无货物检测装置。

③ 堆垛机与计算机管理监控系统采用红外线通信方式。

④ 堆垛机上设有载人装置，方便人员对最高处货架的维修及管理。

⑤ 堆垛机操作方式包括联机操作、单机操作、手动操作。

（3）出库机器人自动搬运系统（AGV 系统）。

在和生产车间相通的一端，由无人搬运车（AGV）自动将包材直接送到无菌灌装机指定的位置，空托盘由 AGV 送回包材库。AGV 采用激光引导，由带输送移载机构的 AGV 小车、地面导航系统、在线自动充电系统、周边输送系统、AGV 控制台和通信系统等组成。

3. 辅料自动输送系统的构成与特点

该系统从人工将辅料放置到自动搬运悬挂车起，至辅料被准确送到车间辅料位置。辅料库位于生产车间外马路对面，为驶入式库房，用于存放纸箱和吸管。辅料库空中长廊底标高 5 米，空中长度为 30 米。

每条生产线纸箱需求量分别为利乐包 834 片/小时，康美包 500 片/小时。纸箱及吸管至生产车间装箱机和贴管机的搬运，采用空中无人自动搬运悬挂车完成。空中无人自动搬运车采用单轨道悬挂机构，在一条环形主轨道上运行。

4. 计算机监控和管理系统

整个计算机监控和管理系统可以实现对成品自动化库、内包材自动化库和辅料库的统一管理。成品自动化库、包材自动化库要求实现联机在线的全自动控制、监控和管理，主要包括库房仓储物流信息管理系统、自动化库房控制与监控系统、自动化库房控制执行系统三部分。其中，库房仓储物流信息管理系统具备入库管理、出库管理、库存管理、数据采集、质检管理、批次管理、查询统计、系统管理、储位管理、人力资源管理、预警、纠偏、人性化操作界面等功能模块。系统特点有以下三个。

（1）在计算机统一指挥下完成立体库作业，实现货物的入出库信息自动化管理，自动完成货物的数据维护、查询、修改、清库报表、库存分析、报表打印等操作，并动态显示设备状态、位置及完成工作情况、故障情况提示、报警信息，以及库存货物的分布情况等。

（2）入库时，系统自由分配货位，按照由下到上的原则，也可以具体指定任意货位；出库时，原则上按入库登录顺序（入库日期和批号），即先进先出的原则。

（3）计算机监控系统采用全汉化图形界面，具有良好的开放性，系统功能便于修改和再次开发。

三、技术亮点

蒙牛六期自动化物流系统是高科技设备和控制技术的高度集成，以规模之大、创新点之多、自动化程度之高、运行效率之高备受业界瞩目。该项目从信息管理控制系统到物流设备应用拥有诸多创新技术。

在控制系统方面，实现了生产物流与多库存储物流的统一调度管理。物流中心的高度自动化要求对成品自动化库、内包材自动化库、辅料库进行多库统一调度和管理，即建立包括仓储物流信息管理系统、自动化库房控制与监控系统和自动化库房控制执行系统等在内的信息控制系统；实现生产物流与包装的自动化控制，生产物流与存储物流的统一管理调度，以及多库存储与生产物流的统筹管理等。

在高科技设备应用方面，该项目涵盖了多种先进高效的自动化设备，其中，AGV 和空中悬挂输送系统是蒙牛六期中的最大亮点。特别是在内包材出库环节引入了 AGV，从根本上实现了真正的自动化搬运，成为蒙牛集团同类项目中的一大突破。据了解，在其他项目的立体库中，内包材搬运作业多由计算机控制堆垛机使货物下架，由轨道出库。相比之下，AGV 的应用使蒙牛六期的运输系统实现了完全的智能化，大大提高了工作效率，降低了人力成本。

从一年来的运转情况看，蒙牛六期物流系统已基本达到了当初的规划设计目标，取得了令人满意的效果。以此为基础，蒙牛乳业集团有信心将位于呼和浩特市和林格尔县的总部基地建设成国内规模最大、科技含量最高的现代化工厂，成为国内外乳制品行业的典范。

——资料来源：现代物流网　2017-03-30

问题思考

1．结合案例分析蒙牛六期的物流系统包括哪些子系统。

2．蒙牛六期的自动化仓库管理系统有何特征？

3．请分析蒙牛六期的物流系统的实施有怎样的现实意义。

模块八

电子商务环境下的运输与配送管理

学习目标

知识点		● 运输管理、运输合理化、智能化运输系统、配送、配送中心的概念； ● 电子商务环境下运输管理的基本特征、主要要求及其现实意义； ● 电子商务环境下的配送管理的主要内容； ● 电子商务环境下配送中心的运作流程及其管控要求。
能力点	专业能力	● 能够结合实际情况分析电子商务环境下运输、配送基本操作流程及其主要管控节点、管控方法。
	方法能力	● 具有基本的电子商务环境下运输、配送操作流程的现实感知； ● 具有一定的分析电子商务环境下运输、配送运营管控的逻辑思路。
	社会能力	● 拥有良好的职业道德和较强的团队合作精神； ● 具备一定的电子商务环境下运输、配送的分析与应用能力； ● 关注电子商务运输、配送管理的发展态势，聚焦电子商务环境下运输、配送行业热点现象或问题。

导入案例

世界最大自动化港口建成

世界最大单体智能码头开港

2017 年 12 月 10 日，全球最大单体自动化智能码头和全球综合自动化程度最高的码头——洋山港四期码头正式开港。历时近三年时间的艰苦建设，经过为期 18 个月细致全面的设备及系统调试，全球港口航运业万众瞩目的无人码头终于露出了真容。业内人士表示，洋山港四期码头的建成和投产，标志着中国港口行业在运营模式和技术应用上实现了里程碑式的跨越升级与重大变革，更为上海港进一步巩固港口集装箱货物吞吐能力世界第一地位，加速跻身世界航运中心前列提供了全新动力。

驶上东海大桥，驱车 15 分钟左右就可远远望见洋山港四期码头，码头和堆场上一排排采用红白相间涂装的现代化大型港机装备显得十分醒目。洋山港四期依托颗珠山岛及大、小乌龟岛围海填筑形成，总用地面积 223 万平方米。该码头共建设 7 个集装箱泊位，集装箱码头岸线总长 2 350 米，设计年通过能力初期为 400 万标准箱，远期为 630 万标准箱。

几艘满载集装箱的货轮静静地靠在码头岸边，10 台高高的桥吊凌空伫立，就待一声令下，即可全线发动。

“上海国际航运中心洋山港四期码头开港!”一声令下，汽笛鸣响，桥吊开始起吊，这个全球最大单体自动化智能码头开始运作。第一箱集装箱从船上吊到了自动导引车上，奔向堆场。

洋山港四期也是全球综合自动化程度最高的码头。例如，海侧的岸桥全部是自动化远程操控，在陆侧使用的轨道吊也实现了自动着箱，海侧轨道吊全部是双箱自动化轨道吊，也是振华重工自主研发的产品，首次在全球市场亮相。自动化双箱轨道吊，配合自动化双箱岸桥作业，可尽快释放岸线空间，提高码头的使用率，能够提升 50%的工作效率。

洋山港四期还在亚洲港口中首次采用我国自主研发的自动导引车自动换电系统，自动化换电站技术也是振华重工国内首创。按照设计，更换电池全程只需 6 分钟，电池充满电仅需 2 小时，整个充电过程零排放，可节省能耗 40%以上。这一系统打破了欧美的技术限制与垄断，标志着振华重工已掌握自动导引车全换电技术，日后可为用户提供多样性的自动导引车系统方案选择。

洋山港四期是国内唯一一个“中国芯”的自动化码头。其码头的软件系统，主要由振华重工自主研发的设备控制系统和码头方上港集团研发的码头操作系统组成，也是国内唯一一个软件系统纯粹由“中国制造”的自动化码头。

洋山港四期码头极大地释放了劳动力。过去，一台桥吊需配几十个工人服务，现在，一个工人就能服务几台桥吊，而且只需在后方的中控室工作。过去，操作工人坐在 50 米高空的桥吊控制室，俯身向下操作集装箱，眼部、腰部损伤严重。现在，工人坐在中控室，看着电脑屏幕，就可以把庞大的集装箱吊起放下，工作变得更轻松。过去，桥吊操作工人大多需要男性壮劳力，现在，无论男女都可以作业了。未来，工人还有望实现远程操控，无须到码头，人在市区控制室就可以操作了。

——资料来源：人民日报　**2017-12-11**

案例分析

作为洋山港建设的主要力量，中国交建从勘察设计，到吹填造地、航道疏浚，以及全自动港机设备的制造和安装，在技术领域实现了一个又一个的突破。中国交建牵头的科技项目“离岸深水港建设关键技术研究”获得 2013 年国家科技进步一等奖，标志着中国有了在全球任何地方建设港口的能力。

目前，全球已经建成和正在建设的自动化码头有 40 余座，而汇聚众多先进科技的洋山港四期码头，堪称“集大成之作”。特别值得一提的是，洋山港四期码头全部由中国制造，拥有完全自主知识产权。洋山港四期码头采用振华重工制造的自动化装卸设备，整个装卸过程所涉及的桥吊、自动导引车、轨道吊三大机种均为中国制造。软件系统也是由上港集团和振华重工共同完成。

问题思考

洋山港四期码头正式开港有何现实意义？对企业而言，电子商务环境下的运输、配送管理面临怎样的现实挑战与威胁？什么是运输管理、运输合理化、智能化运输系统、配送、配送中心？在电子商务环境下的运输、配送是如何运作与管控的？其发展趋势如何？这些问题都是需要我们进行认真思考与分析的，同时，它们也是构成本模块内容的主要理论知识点。

单元一　运输概述

在现代物流的基本功能中，运输是其中核心功能之一，是物流过程中最主要的增值活动。任何物品由其生产地向消费地的空间位移，都是依靠运输来完成的，离开了运输，就不可能实现“物的流通”。因此，运输创造了空间价值和时间价值，在物流过程中始终起着重要的作用。

一、运输概述

1. 运输概念

运输（Transportation）是指利用设备和工具，将物品从一地点向另一地点运送的物流活动。其中包括集货、分配、搬运、中转、装入、卸下、分散等一系列操作。

2. 运输的基本原理

运输的原理有规模经济和距离经济两种，具体描述如下。

（1）规模经济。规模经济的特点是随装运规模的增长，使单位重量的运输成本降低。例如，整车（Truck Load，TL）的每单位成本低于零担运输（Less than Truck Load，LTL）。就是说，例如铁路和水路之类运输能力较大的运输工具，每单位的费用要低于汽车和飞机等运输能力较小的运输工具。运输规模经济的存在是因为与转移一批货物有关的固定费用可以按整批货物的重量分摊。所以，一批同样的货物越重，就越能分摊费用。

（2）距离经济。距离经济本质上也是规模经济，是相对于距离的规模经济。距离经济是指每单位距离的运输成本随距离的增加而减少，如 800 千米的一次装运成本要低于 400 千米两次装运。运输的距离经济也指递减原理，因为费率或费用随距离的增加而减少。运输工具装卸按发生的固定费用必须分摊到每单位距离的变动费用，距离越长，每单位支付的费用越低。

3. 运输对企业物流的意义

运输工作是整个物流系统的一个十分重要的环节，搞好运输工作对企业物流的意义可以体现在以下几个方面。

（1）便利和可靠的运输服务是有效组织输入和输出物流的关键。企业的工厂、仓库与其供货厂商和客户之间的地理分布直接影响着整个物流系统的运输费用。因此，运输条件是企业选择工厂、仓库、配送中心等物流设施配置地点需要考虑的主要因素之一。

（2）运输影响着物流系统的其他构成要素。例如，选择的运输方式决定着装运货物的包装要求；使用不同类型的运输工具决定其配套使用的装卸搬运设备及接收和发送站台的设计；企业库存储备量的大小，直接受运输状况的影响，发达的运输系统能比较适量、快速和可靠地补充库存，以降低必要的储备水平。

（3）运输费用在物流费用中占到很大的比重。表 8-1 是美国、加拿大公司在 2009 年物流成本构成情况。从表中可以看出运输成本超过了总的物流成本的1/3。组织合理运输，以最小的费用，较快的时间，及时准确和安全地将货物从其生产商所在地运送到销售商所在地，是减低运输费用和提高经济效益的重要途径之一。企业的货物运输一般委托独立的运输企业进行，也有的大型企业自己进行运输活动。

表8-1　美国、加拿大公司在2009年物流成本构成情况

成本内容	美国公司（%）	加拿大公司（%）
客户服务/订单相关	8.2	7.8
仓储	25.8	24.5
运输	37	38
管理	10	8.5
库存搬运	18	21.2

4．我国交通运输成就与展望

“十二五”时期，我国各种交通运输方式快速发展，综合交通运输体系不断完善，较好地完成了规划目标任务，总体适应经济社会发展要求。交通运输基础设施累计完成投资13.4万亿元，是“十一五”时期的1.6倍，高速铁路营业里程、高速公路通车里程、城市轨道交通运营里程、沿海港口万吨级及以上泊位数量均位居世界第一，天然气管网加快发展，交通运输基础设施网络初步形成。铁路、民航客运量年均增长率超过10%，铁路客运动车组列车运量比重达到46%，在全球集装箱吞吐量排名前十位的港口中我国占7席，快递业务量年均增长50%以上，城际、城市和农村交通服务能力不断增强，现代化综合交通枢纽场站一体化衔接水平不断提升。高速铁路装备制造科技创新取得重大突破，电动汽车、特种船舶、国产大型客机、中低速磁悬浮轨道交通等领域技术研发和应用取得进展，技术装备水平大幅提高，交通重大工程施工技术世界领先，走出去步伐不断加快。高速公路电子不停车收费系统（ETC）实现全国联网，新能源运输装备加快推广，交通运输安全应急保障能力进一步提高。铁路管理体制改革顺利实施，大部门管理体制初步建立，交通行政审批改革不断深化，运价改革、投融资改革扎实推进。

我国“十三五”现代综合交通运输体系发展规划的主要目标是，到2020年，基本建成安全、便捷、高效、绿色的现代综合交通运输体系，部分地区和领域率先基本实现交通运输现代化。

（1）网络覆盖加密拓展。高速铁路覆盖80%以上的城区常住人口100万人以上的城市，铁路、高速公路、民航运输机场基本覆盖城区常住人口20万人以上的城市，内河高等级航道网基本建成，沿海港口万吨级及以上泊位数稳步增加，具备条件的建制村通硬化路，城市轨道交通运营里程比2015年增长近一倍，油气主干管网快速发展，综合交通网总里程达到540万千米左右。

（2）综合衔接一体高效。各种运输方式衔接更加紧密，重要城市群核心城市间、核心城市与周边节点城市间实现1～2小时通达。打造一批现代化、立体式综合客运枢纽，旅客换乘更加便捷。交通物流枢纽集疏运系统更加完善，货物换装转运效率显著提高，交邮协同发展水平进一步提升。

（3）运输服务提质升级。全国铁路客运动车服务比重进一步提升，民航航班正常率逐步提高，公路交通保障能力显著增强，公路货运车型标准化水平大幅提高，货车空驶率大幅下降，集装箱铁水联运比重明显提升，全社会运输效率明显提高。公共服务水平显著提升，实现村村

直接通邮，具备条件的建制村通客车，城市公共交通出行比例不断提高。

（4）智能技术广泛应用。交通基础设施、运载装备、经营业户和从业人员等基本要素信息全面实现数字化，各种交通方式信息交换取得突破。全国交通枢纽站点无线接入网络广泛覆盖。铁路信息化水平大幅提升，货运业务实现网上办理，客运网上售票比例明显提高。基本实现重点城市群内交通一卡通互通，车辆安装使用 ETC 比例大幅提升。交通运输行业北斗卫星导航系统前装率和使用率显著提高。

（5）绿色安全水平提升。城市公共交通、出租车和城市配送领域新能源汽车快速发展。资源节约集约利用和节能减排成效显著，交通运输主要污染物排放强度持续下降。交通运输安全监管和应急保障能力显著提高，重特大事故得到有效遏制，安全水平明显提升。

二、运输的功能

一般来说，运输有两个基本功能：产品空间转移和短时间产品存放。

1．产品空间转移

通过运输，使产品从一个地方转移到另一个地方，可以延伸出以下功能。

（1）商品运输可以创造出商品的空间效用和时间效用。商品运输通过改变商品的地点或者位置所创造出的价值，称为商品的空间效用；商品运输使得商品能够在适当的时间到达消费者的手中，就产生了商品的时间效用。通过这两种效用的产生，才能够真正地满足消费者消费商品的需要。如果运输系统瘫痪，商品不能在指定的时间送到指定的地点，则消费者消费商品的需要就得不到满足，整个交易过程就不能得到实现。

（2）商品运输可以扩大商品的市场范围。在古老的市场交易过程中，商品只在本地进行销售，每个企业所面对的市场都是有限的。随着各种商品运输工具的发明，企业通过商品运输可以到很远的地方去进行销售，企业的市场范围可以大大扩展，企业的发展机会也大大增加。随着电子商务这种先进交易形式的发展，企业的市场范围随着网络的出现而产生了无限扩大的可能，任何有可能加入互联网的地方，都有可能成为企业的市场。为了真正地将这种可能变成现实，必须使企业的商品能够顺利地送达到这个市场中，这就必须借助于商品运输过程。因此，商品运输可以帮助企业扩大它的市场范围，并给企业带来无限发展的机会。

（3）商品运输可以保证商品价格的稳定性。各个地区因为地理条件的不同，拥有的资源也各不相同。如果没有一个顺畅的商品运输体系，其他地区的商品就不能到达本地市场，那么，本地市场所需要的商品也就只能由本地来供应。正是因为这种资源的地域不平衡性，造成了商品供给的不平衡性。因此，在一年中，商品的价格可能会出现很大的波动。但是，如果拥有了一个顺畅的商品运输体系，那么当本地市场的商品供给不足时，外地的商品就能够通过这个运输体系进入本地市场，本地的过剩产品也能够通过这个体系运送到其他市场，从而保持供求的动态平衡和价格的稳定。

（4）商品运输能够促进社会分工的发展。随着社会的发展，为了实现真正意义的社会的高效率，需推动社会分工的发展，而对于商品的生产和销售来说，也有必要进行分工，以达到最高的效率。但是，当商品的生产和销售两大功能分开之后，如果没有一个高效的商品运输体系，那么这两大功能都不能够实现。商品运输是商品生产和商品销售之间不可缺少的联系纽带，只有通过它，才能真正地实现生产和销售的分离，促进社会分工的发展。

2. 短时间产品存放

从广义库存的概念讲，运输的过程本质上处于动态库存状态。下面从另一个角度理解运输的功能。

对产品进行临时存放是一个特殊的运输功能，这个功能在以往并没有被人们关注。将运输车辆临时作为相当昂贵的储存设施，这是因为转移中的产品需要储存，但在短时间内（1～3 天）又将重新转移，那么该产品在仓库卸下来和再装上车的成本可能高于存放在运输工具中支付的费用。

在仓库有限的时候，利用运输车辆存放也许是一种可行的选择。可以采取的一种方法是将产品装到运输车辆上，然后采用迂回或间接线路运往其目的地。对于迂回线路来说，转移时间将大于直接路线。当起始地或目的地仓库的储存能力受到限制时，这样做是合情合理的。

三、运输方式

基本运输方式是由铁路、公路、水路、航空和管道运输等多种主要运输方式组成的。

1. 铁路运输

铁路运输是指使用铁路列车运送货物（见图 8-1）。铁路运输主要承担长距离、大批量的货运，是在干线运输中起主力运输作用的运输方式。

图 8-1 铁路运输

铁路运输的优点是速度快，火车的运输速度一般在 100 千米/时，有的国家火车运速可达 250 千米/时，大大超过汽车和轮船的速度；运货量大，一列货车一般可拉 52 节车皮，货运量可达 3 000 吨左右，如采用重载列车，货运量可达 10 000～20 000 吨；安全性高；运输不受自然条件限制；长距离运输成本低，铁路货运成本，每吨公里仅为汽车运输平均成本的 1/5～1/20。主要缺点是只能在固定的线路上行驶，灵活性差，需要与其他运输方式配合，且近距离运输成本较高，不适合紧急运输的需要。

“十二五”期间，我国铁路营业里程达到 11.2 万千米，居世界第 2 位，其中设计时速 250 千米以上的高速铁路营业里程达到 1.6 万千米，遥遥领先其他国家，规模约占全球高铁里程的 60%。随着“四纵四横”国家高速铁路主骨架基本建成，高速铁路网络已经连接全国超过一半的人口规模 50 万人以上城市。中国铁路复线率 50.8%，电汽化里程 6.5 万千米，电化率 58.3%，铁路运输整体技术发展水平在全球处于前列，以高速铁路为核心的装备制造业和基础设施建筑行业已经成为我国参与全球合作的主导品牌。

2．公路运输

公路运输是指使用机动车辆（主要指汽车）在公路上进行货物运输的一种方式（见图 8-2）。公路运输主要承担近距离、小批量的货运，是其他运输方式不可缺少的衔接手段，并在铁路、水路难以到达的地区进行长途和大批量的运输。

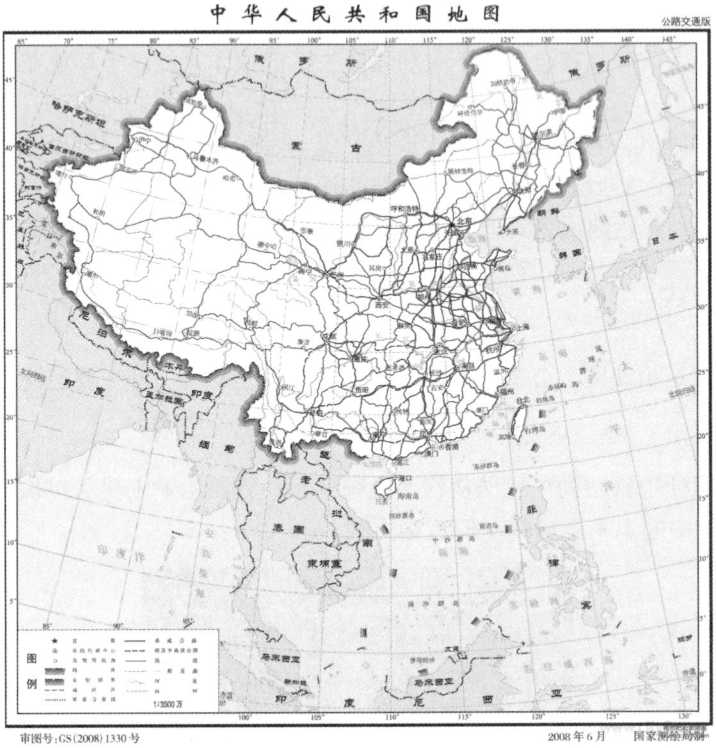

图 8-2　我国的公路运输网

公路运输的优点是适于近距离运输，灵活性强，可以进行“门到门”的连续运输，不需要转运和反复搬运装卸。主要缺点是运输单位小，不适合大批量运输，长距离运输运费较高。

我国在“十二五”末，高速公路已经建成超“一流”的网络，2014 年中国公路总里程 446.4 万千米，居世界第 2 位，建成高速公路总里程达到 11.2 万千米，居世界第 1 位，通过高速公路能够快速、便捷通达全国主要县市，城乡均等化的公路运输服务基本建立，全国通公路的乡（镇）占全国乡（镇）总数的 99.98%，通公路的建制村占全国建制村总数的 99.8%。

图 8-3　现代化集装箱港口

3．水路运输

水路运输是指使用船舶在内河或海洋运送货物的一种运输方式（见图 8-3）。水路运输主要承担大批量、长距离的运输，是在干线运输中起主力作用的运输方式。在内河与沿海，水运也常作为小型运输工具使用，担任补充及衔接大批量干线运输的任务。

水路运输的优点是成本低，适合于大批量、远距离的货物运输，一般万吨轮的载运量相当于 5～60 列火车，海上运输已有 50 万～60 万吨级的轮船。

主要缺点是运输的速度较慢，港口的装卸费用较高，航行受港口、水位、季节、气候影响较大，且运输的正确性和安全性较差。

我国“十二五”期间港口吞吐量连续多年稳居全球榜首，2014 年，在全球港口货物吞吐量前 10 大港口中，以宁波舟山港为首的中国港口占据 8 席，承担全球 10 大港口 81.5%的运量。2014 年，中国内河航道通航里程 12.63 万千米，其中，等级航道 6.54 万千米，占总里程的 51.8%，内河航道通航里程位居世界第 1 位。

小贴士

BDI

波罗的海干散货指数（Baltic Dry Index，BDI）是国际航运业的经济指标，它包含了航运业的干散货交易，是由几条主要航线的即期运费（Spot Rate）加权计算而成的，反映的是即期市场的行情。BDI 指数一向是散装原物料的运费指数，散装船运以运输钢材、纸浆、谷物、煤、矿砂、磷矿石、铝矾土等民生物资及工业原料为主。由于运费价格的高低会影响到指数的涨跌，因此散装航运业营运状况与全球经济景气荣枯、原物料行情高低息息相关（见图 8-4）。

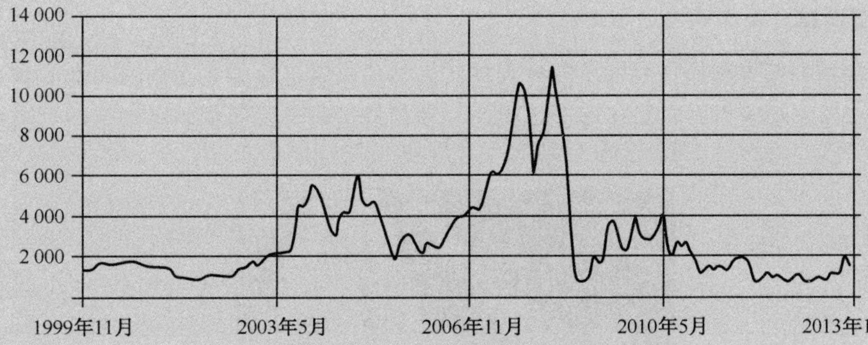

图 8-4　1999—2013 年 BDI 走势

4．航空运输

航空运输是指使用飞机或其他航空器进行运输的一种方式（见图 8-5）。由于其运输的单位成本很高，因此主要承担价值高或紧急需要的物资，如贵重设备的零部件、高档商品、救灾抢险物资等。

航空运输的优点是速度快，当前飞行速度已达每小时 1 000 千米左右，航程可达 10 000 多千米，不受地形限制，适合于运费负担能力大的少量货物的长距离运输。主要缺点是单位运输成本太高，且受自然条件影响大，重量受限制，不适合低价值货物和大批量运输。

“十二五”期间，中国民用航空运输旅客量达到 3.8 亿人次，居世界第 2 位，覆盖全国主要城市的航空机场节点和航空运输枢纽体系正在建立。截至 2014 年，中国拥有颁证运输机场 202 个，定期航班通航城市 198 个，旅客吞吐量 1 000 万人次以上的机场数量达到 24 个，北京首都机场旅客吞吐量连续 5 年稳居世界第二，上海浦东机场货邮吞吐量连续 7 年位居世界第 3，在全球机场客运吞吐量前 20 名机场中，美国有 6 个，中国有北京、香港、广州、上海浦东 4 个；全球民航业利润中与中国民航相关的比例高达 60%以上。

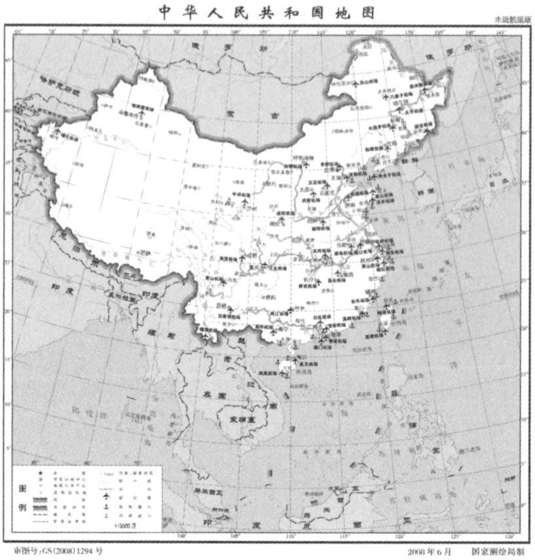

图 8-5　我国的航空运输网

5．管道运输

管道运输指利用管道输送气体、液体和粉状固体的一种运输方式（见图 8-6）。其运输方式是靠物体在管道内顺压力方向循环移动实现的，和其他运输方式的重要区别是，管道设备是静止不动的。

图 8-6　管道运输

管道运输的优点是由于采用密封设备，在运输过程中可避免货损、货差，也不存在其他运输设备在运输过程中消耗动力所形成的无效运输问题。另外，运输量大，适合于大量且连续不断运送的物资。主要缺点是管道设备固定，运输对象受限制，灵活性较差。

2008 年 2 月正式开工建设，2009 年年底西段投运，2011 年全线建成投运的西气东输二线工程，在与中亚天然气管道实现对接后，干线和支线总长度超过 1 万千米，将把来自土库曼斯坦的天然气输送到我国中西部地区、长三角和珠三角地区等用气市场，是我国又一条能源大动脉，是迄今世界上距离最长、等级最高的天然气输送管道。

“十二五”期间，我国覆盖全国的油气管网初步形成，东北、西北、西南和海上四大油气通道战略布局基本完成，我国油气供应保障能力明显提升。我国形成由西气东输一线和二线、陕京线、川气东送为骨架的横跨东西，纵贯南北，连通海外的全国性供气网络。“西气东输、海气登陆、就近外供”的供气格局已经形成，并形成较完善的区域性天然气管网。中哈、中俄、西部、石兰、惠银等原油管道构筑起区域性输油管网。以兰成渝、兰郑长等为代表的成品油管道，作为骨干输油管道，形成了“西油东送、北油南下”的格局。到2015年末，我国建成输油管道15万千米。

6. 联合运输

联合运输是指一次委托，由两家以上运输企业或用两种以上运输方式共同将某一批物品运送到目的地的运输方式。

（1）联合运输实行一票到底、单一费率的方式。联合运输是不同运输方式的综合组织，其全程运输均由联合运输经营人完成。联合运输经营人对全程负责。

（2）货物联合运输是由多个联合运输经营人与各种运输方式、各区段的实际承运人订立分运或分包合同来完成的，各区段承运人对自己承运区段的货物负责。

（3）在起运地接管货物，在最终目的地交付货物及全程运输中各区段的衔接工作，由联合运输经营人的分支机构或委托的代理人完成。这些代理人及承担各项业务的第三者对自己承担的业务负责。

采用联合运输的方式，不仅可以提供单一运输方式无法比拟的服务价格比，同时给托运人和承运人都带来了方便，它有利于发挥综合运输的优势，加速货位周转，提高运输效率，还可以建设以城市为中心，港口为枢纽的综合运输网络。

7. 集装箱运输

集装箱运输是指利用集装箱运输货物的方式。集装箱运输作为一种先进的运输方式，目前已成为国际货物运输中一种重要的运输方式。

与传统的货物运输相比，集装箱运输具有以下特点。

（1）以集装箱为单位进行货物的全程运输，可将集装箱从一种运输方式直接换装至另一种运输方式，而无须重新掏箱、装箱，极大地方便了运输、装船和卸港。在全程运输中，可以以集装箱为媒介，使用机械装卸、搬运，在无须接触或移动箱内货物的前提下实现货物的运输。

（2）货物可在发货人的工厂或仓库装箱，通过陆、海、空等多种运输方式，可以一直运送到收货人的工厂或仓库掏箱，实行“门到门”运输，并且效率高，货运质量在一定程度上得到了保证。

（3）容易实现联合运输。集装箱运输可以最快速度实现从一种运输工具转移到另一种运输工具，从而提高运输效率，降低运输成本。同时，集装箱的封号唯一，足以保证货物所有人的货物不会发生丢失、被窃的现象。

（4）集装箱运输具有抵抗风雨、避光等特点，可以最大限度地减少运输过程中造成的货损。

单元二　电子商务环境下的运输管理

一、运输方式的合理化选择

在商品运输中，发运地与到达地之间往往有多条运输路线，存在多种运输方式，可以使用多种运输工具。因此，运输方式的评价与选择是物流合理化的重要内容，这种选择不仅限于单一的运输方式，而且还包括通过复合运输方式的合理组合实现物流的合理化。

1．选择运输方式主要考虑的因素

选择运输方式主要考虑的因素包括货物的性质，运输时间，交货时间的适应性，运输成本，批量的适应性，运输的机动性和便利性，运输的安全性和准确性等。对于货主来说，运输的安全性和准确性，运输费用的低廉性，以及缩短运输总时间等因素是其关注的重点。对于批发商和零售商来说，要重视运输的安全性和准确性，以及运输总时间的缩短等运输服务方面的质量。

2．选择运输方式具体考虑的因素

具体说来，在选择运输方式时应具体考虑以下几个方面。

（1）考虑运输物品的性质。物品的形状，单件重量的容积，危险性，变质性等都成为选择运输方式的制约因素。

（2）考虑运输量。即一次运输的批量不同，所选择的运输方式也会不同。例如，原材料等大批量的货物运输适合于铁路运输或水运。

（3）考虑运输距离。货物运输距离的长短直接影响到运输方式的选择。例如，中短距离运输比较适合于汽车运输。

（4）考虑运输时间。货物运输时间长短与交货期有关，所以应该根据交货期来选择适合的运输方式。

（5）考虑运输费用。物品价格的高低关系到承担运费的能力，也是选择运输方式的重要考虑因素。

值得注意的是，虽然货物运输费用的高低是选择运输方式时需要重点考虑的因素之一，但在考虑运输费用时，不能仅从运输费用本身出发，而必须从物流总成本的角度联系物流的其他费用综合考虑。物流总成本中，除了运输费用外，还包括包装费、保管费、储存费、装卸费及保险费等。且运输费与物流的其他费用之间存在着相互作用的效益背反关系，因此，在选择最为适宜的运输方式时，应该保证物流总成本最低，而不是运输费用最低。

最后，在具体选择运输方式时，往往受到当时运输环境的制约，而且也没有一个固定的标准。必须根据运输货物的各种条件，通过综合判断来加以确定。

3．运输合理化

合理运输是指选择运距短、运力省、速度快、运费低的最佳运输方式组织的货物运输。由于运输是物流中最重要的功能要素之一，因此物流合理化在很大程度上依赖于运输合理化。合理运输只是个相对的概念，在运输工作中往往存在着一些不合理运输的表现。

（1）不合理运输。货物不合理运输是指在组织货物运输过程中，违反货物流通规律，不按经济区域和货物自然流向组织货物调运，忽视运输工具的充分利用和合理分工，装载量低，流转环节多，从而浪费运力和加大运输费用的现象。

货物运输不合理，势必导致货物运输出现迂回、倒流、过远、重复等不合理现象，造成货物在途中时间长、环节多、流转慢、损耗大、费用高，浪费运力和社会劳动力，从而影响生产和市场供应。

不合理运输主要有以下几种情况。

① 单程空驶，又称起程或返程空驶，是不合理运输的最严重形式。单程空驶指由于组织

货源计划不周，车辆调度不当，造成起程或返程空车无载货行驶，导致运力浪费。还有就是不能利用社会化的专业运输体系而采用自备车辆，但因本单位的货运有限，只好单程空驶。

② 对流运输，也称“相向运输”或“交错运输”，是指同一种货物或彼此间可以相互取代的货物，在同一线路上或平行的两条线路上进行相对方向的运送。对流运输包括两种类型：一种是明显的对流运输，即在同一路线上的对流运输（见图 8-7）；另一种是隐蔽的对流运输，即有时对流运输不明显，如不同时间的相向运输，从发生运输的那个时间看，并无出现对流，可能做出错误的判断。

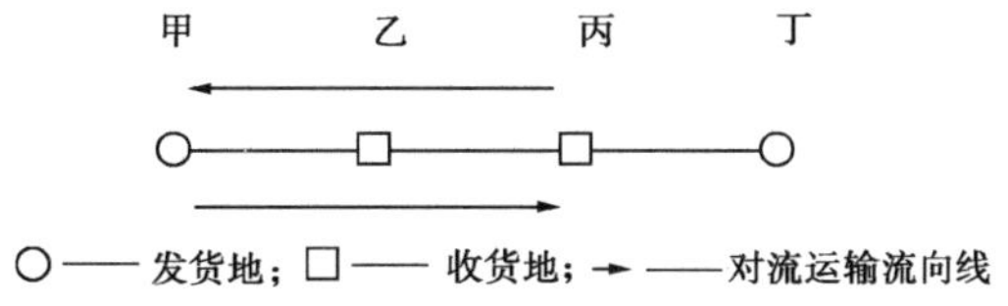

图 8-7　货物对流运输

③ 迂回运输，是舍近求远的一种运输。在可以选择短距离进行运输的前提下，却选择路程较长路线进行运输的一种不合理形式（见图 8-8）。迂回运输有一定的复杂性，不能一概而论，只有当计划不周、地理不熟、组织不当而发生的迂回才属于不合理运输。如果最短距离有交通阻塞，道路情况不好或其他特殊情况而不能使用时发生的迂回，不能称作不合理运输。

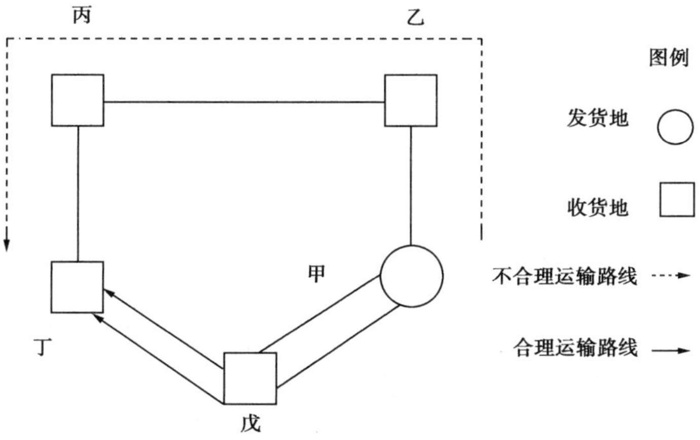

图 8-8　货物迂回运输

④ 重复运输。重复运输是指一种货物本可直达目的地，但由于批发机构或商业仓库设置不当，或计划不周而在中途停卸重复装运的不合理运输现象（见图 8-9）。重复运输一般虽未延长里程，但增加中间装卸环节，延长货物在途时间，增加装卸搬运费用，而且降低车船使用效率，影响其他货物运输。

⑤ 倒流运输。倒流运输是指货物从销售地或中转地向产地或起运地回流的一种运输现象，其不合理程度要低于对流运输。往返两程的运输都是不必要的，会形成双程浪费（见图 8-10）。倒流运输也可以看作隐蔽对流的一种特殊形式。

⑥ 过远运输。过远运输是指舍近求远的货物运输现象，即销地完全有可能由距离较近的供应地购进所需要的相同质量的物美价廉的货物，却超出货物合理流向的范围，从远距离的地区运进来；或生产同一种货物的两个生产地，没有就近供应邻近的消费地，却调给较远的其他消费地（见图 8-11）。

⑦ 运力选择不当。未选择各种运输工具优势而不正确地利用运输工具造成的不合理现象。

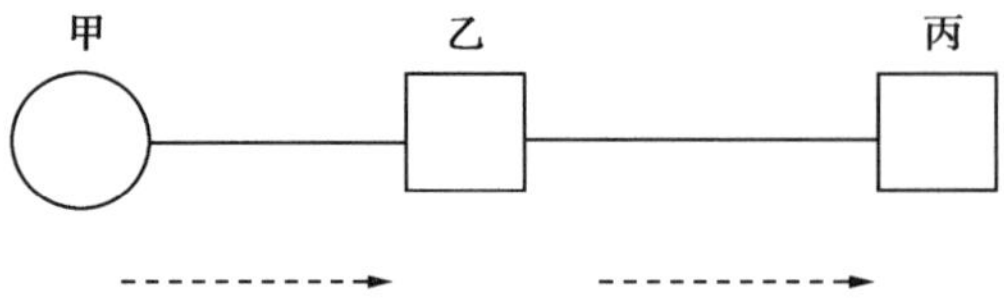

图 8-9 货物重复运输示意图

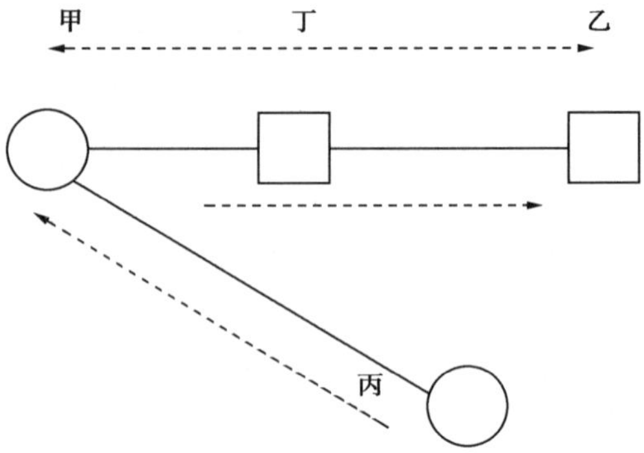

图 8-10 货物倒流运输示意图

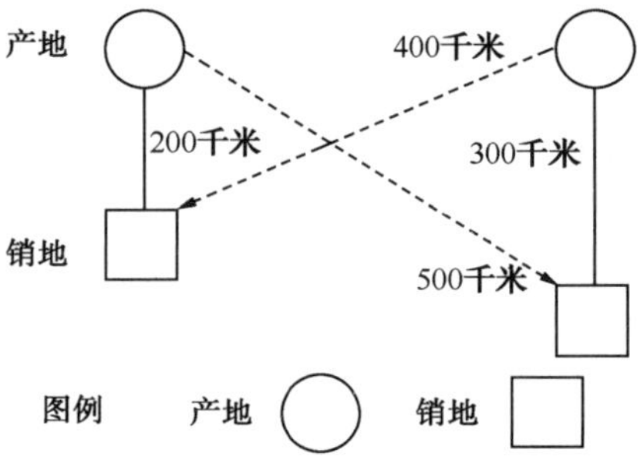

图 8-11 货物过远运输

（2）运输合理化。运输合理化就是按照货物流通的规律，用最少的劳动消耗，达到最大的经济效益，来组织货物调运，见表 8-2。

表 8-2 运输企业评估表

评估因素	重要程度	承运绩效	等级判定
运输成本	1	1	1
中转时间长度	3	2	6
可靠性	1	2	2
运输能力	2	2	4
可达性	2	2	4
安全性	2	3	6

注：（1）等级判定＝重要程度×承运绩效。

（2）重要程度：1 为高度重视；2 为适中；3 为较低。

（3）承运绩效：1 为好；2 为一般；3 为较差。

二、运输合理化的途径

运输合理化的途径有以下几个方面。

1．提高运输工具实载率

实载率有两个含义：一是单车实际载重与运距之乘积和标定载重与行驶里程之乘积的比

率，这是在安排单车、单船运输时，作为判断装载合理与否的重要指标；二是车船的统计指标，即一定时期内车船实际完成的货物周转量占车船载重吨位与行驶距离之乘积的百分比。在计算时，车船行驶的千米数不仅包括载货行驶，也包括空驶。

提高实载率的意义在于充分利用运输工具的额定能力，减少车船空驶和不满载行驶的时间，减少浪费，从而求得运输的合理化。

当前，国内外开展的“配送”形式，其优势之一就是将多家需要的货和一家需要的多种货实行配装，以达到容积和载重的充分合理运用，比起以往自家提货或一家送货车辆大都空驶的状况，这是运输合理化的一个进展。在铁路运输中，采用整车运输、装整车、整车分卸及整车零卸等具体措施，都是提高实载率的有效措施。

2．采取减少动力投入、增加运输能力的有效措施求得合理化

设施的建设，在设施建设已定型和完成的情况下，尽量减少能源投入，是少投入的核心。做到了这一点就能大大节约运费，降低单位货物的运输成本，达到合理化的目的。

3．发展社会化的运输体系

运输社会化的含义是发展运输的大生产优势，实行专业分工，打破一家一户自成体系的状况。

一家一户的运输小生产，车辆自有，自我服务，不能形成规模，且一家一户运量需求有限，难以自我调剂，因而经常容易出现空驶，运力选择不当（因为运输工具有限，选择范围太窄），不能满载等浪费现象，且配套的接、发货设施和装卸搬运设施也很难有效地运行，所以浪费颇大。实行运输社会化，可以统一安排运输工具，避免对流、倒流、空驶、运力不当等多种不合理形式发生，不仅可以追求组织效益，而且可以追求规模效益，所以发展社会化的运输体系是运输合理化非常重要的措施。

当前火车运输的社会化运输体系已经比较完善，而在公路运输中，小生产方式非常普遍，是建立社会化运输体系的重点。

社会化运输体系中，各种联运体系是其中水平较高的方式。联运方式充分利用面向社会的各种运输体系，通过协议进行一票到底的运输，有效地打破了一家一户的小生产，受到了欢迎。

我国在利用联运这种社会化运输体系时，创造了“一条龙”货运方式。对产、销量都较稳定的产品，实现通过与铁路、交通等社会运输部门签订协议，规定专门收、到站，专门航线及运输路线，专门船舶和泊位等，有效保证了许多工业产品的稳定运输，取得了很大的成绩。

4．发展中短距离铁路、公路分流（“以公代铁”的运输）

这一途径的要点是在公路运输经济里程范围内，或者经过论证，超出通常平均经济里程范围，也尽量利用公路。这种运输合理化的表现主要有两点：一是对于比较紧张的铁路运输，用公路分流后，可以得到一定程度的缓解，从而加大这一区段的运输通过能力；二是充分利用公路从门到门和在中途运输中速度快且灵活机动的优势，实现铁路运输服务难以达到的水平。

目前，我国“以公代铁”在杂货、日用百货运输及煤炭运输中较为普遍，一般在 200 千米以内，有时可达 700～1 000 千米。

5．尽量发展直达运输

直达运输是追求运输合理化的重要形式，其对合理化的追求要点是通过减少中转换载，从

而提高运输速度，省却装卸费用，降低中转货损。直达的优势，尤其是在一次运输批量和用户一次需求量达到了一整车时表现最为突出。此外，在生产资料、生活资料运输通过直达，建立稳定的产销关系和运输系统，也有利于提高运输的计划水平，考虑用最有效的技术来实现这种稳定运输，从而大大提高运输效率。

6．配载运输

配载运输是充分利用运输工具载重量和容积，合理安排装载的货物及载运方法以求合理化的一种运输方式。配载运输也是提高运输工具实载率的一种有效形式。

配载运输往往是轻重商品的混合配载，在以重质货物运输为主的情况下，同时搭载一些轻泡货物。例如，海运矿石、黄沙等重质货物，在舱面捎运木材、毛竹等；铁路运矿石、钢材等重物，上面搭运轻泡农、副产品等。在基本不增加运力投入，不减少重质货物运输情况下，解决了轻泡货物的搭运，因而效果显著。

7．“四就”直拨运输

“四就”直拨运输是减少中转运输环节，力求以最少的中转次数完成运输任务的一种形式。一般批量到站或到港的货物，首先要进分配部门或批发部门的仓库，然后再按程序分拨或销售给用户。这样一来，往往出现不合理运输。“四就”直拨，首先是由管理机构预先筹划，然后就厂、就站（码头）、就库或就车（船）将货物分送给用户，而无须再入库了。

8．发展特殊运输技术和运输工具

依靠科技进步是运输合理化的重要途径。例如，专用散装及罐车，解决了粉状、液状物运输损耗大、安全性差等问题；袋鼠式车皮、大型半挂车解决了大型设备整体运输问题；“滚装船”解决了车载货的运输问题，集装箱船比一般船能容纳更多的箱体，集装箱高速直达车船加快了运输速度等，都是通过采用先进的科学技术实现合理化。

9．通过流通加工，使运输合理化

有不少产品，由于其本身形态特殊，很难实现运输的合理化，如果进行适当加工，就能够有效解决合理运输问题。例如，将造纸材料在产地预先加工成干纸浆，然后压缩体积运输，就能解决造纸材料运输不满载的问题；轻泡产品预先捆紧包装成规定尺寸，装车就容易提高装载量；水产品及肉类预先冷冻，就可提高车辆装载率并降低运输损耗。

10．利用综合运输体系与多式联运

综合运输体系是由各种运输方式组建起来的，相互协作有机结合的，联系贯通的交通运输体系。基本内容大致包括各种运输方式的分工，综合运输网络的布局，综合运输枢纽的配置，集疏运系统和换装设施的作业，联合运输的组织及综合运输管理系统的建立等。

其中，综合运输网络是在一定空间范围内，由铁路、公路、水路、航空和管道线路及各种运输方式的枢纽节点等所组成的综合体。综合运输网络的合理布局必须充分利用运输节点的作用。

运输节点是指物流系统网络中，连接物流线路的节点。在现代物流网络中，节点对优化整个物流网络起着重要作用，并且更多地执行指挥调度和信息管理等中枢职能。例如，运输转运型节点，是处于运输路上的节点，是物品的集散地，是各种运输工具的衔接点，是办理运输业务和运输工具作业的场所，也是运输工具保养和维修基地。

充分利用运输节点的职能，合理布局综合运输网络，实现综合运输体系与多式联运，应是合理化运输的最高层次。

三、基于互联网的运输管理

基于互联网（Internet）的运输管理与传统运输管理的不同之处主要体现在通信方式上。传统的运输管理主要是指在通信不发达条件下的运输管理，其信息沟通主要依靠电话进行；而基于互联网的运输管理主要是指现代的运输管理，其信息沟通更多的是依靠互联网网络和无线通信网络。

基于互联网的运输管理可以充分利用互联网网络和无线通信网络，从而有效地将运输过程中的各种信息集成起来，为实施集成化控制与调度，以及为公司的日常管理和领导决策提供必要的支持。基于互联网的运输管理的各个通信实体为物流承运公司、托运人、收货人、运送人员、运输工具，其管理过程如下。

（1）物流承运公司一般把宽带线路连接到互联网骨干网中，通过路由器与自己的内部网相连，再由内部网内主机或服务器为其内部各部门提供存取服务。物流承运公司一方面通过内部的运输管理信息系统向网站发布货物、托运人、受货人、运送人、运输工具等信息，另一方面收集运送人和运输工具传回的运输工具状态、货物状态、运送位置、收受情况等信息，经内部信息系统处理后，在网站上发布。

（2）托运人、受货人可以采用宽带或拨号方式连接到互联网中，通过访问物流承运公司的网站，并根据物流承运公司提供的货单编号，查询和获取货物的当前信息。

（3）运送人一般采用无线拨号上网的方式连接到互联网中，通过访问物流承运公司的网站，向公司内部信息系统回送运输过程信息。

在运输工具上加装 GPS（卫星定位系统）和 GSM/GPRS、CDMAlX 设备。其中，GPS 设备用于确定和获取运输工具的当前地理位置，而 GSML/GPRS、CDMAlX 设备用于将运输工具的地理位置信息传送到物流承运公司的运输管理信息系统中。这样，物流承运公司便可以随时监控和调度整个运输过程。

基于互联网的运输管理系统可以最大限度地实现运输信息的快速整合，从而有效降低空驶率，实现运输过程的有效监控和调度并极大地提升服务水平，这是运输管理的发展方向。

小贴士

智能交通系统

智能交通系统（Intelligent Transport System，ITS）将先进的信息技术、数据通信传输技术、电子传感技术、电子控制技术及计算机处理技术等有效地集成运用于整个交通运输管理体系，而建立起的一种在大范围内，全方位发挥作用的，实时、准确、高效的综合运输和管理系统。

ITS 是未来交通系统的发展方向。ITS 可以有效地利用现有交通设施，减少交通负荷和环境污染，保证交通安全，提高运输效率，因而日益受到各国的重视。21 世纪将是公路交通智能化的世纪，人们将要采用的智能交通系统，是一种先进的一体化交通综合管理系统。

单元三　电子商务配送与配送中心

一、电子商务配送概述

1．电子商务物流配送含义

根据国家标准《物流术语》（修改版）（GB/T 18354—2006），配送是指在经济合理区域范围内，根据客户要求，对物品进行拣选、加工、包装、分割、组配等作业，并按时送达指定地点的物流活动。而电子商务物流配送是利用现代通信技术和计算机技术所进行的配送活动，或者是把现代信息技术应用于配送活动中。具体来讲，就是指配送企业采用网络化的计算机技术和现代化的硬件设备、软件系统及先进的管理手段，针对社会需求，严格地、守信用地按用户的订货要求，进行一系列分类、编配、整理、分工、配货等理货工作，定时、定点、定量地交给没有范围限度的各类用户，满足其对商品的需求（见图 8-12）。

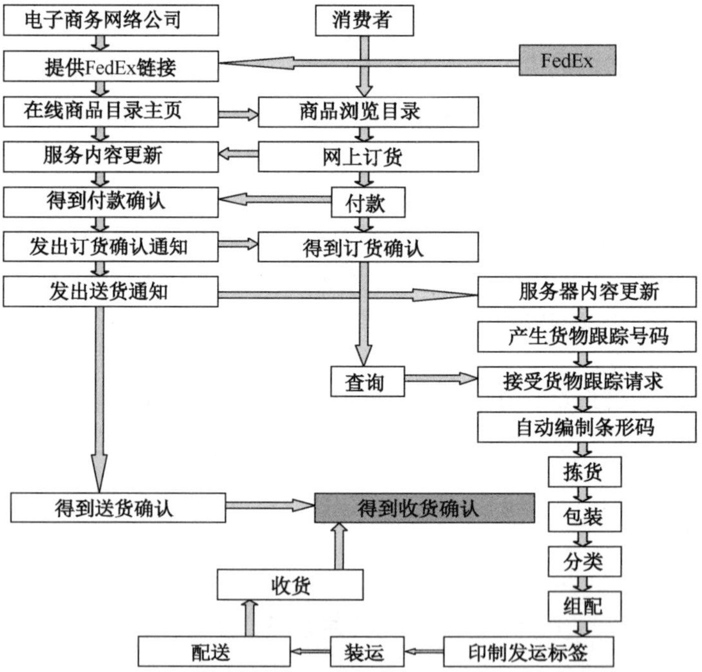

图 8-12　FedEx 的电子商务物流配送

2．电子商务配送的特点

与传统配送相比较，电子商务配送体现出以下几个方面的特点。

（1）虚拟性。虚拟性是指在信息网络构筑的虚拟空间中进行的配送活动（配送的虚拟性源于网络所具有的虚拟性），它通过对配送活动的现实虚拟，生成各种虚拟的环境，作用于人的视觉、听觉等，人们不仅可以看到配送活动的图像，而且可以进行配送的操作演示，产生身临其境的感觉。虚拟现实（Virtual Reality，VR）系统的应用有四个作用：一是企业可建立配送中心的订货虚拟系统，以科学合理地确定订购品种和规模；二是企业可建立库存信息系统，虚拟地反映和确定库存品种和规模，规划库存的利用效率；三是可建立虚拟配货装配系统，以科学合理的配货与装配的人力分布装卸和设备分配，选择合理的运输工具；四是可建立虚拟的送货系统，科学合理地确定运输线路、时间等。

此外，电子商务的虚拟性可使企业有效地对配送活动进行实时监控，保证配送环节的合理衔接，提高配送效率。

（2）高效性。利用虚拟性的特点，可使企业根据现实状况建立一套完整有效的自动信息系统，将一些程序化的活动通过自动信息传递系统来实现。企业可根据用户的需求情况，通过自动信息传递系统，调整库存数量和结构，调节订货数量和结构，进而调整配送作业活动，而对于一些非程序的活动，可通过自动信息传递系统，进行提示或预报，进行调节配送，提高信息的传输效率和配送的事项。

虚拟性的特点也可使企业建立一套有效的计算机辅助决策系统，将一些程序化的活动通过计算机辅助决策系统来完成，提高决策效率。

此外，电子商务也可迅速有效地完成信息的交流、单证的传输，以及配送过程中的支付事项。

（3）低成本性。电子商务不仅使配送双方节约了成本，而且也降低了整个社会的配送成本。

（4）个性化。电子商务配送能根据用户的不同需求，提供一对一的配送服务，更好地满足不同用户的配送需求。个性化服务在配送中的应用、推广和发展开创了配送服务的新时代，它不仅使普通的大宗配送业务得到发展，而且能够适应用户需求多样化的发展趋势和潮流。

个性化服务的实现主要是通过共同筛选技术和神经网络匹配技术来进行的。共同筛选技术可以把用户需求配送习惯，喜好的配送方式等与其他用户需求配送习惯，喜好的配送方式等加以比较，以确立用户下一次对配送的具体要求。神经网络匹配技术通过模仿人的大脑程序，识别复杂数据中的隐含模式，使提供配送服务者能够迅速地与其每位用户通信和交流，从而满足用户提供的特殊配送要求。

3．电子商务物流配送的作用

与传统的配送相比较，电子商务物流配送有以下几个方面的意义和作用。

（1）对于配送企业的意义和作用。对于配送企业来说，电子商务配送的意义和作用主要表现在以下几点。

① 电子商务配送将会大幅度地提高配送企业的配送效率。首先，配送企业通过电子商务技术等在配送中的应用，可以提高单证的传递效率，如EDI系统的建立和完善。其次，计算机辅助决策系统的建立和完善，可以提高配送决策的效率和准确性。最后，计算机网络与其他自动化装置操作控制系统的建立可提高各作业环节的效率，如无人搬运与自动分拣系统等。通信与计算机系统的建立和完善，可以使配送企业有效地对配送活动进行实时监控，促进配送作业环节的合理衔接，减少失误，更好地完成配送职能。

② 电子商务配送将大幅度地提高货物供应的保证程度，降低用户因缺货而产生的风险，提高配送企业的客户满意度。

③ 电子商务配送将大幅度地提高配送企业的经济效益。一方面，货物供应保证程度和客户满意度的提高，将会提高配送企业的信誉和形象，吸引更好的客户；另一方面，将会使企业更科学合理地选择配送的方式及配送线路，保持较低的库存水平，降低成本。

④ 电子商务配送有利于提高配送企业的管理水平。

（2）对于用户的意义和作用。对于用户来说，电子商务配送的意义和作用主要表现在以下几点。

① 对于需求方用户来说，电子商务配送可降低这些用户的库存（甚至可实现这些企业的零库存），减少用户的库存资金，改善用户的财务状况，实现用户经营成本的降低。

② 对于供应方用户来说，如果供应方实施自身配送模式，电子商务配送可提高其配送效率，降低配送成本；如果供应方采取委托配送模式，可节约在配送系统方面的投资和人力资源，提高资金的使用效率，降低成本开支。

（3）对于物流系统的意义和作用。对于物流系统来说，电子商务配送的意义和作用主要表现在以下几点。

① 完善了整体物流系统。

② 强化了整体物流的功能。

③ 提高了整体物流的效率。

相关链接

本来便利：O2O 或许是生鲜电商末端配送最佳解决方案

2016 年春节前，各大电商集中进行年货促销，生鲜食品成为热销品类之一。因此，生鲜电商的发展再次成为人们关注的焦点。本来生活网作为较早诞生的垂直生鲜电商，在冷链物流与“最后一公里”方面进行了积极探索。

“去年我们的成交额超过 10 亿元，同比增长 3 倍多”。本来生活网副总裁、本来便利负责人戴山辉在接受本报记者采访时表示，经过 3 年多的摸索，本来生活基本上摸索出了一条符合自己业务特点的 B2C 生鲜电商物流模式。近期，其又开始尝试生鲜 O2O，以增强自身服务能力。

B2C 自建冷链确保全程温控

“运营 3 年多以来，我们的库存量（SKU）达到 5 000 多个，其中生鲜品类大约占 10%，销量大约占 60%”。戴山辉说，本来生活在商品标准化、仓储方式、冷链物流体系架构、自建安全检测等方面，积累了不少经验。目前，本来生活在 22 个城市实现了生鲜配送“次日达”，常温产品则在 160 多个城市实现了“次日达”。

据悉，除少数区域外，本来生活 B2C 业务的绝大部分配送由微特派完成。微特派是本来生活网母公司本来集团控股的一家物流公司，该公司成立于 2011 年，总投资上亿元，其最初定位就是服务电商的同城配送。戴山辉表示，生鲜 B2C 业务要经过 6 ~ 12 小时的中转，必须全程冷链。由于当时没有满足需求的第三方冷链配送企业，所以本来生活就与兄弟公司微特派达成合作。现在看来，合作的成效很好。

本来生活 B2C 业务的配送模式与传统电商类似，只不过配送过程为全程冷链。依托北京、上海、广州三个城市自建的 3 万～4 万多平方米的冷冻库、冷藏库和常温库，以及微特派的末端冷链配送网络，本来生活的全程冷链才得以实现。目前，微特派已经覆盖北京、广东、上海、天津、湖北等地。

“实际上，我们在冷链物流配送方面跌了不少跟头，也交了很多学费”。戴山辉说，苹果、梨等产品在常温环境中保存时间较长，配送难度相对较小，但草莓、香蕉、猕猴桃、芒果等保存难度极大，出库时要掌握好成熟度。成熟度过高，容易腐烂；成熟度不够，口感太差。“前期，有些消费者不满意，造成大量退换货。在付出巨大的成本后，我们慢慢了解了各种水果的特性及配送中应该注意的问题。目前，客户的投诉率不到1%”。

此外，生鲜产品还有保温的问题。这类产品最佳的保存温度为 0～4 摄氏度，而北方冬季气温能够低至零下 10 摄氏度以下，如果物流时间过长，极易冻损。“我们研发了专业的保温材料，成本相对较高。总体来说，生鲜物流成本约是普通物流的两倍。”

O2O 微仓模式确保“1 小时达”

在深耕生鲜电商三年后，2015 年 5 月，本来生活进军生鲜 O2O，其品牌为本来便利。“从成立之初的每天不足上千单，到现在每天几千单，高峰期突破上万单，我们还在不断摸索”。戴山辉说，目前本来便利主要有两种模式，一种是与便利店合作，另一种是自建微仓。“两种模式的店面数量共有 1 000 家左右，已经覆盖北京、上海、广州和深圳”。

在北京、广州和深圳，本来便利主要与便利店合作，便利店须具备一定的仓储能力和配送能力。本来便利向便利店供货，消费者下单之后，便利店进行配送，便利店可赚取 15%～20%的商品毛利。初期，在北京，为了鼓励便利店，当客单价满 30 元时，本来便利对商家补贴 5 元/单的运费。“随着单量的上升，补贴额度会逐渐降低，因为我们的主要目的是提高商家的销售额”。

本来便利在上海的模式是自建微仓，即在各个区域建立小型仓库。仓库或为小型冷库、或为较大的冷藏箱，以确保产品品质。消费者下单后，指尖快递、达达配送等合作企业将完成末端配送。“两种模式的覆盖范围均为 2～3 千米，基本能在 1 小时以内送达。与传统 B2C 配送相比，O2O 的最大优势是突破了冷链物流配送的难点。”戴山辉说，B2C 业务往往需要 6～12 小时才能配送，冷链控制就成为难题。而在 O2O 模式下，仓库建在距离消费者最近的地方，配送时间与消费者去大卖场或者超市的时间相近，因此冷链要求不高。“这或许是生鲜电商末端配送的最佳解决方案。”

与 B2C 业务不同，戴山辉认为，随着移动互联网的发展，消费者的需求日益多样化，即时、碎片化和场景化的需求在增多，而生鲜 O2O 能快速响应消费者的即时、碎片化和场景化的需求。但 O2O 模式需要给消费者“画像”。B2C 面对的是全国消费者，SKU 与业务量密切相关。但 O2O 模式下，便利店或微仓的 SKU 有限，就需要根据不同地区的消费需求安排产品供给。例如，商务区的主要消费者是女性白领，批量多、客单价较低、主要需求为水果；而生活区的消费者要求产品品类多、库存大。此外，每个城市消费者的需求也各不相同。“这要为消费者‘画像’，对需求数量、品类进行计算，并及时调整供应链。”

——资料来源：中国邮政快递报 2016-02-29

二、电子商务物流配送管理的目标

作为物流配送管理总体目标可以简单地概括为七个“恰当（Right，R）”，即在恰当的时间、地点和恰当的条件下，将恰当的产品以恰当的成本和方式提供给恰当的消费者。要达到七个恰当（7R），提高配送的服务质量和客户的满意度，降低配送成本，在实际的配送作业过程中，还要树立以下几个方面的配送目标。

1. 快捷响应

能否正确地交付客户所需要的货物是提高配送服务质量和客户满意度的一个重要因素。如果能够快速地将客户所需要的货物送达客户所指定的目的地，那么客户就没有必要保持较大的存货，而使其存货成本降低。因此，产生的费用就会得到降低，配送的服务质量和客户的满意度就会得到较大的提高。而要实现这个目标，企业就需要建立适合自身和客户的快速响应系统，进行配送的柔性化作业，提高自身的快速响应能力，这不仅取决于企业自身所拥有的硬件配送设施，而且也取决于企业自身所拥有的管理组织等软件因素。目前，信息技术的发展有效地提高了企业在短时间内完成配送作业和尽快交付所需存货的能力，降低了在传统配送作业过程中为实现这一目标而过度存货的问题。作为企业快速响应能力提高的重点，应以强化管理组织能力和应用先进的信息技术为核心。

2. 最低库存

在配送作业过程中，保持一个最低的库存数量，是降低配送成本、节约配送费用的一个重要方面。电子商务技术的发展和应用使企业能够有效地根据用户需求，科学合理地确定订货，并通过数码仓库的建立，实现对库存的实时控制。值得注意的是，实现最低库存的目标，是要把存货配置减少到与客户服务描写相一致的水平上，寻找出两者之间达到均衡的一个最优点。

3. 整合运输

运输成本是最重要的配送成本之一。运输成本与产品的种类、装运的规模及距离的远近直接相关。许多有增值特征的配送服务大都依赖高速度、小批量装运的运输，是典型的高成本运输。要降低配送的成本，就必须降低运输成本，这就需要实现对运输实行整合。在电子商务的情况下，企业可充分利用计算机技术、规划技术等，对运输进行虚拟的整合，选择出最佳的运输方式，保证运输作业的低成本。同时，电子商务在配送运输中的应用，还可以有效地降低设计成本，提高设计效率。

三、配送中心概念

根据国家标准《物流术语》（GB/T 18354—2006），配送中心（Distribution Center）是指从事配送业务且具有完善信息网络的场所或组织，应基本符合下列要求（见图 8-13）：

（1）主要为特定的客户或末端客户提供服务；

（2）配送功能健全；

（3）辐射范围小；

（4）多品种、小批量、多批次、短周期。

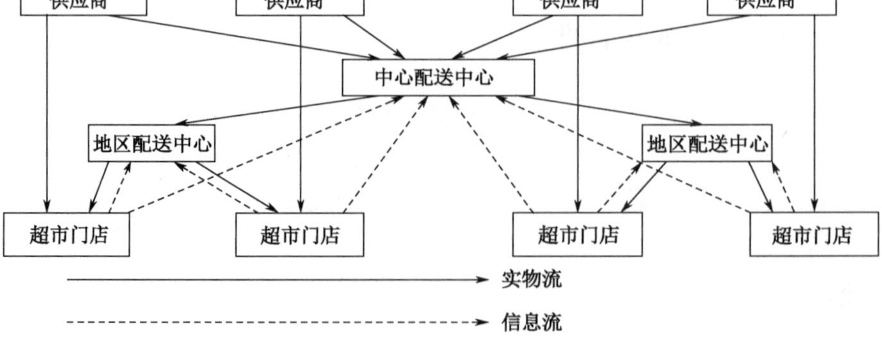

图 8-13　配送中心

四、配送中心的类型

对配送中心的适当划分，是深化及细化认识配送中心的必然，从理论上和配送中心的作用上，可以有许多理想的分类，这里仅就已在实际运转中的配送中心常用类别概述如下。

1．按配送中心的配送对象分类

（1）专业配送中心。专业配送中心大体上有两个含义。一是配送对象、配送技术属于某一专业范畴，在某一专业范畴有一定的综合性，综合这一专业的多种物资进行配送，如多数制造业的销售配送中心，我国目前在石家庄、上海等地建的配送中心大多采用这一形式。二是以配送为专业化职能，基本不从事经营的服务型配送中心，如《国外物资管理》杂志介绍的“蒙克斯帕配送中心”。

（2）柔性配送中心。柔性配送中心是在某种程度上和专业配送中心对立的配送中心，这种配送中心不向固定化、专业化方向发展，而向能随时变化，对用户要求有很强适应性，不固定供需关系，不断向发展配送用户和改变配送用户的方向发展。

2．按配送中心的经济功能分类

（1）供应型配送中心。供应型配送中心是专门为某个或某些用户（如联营商店、联合公司）组织供应的配送中心。例如，为大型连锁超级市场组织供应的配送中心；代替零件加工厂送货的零件配送中心，使零件加工厂对装配厂的供应合理化；我国上海地区六家造船厂的配送钢板中心，也属于供应型配送中心。

（2）销售型配送中心。销售型配送中心是以销售经营为目的，以配送为手段的配送中心。销售配送中心大体有三种类型：第一种是生产企业为本身产品直接销售给消费者的配送中心，在国外，这种类型的配送中心很多；第二种是流通企业作为本身经营的一种方式，建立配送中心以扩大销售，我国目前拟建的配送中心大多属于这种类型，国外的例证也很多；第三种是流通企业和生产企业联合的协作性配送中心。

比较起来看，国外和国内的发展趋向都向以销售配送中心为主的方向发展。

（3）储存型配送中心。储存型配送中心指有很强储存功能的配送中心。一般来讲，在买方市场下，企业成品销售需要有较大的库存支持，其配送中心可能有较强储存功能；在卖方市场下，企业原材料，零部件供应需要有较大库存支持，这种供应配送中心也有较强的储存功能。大范围配送的配送中心，需要有较大库存，也可能是储存型配送中心。

我国目前拟建的配送中心都采用集中库存形式，库存量较大，多为储存型。瑞士GIBA-GEIGY 公司的配送中心拥有世界上规模居于前列的储存库，可储存 40 000 个托盘。美国赫马克配送中心拥有一个有 163 000 个货位的储存区，可见存储能力之大。

（4）流通型配送中心。流通型配送中心基本上没有长期储存功能，是仅以暂存或随进随出方式进行配货、送货的配送中心。这种配送中心的典型方式是，大量货物整进并按一定批量零出，采用大型分货机，进货时直接进入分货机传送带，分送到各用户货位或直接分送到配送汽车上，货物在配送中心里仅做少许停滞。例如，阪神配送中心内只有暂存，大量储存则依靠一个大型补给仓库。

（5）加工型配送中心。配送中心具有加工职能，但是加工配送中心的实例目前并不多见。例如，我国上海市和其他城市已开展的配煤配送，配送点中进行了配煤加工，上海六家船厂联建的船板处理配送中心，原物资部北京剪板厂都属于这一类型的中心。

3．按配送中心的辐射范围分类

（1）城市配送中心。以城市范围为配送范围的配送中心，由于城市范围一般处于汽车运输的经济里程，这种配送中心可直接配送到最终用户，且采用汽车进行，因此这种配送中心往往和零售经营相结合。由于运距短，反应能力强，因此从事多品种、少批量、多用户的配送较有优势。《物流手册》中介绍的“仙台批发商共同配送中心”便属于这种类型。我国已建的“北京食品配送中心”也属于这种类型。

（2）区域配送中心。区域配送中心指以较强的辐射能力和库存准备，向省（州）际、全国乃至国际范围的用户配送的配送中心。这种配送中心配送规模较大，一般而言，用户较大，配送批量也较大，而且，往往既配送给下一级的城市配送中心，也配送给营业所、商店、批发商和企业用户，虽然也从事零星的配送，但不是主体形式。这种类型的配送中心在国外十分普遍，《国外物资管理》杂志曾介绍过的阪神配送中心、美国马特公司的配送中心、蒙克斯帕配送中心等就属于这种类型。

五、配送中心的地位和作用

配送中心是连接生产与生产、生产与消费的流通场所或组织，在现代物流活动中的地位和作用是十分明显的，可以归纳为以下几个方面。

1．使供货适应市场需求变化

配送中心不是以储存为目的的，然而，配送中心保持一定的库存起到了蓄水池的作用。各种商品的市场需求在时间、季节、需求量上都存在大量随机性，而现代化生产、加工无法完全在工厂、车间来满足和适应这种情况，必须依靠配送中心来调节、适应生产与消费之间的矛盾与变化。例如，国庆节、春节等节假日的销售量比平日成倍增加，配送中心的库存对确保销售起到了有力的支撑。

2．实现储运的经济高效

从工厂企业到销售市场之间需要复杂的储运环节，要依靠多种交通、运输、库存手段才能满足，传统的以产品或部门为单位的储运体系明显存在不经济和低效率的问题。因此，建立区域、城市的配送中心，既能批量进发货物，又能组织成组、成批、成列直达运输和集中储运，从而提高了流通社会化水平，实现了规模经济所带来的规模效益。例如，超市公司通过电子订货系统，把几百家门店的零星要货汇总，由供应商集中送到配送中心，并在那里集中配送到门店，可以实现储运的经济高效。

3．实现物流的系统化和专业化

当今世界没有哪家企业不关注成本控制、经营效率、顾客服务，而这一切的基础建立在一个高效率的物流系统上。配送中心在物流系统中占有重要地位，因为配送中心能提供专业化的保管、包装、加工、配送、信息等系统服务。由于现代物流活动中物质的物理、化学性质的复杂多样化，交通运输的多方式、长距离、长时间、多起点和多终点，地理与气候的多样性，对保管、包装、加工、配送、信息提出了很高的要求，因此只有建立配送中心，才有可能提供更加专业化、系统化的服务。

4. 促进地区经济的快速增长

在我国市场经济体系中，物流配送如同人体的血管，把国民经济各个部分紧密地联系在一起。配送中心同交通运输设施一样，是连接国民经济各地区，沟通生产与消费、供给与需求的桥梁和纽带，是经济发展的保障，是拉动经济增长的内部因素，也是吸引投资的环境条件之一。配送中心的建设可以从多方面带动经济的健康发展。

5. 完善连锁经营体系

配送中心可以帮助连锁店实现配送作业的经济规模，使流通费用降低，减少分店库存，加快商品周转，促进业务的发展和扩散。批发仓库通常需要零售商亲自上门采购，而配送中心解除了分店的后顾之忧，使其专心于店铺销售额和利润的增长，不断开发外部市场，拓展业务。例如，在连锁商业中，配送中心以集中库存的形式取代以往一家一户的库存结构方式，这种集中库存比传统的“前店后库”大大降低了库存总量。又如，配送中心的流通加工可减轻门店的工作量；拆零作业有利于商场丰富陈列样品，以增加销售商品的品种数。此外，还加强了连锁店与供货方的关系。

六、配送中心的功能

从配送中心的形成和发展历程来看，配送中心基本上都是在仓储、批发等企业基础上建设发展起来的，所以配送中心具有存储、集散等传统的功能，而且在物流现代化的进程中，不断地强化拣货、加工、配送、信息等功能。因此，配送中心是一种多功能、集约化的物流据点。作为现代物流方式和优化销售体制手段的配送中心，它把收货验货、储存保管、装卸搬运、拣选、分拣、流通加工、配送、结算和信息处理，甚至包括订货等作业，有机地结合起来，形成多功能、集约化和全方位服务的供货枢纽。通过发挥配送中心的各项功能，大大压缩整个连锁企业的库存费用，降低整个系统的物流成本，提高连锁企业的服务水平。

作为一个多功能、集约化的配送中心通常应具备以下功能。

1. 商品进销功能

要让商品在市场上流通，到达消费者手中，势必通过商品的交易买卖来达成，而商品销售可以说是一切配送中心的起源。相对于商品的销售，商品必须先购入才能出货，对于以零售商为主体的配送中心而言，需要多方询价，统计订购数量；另外可通过供应厂商管理来建立厂商管理系统，对供货的价格、货品的品质、交货日期的状况加以管理控制。

2. 仓储功能

配送中心必须按照用户的要求，将其所需要的商品在规定的时间送到指定的地点，以满足生产和消费的需要，因此，配送中心要兴建现代化的仓库并配备一定数量的仓储设备用来储存一定数量的商品。利用配送中心的储存功能，可以有效地组织货源，调节商品的生产与消费、进货与销售之间的时间差。虽然配送中心不是以储存商品为目的，但是为了保证市场的需求，以及配货、流通加工等环节的正常运转，也必须保持一定的库存。这种集中储存较之商场“前店后库”的分散储存，可大大降低库存总量，增强促销调控能力。这就是为什么配送中心一定要在达到相当规模，才能获得良好效益的缘故。由于配送中心按照网点反馈的信息，及时组织货源，始终保持最经济的库存量，从而既保证了门店的要货，将缺品率降低到最低点，又减少了流动资金的占用和利息的支付，所以，降低商品的周转期，是配送中心获取效益的重要手段之一。商品交易完成后，除直接送货外，均经过商品实际入库、保管、流通加工、包装后出库等程序，因此配送中心须具有仓储保管的功能。

3. 装卸搬运功能

装卸搬运功能是为了加快商品在配送中心的流通速度必须具备的功能。公共型配送中心应该配备专业化的装载、卸载、提升、运送、码垛等装卸搬运机械，以提高装卸搬运作业效率，减少对商品造成的损毁。

4. 包装功能

配送中心的包装作业目的不是要改变商品的销售包装，而在于通过对销售包装进行组合、拼配、加固，形成适合于物流和配送的组合包装单元。

5. 配送功能

商品拣取包装处理好后，需由运输设备送达客户手中，故商品配送时包括派车计划及出线选择、装车调度等。其中，派车计划包括该批次出货商品所需配送的车辆品种及数量，计算机管理系统中应根据路线选择系统来决定配送顺序，装车人员还可据此顺序装载商品。此外，还需开发配送途中配送状况的信息传输，以便在商品配送途中跟踪商品，监控管理运送及处理意外情况。

6. 运输功能

配送中心需要自己拥有或租赁一定规模的运输工具，具有竞争优势的配送中心不只是一个点，而是一个覆盖全国的网络。因此，配送中心首先应该负责为客户选择满足客户需要的运输方式，然后组织网络内部的运输作业，在规定的时间内将客户的商品运抵目的地。除了在交货点交货需要客户配合外，整个运输过程包括最后的市内配送，都应由配送中心负责组织，以尽可能方便客户。现代的运输要求就是这样。

7. 流通加工功能

配送中心的流通加工作业包括分类、过磅、拆箱改包装、产品组合包装、贴标签等。为适应这些作业需求，计算机管理系统的设计可包括工具、设备、人力的选用及调派系统，组合商品的搭配选用系统，包装容器的选用系统，包装方法的规划设计系统等。

8. 信息处理与提供功能

配送中心除进销、配送、流通加工、储存保管等功能外，还能提供各种信息，为配送中心经营管理、政策制订、商品路线开发、商品销售促销政策的制订提供参考，该系统可提供绩效管理、经营规划、配送资源计划这三种信息。

单元四　电子商务物流配送的过程管理

配送过程主要包括配货、分货、配装与送货，这些作业通常在配送中心完成。当然，为了保障用户所需物资及时到达，配送中心通常都有相应的设施，如汽车、仓库（下游的配送中心也可以不设仓库）等，所以做好仓库管理工作也是重要的工作之一。

一、电子商务物流配送实施过程

1．制订配送计划

配送是一种物流业务组织形式，而商流是其拟定配送计划的主要依据。可以说，商流提出了何时、何地、向何处送货的要求，而配送则据此在恰当的时候安排运力、路线、运量的基础上完成此项任务。配送计划的制订是既经济又有效地完成任务的主要工作。

2．下达配送计划

配送计划确定后，将到货时间、品种、规格、数量通知用户和配送点，以使用户按计划准备接货，使配送点按计划发货。

3．按配送计划确定物资需要量

各配送点按配送计划，审定库存物资的配送保证能力，对数量、种类不足的物资组织进货。

4．配送点下达配送任务

配送点向运输部门、仓储部门、分货包装及财务部门下达配送任务，各部门完成配送准备。

5．配送发货

配货部门按要求将各用户所需要的各种货物进行分货及配货，然后再进行适当的包装并详细标明用户名称、地址、配送时间、货物明细，按计划将各用户货物组合装车并将发货明细交司机或随车送货人。

6．配送

车辆按指定的路线运达用户，并由用户在回执上签字。配送工作完成后，通知财务部门结算。

二、电子商务物流配送的运作程序

配送中心的特性或规模不同，其营运涵盖的作业项目和作业流程也不完全相同，但其基本作业流程大致可归纳如图 8-14 所示。

从供应货车到达码头开始，经进货作业确认进货品后，便依次将货品储存入库。为确保在库货品受到良好的保护管理，需进行定期或不定期的盘点检查。当接到客户订单后，首先将订单依其性质进行“订单处理”，之后即可进行按处理后的订单信息将客户订购货品从仓库中取出的“拣货”作业。拣货完成后，一旦发觉拣货区所剩余的存量过低，则必须由储存区来“补货”，当然，若整个储区的存量也低于标准，便应向上游采购进货。而从仓库拣出的货品经整理后即可准备“出货”，等到一切出货作业完成后，司机便可将出货品装上配送车，将其配送到各个客户点交货。

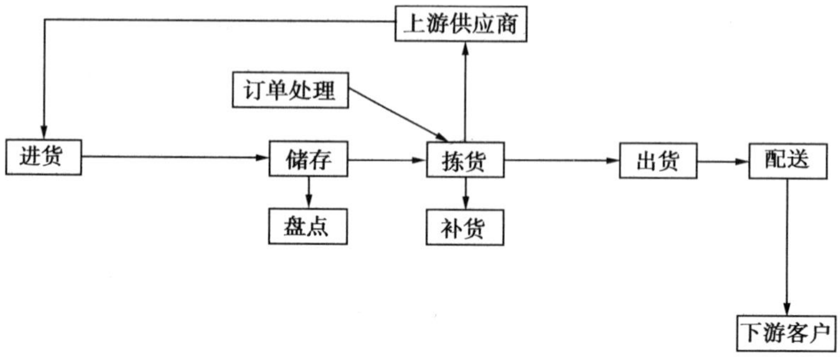

图 8-14　配送中心配送的运作程序

1．进货

进货作业包括把货品做实体上的接收，从货车上将货物卸下，并核对该货品的数量及状态（数量检查、品质检查、开箱等），然后记录必要信息或录入计算机。

2．搬运

搬运是将不同形态的散装、整装的原料、半成品或成品，在平面或垂直方向加以提起、放下或移动，可能是要运送，也可能是要重新摆置物料，而使货品能适时、适量移至适当的位置或场所存放。在配送中心的每个作业环节都包含着搬运作业。

3．储存

储存作业的主要任务是保存将来要使用或者要出货的物料，且经常要做库存品的检核控制。储存时要注意充分利用空间，还要注意存货的管理。

4．盘点

货品因不断地进出库，库存资料容易与实际数量产生不符，或者有些产品因存放过久或存放方式不当，致使品质功能受影响，难以满足客户的需求。为了有效地控制货品数量，需要对各储存场所进行盘点作业。

5．订单处理

由接到客户订货开始至准备着手拣货之间的作业阶段，称为订单处理，包括有关客户和订单的资料确认、存货查询、单据处理及出货配发等。

6．拣货

每张客户的订单中都至少包含一项以上的商品，如何将这些不同种类和数量的商品由配送中心集中在一起，此即所谓的拣货作业。拣货作业的目的就在于正确且迅速地集合顾客所订购的商品。

7．补货

补货作业包括从保管区域（Reserve Area）将货品移到拣货区域（Home Area），并进行相应的信息处理。

8．出货

将拣取分类完成的货品做好出货检查，装入合适的容器，做好标志，根据车辆趟次或厂商类别等将物品运至出货准备区，最后装车配送。

三、电子商务物流配送的过程管理

1．电子商务物流配送管理的内容

电子商务物流配送的过程管理，也就是配送管理，包含的内容很多，其根本是根据用户需求信息，将物品（货物）准确、准时地送到用户指定的地点，为此要做好仓库库存管理，用户需求信息管理，以及配送、分货、配装、送货作业管理等。一个现代化的配送中心应该有一个较为完整的信息系统，具体的考核技术经济指标，以及提高物流配送经济效益的措施。

其具体内容为，建立一个企业资源管理规划（ERP），在主控管理系统（WMS）下（主控管理系统下有采购管理、库存管理、销售管理、入库管理、储存管理、出库管理等子系统）将订货、到货接收、验货与拒收、分拣、订单汇总、存储、加工、拣选、包装、装托盘、组配、装车、送货等作业纳入系统管理之内，并具备可跟踪性、可控制性和可协调性。

当然，作为配送中心的全部管理，还有财务管理，如货款、运费和杂费的结算管理等。

2．提高配送管理经济效益的途径

（1）恰当设置配送中心。配送中心的数量及地理位置是决定能否取得利润的前提条件。通常，配送路线的选择、直送或配送的决定都是在配送中心数量、位置已确定的前提下做出的。固然，在满足这一前提条件的要求下，可以选择出最优路线及最好的送货方式，但是，如果前提条件本身有缺陷，则很难弥补。恰当设置配送中心是取得效益的基础，在此前提条件下，准确地选择配送路线，恰当地决定配送或直送，就能实现系统的、总体的最优。

（2）加强配送的计划性。在配送活动中，临时配送、紧急配送或无计划的随时配送是大幅度降低配送经济效益的主要因素。临时配送是因为事前计划不完善，未能考虑正确的配送方式及恰当的配送路线，到了临近配送截止日期，则必须安排专车、单线进行配送，车辆不易满载，浪费里程多。紧急配送是指一般紧急订货而言，往往只要求按时送货，来不及认真安排车辆配装及配送路线，从而造成载重及里程的浪费。一般来说，为保证服务，不能拒绝紧急配送，但是，如果能认真核查并有调剂准备的余地，紧急配送也可纳入计划轨道而保证其效益。随时配送是指对配送要求不进行计划安排，有一笔送一次，不能保证装配及选择路线的优化，会造成很大浪费。

（3）实行共同配送。以提高经济效益为目标，几个企业联合，集小量为大量，共同利用同一配送设施或配送车辆的配送方式，称为共同配送。尤其当单独配送的配送量较小，车辆不能满载，也难于确定最优路线时，采取共同配送方式可大大降低成本，提高效益。共同配送是横向经济联合的一种形式，可以采取经济联合的办法共同建立配送中心，共同使用配送设备，或共同组织配送。组织共同配送的关键，是合理分摊成本及合理分配效益。

（4）加强信息系统的建设。信息系统包括管理信息系统（MIS）和决策支持系统（DSS）。根据本企业业务发展需要与财力的可能，建立和建设可靠的信息系统，是现代物流配送中心提高管理水平和经济效益的有效途径。

四、基于虚拟企业的电子商务物流配送模式

1. 基本原理

基于虚拟企业的电子商务物流配送是指利用计算机技术、网络技术、通信技术，以外界物流资源为依托进行物流代理业务的企业，这些企业通过 Internet 从供应商那里获得配送业务信息后，再通过 Internet 寻找最佳配送代理，并与之签订协议，建立物流配送动态联盟，然后把配送业务委托给代理方，后者根据协议负责完成配送业务，形成以“虚拟物流企业+电子商务+外界物流”为核心的物流配送模式，如图 8-15 所示。

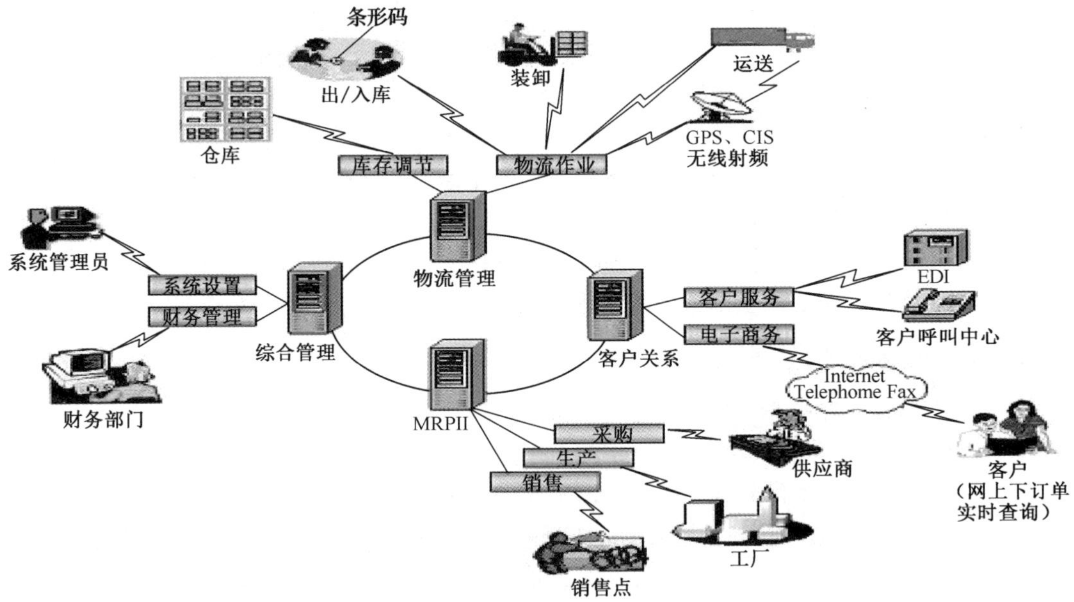

图 8-15　基于虚拟企业的电子商务物流配送模式

在基于虚拟企业的电子商务物流配送中，进行物流代理业务的企业是动态联盟的核心企业，其本身没有仓储、运输、包装等物流配送过程各环节所需要的硬件设施，它们根据完整的信息支撑体系和高效的信息管理系统，来进行信息收集、加工、处理和监控，实行基于供应链的集成化信息管理，实现信息和运作一体化。它不仅可以利用第三方物流企业完成配送业务，也可以利用自己高效的信息网络与各地区的批发商、连锁店建立委托代理关系，形成物流网络，由后者负责其所在地区的配送业务。

基于虚拟企业的电子商务物流配送要求功能上合理分配，联盟企业实现双赢。由于物流配送动态联盟是核心企业与供应商、第三方物流企业建立的集成化供应链动态联盟，只有在功能互补基础上的利益共同体，才能实现有效的资源分配。另外，由于参与配送联盟的伙伴企业必须是利益共同体，共同承担经营风险，也共同享受利益分配。

2. 基本特征

基于虚拟企业的物流配送模式主要具有核心性、虚拟性、动态性、约束性、双重委托代理关系等特征。

（1）核心性。在基于虚拟企业的电子商务物流配送动态联盟中，其成员可以是 2 个或多个，但必须有一个核心企业。核心企业是基于虚拟企业的电子商务物流配送的中心，可根据发达的信息收集、加工、处理、监控网络系统来委托监控第三方物流企业代理完成配送业务，在配送过程中发挥绝对的核心作用。

（2）虚拟性。在基于虚拟企业的电子商务物流配送中，核心企业本身没有仓储、运输、包装等物流配送过程各个环节所需要的各种硬件设施，只有发达的信息收集、加工、处理、监控网络系统，它们利用自己高效的信息网络与供应商、第三方物流企业、各地区的批发商、连锁店建立委托代理关系，形成虚拟的物流配送网络。

（3）动态性。在基于虚拟企业的电子商务物流配送中，由于共同的目标而形成的联盟不再是固定不变的，可根据目标和环境的变化进行组合，动态地调整组织结构，紧跟市场节奏，充分体现动态性。一旦目标完成或消失，动态联盟即告结束。

（4）约束性。基于虚拟企业的电子商务物流配送形成的联盟是一种结构不固定的联盟，必须有一种内部约束机制，各联盟企业之间必须签订许多严格的合同协议，这些协议从法律上界定了成员企业之间的协作和利益关系。

（5）双重委托代理关系。在基于虚拟企业的电子商务物流配送中，核心企业本身不承担物流配送业务。它在接受供应商的物流业务委托后，通过 Internet 再委托给第三方物流企业代理配送业务。这是基于虚拟企业的电子商务物流配送模式不同于其他物流配送模式的主要方面，具有明显的双重委托代理关系。

3. 业务流程

基于虚拟企业的电子商务物流配送的业务流程分为以下几个阶段。

（1）选择阶段。供应商通过 Internet 访问核心企业的物流信息平台，通过浏览器查看核心企业的基本信息，配送网络覆盖地区的信息，核心企业的信誉度等相关信息，并公布需要配送的物流信息。

（2）认证阶段。供应商和核心企业分别在第三方认证机构进行身份认证和信誉度认证。

（3）协商签订委托协议阶段。认证核实后，供应商和核心企业进行协商并签订委托协议。包括配送方式、配送路线、配送时间、支付时间和支付手段等内容。

（4）确认支付阶段。根据委托协议中的支付时间和支付手段，核心企业在收款并认可后向供应商发出确认信息，转向配送物流阶段。

（5）寻找物流配送代理阶段。核心企业将配送信息在 Internet 上发布，寻找第三方物流企业代理送货，也可以选择企业曾经构建的配送联盟成员代理送货。

（6）物流代理企业了解信息阶段。第三方物流企业通过 Internet 了解配送信息和委托企业的相关信息，并反馈接受委托的意向。

（7）再次认证阶段。核心企业和第三方物流企业进行身份认证和信誉度认证。

（8）再次协商签订委托协议阶段。认证核实后，第三方物流企业和核心企业进行协商并签订委托协议。

（9）确认支付阶段。根据委托协议中的支付时间和支付手段，第三方物流企业在收款并认可后向核心企业发出确认信息，转向配送物流阶段。

（10）配送阶段。第三方物流企业接受核心企业的委托进行配送调度，根据委托协议制订配送计划，并将订单派送至相应配送中心，由其负责完成配送货物，并反馈配送信息和配送完成信息。

4．需要解决的主要问题

实现基于虚拟企业的电子商务物流配送需要解决的关键技术基础主要包括：

（1）高度现代化水平的核心企业；

（2）高效的信息支撑体系和管理信息系统；

（3）协作的战略合作伙伴关系；

（4）发达的物流配送网络。

综合训练

基础训练

一、名词解释

1．运输

2．智能化运输系统

3．电子商务配送

4．配送中心

5．共同配送

二、填空题

1．运输的基本原理有_________、__________两种。

2．按运输工具不同，包装可分为_________、__________、__________、__________。

3．与传统配送相比较，电子商务配送体现出以下几方面的特点_________、_________、_________、_________。

4．电子商务物流配送管理的目标_________、__________、__________、__________。

5．影响配送中心系统设计的关键要素____________、____________、____________、___________。

三、选择题

1．一般来说，运输的两个基本功能是（　　）。

A．产品空间转移　　B．短时间产品存放

C．节约成本　　D．增加收益

2．“防潮湿”属于（　　）包装标志类型。

A．运输标志　　B．指示性标志

C．警告性标志　　D．商品标志

3．按配送中心的配送对象分类，配送中心可分为（　　）。

A．专业配送中心　　B．柔性配送中心

C．供应型配送中心　　D．销售型配送中心

4．不合理配送的表现形式有（　　）。

A．资源筹措的不合理　　B．库存决策不合理

C．价格不合理　　D．配送与直达的决策不合理

5．实现基于虚拟企业的电子商务物流配送需要解决的关键技术基础主要包括（　　）。

A．高度现代化水平的核心企业

B．高效的信息支撑体系和管理信息系统

C．协作的战略合作伙伴关系

D．发达的物流配送网络

四、简答题

1．集装箱运输有什么特点？

2．实现运输合理化的途径有哪些？

3．电子商务环境下运输管理的发展趋势是怎样的？

4．请阐述电子商务物流配送的运作程序。

5．电子商务物流配送实施过程是怎样的？

技能训练

案例分析：冷链物流遇瓶颈，生鲜电商行业如何打破痛点？

中国是冷链食品生产和消费大国，产量居世界首位，每年约有 4 亿吨的生鲜农产品进入流通领域。中国交通运输局官方网站有数据显示，中国冷链物流行业未来将保持飞速发展，未来三到五年的市场规模将达 4 700 亿元。

然而，冷链物流在中国发展的近几年遭遇瓶颈，受到信息不对称、不透明和硬件设施不完备等方面的制约，始终忍受着行业“痛点”。如何打破行业禁锢，消除行业痛点，成了冷链物流行业所面临的难题。

吃上全球生鲜，一直是中国消费者长时间的愿景。但是由于诸多客观原因，以及国内零售巨头在冷链上的诸多问题与痛点，这个愿望一直没有很好的实现。

目前，主流生鲜电商的冷链配送大多采用“冰袋+保温箱”的形式来保持温度。一位内人士表示，冷链运输中，冰淇淋、乳制品、果蔬和肉禽对温度有不同的要求。一般需要根据食物贮存条件及食物多少决定其包装。

然而现实情况却是，配送途中“脱冷”现象普遍，须-18 摄氏度或以下贮存的食物，仅用普通外卖送餐箱在高温天配送。一个塑料袋送到消费者手里，无保温袋也无冰块，冰淇淋化了，鱼也不太敢吃。

生鲜电商业，看起来似乎准入门槛很低，只要货源充足，再找几个物流快递商谁都能做。可在这一行，对于效率这一块却尤为看重。生鲜电商企业必须具有极高水准的供应链、物流冷链管理，这也是生鲜电商行业内的最高要求，或是最致命的痛点。

“有人简单理解冷链物流就是生鲜等产品的冷藏运送，其实冷链物流是链接了上下游多道

程序的庞大体系。想要做冷链物流必须进行巨大投资。据我所知，现在做冷链物流的企业很多，但是做成规模的做得好的少之又少”。石家庄雨润食品有限公司负责人高晴表示。

想要打通冷链物流体系，形成一个相对完善的产业链条，的确需要投入巨大资金成本，从商家发货到客人手中，中间的环节都不可忽视。

以冷链电商的成本支出为例，2015 中国冷链物流报告显示，国内 4 000 家生鲜电商中有 95% 的电商无法盈利，而很难盈利的部分原因就出现在冷链运输上，冷链成本占到总成本的 40%，占销售额的 25%～40%。信息闭塞、硬件设施不足及行业标准缺失等痛点使冷链物流发展遇阻。

统计数据显示，2106 年我国果蔬、肉类、水产品的冷链流通率分别达到了 10%、26%、38%，与发达国家的 95%相比，仍存在较大的差距。目前，我国系统化、规模化的冷链物流体系尚未成型，主要表现在冷链物流各个环节缺乏系统化、规范化的运作；冷链资源分布不平衡，中西部农牧区冷冻冷藏设施缺乏；冷链物流以中小企业为主，规模小、服务标准参差不齐。但随着生鲜电商物流要求的提高，以及扶持政策不断加码，冷链物流的市场需求也将快速增长。

政策方面，2017 年 7 月 11 日商务部官网印发《2017 年加快内贸流通创新推动供给侧结构性改革扩大消费专项行动实施方案》（以下简称方案）。

方案抓住内贸流通改革的着力点，提出“优商品、通商路、减商负、立商信”十二字方针。流通网络断路的问题，不仅影响商品流通的效率，也使得流通行业成本居高不下。因此，在这十二字方针中，“通商路、减商负”受到业内外的普遍关注，方案对农产品、生鲜蔬菜配送冷链物流要求降低技术性成本，或将促进生鲜电商配送行业的进一步优化。

同时，在减商负方面主要提出降低三大成本，降低制度性成本，继续推进降费减税；降低技术性成本，推动农产品冷链物流标准化；降低组织性成本，鼓励流通企业扩大连锁经营规模，全面启动“农商互联”。

对此，商务部研究院流通战略产业研究员陈丽芬解释说，“农商互联”指的是上联生产、流通企业，下联电商，联设施、联产品、联市场、联标准、联数据等 5 个方面对接联合。加上三大成本的降低把控，推进物流组织标准化，最终达到降低综合物流成本的效果。

“农商互联”把生鲜供应链及生鲜配送提到了一个新高度。生鲜配送在国家政策红利的激励下或将迎来机会。

——资料来源：中国商报 2017-07-18

问题与思考

1. 冷链物流在中国发展的近几年遭遇瓶颈的原因有哪些？
2. 你认为应如何破解我国冷链物流发展过程中的行业“痛点”？
3. 你是怎样评价“农商互联”把生鲜供应链及生鲜配送提到了一个新高度的？

模块九

电子商务环境下的物流服务

学习目标

知识点		● 物流服务、物流标准、物流质量等概念； ● 电子商务环境下物流服务的基本特征、主要要求及其现实意义； ● 电子商务环境下的物流服务主要内容； ● 电子商务环境下物流服务运作流程及其管控要求。
能力点	专业能力	● 能够结合实际情况分析电子商务环境下物流服务、物流质量基本操作流程及其主要管控节点、管控方法。
	方法能力	● 具有基本的电子商务环境下物流服务、物流质量管理操作流程的现实感知； ● 具有一定的分析电子商务环境下物流服务、物流质量运营管控的逻辑思路。
	社会能力	● 拥有良好的职业道德和较强的团队合作精神； ● 具备一定的电子商务环境下物流服务、物流标准、物流质量的分析与应用能力； ● 关注电子商务环境下物流服务、物流标准、物流质量的发展态势，聚焦电子商务环境下物流服务行业热点现象或问题。

导入案例

无人零售成为发展

无人零售：物流网络本身就是天然的零售方式

2016年年底的时候，电子商务行业出现了一个新理念，叫作“物流即销售”。这是4A公司提出来的“平台即销售”的概念。不同的企业有不同的基因，某种意义上，这种基因差异指向的大多是背后的理念。

以买车为例，消费者去购买奔驰汽车，可能消费者知道奔驰汽车后面蕴含的理念，奔驰造车的理念是“我希望能够给车主尊贵感”。消费者买宝马汽车，可能消费者知道宝马汽车背后蕴含的理念是“更善于驾控”。但是反过来来说，难道奔驰汽车驾控（操控感）不好吗？难道宝马汽车不尊贵吗？其实都不是，只是消费者赋予它这个理念，导致了它背后的发展基因跟其他品牌不一样。

电子商务行业所提出的“物流即销售”理念，就是给我们一个很好的大方向：物流在不断细化布局的过程中，其实形成了一张天然连接B和C的网络。在过去的几十年当中，我国建设了两个大的网络：快运网络和快递网络。可以说，这两个网络分别是中国物流体系当中的一个大动脉和一个大静脉。现在，中国进入到消费升级的时代，在这个时代下，消费者对于新事物的了解和需求更加凸显，当消费者看到一些好东西的时候，他的想法不是“我想要”，而是“我立刻马上就想要”。对需求满足的苛求化带来对物流水平更高、更快、更好的要求。这时，物流网络的搭建从动脉、静脉，正转向毛细血管式的细微建设。

当这张网络达到一定精度，我们能发现，物流网络本身就是天然的零售方式。我们现在正在做的几项业务，小闪快送、无人货架、虚拟货架，以及正在试验的实体门店，其多业务探索的底层逻辑是什么？首先，从物流网络密度切入，业务的叠加是在物流基础之上建立支线链条，在一定意义上，流通路径越多，业务板块重合度越高，循环效率会随之提升，平均成本随之下降。也就是说，所有的零售逻辑都是建立在一定的物流基础之上的，如果没有这个基础，多业务叠加的成本是非常大的。其次，从用户留存切入，如果仅做物流、无人货架的生意，它只是一个百亿元的生意。如果做无人货架加物流加虚拟货架，也就是我们所说的平台，它有可能是一个超过千亿元的生意。但如果你从一个流量生意延伸到广告、金融业务，乃至加上实体店的生意，肯定就是一个超过万亿元的生意市场。

所以我们一直认为，如果单纯做无人货架，这个生意不值得这么多同行一起争夺。无论是将货架视为入口，还是可以独立运营的经济体，零售市场的本质没有任何变化，这个市场的基层逻辑还是效率、成本、体验。

——资料来源：野草新消费论坛 2017-12-22

案例分析

2017年下半年，无人货架成为新零售的最典型案例之一：近场零售、蜂窝打法、拿来即走。众多概念下的无人货架，门槛虽低，运营模式却千差万别，争议不断。无人货架会不会被吃垮？这门生意到底怎么做？关键制胜点在哪一个环节？与物流、供应链的融合模式该如何走？小闪科技创始人林孝毅结合自身在物流和零售行业多年的从业经验，提出“物流即零售”的布局理念，从场景、产品、人群三个维度，阐释了以无人货架为代表的新零售、新渠道将在未来十年为中国消费带来的价值。

问题思考

“物流即销售”的新理念有何现实意义？对企业而言，电子商务环境下的物流服务、物流质量管理面临怎样的现实挑战与威胁？什么是物流服务、物流标准、物流质量？在电子商务环境下的物流服务、物流质量是如何运作与管控？其发展趋势如何？这些问题都是需要我们进行认真思考与分析的，同时，它们也是构成本模块主要的理论知识点。

单元一　物流服务管理

一、物流服务概念

1．物流服务的概念

物流服务（Logistics Service）是为了满足客户的物流需求而开展的一系列物流活动的结果。物流服务是衡量物流系统为某种商品或服务创造时间和空间效用的好坏的尺度，这包括从接收顾客订单开始到商品送到顾客手中为止而发生的所有服务活动。物流服务应包括以下三个要点。

（1）拥有顾客所期望的商品（备货保证）。

（2）可以在顾客所期望的时间内送达商品（输送保证）。

（3）达到顾客所期望的质量（质量保证）。

由以上三点不难看出，物流服务的本质是满足顾客的需求。物流服务对市场需求有重要的影响，它决定着企业能否留住顾客。从企业整体的角度来看，物流服务可视为市场战略的一个基本组成部分。在日益激烈的电子商务市场竞争环境下，如何确定和提升企业的物流服务水平，保证企业长期竞争优势，已成为企业需要关注的重大课题。

顾客满意度是物流服务的评价指标，顾客满意度是指顾客通过对一个产品（或服务）的可感知的效果（或结果），与他的期望值相比较之后，所形成的愉悦或失望的感觉状态。顾客满意度反映了顾客对企业提供的产品或服务的综合评价。

2．物流服务对企业的重要性

（1）物流服务是企业实施差别化经营的重要方式之一。长期以来，物流并没有受到人们应有的重视，并且只是停留在商品运输和保管等一般性业务活动上，从属于生产和消费，只是企业经营中的附属职能。进入 20 世纪 90 年代以来，随着科学技术的进步和经济的不断发展，消费呈现个性化、多样化的特征，而且发展变化十分迅速。企业面临着缩短交货期，提高产品质量和降低成本的压力。商品在进入成熟期以后，顾客对于商品的比较不仅放在质量方面，而更侧重于伴随商品购买所得到的服务，服务在顾客决策中已占据重要地位。面对电子商务环境下激烈的市场竞争，越来越多的企业开始关注客户服务，去主动靠近顾客，并以顾客的需求和利益为中心，最大限度地满足顾客的需求，顾客服务成为企业竞争力的重要表现。作为顾客服务主要构成部分的物流服务，则成为企业提升竞争力的关键。特别是随着网络技术的发展，企业间的竞争已突破了地域的限制，竞争的中心逐步转移为物流服务的竞争。目前，许多大型制造业、零售业的跨国公司为争夺全球市场，把物流服务作为自己的竞争优势。同时，它们也从高效率、优质的顾客服务中获得巨额利润。差异化的物流服务已成为企业实施差别化战略的重要内容。

（2）物流服务水平对物流成本和企业经营绩效具有重大影响。物流服务水平不同，物流的形式必将随之发生变化，企业为此的投入也要变化，因此，物流服务方式的选择对物流成本高低具有重要影响。但是，降低物流成本必须在一定物流服务水平的前提下考虑，决不能单纯为了物流成本而牺牲良好的物流服务，从这个意义上说，物流服务水平是降低物流成本的依据，是构筑物流系统的前提。物流服务水平直接影响着顾客满意的程度和公司形象，也极大地影响着物流成本和企业的经营效益。

（3）物流服务是获得顾客忠诚度的重要手段。物流服务作为企业物流系统的产出，换句话说，从顾客角度看到的是企业提供的物流服务而不是抽象的物流管理。良好的物流服务有助于发展和保持顾客的忠诚与持久的满意。据统计，企业65%的销售来自老顾客，而发展一个新顾客的费用平均是保持一个老顾客所需费用的6倍。

（4）物流服务是有效连接供应链各节点企业之间的纽带。随着经济全球化、网络化的发展，现代企业的竞争不再是单个企业之间的竞争，而是供应链之间的竞争；企业的竞争优势不是单一企业的优势，而是供应链整体的优势。物流服务打破了制造商、分销商及客户之间的间隔，有效地推动商品从生产到消费全过程的顺利流动。

二、影响物流服务的因素

在电子商务环境下，影响物流服务的因素主要有以下几个。

1. 缺货水平

缺货水平是对企业产品可供性的衡量指标。该衡量指标用于表示一种商品可否按需要装运交付给顾客。当顾客需求超过商品可得性时就会发生缺货，因此缺货水平反映了一个企业实现其基本服务承诺的状况。当出现缺货时，可以通过从其他地方调运，加速发货或者安排合适的替代产品来维持与客户的良好关系。同时，为了找出引起缺货问题的环节，缺货情况应当根据产品和客户来进行登记。一种商品缺货并不必然意味着顾客的需求得不到满足，在判断缺货是否影响到服务绩效以前，首先要弄清楚顾客的真实需求，还要考虑商品对于顾客的重要性。例如，对于有的商品，顾客绝对不能容忍一点缺货，在这种情况下即使是99%的供应比率，也不能使顾客满意。而对有的商品顾客能够容忍短时间的递送延迟甚至是长时间的递送延迟，这时即使能完成90%的供应比率，顾客也是满意的。

2. 订货信息

订货信息是指向顾客快速准确地提供所购商品的库存信息、预计的运送日期。企业应该确定那些需要立即处理的订单，并建立相应的订单处理程序。按照成本—效益的要求，对不同的顾客、不同的商品制订出适合的具体指标。而对顾客的某些购买需求，企业有时难以一次完全满足，这种订单需通过延期订货，分批运送来完成。延期订货发生的次数及相应的订货周期是评估物流系统运作优劣的重要指标。延期订货处理不当则容易造成脱销，对此，企业要给以高度重视。

3. 信息的准确性

顾客不仅希望快速获得广泛的数据信息，同时也要求这些关于订货和库存的信息是准确无误的。企业对不准确的数据应当注明并尽快更正。对经常发生的信息失真要特别关注并努力改进。研究表明，提供精确信息的能力是衡量其顾客服务能力最重要的一个方面。顾客们通常讨厌意外事件，如果他们能够提前收到信息，就能够对缺货或延迟递送等意外情况作出调整。因此，有越来越多的顾客表示，有关订货内容和时间的事前信息与完美订货的履行相比更加重要。

4. 订货周期的稳定性

订货周期是指从顾客下订单到收货为止所跨越的时间。订货周期包括下订单、订单汇总与处理、货物拣选、包装与配送。顾客往往更加关心订货周期的稳定性而非绝对的天数。当然，随着对时间竞争的日益关注，企业也越发重视缩短整个订货周期。虽然客户主要关心的是订货周期的总体时间，但是控制和管理好组成订货周期的订单传递、输入、处理、分拣、包装和交付等每个组成部分，以及订货周期变动的原因，对于客户服务来说是同样重要的。

5. 作业的灵活性

作业的灵活性是指企业处理异常的顾客服务需求的能力。例如，顾客需要改变装运交付的时间或地点；有的货物需快速运送或需要特殊的运送条件；企业为避免脱销，有时需要从多个生产点或配送中心向顾客运送货物。一般来说，企业的整体物流能力取决于在适当满足关键顾客的需求时所拥有的“随机应变”能力。因此，企业应制订一些有关预防或调整特殊情况的方案。作业的灵活性可能需要较高的物流成本，但是仍然比失去客户的成本要低得多。

6. 订货的便利性

订货的便利性是指顾客下订单的便利程度。顾客总是喜欢同便利和友好的供方打交道。如果订货手续烦琐，单据格式不规范，用语含糊不清，或在信息联络中等待过久，顾客都可能产生不满，从而影响顾客与企业的关系。对于这方面可能存在的问题，企业可以通过与顾客的直接沟通来获悉，并要予以分析和改进。

7. 替代产品

顾客所订购的某种产品暂时缺货时，不同规格的同种产品或者其他品牌的类似产品可能也能够满足顾客的需要，这种情况在现实中时有发生。如果一种产品当前可供率为 70%，该企业还生产一种替代产品，其当前可供率也为 70%，则该产品的供应率就可提升至 91%。类似地，如果存在两种可被顾客广泛接受的替代产品，其可供率可达 97%。由此可见，为顾客提供可接受的替代产品可以大大提升企业的服务水平。企业在制订产品替代策略时要广泛征求顾客的意见，并及时将有关的信息通知顾客。在有必要向顾客提供替代产品时，应征询顾客的意见并取得其认可。

三、物流服务内容

1. 物流服务内容

概括起来，物流服务内容可以分为以下两类。

（1）基本物流服务内容。基本物流服务是企业据以建立其最基本业务关系的顾客服务方案，所有的顾客在特定的层次上予以同等对待，提供无差别化的服务水准。基本物流服务内容包括运输、储存、装卸搬运、包装、流通加工、配送、物流信息处理等服务，这些内容在本书前面相关章节已作介绍，故不再赘述。

（2）增值物流服务（Value-added Logistics Service）。增值物流服务是指在基本物流服务的基础上为特定顾客提供的各种延伸扩展业务活动，其本质特征是个性化、创新、满足客户特殊需求。能否提供增值服务已成为衡量一个物流企业是否真正具有竞争力的标准。

增值性物流服务的内容包括以下几个方面。

① 便利性服务。一切能够简化手续、简化操作的服务都是增值性服务。在提供物流服务时，推行一条龙、门到门服务，提供完备的操作或作业提示，免费培训，维护，代办业务，24小时营业，自动订货，物流全过程跟踪等都是非常实用的增值性服务。

② 快速反应服务。快速反应（Quick Response）已经成为物流发展的动力之一。传统观点和做法将加快反应速度变成单纯对快速运输的一种要求，但在需求方对速度的要求越来越高的情况下，它也变成了一种约束。因此，增值性物流服务方案应该是优化物流系统的配送中心、物流中心网络，重新设计适合电子商务的流通渠道，以此来减少物流环节，简化物流过程，提高物流系统的快速反应性能。

③ 降低物流成本服务。在传统的物流管理方式中，物流成本常常居高不下，因此要寻找能够降低物流成本的物流方案。企业可以考虑的方案包括采取物流共同化计划；采用比较适用但投资比较少的物流技术和设施设备；推行先进的物流管理理念和手段，如运用运筹学，以及先进的网络信息技术等；提高物流的效率和效益；降低物流成本。

④ 市场调查与预测。物流企业利用直接面向终端市场的优势，协助客户收集市场资料，进行数据统计和研究分析，提供客户决策资料。

⑤ 物流咨询。向客户提供物流方案的选择与规划，参与设计原材料采购渠道、经销渠道，工厂和仓库的选址，对客户物流作业流程进行再造，对中小物流资源进行整合优化等。

⑥ 以时间为核心的服务。准时化供应（JIT）是在需要的时间，准确地将商品送交顾客。这是一种以时间为核心的增值服务。

⑦ 金融担保服务。货物抵押融资是指在货物运输或仓储过程中，将货权转移给银行，银行根据市场情况按一定比例提供融资。当生产商、贸易商或运输商向银行偿还融资金额后，银行向负责运输或仓储的机构发出放货指示，将货权还给原货主。

⑧ 其他增值服务。代理采购及订单处理；货物验收；货款结算；提供库存分析报告、库存控制决策建议；代理货物保险；货物回收、更换；在线帮助；利用自身网络优势，建立分销中心等。

2. 物流服务质量指标

（1）运作指标，即衡量物流配送实物操作水平的指标。具体包括配送准时率、错误投递率、破损率、特殊情况服务水平、代收货款准时率、录单准确率。

（2）仓储服务指标，即在仓储管理中对库存管理、理货操作等方面的监控指标。具体包括订单处理时间、库存准确率、装卸效率、安全指标、作业正确率、库存量。

（3）信息指标，即对物流服务中客户预约、信息跟踪反馈、签收单反馈等信息服务的监控。具体包括电话预约指标、信息反馈率、签收单反馈率、意外情况反馈及时率。

（4）客户满意度监控指标，即关系到客户直观感受，由客户反馈的指标。具体包括客户满意率、客户投诉率，即客户投诉订单数占全部订单数的比例。具体考核过程中，应根据物流运作侧重点，对客户承诺水平的不同制订每个考核指标的标准，并选取相应的指标，通过对每项指标分配不同的权重形成指标组合体系，作为考核的依据。

四、物流服务的实施

1. 物流服务水平的确定

保证具有优势的物流服务水平对一个企业来说是至关重要的，它可以在适当的物流成本下提供最优的物流服务，从而实现企业利益的最大化。企业要获得长期的盈利与发展，离不开对物流服务水平的充分研究和正确决策。物流服务水平不是一成不变的，它应随着市场与企业的经营状况的变化做相应的调整。因此，合理物流服务水平的确定是一个动态的变化过程，它主要包括以下几个步骤。

（1）对顾客服务进行调查。收集顾客信息的方法可以分为现有资料分析法和实地调研法两大类。

① 现有资料分析法。可以利用的现有资料包括各种统计资料，公开发表的研究报告，向咨询机构购买的调查结果，企业内部的相关记录，顾客反馈等。

② 实地调研法。通过实地调研收集客户信息可以采用的方法包括现场问卷、专访、座谈、会议调查、现场观察、邮件调查、实验模拟等。

企业应当重视对物流服务客户信息的收集和整理，可以通过建立信息中心或者成立客户咨询小组的方式改进这项工作。分析顾客提出的服务要素是否重要，他们是否满意，与竞争对手相比是否具有优势。

在全球，IBM 公司每年接到超过 50 000 个客户的投诉（不包括向公司的免费技术支持系统打进的电话）。IBM 从整个公司不同领域抽调员工组成小组，每个小组都被赋予必要的、立即采取措施的权力，来解决客户投诉问题。IBM 公司的客户会收到含有关于产品质量和客户满意度的 10 个具体问题的调查问卷，这些小组对来自于他们已经交往过的客户反馈的调查问卷进行研究，了解并反馈客户信息，提供解决方案。

（2）设定顾客服务水平。根据对顾客服务调查所得出的结果，对顾客服务的各环节的水准进行界定，初步设立水平标准。

（3）基准成本的感应性实验。基准成本的感应性是指顾客服务水平变化时对成本的影响程度。

（4）根据顾客服务水准实施物流服务。

（5）反馈体系的建立。顾客评定是对物流服务质量的基本测量，而顾客一般不愿意主动提供自己对服务质量的评定，因此必须建立服务质量的反馈体系，及时了解顾客对物流服务的反应，这可以为改进物流服务质量提供有效帮助。

每年，IBM 公司以 26 种语言，在 71 个国家进行 40 000 次客户访问。利用一个中央数据库对得到的数据进行分类，并使经理们能够获得这些结果，从而采取全公司范围内的行动，对客户的问题做出快速的反应，并将其解决。

（6）业绩评价。在物流服务水平试行一段时间后，企业的有关部门应对实施效果进行评估，检查有没有索赔、迟配、事故、破损等。通过顾客意见了解服务水平是否已经达到标准，成本的合理化达到何种程度，企业的利润是否增加，市场是否扩大等。

（7）基准与计划的定期检查。物流服务水准不是一个静态标准，而是一种动态过程，也就是说，最初顾客物流服务水准一经确定，并不是一成不变，而是要经常定期核查、变更，以保证物流服务的效率化。

（8）标准修正。通过对物流服务标准的执行情况和效果的分析，如果存在问题，则需要对标准做出适当修正。

2．物流服务绩效的评价和控制

在确定了物流服务水平后，管理层需制订详细的物流服务业务标准。物流服务绩效可以从以下四个方面来评价和控制。

（1）制订每个服务要素的绩效量化标准。

（2）评估每个服务要素的实际绩效。

（3）分析实际绩效与目标之间的差异。

（4）采取必要的纠正措施将实际绩效纳入目标水平。

企业所重视的服务要素同时也应当是其顾客所认为的重要要素。例如，供货比率、送货日期、订货处理状态、订单跟踪以及延期订货状态等。由于许多企业在订货处理过程方面的技术落后，提高物流服务水平在这一领域大有潜力可挖。通过与顾客的计算机联网可以大大改进信息传递与交换的效率，顾客可以获取即时动态的库存信息，在缺货时可自主安排产品替代组合，还可得知较为准确的送货时间与收货日期。

3．提高物流服务绩效的手段

企业通常可以通过以下四个活动来提高物流服务绩效。

（1）彻底研究顾客的需求。

（2）在认真权衡成本与收益的基础上确定最优的物流服务水平。

（3）在订货处理系统中采用最先进的技术手段。

（4）考核和评价物流管理各环节的绩效。

有效的物流服务战略立足于深刻理解顾客对服务的需求，一旦明确了顾客对服务的需求，管理层必须制订合适的物流服务战略，以最低的服务成本为企业留住最有价值的顾客群。许多企业在实践中没有评估物流服务水平的成本与收益，也缺乏有效的手段来确定有竞争力的服务水平。

相关链接

良品铺子用数据挖掘新场景来做新零售

在新零售大潮涌现的今天，零售企业如何利用数据化进行营销是一个大命题。没有用户行为的数据化和更多维度的数据节点，那么利用数据化营销进行个性化营销是不大可能实现的。新消费时代，90后用户越来越个性化，也越来越具有鲜明消费主张，所以这也就越来越需要发挥更多维度的数据来进行精准的数据营销。

良品铺子这家武汉本土的新零售品牌显然也需要更多工具的辅助来帮助其更好地在新零售时代打通线上、线下的业务体系。新零售时代，多层次、多行为、多标签的用户数据对于现在的零售商越来越重要，但是随着数据不断累积，如何打通数据关联性，构建多元用户的消费场景，利用场景驱动去主动挖掘用户的消费需求正在成为每个新零售商必须思考的问题。新消费内参深度对话了良品铺子莫俊数字化副总裁，与她深度畅聊了新零售时代良品铺子用数据做到对用户个性化营销。以下为良品铺子数字化副总裁莫俊口述。

口碑对于我们商家的价值其实在数据赋能和场景挖掘，主要依靠的是它的 18 大营销工具，这些工具能帮助我们对用户形成更有效的营销。对客户的营销分为两部分，一部分是老客户，另一部分是新客户。而口碑可以给我们提供精准的人群分类的工具，将人群分为白领、大学生、妈妈，从而实现精准营销。有了这样一个工具后，我们就能实现对客户的“精准打击”，从而减少对广告投放的浪费。过去之所以广告费用有浪费，是因为我们目标不明确，不精准。

只是实现用户的精准是不够的，还要通过数据的挖掘寻找用户的消费场景。良品铺子的全渠道能更快地验证精准营销的准确性。例如，每天早晨 9 点到 12 点是一个消费场景，下午茶也可能是消费场景，周末我要去看电影也是一个场景，我们需要利用数据去挖掘这些场景和良品铺子之间有什么关系。

坦率地说，目前还没有特别有效的方法去挖掘这些场景和零售消费之间的关系，但我可以依靠这个用户的行为去推算一些消费场景。例如，我们基于地理位置数据推送这个用户在写字楼里待 8 个小时。然后再通过地理位置推算他 8 小时之后如果还在这个写字楼说明他经常加班，所以这就是基于数据推算行为，依靠行为去与消费场景关联，再依靠这些场景去做一些深度的数据营销。

但在这里依然会有一个问题，那就是在这样的场景环境下如下午三、四点、用户可能会有点饿，需要补充能量的时候，用户其实是有一个选择的，就是用户到底是选择良品铺子还是选择其他食品。

这里其实考验的就不是第一个层面如何找到目标用户的问题了，而是考验我们的产品和服务能不能满足它的需求。

在这中间我们也是非常需要数据给我们支持，因为我们需要用数据去识别用户，识别用户需求，而更重要的是去识别用户需求发生的时间，例如，他具体的价值点，价值主张，价值需求。然后我们再去对他进行产品和服务的设计。

更进一步来说，我们也需要口碑这样的营销工具的帮助去把我们的资源，配到最适合它的人身上。

我们有两句话，一句话叫“以物找人”，“以货找人”。也就是说如果我有产品了，我想推荐给谁。

另一句话叫“以人找货”，就是说如果我有一个顾客在这里，他有很多需求，我们怎么样帮他配货、配服务。这两种逻辑，我们其实都在做尝试。而阿里口碑这边的数据服务很大程度上可以补强我们对用户这种全维度的认识。

除了利用数据去挖掘用户的消费场景，我们还可以利用数据去优化我们的营销效率。对于我们做营销的人而言，我投资一笔钱进去，其实是需要谁会喜欢，谁不喜欢我这种营销方式的。对待我不喜欢的人，我得换一种方式，不能总用他（她）不喜欢的方式去接触她（他），我们需要能够有数据的评估和回传，从而可以识别出用户有没有看。例如，有没有买我的东西，有没有复购。这些有价值的数据累积之后，我们就可以基于数据累积去尝试各种的营销行为，再基于用户对各种营销行为去做反馈，这样日积月累，效果会非常厉害。

最后，我们之所以要去基于数据做营销，这样做的最重要的因素是因为用户变了，变得非常个性化、差异化。现在这个时代正在逐渐成为一个个人消费主权的时代。用户发生了很大变化，大众化的促销方式用户越来越不喜欢了。如果你给用户统一打 8 折的产品，他其实会很不喜欢，他会觉得这个产品不是我想要的，你即使给我打折，也没有营销，所以未来正在向个性化营销进行转型。

——资料来源：新消费内参 2017-12-23

五、基于 CRM 的物流服务管理

1. CRM 简介

CRM（Customer Relationship Management）是一种新型的管理方法，它源于“以客户为中心”的市场营销理论，是一种旨在改善企业与客户之间关系的管理机制。它采用各种信息技术，可以通过 Web、呼叫中心、移动设备等多种渠道，跟踪和管理与客户交往的一切活动，它是包含多种功能的一套组合软件。

（1）CRM 的基本观念。客户关系管理是企业从“以产品为中心”模式向“以客户为中心”模式转变的产物，目前已经受到企业广泛关注。

① 重视客户价值。分析哪些新客户对产品有兴趣；他们容易接受哪种销售方式；哪些客户对报价有反应；哪些客户是企业的长期客户；哪些客户容易投向竞争对手。这些信息是客户对产品、服务和无形资产的满意程度的反映，这种反映是很有价值的，它来自客户，也就是客户价值。

② 应用一对一的理论。同每个客户建立关系；同每个客户进行交流，了解客户的特殊需要，在客户关系的整个周期中跟踪客户，通过收集工作汇总客户信息，建立客户档案，做到了解每个客户，关怀每个客户，满足每个客户，做到为不同客户提供不同的服务。

③ 推行拉式模式。物资短缺的时代，实行推式的市场模式，由企业来引导市场的需求，通过库存来调整市场的需求，企业为主动，客户为被动，企业从中可以得到部分最佳的效益。物资丰富的时代，实行拉式的市场模式，由客户来引导市场的需求，客户为主动，企业为被动。企业将向客户让利，不断创造新的资源和新的需求。

（2）CRM 的内容。CRM 是融合了多种功能的组合软件，主要包括销售自动化（Sales Automation，SA）、客户服务与支持（Customer Service and Support，CS&S）、营销自动化（Marketing Automation，MA）、呼叫中心（Call Center，CC）等。

2. 物流服务企业实施 CRM

（1）实施必要性分析。企业应当根据自己的实际情况，实施 CRM 必要性分析。对于产品单位价值较低，客户终身价值（CLV）低，规模小，业务流程简单，供应商不多，下游客户明确的企业来说，应用 CRM 可能成本较高，收效暂时可能并不显著。而对于产品种类多，拥有众多贵宾客户（VIP），业务流程中需要处理大量信息，产品持续升级，拥有雄厚资产的企业来说，客户关系管理则是至关重要的。

（2）审查实施基础。CRM 是一种工具，作为工具要发挥作用，必须有平台作为支撑。实施 CRM 之前应当对企业的管理水平，运作流程，员工的素质，客户数据库的管理，信息系统结构，客户信息的处理能力等基础条件进行全面的审查。

（3）制订实施目标。实施 CRM 是一项长期复杂的系统工程，企业应当在认真研究和反复论证的基础上，制订出长期、中期和短期的阶段性目标。

（4）梳理业务流程。梳理业务流程是每个准备实施 CRM 的企业必须要做的。企业应当着重从现有的营销、销售和客户服务体系进行业务流程的分析，找出存在的问题，以便更有针对性地选择需要的技术。

（5）进行结构设计。CRM 体系的结构包括客户支持平台、客户交互平台、企业生产平台及信息技术支持系统。在进行结构设计时，应当充分重视与企业原有的采购、库存、财务等管理系统相契合，实现各系统之间的无缝接口。

（6）全面实施。对许多企业来说，实施 CRM 最困难的不是技术，而是来自企业内部方方面面的阻力。企业可以通过宣传沟通、技术培训等手段，统一全体员工的认识，激励他们投入到管理变革中。

（7）绩效评价。在实施 CRM 的过程中，企业还应当适时地对实施进程和实施效果做出准确的评价，并利用评价结果进行纠偏。为此，完善的信息反馈系统就显得尤为重要。

六、物流售后服务的途径

1．将“客户”要领引入企业内部

客户服务是所有员工的事情，而不仅是直接与客户接触的一线员工，更不仅是客户服务（客户经理）部门员工的事情。整个物流公司都可以看作客户经理（客户服务或营销）部门，因为公司每个员工的行为都直接或间接影响着客户满意的程度，所以物流行业必须将“客户”的要领引入物流业内部。特别是在营销后服务中，公司高级主管、客户经理部门人员不仅要满足外部客户的需求，而且要首先满足内部客户（即其他员工）的需要，二线员工必须尽力向一线员工提供支援。

2．创建“服务至上”的物流企业文化

现在越来越多的物流公司开始重视客户服务，并急于将其引入到物流公司的经营活动中去，于是制订一大堆客户经理或市场营销的规章制度，强制员工去执行，结果却不尽如人意。制订制度并不困难，关键是要让员工认可，内化服务理念、服务宗旨，员工才会主动地、绞尽脑汁地去想、去做他能为客户所做的事情。同时，物流公司在服务上的竞争，关键不在于服务项目和产品的多少，而在于服务文化。建立和改变物流企业文化，需要一段漫长的过程。在这个过程中，管理者起着决定性的作用。服务杰出的管理者，会不厌其烦地阐释其服务理念，并亲自到第一线为客户提供服务，这样做可以使高层主管接触客户遭遇的问题，体验第一线员工的辛劳，同时向所有员工显示客户服务的重要性。因为，只有参与型的领导才能真正使员工体会到传播的“文化”的实质，而员工才可能有最大的投入。此外，建立以客户为导向的组织机构也是重要的一环。 这种组织结构应该向员工传递这样一个清楚信息：一线员工的职责是使客户满意；而管理人员的职责是支援员工，使他们更好地为客户服务。要做到这样，一线员工应被充分授权，因为真正了解客户的是直接面对他们的一线员工，如果这些人没有权力根据客户需求决定自己的行动，就不可能让客户满意。为了保证一线员工正确地使用权力，物流公司要加强员工培训，管理层要由机械管理者转变为客户拥护者和教练，配合员工愉快地工作。同时，在缩短管理半径的同时，强调管理人员与员工的双向沟通：一方面，管理者必须让员工了解服务的目标，协助他们提供最优服务；另一方面，一线员工应将客户的意见准确、快速地反馈给管理层，并提供决策参考。

3. 规划好营销后服务系统

（1）要建立客户资料库。客户资料是物流公司营销活动的起点，其基本思想就是做到对客户了如指掌，不定期进行意见反馈，征求意见，从而针对每个客户，提供个性化服务。要准确规划设计统一的客户信息管理中心，并实行资源共享。

（2）尽量提供全方位营销后服务，增强客户对公司的依赖性即设置高的转换壁垒，使客户难以离开。主要包括为客户提供月度统计分析表，报给客户参考。

① 本月发货量，派车、到车及时率，单证流转准确率，有无货损货差等。

② 为客户提供季度、年度报表，内容包括各地发货量走势、淡旺季时间、区域发货量对比、发货准确率、及时率、事故率等。

③ 结合客户的物流工作目标，确定该项目的发展目标。处理客户投诉，提供补救性服务，以及其他增值服务。

（3）有针对性地提供服务。在确定提供哪些服务项目之前，必须首先识别客户最重视的各项服务及其相对重要性，进行优先排序，根据“二八”原则，对重点和优良客户量身定做服务项目，避免在某些低层次服务项目上投入过度，而对提升客户满意度却收效不大。

4. 建立战略合作关系

如果说上述方法更注重的是情感投入和利益回报，那么更为牢固的客户关系应该是战略联盟与伙伴关系，即对客户来说要有量身定制的物流方案，对物流公司来说要提供贴心服务。物流企业应该在以下几个方面体现出和客户的战略合作伙伴关系。

（1）不断改善、提高物流服务质量，以满足客户的销售需要。

（2）伴随着客户的发展壮大，能够及时提出相对应的采购、销售物流解决方案。

（3）通过有针对性、个性化的物流解决方案，来降低物流成本，减少资金占用量。

（4）配合客户销售，积极整合社会资源，实现客户与其终端客户的零距离，客户的零库存，以及 JIT 概念的实现。

（5）积极跟进客户销售网络的铺设，做好仓储网络的部署，客户的分拨，配送物流。

（6）通过资源的不断整合、优化，降低物流费用，为客户提高产品的竞争力，以达到双赢，真正形成稳固的战略合作伙伴关系。这种相互依赖、相互影响的关系，使客户和物流公司成为新的利益共同体。

5. 衡量客户满意度

对客户满意度进行追踪调查和评估，是持续改善服务的关键。物流公司衡量客户满意度的方法很多，归纳起来，无外乎两个方面，外部评估与内部评估。

外部评估的其中一个有效渠道就是处理客户投诉。但并非所有不满的客户都有投诉，而对服务感到满意的客户几乎都不会有任何表示，因此有必要进行定期或不定期调查，才能全面衡量客户的满意度。调查样本的选取要保证客户的覆盖面，既要包括各个层次的现有客户，又要包括流失的客户。对于流失的客户，要分析停止服务的原因。为此，可在服务后立刻对客户进行调查。这样可以立刻发现问题所在，及时补救。

内部评估主要从两方面入手。一是根据所建立的服务标准对服务过程进行检查，实行质量否决权制度，促进员工提高服务水准。二是进行隐蔽性调查，如聘请社会服务监督员；或让员工伴装成客户，提出各种不同的问题和抱怨，看员工如何处理，亲身体验作为客户所受到的待遇；或进行比较性物流服务，了解竞争者的服务策略，以便采取相应的对策。

单元二　物流质量管理

随着中国经济的强劲发展，企业经济活动也出现了全球化和竞争白热化趋势，物流对企业在市场上能否取胜的决定作用越来越明显。从竞争的角度而言，企业在市场上赢得竞争优势三个主要因素——产品的质量、价格及产品的供给，都将直接受到企业物流运作效果的影响，因而物流质量成为获取顾客满意和竞争优势的重要内容。

一、现代企业物流质量管理概述

1. 主要术语

质量是指“一组固有特性满足要求的程度”（ISO9000－2000）[①]，质量的特性包括性能、寿命、可靠性、安全性、经济性、美学性等，除了满足顾客的要求外，还包括满足其他如社会、投资者、供应商和企业员工等的相关要求。质量不仅是指产品质量，也可以是某项活动或过程的工作质量，还可以是质量管理体系运行的质量。

ISO9000 标准中质量管理的定义为：在质量方面指挥和控制组织的协调一致的活动。由其定义可知，质量管理是企业围绕着使产品质量能满足不断更新的质量要求，而开展的策划、组织、计划、实施、检查和监督、审核等所有管理活动的总和。

质量体系是指“为了实施质量管理的组织机构、职责、程序、过程和资源”（ISO 8402—1994）。质量体系的建立必须满足如下的目标要求：规定具体的质量方针和目标；强烈的顾客导向；为达到这些质量方针和目标所必需的所有活动；所有活动在组织范围内构成为一体；把质量任务明确分配给全体人员；特定的供应商控制活动；全面质量设备鉴定；规定质量信息的有效流动、处理及控制；强烈的质量意识和组织范围内积极的质量激励和培训；规定质量成本及质量绩效的标准及其衡量单位；纠正措施的有效性；对体系连续不断地控制，其中包括信息的前馈和反馈、成果分析及与现有标准的比较；系统活动的定期审核。

物流质量是指物流活动满足企业生产需要和顾客消费需要的各个特征的总和。美国物流管理协会在对物流过程的质量和生产率进行研究后提出，物流质量就是满足顾客的需求和期望，包括问询、订单下达及订单传递的方便性；及时可靠的交货及沟通；准确、完整、无货损的交货及无差错单证；及时有效的售后支持；业务职能部门之间准确、及时地传送信息，且与外界组织共同计划、管理、执行上述活动。

企业物流质量管理就是依据物流系统运动的客观规律，为了满足顾客的服务需求，通过制订科学合理的基本标准，运用经济办法实施计划、组织、协调控制的活动过程。企业物流质量管理必须满足两个方面的要求：一方面是满足生产者的要求，必须保证生产者的产品能保质保量地转移给顾客；另一方面是满足顾客的要求，按顾客的要求将其所需的商品交给顾客。

建立现代企业物流质量管理体系，除了要有管理职责，人员与物质资源，质量体系结构等

① ISO 为国际标准化组织，ISO9000 为一系列标准。

要素外，还必须要有符合现代企业经营特点的物流运作要素，包括物流需要的调研与评定；物流服务设计；物流服务提供过程和物流管理业绩的分析与改进。

小贴士

5A 级物流企业

“5A”分别指一致性（Aligned）、灵活性（Agile）、适应性（Adaptive）、安全性（Alert）、环保性（Anti-Pollution）。

依据《物流企业分类与评估指标》（GB/T19680—2005）国家标准，中国物流与采购联合会自 2005 年开始开展 A 级物流企业综合评估工作。2016 年 1 月 29 日召开的中国物流与采购联合会物流企业综合评估委员会第二十一次会议，审定通过第二十一批 A 级物流企业 232 家（包括升级企业 34 家）。其中，5A 级企业 9 家（包括 4A 升 5A 级企业 5 家）；4A 级企业 66 家（包括 3A 升 4A 级企业 21 家，2A 升 4A 级企业 1 家）；3A 级企业 111 家（包括 2A 升 3A 级企业 7 家）；2A 级企业 42 家；1A 级企业 4 家。审定通过复核企业 312 家，因各种原因放弃复核企业 46 家。

（1）全员参与。物流质量的保证涉及企业物流活动的相关环节、相关部门、相关人员，需要各环节、各部门的广大员工共同努力，物流质量是每个员工的责任。全员性是物流综合性、物流质量的重要性、复杂性所决定的，它反映了质量管理的客观要求，因此必须调动全体员工参加质量管理的积极性，加强物流质量意识的教育。

（2）全程控制。物流质量管理要对流通对象的运输、储存、包装、装卸等物流活动进行全过程的质量管理，同时又是对产品在社会再生产全过程中进行全面质量管理的重要一环。在这一全过程中，必须一环不漏地进行全过程控制才能保证最终的物流质量，达到目标质量。

（3）全面管理，整体发展。物流系统是个大跨度系统，因而影响物流质量的因素是综合的、复杂的、多变的，物流质量管理的内容是广泛的，涉及物流的各个方面，除了物流对象本身，还包括相关的工作质量、工程质量和服务质量。因此，企业必须要有相应的物流质量体系作为保证，全面分析各种相关因素，把握内在规律，建立健全质量体系，实现全面质量管理。因此，企业必须从系统的各个环节、各种资源及整个物流活动的相互配合和相互协调做起，只有质量管理的全面、整体发展才能最终实现物流管理目标。

二、现代企业物流质量管理的主要内容

1. 商品的质量保证及改善

物流的对象是具有一定质量的物质实体，具有符合客户要求的性能、尺寸、规格、外观等，这些质量是在生产过程中经过工艺加工形成的。在物流过程中，相应的质量不能被破坏，而应得到适当的保护，以实现对客户的质量保证。因此，对客户的质量保证不仅取决于生产领域，同时还取决于物流活动。

此外，现代物流绝不是简单的、被动的保护物流对象，还可以通过流通加工，参与监督产品生产，设计等手段有效改善和提高物流对象的质量，实现物流活动的增值效应，提高客户满意度。

例如，美国某物流企业在产品设计阶段协助设计部门进行可靠性设计和故障预测，在产品制造阶段则监督制造商按照设计部门的设计进行施工，从而大大消除了质量隐患，减少了事故损失。

2．物流服务质量

物流活动具有服务的本质特性，既要为现代企业生产经营过程服务，也要为现代企业的产品和服务的顾客提供全面的物流服务。服务质量因不同用户而要求各异，因而要了解和掌握客户现实的和潜在的需要，包括商品狭义质量的保持程度；流通加工对商品质量的提高程度；批量及数量的满足程度；配送量、间隔期及交货期的保证程度；配送、运输方式的满足程度；成本水平及物流费用的满足程度；相关服务（如信息提供、索赔及纠纷处理）的满足程度等。

此外，物流服务质量是变化发展的，随着物流领域绿色物流、柔性物流等新的服务概念的提出，物流服务也会形成相应的新的服务质量要求。物流服务质量是通过顾客要求的物流功能给顾客提供价值的过程，是物流企业质量管理的重要内容。

相关链接

蚁安居携手红星美凯龙，开启家居智慧物流新时代

近年来，家居行业人工智能技术兴起，智能产品快速发展，智慧技术从产品制造、销售渠道到场景应用不断给行业带来变革，也带给用户更智能化的生活方式。而作为家居行业的支持性产业，打造快速高效的智慧物流服务生态，成为助推行业升级及消费升级，链接人与服务的重要一环。

2017 年 12 月 20 日，红星美凯龙“第五届 GHIS 全球家居产业联合峰会”在上海举行，国内知名家居品牌商家、媒体代表、协会领导等莅临现场。蚁安居作为红星美凯龙战略投资合作伙伴，董事长李晓明及 CEO 王跃峰受邀参与此次峰会。在本次峰会上，蚁安居 CEO 王跃峰发表以“智慧物流，万物互联”为主题的演讲。王总表示，蚁安居一体化的智慧供应链服务模式，将开启家居物流服务新时代，让厂家的供应链更柔性化，让货物永远在路上，缩短仓库存储时间，让服务离消费者越来越近，不同场景可触手可及。

王跃峰分享了蚁安居的服务网络及智慧系统建设。“蚁安居孵化于华耐家居，定位是一体化的家居供应链服务商，即从产品出厂的干线、仓储、配送、安装维修各环节一体化，一方面帮助厂家及线上线下商家提升效率、降低成本，同时提升用户体验。蚁安居目前已累积服务用户 500 多万，在全国 300 个城市，2 200 个区县建立服务能力，服务技师超 3 万，自有车辆 3 500 辆，同时建立起 40 多万平方米的专业家居仓”。

王跃峰认为，随着互联网信息技术及大数据在物流行业的广泛应用，家居物流服务已经逐步进入智慧时代。如果说传统物流链接的是“货物”，竞争的核心是物流基础设施的建设，而智能物流链接的是用户、信息和数据，更依赖信息技术的应用和大数据的分析。在智慧系统建设方面，蚁安居结合业务实践和对场景的理解，自主研发了四大引擎驱动的“倚天”智慧系统。实现订单的自动解析，车辆的自动配载，技师的自动匹配，再到费用的自动结算。正在探索的蚁安居智能云仓系统，更是通过对供应链大数据的分析，帮助商家有效实现库存的优化。可以告诉商家“商品放在哪里最合适？放多少更合理？”尽量减少库存，让它在车上、在路上去流动，而且必须离用户最近。

商家关注的是降本增效，而用户体验才是根本。王总表示，蚁安居自成立以来就将“用户点赞才是服务的标准”作为服务理念，为客户提供定制化服务方案，按用户要求实现送货安装一体化，并提供一年质保承诺，目前已经与行业上千名家居品牌商家及平台建立合作。最后，王总强调，以服务为核心，以技术为驱动，打造一个开放协同，智慧交互，共享互利的家居智慧物流生态系统，做好人与服务之间的链接，是蚁安居人的使命，相信也是全行业的期许。蚁安居愿意与更多厂商、服务商携手，共同推动这一目标的实现。

——资料来源：**https: //www.iyiou.com/p/62911 2017-12-25**

3．物流工作质量

物流工作质量指的是物流各环节、各工种、各岗位的具体工作质量。工作质量和物流服务质量密切相关，工作质量决定着物流服务质量，是物流服务质量的基础和保证。建立科学合理的质量管理制度，充分调动广大员工的积极性，不断提高工作质量，是物流企业需要解决的重要课题。

“5S”①活动是提高物流工作质量的一种方法。“5S”活动是指对物流中心、仓储现场管理和流通加工等现场各要素所处状态不断进行整理、整顿、清扫、清洁和提高素养的活动。具体内容和要求如下。

（1）整理：区分现场需要和不需要的物品，将不需要的坚决清理出现场。

（2）整顿：对整理后现场所需物品进行合理摆放，实行定置管理。

（3）清扫：把工作场所打扫干净，设备有异常时马上修理，使其恢复正常。

（4）清洁：认真维护工作现场，保持完美和最佳状态。

（5）素养：即教养，努力提高员工素质，养成遵守规章制度的习惯和作风。

4．物流工程质量

物流质量不仅取决工作质量，而且还取决于工程质量。在物流过程中，将对物品质量发生影响的各因素（人力因素、体制因素、设备因素、工艺方法因素等）统称为“工程”。物流工程质量对物流活动有着决定性影响。它属于物流系统设计的范畴，如物流网点的规划设计等。对物流工程质量的管理需要利用系统论的观点和方法，对物流系统中的相关因素进行分析、计划和控制。很明显，提高工程质量是进行物流质量管理的基础工作，提高工程质量，就能做到“预防为主”的质量管理。

三、物流质量指标体系

衡量物流质量的主要指标是根据物流服务的最终目标确定的，即是“目标质量”的具体构成内容。围绕这些指标，在工作环节中，各项工程又可以制订出实现“分目标”的一系列质量指标，这就形成了一个物流质量指标体系。

1．物流目标质量指标

（1）服务水平指标。

① 满足服务比率$=\dfrac{\text{满足用户要求次数}}{\text{用户要求次数}}\times 100\%$

---

① 5S 分别是指 Seiri 、Seiton、Seiso、Seikeetsu 和 Shitsuke 。

② 缺货率 $=\dfrac{\text{缺货次数}}{\text{用户要求次数}}\times 100\%$

（2）交货水平指标。

① 交货率 $=\dfrac{\text{按期交货次数}}{\text{总交货次数}}\times 100\%$

② 货物满足率 $=\dfrac{\text{满足要求数量}}{\text{用户要求数量}}\times 100\%$

（3）交货期质量指标①。

交货期误差＝规定交货期－实际交货期

交货期误差结果为正值时，说明是提前交货；为负值时，说明是延迟交货。

（4）商品完好率和缺损率。

① 商品完好率 $=\dfrac{\text{交货时完好的商品量}}{\text{物流商品总量}}\times 100\%$

② 缺损率 $=\dfrac{\text{缺损商品量}}{\text{物流商品总量}}\times 100\%$

（5）物流吨费用指标。

物流费用率（元/吨）$=\dfrac{\text{物流费用}}{\text{物流商品总量}}$

2．仓库质量指标

（1）仓库吞吐能力实现率 $=\dfrac{\text{期内实际吞吐量}}{\text{仓库设计吞吐量}}\times 100\%$

（2）商品收发正确率 $=\dfrac{\text{某批吞吐量}-\text{出现差错总量}}{\text{同批吞吐量}}\times 100\%$

（3）商品完好率 $=\dfrac{\text{某批商品库存量-出现缺损的商品量}}{\text{某批商品库存量}}\times 100\%$

（4）库存商品缺损率 $=\dfrac{\text{某批商品缺损量}}{\text{该批商品总量}}\times 100\%$

（5）仓库面积利用率 $=\dfrac{\text{库房、货棚、货场占地面积总和}}{\text{仓库总面积}}\times 100\%$

（6）仓容利用率 $=\dfrac{\text{仓储商品实际数量或容积}}{\text{设计库存数量或容积}}\times 100\%$

（7）设备完好率 $=\dfrac{\text{期内设备完好台数}}{\text{同期设备总台数}}\times 100\%$

（8）设备利用率 $=\dfrac{\text{全部设备实际工作时数}}{\text{设备工作总能力（时数）}}\times 100\%$

（9）仓储吨成本（元/吨）$=\dfrac{\text{仓储费用}}{\text{库存量}}$

① 此项指标为绝对数指标，其他指标大部分为相对数指标。

3. 物流运输环节质量指标

（1）正点运输率$=\frac{\text{正点运输次数}}{\text{运输总次数}}\times 100\%$

（2）满载率$=\frac{\text{车辆实际装载量}}{\text{车辆装载能力}}\times 100\%$

（3）运力利用率$=\frac{\text{实际吨千米}}{\text{运力往返运输总能力（吨千米）}}\times 100\%$

物流质量指标体系的具体内容应不止这些，要根据物流对象的不同进行针对性的设计。

四、物流质量体系认证

1. 质量体系认证

质量体系认证是市场竞争的产物，近年得到世界各国的普遍重视并迅猛发展。

质量体系认证是指第三方（社会上的认证机构）对供方的质量体系进行审核、评定和注册活动，其目的在于通过审核、评定和事后监督来证明供方的质量体系符合某种质量保证标准，对供方的质量保证能力给予独立的证实。

质量体系认证起源于产品质量认证中的“企业质量保证能力评定”。这种评定着重对保证质量条件进行检查，以确认该企业能否保证其申请产品能长期稳定地符合特定的产品标准。因此，不能把产品质量认证中质保能力评定与单独的质量体系认证等同起来，质量保证能力评定只是质量体系认证中的一部分。

质量体系认证有以下特点。

（1）认证的对象是供方的质量体系。质量体系认证的对象不是该企业的某一产品或服务，而是质量体系本身。当然，质量体系认证必然会涉及该体系覆盖的产品或服务，有的企业申请包括企业各类产品或服务在内的总的质量体系的认证，有的申请只包括某个或部分产品（或服务）的质量体系认证。尽管涉及产品的范围有大有小，而认证的对象都是供方的质量体系。

（2）认证的依据是质量保证标准。进行质量体系认证，往往是供方为了对外提供质量保证的需要，故认证依据是有关质量保证模式标准。

2008 年版的 ISO9000 族标准的主要核心标准如下。

ISO9000：2008《质量管理体系—基础和术语》，阐述了质量管理体系的基本原理，并定义了质量管理体系的术语。ISO9000 是一个说明性的标准，为标准的制定和应用提供统一的语言和思想基础。

ISO9001：2008《质量管理体系—要求》，规定了质量管理体系的要求，用于证实组织具有提供满足顾客要求和使用法规要求的产品的能力，目的在于增进顾客满意。它用于质量管理体系认证。

ISO9004：2008《质量管理体系—业绩改进指南》，对于组织建立兼具效果和效率的质量管理体系提供了指南，目的在于促进组织的绩效改进，实现顾客及其他相关方的满意。它不用于质量管理体系认证。

（3）认证的机构是第三方质量体系评价机构，具有权威性和公正性。

（4）认证获准的标志是注册和发给证书。

按规定程序申请认证的质量体系，当评定结果判为合格后，由认证机构对认证企业给予注册和发给证书，列入质量体系认证企业名录，并公开发布。

（5）认证是企业自主行为。产品质量认证可分为安全认证和质量合格认证两大类，其中安全认证往往是属于强制性的认证。质量体系认证主要是为了提高企业的质量信誉和扩大销售量，一般是企业自愿、主动提出申请，是属于企业自主行为。但是不申请认证的企业，往往会受到市场自然形成的不信任压力或贸易壁垒的压力，而迫使企业不得不争取进入认证企业的行列，但这不是认证制度或政府法令的强制作用。

2．物流企业进行质量体系认证物的意义

（1）推行 ISO 质量管理体系认证，可提升物流企业管理水平，降低企业成本，提高企业竞争力。

近年来，物流业在我国取得了快速发展，一些物流企业在快速扩张和发展过程中，内部管理的各种问题开始显现，如操作不规范，职责不明确，效率低下，客户抱怨和投诉增加及管理决策随意性等，而在物流企业全面推行 ISO 质量管理体系认证，不仅可以节约大量的社会检验费用，而且也可以规范物流企业内部操作，深化质量管理，提高服务质量，提升管理水平，降低管理成本，增强企业的竞争力。

（2）推行 ISO 质量管理体系认证，可使物流企业尽早融入国际市场，提高国内国际范围内的企业知名度。

随着全球经济一体化和国内市场国际化，贯彻 ISO9000 标准开展质量管理体系认证，成为国内企业界、经济界的一个热门话题。甚至有人称，质量管理体系认证是国内企业和产品进入国际市场的通行证。企业通过质量管理体系认证后，一方面认证机构要印发认证企业名录，扩大了企业影响；另一方面企业可以通过各种宣传渠道，广泛进行宣传，提高企业的知名度，取得用户的信任。因此，推行 ISO 质量管理体系不仅使物流企业获得了权威性的社会承认和国内外市场的认同，而且可以提高物流企业在国内、国际范围内的知名度。

（3）推行 ISO 质量管理体系认证，可增强国内国际市场上的竞争力。随着我国加入 WTO，物流业的竞争将更加剧烈。同时，是否根据 ISO9000 族国际标准建立质量管理体系，以及是否已通过体系认证，将成为物流企业服务质量保证能力和水平的标志。在国内国际市场，外资企业均以是否获得 ISO9000 认证证书作为参与竞争和合作的前提条件。因此，物流企业推行和全面实施 ISO 质量管理体系认证，可以增强其在国内外物流市场上的竞争能力。

3．物流企业进行质量体系认证的过程

（1）以 ISO9000 系列标准为指南，建立物流质量管理体系。建立物流质量管理体系要经历四个阶段：质量体系的策划与设计；质量体系文件的编制；质量体系的试运行；质量体系审核、评审。其中，企业物流质量管理体系文件包括：①物流质量管理手册；②物流质量管理规范和质量计划；③物流服务规范；④质量记录。

（2）在建立健全质量管理体系的基础上，向质量体系认证机构提出认证要求。一般要经历的步骤包括企业提出认证申请；认证机构初访；企业提供质量体系文件；认证机构对质量体系文件进行评定；质量体系现场审核、评价；企业完善质量体系；认证管理机构批准注册和认证。

根据质量体系认证机构认证程序的规定，对通过体系认证的企业，每年需进行 1～2 次的跟踪检查。因此，物流企业要不断完善质量体系，随时准备跟踪检查。

单元三　物流标准化

一、物流标准化的概念

1．物流标准及物流标准化的概念

物流标准化是物流现代化的基础，我国国家标准对标准作如下定义：“标准是指为在一定的范围内获得最佳秩序，对活动或其结果规定共同的和重复使用的规则、导则或特性的文件。标准应以科学、技术和经验的综合成果为基础，以促进最佳社会效益为目的”。

由于物流本身是一个复杂的系统，所涉及的要素必然是纷繁复杂的。无论从物流的空间范围，还是从物流的功能，也无论从物流的实现手段，还是从物流的管理和技术，物流标准必然会包罗万象。

物流标准和物流标准化二者内涵并非相同。物流标准化是指以物流系统为对象，围绕运输、包装、装卸、存储及物流信息处理等物流各种活动或其结果制订、发布和实施有关技术和工作方面的标准，并按照技术标准和工作标准的配合性要求，统一整个物流系统各种活动的过程。

2．物流标准的特性

作为标准，物流标准应具有标准的一般特性，即具有具体细化的数值或条款；具有可衡量性和可操作性；具有一定的强制性和约束性；具有与其他相关标准的配合性等。同时，它又具有自身的特性。

（1）标准种类繁多，涉及面更为广泛。物流标准对象不像一般标准化系统那样单一，而是包括了机电、建筑、工具、工作方法等诸多种类，因此也给标准的统一性及配合性带来很大困难。

（2）属于二次系统。这是由于物流及物流管理思想诞生较晚，组成物流大系统的各个分系统在归入物流系统之前，早已分别实现了本系统的标准化，并经多年的应用、发展和巩固已很难改变，在推行物流标准化时，必须以此为依据。总地来说，通常是在各个分系统标准化基础上建立物流标准化系统，这就必然要从适应及协调角度建立新的物流标准化系统，广泛考虑各种现实条件。

（3）内容复杂，具有非常强的国际性。随着对外贸易和交流的大幅上升，特别是加入WTO以后，国际交往、对外贸易越来越重要，而国际贸易需要靠国际物流来完成。这就要求各国家之间的物流系统相衔接，力求使本国标准与国际物流标准体系相一致，否则会加大国际交往的难度。更重要的是，在很高的国际物流费用的基础上又增加了标准化不统一造成的损失，增加了国际贸易的成本。

二、物流标准化的意义

物流标准化是物流管理的重要手段，对于提高物流作业效率，加快流通速度，保证物流质量，减少物流环节，提高物流管理效率，降低物流成本，提高经济效益，推动物流技术的发展都具有巨大的促进作用。

（1）物流标准化是物流管理的重要手段。物流系统涉及面广，在进行系统管理时，系统的统一性，系统内部各环节之间的有机联系是物流系统能否生存的首要条件。保证高度统一性及各环节的有机联系，除了需要一个有效的指挥、协调、决策的领导机构外，还需要许多方法手段，标准化就是手段之一。方法、手段健全与否又会反过来影响指挥能力及决策水平。例如，物资编码没有实现标准化，各个领域分别制订了自己领域的物资编码，其结果是不同领域之间信息难以传递，微机无法联网，妨碍了物流系统管理效率的实施。又如，我国铁道及交通两个部门集装箱未能实现统一标准，极大地阻碍了车船的广泛联运，妨碍了物流水平的提高。因此，物流标准化可以实现物流各环节衔接的一致性，是加快物流系统建设和管理的重要手段。

（2）物流标准化是提高物流作业效率，加快流通速度的有效途径。物流产业要提高效率，必须实现运输合理化，装卸搬运机械化，仓储管理科学化。但是，没有统一的集装箱尺寸标准，就不可能进行机械化的集装运输业；托盘规格与叉车、货叉尺寸标准不协调，就不可能进行机械化装卸；没有标志技术标准化的支持，就不可能进行自动化分拣货物，所有这些都会对物流系统的效率产生极大影响。

（3）物流标准化是保证物流质量的重要手段。物流活动的重要任务之一就是将企业生产的产品及时并完好无损地送交到用户手中。物流所制订的各项标准，是对各种物流活动的有效约束和全程控制，能够最大限度地保护产品在物流各环节的流动，保证物流的工作质量和服务质量。

（4）物流标准化是降低物流成本，提高物流效益的有效手段。物流标准化可以实现物流各环节的有机结合，加快物流过程中运输、包装、装卸、搬运、流通加工、配送、信息传递等方面的速度，最大限度地降低装卸作业费用，降低储存费用，提高各种物流设备、设施和器具的利用率，减少由于标准的不统一而带来的中途货物转换损失，从而降低物流成本，获得直接或间接的经济效益。例如，我国铁路、交通集装箱由于未实行统一标准，双方衔接时要增加一道装箱工作，为此，每吨物资效益损失 1 元左右，相当于火车 30 千米以上的运费，在广泛采用集装箱运输，物资运输量加大后，效益损失更是可观。

（5）物流标准化有利于提高技术水平，推动物流技术的发展。现代物流的特征之一就是国际化，因此标准化的过程必然要实现与国际物流标准的接轨，在运输工具、包装、装卸搬运、仓储、信息传输等方面，开展与世界其他先进国家的交流与合作，这必将大大促进我国物流技术的发展。

研究物流标准体系是物流标准合理化的前提。制订科学、合理的现代物流标准体系，必须要遵循完整性、协调性、层次性、明确性原则。

① 完整性。根据对现代物流系统的综合分析，力求形成门类齐全、系统、成套的物流标准体系；所制订的物流标准体系应包括现有的、应有的和前瞻性的标准。

② 协调性。标准体系必须考虑物流系统的协调配合问题，包括物流各环节之间的协调，物流设备、工具与场所的协调，国内物流工具与国际物流的协调，物流系统与其他系统的协调等。

③ 层次性。层次性反映出标准适用的范围。适用范围小的标准处于较低层次上，具体的个性标准处于最低层次。

④ 明确性。同一标准不能归入到两个或两个以上的子系统中，避免重复制订，为了合理简化标准的内容，还应该将若干个标准中共同涉及的内容提出来，制订成一个共同标准。

三、物流标准的种类

物流标准的制订是物流标准化活动最基本的工作，也是开展物流标准化的前提。按照物流标准的性质和应用性质，可以分为以下三类物流标准。

1. 物流技术标准

物流技术标准是指对物流标准化领域中需要协调统一的技术事项所制订的标准。按其标准化对象特征和作用，主要分为以下几种。

（1）物流基础标准。它是指在一定范围内作为其他物流标准的基础并普遍使用，具有广泛指导意义的标准。基础标准是制订其他物流标准应遵循的、全国统一的标准，是制订物流标准必须遵循的技术基础与方法指南，主要包括专业计量单位标准、物流基础模数尺寸标准、物流专业名词标准等。

① 物流计量标准。它是对物流系统中的专业计量单位所制订的标准。需要指出的是它是在国家计量标准的基础上制订出来的，同时还要参考国际计量标准。物流计量标准是对国家计量标准的补充，属于专业计量标准范畴，它也是制订其他物流标准的基础。

② 物流基础模数尺寸标准。所谓模数，是指某系统的设计、计算和布局中普遍重复应用的一种基准尺寸。物流基础模数尺寸是指标准化的共同单位尺寸或物流系统各标准尺寸的最小公约尺寸。也就是说，在基础模数尺寸确定之后，各个具体的尺寸标准都要以基础模数尺寸为依据，选取其整数倍数为规定的尺寸标准。物流基础模数尺寸标准是物流系统中各种物流设备、设施和器具尺寸的制造、建设的依据，从而可以确定整个物流系统的尺寸模数体系。

③ 集装基础模数尺寸标准。它是在物流基础模数尺寸的基础上，按倍数关系推导出来的各种集装设备的基础尺寸。通过对国内外物流现状的调查和物流发展趋势的预测，可以认为，集装形式是未来物流的主导形式，散装只在某些专用领域有发展。因此，集装系统使物流全过程贯通而形成体系，是保持物流各环节上的设备、设施及器具之间整体性及配合性的核心。所以，集装系统是使物流过程连贯而建立标准化体系的基点，集装基础模数尺寸决定和影响着其他物流环节的标准化。

④ 物流建筑模数尺寸标准。物流建筑模数尺寸标准是指在物流系统中各种建筑物所使用的基础模数尺寸。该尺寸是设计建筑物的长、宽、高等尺寸，门窗尺寸，建筑物柱间距、跨度、深度，以及货台高矮等尺寸的依据。

⑤ 物流标志、图示与识别标准。它是为了便于识别和区分物流中的物品、器具，以及作业方式而制订的统一规定，如识别标志、储运指示标志、危险品标志等。

⑥ 物流编码标准。它是指对物流对象进行编码，并按物流过程的要求，转化成条形码，实现物流系统的有效衔接、配合的基本的标准。它是采用信息技术对物流进行组织、控制的基础标准，主要是物流实体的编码技术标准，以及这些编码的数据库结构标准，如物品分类编码标准、储运单元条码标准、托盘编码技术标准、集装箱编码技术标准及数据库结构标准等。

⑦ 物流单据、票据标准。它是对物流活动中所有的单据、票据所做的统一性规定。它是应用计算机技术和互联网进行数据交换和传递的基础标准，是物流管理实现现代化、信息化的保证。

⑧ 物流专业名词术语标准。是对物流专业名词的统一化，定义的统一解释，以及专业名

词的统一编码等所做的规定。它是实现信息快速准确传递，避免物流工作混乱的基础条件，如《物流术语》（GB/T18354—2006）等。

（2）物流分系统技术标准。它是针对物流分系统的各环节所制订的技术标准，对物流分系统的规范发展具有很强的指导意义。

① 运输车船标准。它主要是指对火车、卡车、货船、拖挂车等运输设备的车厢尺寸、船舱尺寸、载重能力、运输环境条件等制订的技术标准。

② 仓库技术标准。它主要是指对仓库形式、规格、尺寸、性能、建筑面积、设计通用规则、建设设计要求、防震放火及安全等事项所制订的技术标准。

③ 包装标准。它主要是对包装尺寸、包装材料、质量要求、包装标志及包装的技术要求所制订的技术标准。

④ 装卸搬运标准。它主要是指对装卸搬运设备、装卸搬运车辆、传输机具、装卸搬运质量要求、装卸搬运的技术要求所制订的标准。

⑤ 站台技术标准。它主要是指对站台高度、站台设计要求等事项所制订的标准。

⑥ 集装箱、托盘标准。它主要是指对托盘系列尺寸，集装箱系列尺寸，托盘技术要求和标记，集装箱技术要求和标记、荷重，以及集装箱材料等所制订的标准。

⑦ 货架、储罐标准。它主要是指对货架与储罐的技术要求，货架结构形式与净空间，货架载重能力，储罐的技术要求，储罐结构形式，储罐的容积和尺寸等所制订的标准。

⑧ 物流信息标准。它主要是指自动识别与分拣跟踪技术标准和电子数据交换标准。自动识别与分拣跟踪技术主要有条码技术、扫描技术和射频技术等。其中，条码技术标准主要包括码制标准和条码标志标准。电子数据交换标准主要包括电子数据交换语法标准和电子数据交换报文标准。

⑨ 其他技术标准。这主要是指为保护物流环境，有利于生态平衡，保证人和货物的健康与安全，对物流系统及物流活动涉及的能源、环保、安全和卫生等要求所制订的标准。

2. 物流管理标准

物流管理标准是指物流管理标准化领域中需要协调统一的物流管理事项所制订的标准。制订物流管理标准的目的是为了合理组织物流工作，科学地行使计划、监督、指挥、调整、控制等物流管理职能。

物流管理标准的一般内容主要有物流管理工作应达到的质量要求；物流管理程序与方法；物流统计和核算方法；物流管理有关资料、报表和原始记录的要求；物流工作任务完成情况的凭证编制要求等。

随着物流管理逐步向科学化、现代化发展，物流管理标准将越来越多地在物流管理中发挥有效的作用。为了便于制订、贯彻、实施物流管理标准，常按管理对象把物流管理标准化分为物流技术管理标准、物流组织管理标准、物流经济管理标准、物流质量管理标准、物流设备管理标准、物流劳动组织管理标准、物流行政管理标准七大类。

3. 物流工作标准及作业规范

工作标准与作业规范是对物流各项工作制订的统一要求及规范化规定。其内容主要包括各岗位的职责和任务；每项任务的数量、质量要求及完成期限；完成各项任务的程序和方法；与相关岗位的协调，信息传递方式；工作人员的考核与奖励方法等。物流作业标准及作业规范是实现物流工作及作业规范化、效率化及保证物流作业质量的重要基础。

小贴士

物流信息标准化

物流信息标准化是指在运输、配送、包装、装卸、保管、流通加工、资源回收及信息管理等环节中，对重复性事物和概念通过制订发布和实施各类标准，达到协调统一，以获得最佳秩序和社会效益。物流信息标准化要通过简化、统一化、系列化、通用化、组合化等形式。只有实现了物流信息标准化，才能在国际经济一体化的条件下有效地实施物流系统的科学管理，加快物流系统建设，促进物流系统与国际系统和其他系统的衔接，有效地降低物流费用，提高物流系统的经济效益和社会效益。物流信息标准化最终的落实手段日益集中于信息技术。因此，以物流信息为主线，推动中国物流的标准化建设就成为中国物流业面临的新课题。

四、物流标准化的方法

1．物流标准化的方法

（1）确定物流的基础模数尺寸。物流标准化的基础是物流基础模数尺寸，基础模数尺寸一旦确定以后，物流系统中设备的制造、设施的建设、物流系统总各环节的配合协调、物流系统与其他系统的配合就有了依据。目前，国际标准化组织（ISO）已基本认定 600 毫米×400 毫米为物流系统的基础模数尺寸。由于物流标准化系统较之其他标准系统晚些，因此在确定物流基础模数尺寸时，主要考虑对物流系统影响最大而最难改变的输送设备，采用“逆推法”，由输送设备的尺寸来推算最佳的基础模数，同时也考虑现在已通行的包装模数，已使用的集装设备，以及人体可能操作的最大尺寸等因素。

（2）确定物流模数。由于物流标准化的基点是建立在集装基础之上的，因此应确定物流模数，即确定集装基础模数尺寸。集装单元基础模数尺寸可以从 600 毫米×400 毫米按倍数推导出来，也可以在满足 600 毫米×400 毫米的基础模数的前提，从卡车或大型集装箱的分割系列推导而来。物流模数尺寸以 1 200 毫米×1 000 毫米为主，也允许 1 200 毫米×800 毫米及 1 100 毫米×1 100 毫米等规格。

（3）以分割与组合的方法确定物流系列尺寸。物流模数是物流系统各环节标准化的核心，是形成系列化的基础。物流系统某一环节的标准系列的确定过程为，首先依据物流模数确定有关系列的大小尺寸，再从中选择全部或部分作为定型的生产制造尺寸，这样，就完成了该环节标准系列的确定。

2．物流标准化的贯彻实施程序

物流标准的贯彻和实施，是物流标准化活动中最基本的工作。它贯穿于物流管理的始终。制订的物流标准只有被贯彻和实施，才能发挥应有的作用。

（1）计划准备。在贯彻与实施之前，有关部门和企业要拟定标准实施方案，对实施标准的各项工作做出科学安排。

为保证物流标准的顺利实施，必须认真细致地做好准备工作。准备工作主要有思想准备、组织人员准备、技术准备和物资准备。

（2）实施。实施标准就是把标准规定的内容应用于物流活动的具体实践中，贯彻与实施标准的方式主要有以下几个。

① 完全贯彻：就是对标准的条文不做任何压缩和补充，原原本本地执行。

② 压缩贯彻：就是标准贯彻时，对标准的内容进行压缩和部分选用。

③ 补充贯彻：就是当标准的内容不够全面、标准中的指标不能满足需要时，在不违背标准的基本原则下，对标准内容做一些必要的补充后贯彻。

④ 配套贯彻：就是在贯彻一些标准时，要制订这些标准的配套标准，以及这些标准的使用方法等指导性技术文件一并贯彻。这样，有利于更全面、更有效地贯彻标准。

（3）检查。通过检查验收，找出标准实施中存在的各种问题，进行分析研究，采取相应措施后，再继续贯彻实施。如此反复，就可促进标准的全面贯彻和提高。

（4）总结。总结包括技术上、方法上的总结，以及文件、资料的归纳、整理、立卷、归档，还包括对标准贯彻实施中所发现的问题和意见的整理、分析、归类工作。通过总结提出下一次工作意见和建议，为标准进一步修订、补充、实施做好准备。

（5）加强学习和培训。除了让有关人员掌握和熟悉标准的内容外，还要不断强化有关人员物流标准化意识，增强标准贯彻实施的自觉性，充分发挥有关人员的积极性和主动性。重视物流标准的配套标准的贯彻，充分发挥标准的综合功能。

（6）组织制订和实施企业标准，完善物流标准体系。企业在贯彻上级标准，以及采用国际标准、国外先进标准的同时，也可根据需要，制订和贯彻企业标准，以促进企业物流能力的提高。企业标准在企业中具有强制力，企业应建立有效的标准化监督检查体系，加大监督检查力度，制订经济责任制，使标准的贯彻实施与职工经济利益挂钩，以保证物流标准的顺利实施。

综合训练

基础训练

一、名词解释

1．物流服务
2．增值物流服务
3．物流信息标准化
4．物流质量管理
5．物流标准化

二、填空题

1．物流服务的本质是___________。
2．顾客满意度反映了顾客对企业提供的产品或服务的___________。
3．物流服务可以划分为两类，一是基本物流服务内容，二是___________。

4. CRM是源于___________的市场营销理论。

5. 物流质量是物流活动满足企业生产需要和顾客消费需要的___________的总和。

6. 现代企业物流质量管理的特点是全员参与、全员控制和___________。

7. 一般认为物流标准可以分为三类，分别是物流技术标准、物流管理标准和_______。

三、选择题

1. 物流服务应包括（　　）个要点。

A. 1　　B. 2　　C. 3　　D. 4

2.（　　）是企业产品可供性的衡量尺度。

A. 顾客满意度　　B. 缺货水平　　C. 订货水平　　D. 订货周期

3. 作业正确率属于物流服务质量指标体系中的（　　）指标。

A. 运作　　B. 信息

C. 客户满意度监测　　D. 仓储

4. 5S的内容是整理、整顿和（　　）。

A. 清扫　　B. 清除　　C. 清洁　　D. 素养

5. 物流基础模数尺寸标准属于（　　）标准。

A. 物流技术　　B. 物流计量　　C. 物流管理　　D. 物流信息

6. 国际标准化组织ISO已基本认定（　　）为物流系统基础模数尺寸。

A. 500毫米×500毫米　　B. 800毫米×600毫米

C. 600毫米×400毫米　　D. 1 000毫米×400毫米

四、简答题

1. 物流服务的评价指标都有哪些？

2. 企业如何根据自身情况确定物流服务水平？

3. 衡量物流质量的指标都有哪些？

4. 物流质量与物流成本之间存在怎样的关系？物流质量是否越高越好？为什么？

5. 物流系统的标准化的意义何在？存在哪些困难？

技能训练

案例分析：2017物流业格局逐渐明朗，智能化加速效率提升

2017年，物流行业的格局逐渐明朗。物流企业间的并购重组与谋求上市贯穿这一年的始终，但目的却不尽相同，扩充网点进而加速协同发展，整合业务谋求海外市场，或是服务提质精准“最后一公里”。与此同时，电商物流的发展趋于成熟，加码布局物流地产，丰富仓储运力，逐渐独立运营加码社会化，甚至已经成为电商企业背后一支强有力的后备军。无论物流行业如何风云变幻，智能化、绿色化、全球化成为物流企业谋篇布局时不谋而合的关键词。

一、现状篇

关键词1：整合重组

庞大的市场从不缺少整合重组与投资控股的案例，物流行业也不例外。苏宁为提速社会化收购了天天快递；圆通收购先达国际布局海外市场；58速运与GOGOVAN合并成立新公司，打通国内与海外的同城货运市场；中集e栈并入到丰巢正在改变快递柜行业的格局；货车帮与

运满满战略合并，城际整车货运市场格局的现状被打破。谋求社会化发展，拓展海外市场，提升网点密度，物流企业一直谋求综合发展，寻求新的利润增长空间。无论是资本的推动运作，还是企业发展的需求，整合重组成为物流行业发展的代名词之一。

关键词 2：末端竞争

当物流企业在仓储、运输及集散等环节精耕细作时，直接面向消费者的末端配送环节则一直是物流企业关注的焦点之一，提速、提质也就成为竞争的关键点。2017 年“6·18”与“双十一”期间，物流行业在末端配送布局成效得到集中检验。“双十一”落幕后，菜鸟网络将 1 亿个包裹送达消费者手中的时间，相较于 2016 年提前了 0.7 天。顺丰、圆通、申通等快递企业也同样加紧配送以应对激增的单量。与此同时，快递柜深入小区，意欲破解快递“最后一公里”难题。相关数据显示，丰巢已经在 80 多个城市和地区铺设了 9 万个快递柜。对于消费者来讲，次日达、当日达、精准达正在成为常态，物流企业正为此加速布局。

关键词 3：物流拆分

物流作为电商的基础服务设施，已经从原本的辅助角色向主导者的角色转变。电商自建物流发展成熟，成为快递领域的搅局者。今年，京东物流拆分，开始独立运营，在服务于京东自营商品进行配送时，逐渐为更多的品牌与商家服务，仓储、大数据、云计算等成为京东物流的一把利器，“双十一”当天，京东物流已将 85%的订单出库，唯品会的物流也同样成为吸睛的亮点，在唯品会 2017 年的三季度财报中，截止到 9 月 30 日，唯品会一共设立了 14 个前置仓，为海淘业务新增了约 2.3 万平方米的仓库，并新增约 15 万平方米区域中央仓面积。唯品会通过自营的物流快递网络配送了 98％的订单，高于 2016 年同期的 90％。

二、趋势篇

关键词 1：智能化

面对需要用最短的时间对千万件的快递进行运输、分拣和派送，无论是电商企业还是物流企业均对智慧化设备寄予了厚望，借此分解庞大订单量的压力。智能化将逐渐渗透到物流的各个环节，技术新红利正在重塑物流价值，成为物流行业转型的新动能。全自动分拣设备、无人机、无人车送货的热度不断攀升，智能化的物流配送正在成为发展的趋势。京东已经建成全流程无人仓，实现从入库、存储，到包装、分拣等环节全流程、全系统的智能化和无人化。物流企业的电子面单背后都串联着发货商、快递公司、收货人各个环节的数据信息，通过系统支撑确保快件在各个运转环节的可视化。

关键词 2：绿色化

面对高企的物流成本，绿色化已经被视为降低成本的关键。“清流计划”“漂流瓶”“绿色物流”等词汇围绕着降低物流包装成本这一事件不断升温和发酵，尤其在快递纸箱所用的瓦楞纸成本接连攀升后，循环使用快递箱或研发可替代的产品已然成为行业热议的焦点。无论是为缓解原纸涨价带来的成本压力，还是响应环保政策承担社会责任，苏宁、京东、菜鸟网络等众多电商企业及快递企业，纷纷在快递纸箱上做起了文章，为降低物流中的包装成本提供可能性。循环包装袋、纸箱与百分百可降解快递袋也将逐渐被众多物流企业和电商企业使用。

关键词 3：全球化

无论是物流企业借壳上市，还是去美股敲钟，已然在资本市场得到初步认同的物流企业，借着“一带一路”的政策利好，陆续抢滩海外市场。顺丰与 UPS 成立合资公司已获监管审批。阿里海外 eWTP 试验区马来西亚数字自由贸易区在吉隆坡全面启用运营，菜鸟智能仓库随后跟随落地。圆通收购先达国际，在东南亚、“一带一路”沿线及华人华企聚集的区域建立多式联运转运集散枢纽，布局海外仓储、转运、集散业务，服务进口与出口。当物流企业在国内市场的格局逐渐成形时，拓展海外市场以配合急速发展的跨境电商，就成为物流企业新的筹划。

——资料来源：北京商报 2017-12-21

问题与思考

1. 结合案例分析 2017 年我国物流行业的总体格局是怎样的。
2. 你如何评价我国物流行业在末端配送布局的成效？
3. 请你分别列举我国物流全球化、绿色化、智能化的典型事例并逐一进行简要点评。

参 考 文 献

[1] 张军玲．电子商务物流管理．北京：电子工业出版社，2017．
[2] 张保丰．电子商务物流管理．北京：中国人民大学出版社，2016．
[3] 魏修建．电子商务物流管理．北京：重庆大学出版社，2015．
[4] 汪永华．电子商务物流管理．北京：机械工业出版社，2013．
[5] 马宁．电子商务物流管理．北京：人民邮电出版社，2013．
[6] 王小宁．电子商务物流管理．北京：北京大学出版社，2012．
[7] 屈冠银．电子商务物流管理．北京：机械工业出版社，2012．
[8] 靳林．电子商务与物流配送．北京：机械工业出版社，2012．
[9] 梁云．供应链模式下物流与电子商务综合实训教程．成都：西南财经大学出版社，2012．
[10] 方磊．电子商务物流管理．北京：清华大学出版社，2011．
[11] 刘敏等．电子商务物流管理．北京：中国铁道出版社，2011．
[12] 张铎．电子商务物流管理．北京：高等教育出版社，2011．
[13] 陈益梅．电子商务物流．北京：中国水利水电出版社，2011．
[14] 刘磊．电子商务物流．北京：电子工业出版社，2011．
[15] 邵贵平．电子商务物流管理．北京：人民邮电出版社，2010．
[16] 燕春蓉．电子商务与物流．上海：上海财经大学出版社，2010．
[17] 朱美虹．电子商务与现代物流．北京：中国人民大学出版社，2010．
[18] 马士华．供应链管理．武汉：华中科技大学出版社，2010．
[19] 马士华．供应链物流管理．北京：机械工业出版社，2010．
[20] 陈修齐．电子商务物流管理．北京：电子工业出版社，2015．
[21] 吴军．电子商务物流管理．杭州：浙江大学出版社，2009．
[22] 吴健．电子商务物流管理．北京：清华大学出版社，2009．
[23] 李卉群等．电子商务物流管理与实训．北京：经济科学出版社，2008．
[24] 刘联辉．配送实务．北京：中国物资出版社，2004．
[25] 傅桂林．物流成本管理．北京：中国物资出版社，2004．
[26] 丁立言等．物流配送．北京：清华大学出版社，2003．
[27] 施建年．物流配送．北京：人民交通出版社，2003．
[28] 夏文汇．现代物流运作管理．成都：西南财经大学出版社，2003．
[29] 赵林度．供应链与物流管理：理论与实务．北京：机械工业出版社，2003．
[30] 孙秋菊．现代物流概论．北京：高等教育出本社，2003．
[31] 王之泰．现代物流学．北京：中国物资出版社，2002．
[32] 马健平等．现代物流配送管理．广州：中山大学出版社，2001．
[33] 宋华等．现代物流与供应链管理．北京：经济管理出版社，2000．